Paul Gilding

Die Klimakrise wird alles ändern.
Und zwar zum Besseren

Paul Gilding

Die Klimakrise wird alles ändern.
Und zwar zum Besseren

Aus dem Englischen von Angela Stangl

HERDER

FREIBURG · BASEL · WIEN

MIX
Papier aus verantwor-
tungsvollen Quellen
FSC® C106847

© Verlag Herder GmbH, Freiburg im Breisgau 2012
Alle Rechte vorbehalten
www.herder.de

Satz: Barbara Herrmann, Freiburg
Herstellung: fgb · freiburger graphische betriebe
www.fgb.de

Printed in Germany

ISBN 978-3-451-30539-9

Ich widme dieses Buch den Wegbereitern der frühen Nachhaltigkeits-bewegung der 1960er- und 1970er-Jahre, die es sich zur Aufgabe ge-macht haben, uns vor dem zu warnen, was sie kommen sahen: Ra-chel Carson, Donella und Dennis Meadows, Jorgen Randers, Paul Ehrlich, E. F. Schumacher, Denis Hayes, Stewart Brand und viele an-dere. Und all jenen, die in ihre Fußstapfen getreten sind und noch treten werden, weil sie entschlossen sind, ihre Träume und nicht ihre Ängste Wirklichkeit werden zu lassen. Ich grüße euch alle.

Inhalt

Kapitel 1
Ein wirtschaftlicher und gesellschaftlicher Orkan

Die Erde ist voll.

Tatsächlich haben Weltbevölkerung und Weltwirtschaft inzwischen die Versorgungsgrenzen der Erde überschritten. Der Planet quillt über. Unser derzeitiges Modell des wirtschaftlichen Wachstums treibt dieses System, von dem unser momentaner und zukünftiger Wohlstand abhängen, in den Abgrund. Das allein stellt ein großes Problem dar. Die Herausforderung wird jedoch noch sehr viel größer, wenn wir bedenken, dass es Milliarden Menschen gibt, die ein Leben in entsetzlicher Armut führen und zur Linderung ihres Leids nichts dringender benötigen als das rasche Wachstum ihrer persönlichen „Wirtschaft". Aber dafür gibt es keinen Platz mehr.

Das bedeutet, dass sich die Dinge ändern werden. Nicht, weil wir uns aus philosophischen oder politischen Gründen dafür entscheiden werden, sondern weil wir ohne Veränderung unserer Gesellschafts- und Wirtschaftsordnung den gesellschaftlichen und wirtschaftlichen Zusammenbruch und den Sturz ins Chaos riskieren. Die wissenschaftlichen Belege dafür sind für alle, die dieses Problem rational betrachten, eindeutig und unumstritten. Denn auch wenn ein oberflächlicher Blick auf die öffentliche Diskussion eine Kontroverse vermuten lässt, zeigt eine ernsthafte Auseinandersetzung mit den expertengeprüften Forschungsergebnissen der führenden Wissenschaftsinstitute, dass die Richtung, in die wir uns bewegen, eindeutig ist. Die Dinge sehen nicht gut aus.

Diese Herausforderungen und die dahinter stehenden Sachverhalte sind Experten und Regierenden weltweit wohlbekannt, und das bereits seit Jahrzehnten. Doch trotz des Wissens, dass wir an einem bestimmten Punkt die Grenzen des Wachstums erreichen würden, wurde das Problem immer wieder in die hinterste Ecke unserer Köpfe oder entlegene Schubladen geschoben, versehen mit den Worten: „Interessant – für später." Nun, später ist eingetroffen.

Denn das Überschreiten von Grenzen ist keine Frage der Philosophie, sondern eine Tatsache, basierend auf den Gesetzen von

Physik, Chemie und Biologie. Das Überschreiten von Grenzen hat also Folgen.

Wenn man mehr Bäume fällt, als man pflanzt, hat man irgendwann keine Bäume mehr. Wenn man einem Wasserkreislauf zusätzlichen Stickstoff zuführt, verändert man dadurch Art und Anzahl der Lebewesen, die innerhalb dieses Wasserkreislaufes leben können. Wenn man die CO_2-Hülle der Erde verdichtet, steigt die Temperatur. Wenn man all das und noch viele andere Dinge gleichzeitig tut, verändert man dadurch das Verhalten des gesamten Erdsystems, was sich wiederum auf die Gesellschaft, die Wirtschaft und die zur Verfügung stehenden Lebensgrundlagen auswirkt. Das ist keine Spekulation, das lernt jedes Kind in der Schule.

In all dem steckt überraschenderweise ein Grund zum Optimismus. Wir als Spezies können gut mit Krisen umgehen und wenn wir die Grenzen des Wachstums überschreiten, wird das mit Sicherheit die größte Krise sein, die unsere Spezies je erlebt hat. Wir werden mit dem Rücken zur Wand stehen. Und genau das ist die Situation, in der wir uns in der Vergangenheit als außergewöhnlich erwiesen haben. Wenn uns die nahende Krise mit voller Wucht trifft, wird unsere Reaktion ebenso dramatisch ausfallen, wir werden dieselben Kräfte mobilisieren wie im Krieg. Wir werden uns in einem Ausmaß und mit einer Geschwindigkeit verändern, wie wir es uns heute kaum vorstellen können; innerhalb weniger Jahrzehnte werden wir unsere Wirtschaft, inklusive der Energie- und Transportindustrie, komplett verändern. Die größte Überraschung ist vielleicht, dass wir lernen werden, dass es mehr im Leben gibt als Shopping. Wir werden aus unserer Sucht nach immer mehr Wachstum ausbrechen, akzeptieren, dass mehr zu haben unser Leben nicht besser macht, und uns stattdessen auf die Dinge konzentrieren, die unser Leben wirklich bereichern.

Aus diesem Grund sollten wir angesichts dessen, was uns die Wissenschaft sagt, nicht verzweifeln – denn gerade die Schwere des Problems wird zu einer Antwort führen, die überwältigend in Geschwindigkeit und Ausmaß sein und unsere Gesellschaft im Innersten verändern wird. Es ist die Krise selbst, die die Menschheit auf die nächste Entwicklungsstufe zwingen und es uns möglich machen wird, unser evolutionäres Potenzial zu erkennen. Der Weg wird hart, aber am Ende werden wir an einem besseren Ort ankommen.

Das ist die Geschichte, die wir hier erzählen werden. Eine Geschichte, die in der Vergangenheit beginnt, durch die Gegenwart geht und sich bis in die Zukunft erstreckt. Die Vergangenheit ist die Geschichte der Warnungen und Entscheidungen. Die Geschichte von heute, der Gegenwart, ist die Geschichte unseres Versagens, diese Warnungen zu beherzigen. Die gegenwärtige Situation ist allerdings weniger eine Bühne für gegenseitige Schuldzuweisungen als vielmehr die Basis für die Geschichte unserer Zukunft, eine Geschichte der großen Herausforderungen und ähnlich großen Möglichkeiten.

Dies ist *unsere* Geschichte. Es geht um unsere Welt, was in ihr geschehen ist, ihren momentanen Zustand und das, was als Nächstes passieren wird. Dies ist jedoch kein passiver Kommentar über die Welt, in der wir leben. Es ist ein Ruf zu den Waffen – ein Aufruf zu entscheiden, in was für einer Welt wir leben wollen und auf welche Art jeder Einzelne von uns dazu beitragen kann, diese Welt zu definieren. Es geht um eine Zukunft, die wir wählen müssen.

Zufällig erstreckt sich diese Geschichte auch über meine Lebenszeit. Als ich 1959 in Australien geboren wurde, entfaltete sich diese dramatische Geschichte in den USA. Das amerikanische Landwirtschaftsministerium stoppte kurz vor Thanksgiving den Verkauf von Preiselbeeren, da die nationale Ernte durch den ungehemmten Einsatz von unzureichend geprüften Pestiziden verseucht war.

Meiner Meinung nach markiert dieses Ereignis den Beginn des modernen Umweltbewusstseins. Es war der Moment, in dem eine große Anzahl von Menschen zu verstehen begann, dass das Vermögen der Erde, unseren Missbrauch zu kompensieren, begrenzt ist; dass wir als Spezies so mächtig geworden waren, dass wir „nun die verhängnisvolle Macht erlangt haben, die Natur zu zerstören", wie die Wissenschaftlerin Rachel Carson feststellte. Es war, als die Menschen anfingen zu verstehen, dass, obwohl wir in den letzten zehntausend Jahren gelernt hatten, die Natur um unsere Häuser, Dörfer und Bauernhöfe zu unserem Nutzen zu beherrschen, die Größe unseres Einflusses das Spiel nunmehr verändert hatte.

Unsere Geschichte wird durch diese Zeit führen, damit wir den Kontext der Situation verstehen können, in der wir uns jetzt befinden. Wobei wir feststellen werden, dass wir frühere Warnungen ignoriert und die Grenzen überschritten haben, indem wir die Regeln missachtet haben, auf denen unser System und dessen Stabilität basieren.

Während Sie diese Geschichte lesen, werden Sie vielleicht wie viele andere Angst empfinden angesichts des Mangels an Reaktionen während der Jahrzehnte der Warnungen. Umweltschützer wie ich müssen außerdem zugeben, dass in all dem eine ernüchternde Realität liegt. Da es uns nicht gelungen ist, die Gesellschaft von den notwendigen Reaktionen auf die bevorstehenden Herausforderungen zu überzeugen, müssen wir Fehler gemacht haben. Obwohl auch ich die Folgen beklage und mich frage, was wir wohl hätten anders machen müssen, bin ich jetzt einen Schritt weiter. Es ist, wie es ist: Wir können nur die Zukunft verändern.

In diesem Sinn ist dieses Buch ein Handbuch für die Zukunft. Obwohl meine Ansichten sich aus jahrzehntelanger Erfahrung und der genauen Analyse der vorliegenden Daten speisen, sind sie natürlich meine Ansichten. Ich hoffe, dass sie Ihnen dabei helfen werden, Ihre eigenen Schlüsse zu ziehen, darüber wo wir stehen, wohin wir steuern und, das ist am wichtigsten, wie Sie persönlich darauf reagieren werden.

Bevor wir uns jedoch auf den Weg machen, sollten wir uns zunächst unseren Ausgangspunkt klar machen. Wenn Sie Teil der etwa eine Milliarde Menschen zählenden globalen Wirtschaftsspitze[1] sind – und wenn Sie das hier lesen, gehören Sie vermutlich dazu –, dann frage ich Sie: Wie gut ist das denn? Wir bekommen ein gutes Essen, wann immer wir wollen. Wir alle leben in Unterkünften, die uns Schutz bieten vor Wind und Wetter. Die meisten von uns erleben nur selten Gewalt in ihrem Alltag, und wenn doch, erhalten wir genug Unterstützung, um die Bedrohung auf ein erträgliches Maß zu reduzieren. Im Allgemeinen haben wir Zugang zu einer grundlegenden Gesundheitsversorgung, die auch im schlechtesten Fall noch Lichtjahre besser ist als das, was ein durchschnittlicher Mensch noch vor wenigen Generationen erwarten konnte.

Und dieser Lebensstandard ist nicht mehr nur den Menschen im Westen vorbehalten, wie es bis vor wenigen Jahrzehnten der Fall war. Es gibt inzwischen viele Hunderte Millionen Menschen in China, Indien, Südamerika und anderen Entwicklungs- und Schwellenländern, die ein vergleichbar luxuriöses Leben führen.

Wir, die glückliche Milliarde, verbringen den Großteil unseres Leben damit, nach immer mehr und immer feineren Verbesserungen dessen zu suchen, was wir unter Lebensqualität verstehen: schönere Klamotten, bessere Musik, bequemere Möbel, interessantere Urlaube, praktischere Technologie, ungewöhnlichere Gerichte, eine sicherere Altersvorsorge. Viel besser kann es nicht werden.

Unsere Großeltern und erst recht die Generationen vor ihnen würden uns mit Erstaunen ansehen. Sie würden sehen, wie wir ein Leben wie Könige oder Pharaonen führen: mit allen erdenklichen Annehmlichkeiten, jedes Grundbedürfnis befriedigt, und unseren Argumenten darüber, was noch verbessert werden muss, um all das immer noch weiter zu verfeinern. Sie würden uns hören, wie wir uns über zu hohe Zinsen beklagen, darüber, dass wir uns kein größeres Haus oder keine Renovierung leisten können und dass es unsicher ist, ob wir unseren Lebensstil halten können, wenn wir aufhören zu arbeiten. Vor ein paar Generationen hörte niemand auf zu arbeiten, es sei denn er starb. Geschweige denn, dass man einen angenehmen Lebensabend mit guter medizinischer Versorgung verbrachte.

Insgesamt betrachtet, hat die Menschheit außergewöhnlich gut abgeschnitten. Während der gerade Mal zehntausend Jahre, in denen wir über die Welt gefegt sind, haben wir für Milliarden Menschen einen Lebensstandard aufgebaut, der in dieser Größenordnung noch vor wenigen Jahrhunderten unvorstellbar gewesen ist.

Natürlich gibt es noch viele Milliarden Menschen, die an diesem Wohlstand nicht teilhaben; und viele von ihnen leben in bitterer Armut. Während wir uns abmühen für einen größeren Fernseher, einen DVD-Spieler im Auto und ein perfekt gegrilltes, zartes Steak, würden sie alles geben für ein Glas sauberen Trinkwassers oder eine Schale Reis. Wir werden noch auf dieses Krebsgeschwür auf der menschlichen Seele zurückkommen. Für einen Moment bleiben wir aber noch bei denen von uns, die im Vergleich stinkreich sind.

Wir haben uns wacker geschlagen. Unsere Bedürfnisse sind erfüllt. Wir haben nicht nur die Fähigkeit, unser Leben bequem zu gestalten, sondern den Weltraum zu erkunden, außergewöhnliche wissenschaftliche Erkenntnisse zu erlangen, Krankheiten zu heilen, erstaunliche Technologien zu entwickeln, die uns und zukünftigen Generationen zu einem noch besseren Leben verhelfen werden. Wir können in Echtzeit und weltweit miteinander kommunizieren, einander mitteilen, worauf wir hoffen, was wir uns wünschen und was es zum Frühstück gab. Wir sind an einem ganz erstaunlichen Punkt der Menschheitsgeschichte angelangt.

Sie wissen, worauf ich mit all dem hinauswill, richtig? Denn das ist es, was wirklich interessant ist. Wir alle wissen, worauf wir zusteuern.

Als ich vor etwa fünf Jahren damit begann, die in diesem Buch versammelten Gedanken vorzustellen, erstaunte es mich am meisten, wie wenig Gegenwind ich mit meiner Einschätzung der gegenwärtigen Situation bekam. Ob im Publikum Aktivisten, Unternehmer oder Politiker saßen, die meisten Menschen stimmten mit mir überein, dass der Weg, auf dem wir uns befinden, in der Summe komplett unnachhaltig sei und dass wir daran nichts ändern würden, bis uns die Krise voll erwischt, und das wäre dann ein großer, blutiger Schlamassel.

Die anschließenden Diskussionen wurden zu Gesprächen darüber, ob das bedeutete, dass die Wirtschaft zusammenbrechen würde oder nicht, dass die Weltbevölkerung bis auf eine Milliarde oder weniger Menschen vernichtet werden würde oder nicht und wie hässlich der Untergang wohl ausfallen würde. Danach tranken alle eine Tasse Tee und gingen wieder zur Tagesordnung über.

Wir wissen alle, worauf wir zusteuern. Wir wissen es aus der Wissenschaft, aus der Politik und in unseren Herzen. Das ist der Grund, warum ich so wenig Kontra bekomme. Wir wissen.

Wir haben einen Kredit bei der Zukunft aufgenommen und die Rückzahlung ist fällig geworden. Wir haben die Grenzen unseres derzeitigen Systems des konsumgesteuerten materiellen Wirtschaftswachstums erreicht oder überschritten. Wir steuern auf einen ökonomischen und sozialen Orkan zu, der großen Schaden anrichten, den Großteil unserer gegenwärtigen Wirtschaft und unsere Annahmen über die Zukunft hinwegfegen wird. Die daraus resultierende Krise wird die ganze Welt erfassen und dramatische Reaktionen hervorrufen. Wir wissen, dass das die Wahrheit ist.

Die Wissenschaft sagt, dass wir uns bereits in einer Phase des grundlegenden Wandels befinden: Ein synchroner, zusammenhängender Zusammenbruch der Wirtschaft und des Ökosystems, mit Lebensmittelknappheit, Klimakatastrophen, massiven wirtschaftlichen Veränderungen und geopolitischer Instabilität. Seit Jahrzehnten vorhergesagt, ist dieser Moment jetzt erreicht.

Ich habe den Vergleich mit einem Orkan gewählt, weil wir verstehen müssen, dass dies keine Vorhersage einer Orkan-Saison ist, sondern eine Vorhersage über einen Orkan der Stärke sechs, der direkt auf unsere Küste zukommt – und immer wenn es eine neue Vorhersage gibt, steigt die Orkanstärke um einen Punkt auf der Skala. Schon jetzt ist der bevorstehende Orkan stärker als es die Skala abzubilden vermag.

Wir müssen uns jetzt bereitmachen. Wir *können* den Orkan überstehen. Dazu aber müssen wir einsehen, dass der Orkan kommen wird und uns darüber klar werden, wie wir ihn überleben können und wie unser Plan für den Wiederaufbau aussieht.

Trotz der Belege und der einfachen Logik, dass die Krise bereits begonnen hat oder zumindest bald beginnen wird, ist die vorherrschende Reaktion das Verdrängen des Problems. Ich sage das nicht aus Verzweiflung, sondern weil es eine Tatsache ist. Das bedeutet nicht, dass wir die Situation als hoffnungslos betrachten sollten. Es bedeutet nur, dass wir akzeptieren sollten, dass wir uns nicht wirklich verändern werden, bis sich die Krise voll entfaltet hat und nicht mehr zu leugnen sein wird. Bis der Wind richtig in Fahrt kommt. Aber dann werden wir uns verändern. Auch darauf müssen wir vorbereitet sein.

An diesem Punkt wird die Geschichte noch interessanter, um nicht zu sagen heiter und erhebend!

Wir sind eine außergewöhnliche Spezies und wir sind fähig, Großes zu vollbringen. Die Geschichte kennt viele Beispiele dafür, dass unsere besten Eigenschaften gerade dann richtig zu Tage treten, wenn wir mit dem Rücken zur Wand stehen: unser Mitgefühl, unser Tatendrang, unsere technische Brillanz und unsere Fähigkeit, Pläne in ganz großem Stil auf globaler Ebene umzusetzen.

Ja, es ist wahr, wir haben auch unsere Schattenseiten, diese Überbleibsel in unseren Reptiliengehirnen, die uns an Orte bringen können, wo Angst und Wut herrschen. In der uns bevorstehenden Situation könnte eine derartige Reaktion zum Zusammenbruch der

Gesellschaft führen. Ja, wir könnten uns für eine Reaktion entscheiden, die uns in einem gnadenlosen Jeder-gegen-jeden-Kampf in immer kleinere Konfliktparteien zersplittern würde: Nationen, Regionen, Gemeinschaften voller angsterfüllter Menschen, die um ihr nacktes Überleben kämpfen und um das Wenige, was übrig ist. In diesem Szenario würden wir Hunderttausende Jahre menschlicher Entwicklung verlieren und müssten nochmal ganz von vorne anfangen; in der Hoffnung, dass sich der Kreislauf nicht noch einmal wiederholt.

Ich glaube nicht, dass wir das tun werden. Angesichts unseres angeborenen Überlebenstriebs, unserer Geschichte als Spezies, unserer neuen globalen Verbundenheit und dem Ausmaß der Bedrohung, denke ich, dass wir uns stattdessen bewusst dafür entscheiden werden, diesen Tendenzen nicht nachzugeben, wie wir es schon oft getan haben. Wir werden uns darauf besinnen, was großartig ist am Menschsein und uns ins Zeug legen, um unser ganzes Potenzial zu entfalten: Das Potenzial, das uns heil durch die Krise bringen wird und uns als stärkere, sicherere und fortschrittlichere Gesellschaft aus ihr hervorgehen lassen wird.

Diese Geschichte handelt von der Reise, zu der wir uns nun aufgemacht haben, und von den vor uns liegenden Entscheidungen.

Ich werde Ihnen sagen, wie diese Reise meiner Meinung nach aussehen wird, was das für Sie bedeutet und wie Sie uns allen dabei helfen können, dort anzugelangen, wo wir hinmüssen. Wir alle erfüllen eine Funktion; als Individuen, in Firmen, in der Regierung, in unseren Gemeinschaften und in unseren Familien. Die gute Nachricht lautet: Alles, was ich Ihnen vorschlage zu tun, um am Ende dort anzugelangen, wo wir langfristig hinmüssen, wird schon jetzt unser aller Leben besser machen und unsere Gemeinschaften, Firmen und Länder unmittelbar stärken.

Es ist wahr, dass die bevorstehende Krise mit an Sicherheit grenzender Wahrscheinlichkeit Massenelend und ernstzunehmende Konflikte zwischen Staaten über Ressourcen und Flüchtlinge mit sich bringen wird. Auch werden einige schwierige Situationen entstehen, wenn Nationalismus und Angst ihre hässlichen Fratzen zeigen. Wir müssen auf all das vorbereitet sein. Aber wir werden auch die besten Seiten der Menschheit sehen: Solidarität, außergewöhnliche Innovationen und Millionen von Menschen, die sich richtig anstrengen werden, um ihre Fähigkeit zur Entwicklung von klugen Ideen und Innovationen zu finden. Das liegt daran, dass Wissenschaftler, Ehrenamtliche, Forscher, Wirtschaftsführer, Unternehmer und die Jugend schon jetzt da draußen sind und an der Zukunft arbeiten, die wir brauchen. Wir müssen ihnen nur die Erlaubnis und Unterstützung geben, damit sie ihr Engagement im großen Stil fortsetzen können.

Am Ende wird der Große Schnitt die Menschheit auf eine höhere Evolutionsstufe bringen. Von dort aus werden wir uns jahrhundertealten Problemen zuwenden, jenen übrig gebliebenen Relikten aus unserer Vergangenheit als triebgesteuerte Spezies – wie Armut, Materialismus und Krieg. Wir haben die Chance, eine Gesellschaft zu errichten, die unsere edelsten Eigenschaften widerspiegelt. Eine Gesellschaft, die extreme Armut überwindet; die Technologien erschafft, die *mit* der Natur anstatt gegen sie arbeiten und uns mit reichlich Energie und Rohstoffen versorgen; die über einen geschlossenen Wirtschaftkreislauf ohne Müll verfügt; die aus Gemeinschaften besteht, die sich untereinander helfen und unterstützen; die sich eine Gesellschafts- und Wirtschaftsordnung gibt, deren oberste Strukturprinzipien Glück, Erfüllung und Service sind, anstelle des momentanen Ansatzes „mehr Geld = mehr Glück".

All das werden wir nicht nur erreichen, weil wir es können, sondern vor allem weil wir müssen. Die Alternative ist keine Option mehr. Die vor sich gehenden Veränderungen des Ökosystems stellen das ernstzunehmende Risiko eines globalgesellschaftlichen und globalwirtschaftlichen Zusammenbruchs dar. Die Entscheidung, die wir treffen müssen, ist also keine philosophische.

Die gute Nachricht wird noch besser. Da es sich um ein globales Problem handelt, kann auch die Lösung des Problems nur global erfolgen, und das bedeutet, dass wir uns mehr als je zuvor als Weltgemeinschaft begreifen werden. Der Schutz nationaler Interessen wird sich auf den Sportplatz beschränken müssen. Noch einmal, nicht, weil wir uns vielleicht dafür entscheiden werden, sondern weil es der einzige Weg sein wird, wie wir diese Herausforderungen meistern können.

Damit wir die gute Seite der Krise erreichen, müssen wir uns jedoch *alle* anstrengen. Deshalb schreibe ich dieses Buch. Wir werden unsere Erwartungen verändern müssen, gegenüber unserem materiellen Lebensstil, der Art und des Fokus unserer Arbeit und unserer Karriere, unserer Regierung und dem Verhalten jedes Einzelnen in seiner Gemeinschaft und seinem Arbeitsumfeld. Die gute Nachricht ist, dass uns alle diese Veränderungen ohnehin glücklicher machen werden.

Diese Krise könnte eine einmalige Gelegenheit in der Geschichte unserer Zivilisation sein: für einen Evolutionssprung, der motiviert ist vom menschlichen Bewusstsein und nicht von biologischen Faktoren.

Es ist also Ihre Geschichte. Es gibt niemand anderen. Wir sind die Menschen, auf die wir immer gewartet haben. Das ist die Zeit. Es ist unsere Zeit.

Machen wir uns an die Arbeit.

Kapitel 2

Der Schrei – wir sind die Kinder ihrer Kinder

Um zu verstehen, wo wir sind und wohin wir gehen, müssen wir zunächst verstehen, woher wir gekommen sind. Als ich 2005 zum ersten Mal über den bevorstehenden Zusammenbruch des Ökosystems schrieb, nannte ich diesen Text „Scream Crash Boom"[2]. Kurz zusammengefasst argumentierte ich darin, dass der Schrei – der Aufruf, etwas zu tun, der seit den späten 1950ern im Gange war – zum Ende kam; der Crash – der Zusammenbruch des Ökosystems und der Wirtschaft – begonnen hatte; und der Boom – eine Reaktion, die außergewöhnlich in ihrer Geschwindigkeit und in ihrem Ausmaß sein würde – nicht mehr lange auf sich warten lassen würde.

Ich nannte die erste Phase den Schrei, weil dieser Begriff zugleich eine Warnung ausdrückte – ich wollte auf ein Problem aufmerksam machen – und eine gesunde Portion Angst enthielt, indem er die Darstellung des Schreis auf dem berühmten Gemälde von Edvard Munch heraufbeschwor. Seit Jahrzehnten wird Umweltaktivisten vorgeworfen, sie betrieben „Panikmache"; dabei ist es das Richtige, die Menschen um einen herum zu warnen, wenn man eine Bedrohung wahrnimmt. Im Nachhinein erkennen wir, dass die Befürchtungen der ersten Umweltschützer sehr wohl begründet waren. Diejenigen, die behaupteten, es würde schon gut gehen, waren, gelinde gesagt, allzu optimistisch hinsichtlich des Vermögens der Gesellschaft, die damit verbundenen Bedrohungen rechtzeitig zu bewältigen.

Ich möchte die Geschichte des Schreis aus drei Gründen erzählen. Erstens: Wir müssen die Tiefe und Komplexität der sich stellenden Probleme verstehen. Wie ich zeigen werde, haben wir es mit einer fundamentalen, systemübergreifenden Herausforderung zu tun, die nach einer grundlegenden Lösung verlangt. Diese Herausforderung betrifft die Philosophie, die Wissenschaft, die Wirtschaft und unsere persönlichen Werte. Die Kenntnis der Geschichte kann unser Wissen über die Feinheiten und Komplexitäten dieser Herausforderung vertiefen, sodass wir eher in der Lage sind, die richtigen Lösungen zu finden.

Zweitens: Angesichts dessen, dass sich die meisten Menschen erst seit Kurzem mit diesem Thema befassen, sollten wir nicht vergessen, dass es in der Wissenschaft, in Unternehmen, in der Regierung und in der Gemeinschaft viele gibt, die sich schon seit Jahrzehnten damit beschäftigen. Sie haben eine Menge an Erfahrungen und Wissen darüber gesammelt, was funktioniert und was nicht. Dieses Wissen kann uns dabei helfen, zu entscheiden, wie wir weitergehen möchten und uns doppelte Arbeit ersparen.

Drittens: Es ist eine großartige Geschichte mit enormer Bedeutung für die Entwicklung der Menschheit.

Es gibt viele Ansichten darüber, was den „Beginn" des Schreis oder der Umweltbewegung markiert. Während ich denke, dass der Beginn in den späten 1950er Jahren liegt, gab es unzweifelhaft auch schon davor viele Menschen, die sich der Bewahrung der Natur verschrieben hatten.

Ihre Sicht auf die Umwelt ließ sie jedoch tendenziell als „Konservationisten" erscheinen, da sie danach strebten, die Natur oder die Wildnis als einen eigenständigen und unberührten Ort zu beschützen. In ihrer Wahrnehmung lebte der Mensch nicht in der Natur, die Natur war vielmehr etwas, wohin man am Wochenende ging, wenn man Glück hatte. Im Gegensatz dazu betrachteten die modernen Umweltschützer, jene, die den Schrei bildeten, die Natur als ein System, das den Menschen als zentralen und untrennbaren Bestandteil beinhaltet.

Eine bedeutende frühe Ausnahme der ersten Sichtweise war der amerikanische Autor Henry David Thoreau (1817–1862). Während man sich wohl vor allem wegen seines Rückzugs in die Wälder rund um den Walden Pont an ihn erinnert, verfügte Thoreau über ein tiefes Verständnis der Beziehung zwischen Mensch und Natur. Thoreau bemerkte treffend: „In der Wildnis liegt die Erhaltung der Welt." Anstatt die Natur als etwas zu betrachten, das um seiner selbst willen oder seiner Schönheit wegen zu erhalten und wertzuschätzen sei, begriff er, dass die menschliche Gesellschaft ein Teil der Natur und auf sie angewiesen ist. In Thoreaus Worten: „Es ist umsonst, wenn wir von einer Wildnis träumen, die in der Ferne liegt." Und weiter: „Ich möchte den Menschen als untrennbaren Teil der Natur und nicht als Teil der Gesellschaft betrachten."[3]

Wenngleich solche Gedanken also seit einiger Zeit existierten, gehörten sie lange in den Bereich der Philosophie und waren den meisten Menschen nicht geläufig. Für mich symbolisiert die Ende der 1950er Jahre in den USA geführte Kontroverse um den Einsatz von Pestiziden den Beginn des Schreis am besten. Während ich in meinem Kinderbett in Adelaide, Australien, lag, gerade zehn Monate alt, entbrannte in den Vereinigten Staaten eine Debatte, die einen langsamen, viele Jahrzehnte dauernden Veränderungsprozess in der öffentlichen Meinung anstieß. Wenige Wochen vor Thanksgiving im Jahr 1959 gab die amerikanische Regierung bekannt, dass man gefährlich hohe Werte des Unkrautvernichters Aminotriazol in Preiselbeeren aus Washington und Oregon gefunden habe. Der Zeitpunkt dieses Befundes hätte nicht dramatischer sein können. Überall im Land hörten die Menschen auf, Preiselbeeren zu kaufen, in manchen Gebieten wurden Preiselbeeren ganz aus den Supermarktregalen verbannt und das Thanksgiving-Essen blieb in diesem Jahr fast überall ohne Preiselbeeren. Die allgemeine Stimmung wurde sogar in einem Popsong der Gruppe Robert Williams & The Groovers aufgegriffen. Der „Cranberry Blues" ermahnte seine Hörer, die Finger von Preiselbeeren zu lassen, wenn sie nicht krank werden wollten („if you want to be sure not to get sick, don't touch a cranberry with a ten-foot stick!").

All das trug die Fragen rund um den Umweltschutz direkt in die Wohnzimmer und Küchen der Leute und so erwachte unser Verständnis für die Vernetzung des Lebens. Wir fingen an zu begreifen, dass die Umwelt nicht nur ein wilder Ort war, den wir aufsuchten, um uns seelisch zu nähren und zu erholen, sondern der Ort war, an dem wir lebten, die Quelle unserer Nahrung und unserer körperlichen Gesundheit und die Grundlage für unsere Wirtschaft und unseren Wohlstand.

Die Pestizid-Kontroverse führte zum Teil zu Rachel Carsons grundlegendem Buch von 1962, *Der stumme Frühling*. Carson, eine ernsthafte und fachlich qualifizierte Wissenschaftlerin und Bestsellerautorin, war als Reaktion auf den exzessiven Gebrauch von Pestiziden zu einer engagierten Umweltaktivistin geworden.

Ihr Buch vertrat eine neue Denkweise, die den Menschen als *in* die Umwelt integriert ansah, als Teil eines einzelnen Systems. Sie bewies außerdem, dass Wissenschaftler in Umweltfragen wichtige Fürsprecher sein können, weil ihr Wissen ihnen die notwendige Glaubwürdigkeit verleiht.

Wenngleich die Fragen rund um den Umweltschutz damals bereits von vielen diskutiert wurden, inspirierte Carsons literarisches Talent und ihre kraftvolle Metapher des stummen Frühlings viele Menschen dazu, sich für den Umweltschutz einzusetzen.

Es war einmal eine Stadt im Herzen Amerikas, in der alle Geschöpfe in Harmonie mit ihrer Umwelt zu leben schienen … Dann tauchte überall in der Gegend eine seltsame schleichende Seuche auf, und unter ihrem Pesthauch begann sich alles zu verwandeln. … Es herrschte eine ungewöhnliche Stille … Die wenigen Vögel, die sich noch irgendwo blicken ließen, waren dem Tode nah; sie zitterten heftig und konnten nicht mehr fliegen. Es war ein Frühling ohne Stimmen. Einst hatte in der frühen Morgendämmerung die Luft widergehallt vom Chor der Wander- und Katzendrosseln, der Tauben, Häher, Zaunkönige und unzähliger anderer Vogelstimmen, jetzt hörte man keinen Laut mehr; Schweigen lag über Feldern, Sumpf und Wald.[4]

Obschon sich Carsons Buch und ihre Ausführungen hauptsächlich auf die Auswirkungen von Pestiziden auf die Umwelt konzentrierten, liegt der Grund für Carsons historische Bedeutung in ihrer Fähigkeit, die weitgreifenden Auswirkungen dieses Verhaltens aufzuzeigen. Und so kommt sie zu dem Schluss:

Die „Herrschaft über die Natur" ist ein Schlagwort, das man in anmaßendem Hochmut geprägt hat. Es stammt aus der „Neandertal-Zeit" der Biologie und Philosophie, als man noch annahm, die Natur sei nur dazu da, dem Menschen zu dienen und ihm das Leben angenehm zu machen.[5]

Die Reaktion der Industrie auf Carsons Buch erfolgte schnell und heftig, angeführt von Monsanto und anderen Chemieriesen und unterstützt durch das amerikanische Landwirtschaftsministerium. Nachdem die Androhung von Gerichtsklagen die Veröffentlichung des Buchs nicht verhindern konnte, entschied sich die Industrie für eine öffentliche Schmutzkampagne, die Carsons Thesen konterkarieren sollte.[6]

Diese Angriffe waren persönlicher Natur und sie enthielten eindeutige sexistische Untertöne. Carson, eine ruhige und nüchterne Wissenschaftlerin, wurde als „hysterische Frau" bezeichnet, ihre Argumentation wurde nicht wissenschaftlich, sondern „emotional" genannt.

Es gibt offensichtliche Parallelen zu denjenigen, die heutzutage Umweltwissenschaftler als „politisch" bezeichnen und ihnen vorwerfen, die Grenzen ihrer Rolle und Funktion zu überschreiten. In der Tat ist den heutigen Wissenschaftlern und Carson gemeinsam, dass sie die klare Botschaft ihrer Forschungsergebnisse erkennen und sich in der Folge moralisch und fachlich verpflichtet fühlen, ihr Wissen dafür einzusetzen, dass die Fakten gehört werden und ihnen entsprechend gehandelt wird.

Eine weitere Parallele zur heutigen Debatte ist, dass Carsons Kritiker ihre an sich gemäßigte und vorsichtige Argumentation ins Absurde verkehrten. In einem Beispiel, das aus einem Newsletter der Chemieindustrie stammt, wurde behauptet, Carsons Sichtweise bedeute „das Ende jeglichen menschlichen Fortschritts, die Umkehr zu einem passiven gesellschaftlichen Zustand, bar jeder Technologie, Schulmedizin, Landwirtschaft, Abwasser- und Abfallentsorgung oder Bildung. Es bedeutet Krankheit, Epidemien, Hungersnöte, Elend und Leid, in einem für den modernen Menschen beispiellosen und unerträglichen Ausmaß."[7] Natürlich besagte Carsons Sicht der Dinge nichts dergleichen. Eine häufige Erwiderung auf Carsons Buch lautete in den Jahren 1963 und 1964, dass es doch augenscheinlich genügend Vögel in diesem Frühling gebe; eine willentliche Manipulation von Carsons Metapher des stummen Frühlings.[8] Auch hier werden Parallelen zur Rezeption der heutigen Umweltwissenschaften deutlich.

Monsanto ging sogar so weit, in einem firmeninternen Magazin einen weit verbreiteten Artikel mit dem Titel „Das trostlose Jahr" zu veröffentlichen, der den *Stummen Frühling* parodierte, indem er eine Welt beschrieb, die aufgrund fehlender Pestizide von Insekten und Schädlingen überflutet wird.[9]

Die Taktik der Industrie ging jedoch nicht auf und die Öffentlichkeit stellte sich schon bald hinter Carson. Die Angriffe der Konzerne führten lediglich dazu, dass Carson und ihrem Bestseller mehr Aufmerksamkeit zuteil wurde. In den Strudel der öffentlichen Meinung geraten, wies Präsident Kennedy seine Wissenschaftsberater an, Carsons Behauptungen zu überprüfen. Innerhalb eines Jahres erstellte der Wissenschaftsausschuss ein Gutachten, das Carsons Forschungsergebnisse im Wesentlichen bestätigte. Kurz darauf wurde Carson zu einer Anhörung in den Kongress eingeladen, wo sie ihre Ergebnisse vorstellte und freundlich empfangen wurde.[10]

Carson setzte ihre Untersuchungen fort und ihre Analysen besitzen bis heute Gültigkeit. Im April 1963 sagte sie zum Beispiel in einer CBS-Dokumentation:

Wir sprechen noch immer von Unterwerfung. Wir sind noch immer nicht reif genug, uns selbst als einen winzigen Teil eines ungeheuer großen und unglaublichen Universums zu begreifen. Die Einstellung des Menschen zur Natur ist heute von solch entscheidender Bedeutung, weil wir inzwischen die verhängnisvolle Macht besitzen, die Natur zu zerstören. Aber der Mensch ist ein Teil der Natur und der Krieg, den er gegen die Natur führt, ist unweigerlich ein Krieg gegen sich selbst.

Obwohl Carson 1964, nur zwei Jahre nach Veröffentlichung des *Stummen Frühlings,* an Krebs starb, wurde ihr Werk auch weiterhin als eine der wichtigsten Inspirationsquellen für die moderne Umweltbewegung angesehen. Ihre Arbeiten verdeutlichten die Notwendigkeit, menschliches Verhalten zu kontrollieren und zu regulieren und führte zu wesentlichen Veränderungen und Entwicklungen, wie etwa der Gründung der amerikanischen Umweltschutzbehörde (EPA) im Jahr 1970, die schon bald die Verwendung von DDT verbot und weitergehende Kontrollen einführte.

Diese und andere Maßnahmen führten dazu, dass der Umweltschutz als ein essenzieller Teil jenes Ordnungsrahmens begriffen wurde, *innerhalb* dessen Grenzen sich die Wirtschaft bewegen sollte. Auch die Zeit bestätigte die Gültigkeit von Carsons Thesen und 1980 wurde ihr posthum die Freiheitsmedaille des Präsidenten verliehen.

Die 1960er-Jahre endeten mit einem Paukenschlag und zeigten, welche Risiken eine unzureichende Regulierung birgt. Am 22. Juni 1969 brannte der Cuyahoga Fluss in Cleveland, Ohio, nachdem ein verhängnisvolles Gemisch aus Öl und Chemikalien in ihn entsorgt wurde und dabei spektakulär von selbst in Flammen aufging. Obwohl so etwas nicht zum ersten Mal geschah, erhielt dieser Zwischenfall große mediale und öffentliche Aufmerksamkeit. Das *Time Magazine* etwa schrieb, der Cuyahoga sei der Fluss, in dem man „nicht ertrinkt, sondern zerfällt"[11].

Von 1970 an überschlugen sich die Ereignisse. Überall auf der Welt verfolgten Regierungen ähnliche Wege wie die USA, zunächst auf nationaler Ebene. Vielen war jedoch schon damals bewusst, dass sich diese Herausforderung nicht auf nationaler Ebene bewältigen lassen würde, sondern eine globale Perspektive benötigte.

Im Jahr 1972 geschahen zwei bedeutsame Ereignisse. Eines davon war die Weltumweltkonferenz der Vereinten Nationen in Stockholm. Den Vorsitz führte der Kanadier Maurice Strong, der später als Mitbegründer des *Business Council for Sustainable Development* (WBCSD) eine treibende Kraft und einflussreiche Größe im Nachhaltigkeitsmanagement von Unternehmen wurde.

Wenngleich keine Entscheidungen von größerem praktischen Nutzen getroffen wurden, war die Konferenz dennoch ein offenkundiger Indikator für die rasch wachsende politische Bedeutung von Umweltthemen in der internationalen Gemeinschaft. Sie bildete die Grundlage für die nachfolgenden Jahrzehnte und zog eine Reihe internationaler, nichtkommerzieller Regierungstreffen nach sich. Diese Treffen sind zu zentralen Meilensteinen geworden, wenn es darum geht, die Fortschritte – oder Rückschritte – der Weltgesellschaft im Bereich der Nachhaltigkeit zu bewerten, jüngstes Beispiel hierfür war die Klimakonferenz in Kopenhagen.

Die Stockholmkonferenz von 1972 verabschiedete ein globales Erdbeobachtungssystem, dessen Daten und Informationen Wissenschaftlern bis heute dazu dienen, Veränderungen im globalen Ökosystem zu bemessen. Und falls Sie angenommen haben, der Klimawandel sei ein junges Problem, kann ich Ihnen versichern, dass darüber bereits vor 40 Jahren in Stockholm diskutiert wurde.

Das zweite bedeutsame Ereignis in 1972 war die Veröffentlichung der *Grenzen des Wachstums*. In Auftrag gegeben vom Club of Rome, einer internationalen Vereinigung von Intellektuellen und Industriellen, wurde diese Studie von Wissenschaftlern des Instituts für Systemdynamik am Massachusetts Institute of Technology (MIT) erstellt. Den Ausgangspunkt der Studie bildeten weniger Fragen der Ökologie, vielmehr sollte das Verhalten von Systemen untersucht werden. Die Wissenschaftler, Experten auf dem Feld der Systemdynamik, entwickelten ein Modell, das das Zusammenspiel von exponentiellem Wachstum einerseits und einer Welt mit endlichen Ressourcen andererseits abbildete.

Was *Die Grenzen des Wachstums* darlegte, ist für die meisten vernünftig denkenden Menschen inzwischen offensichtlich, vor 40 Jahren jedoch stellten diese Thesen die vorherrschende Weltsicht auf den Kopf. In zwölf möglichen Zukunftsvisionen wurden die Folgen des anhaltenden Bevölkerungs- und Wirtschaftwachstums im Zusammenhang mit der begrenzten Verfügbarkeit von Rohstoffen abgebildet, darunter auch die begrenzte Fähigkeit der Erde, „Umweltverschmutzung zu absorbieren". Dieses Entwicklungsmodell machte deutlich, in welcher Beziehung wir wirklich zu der uns umgebenden Welt stehen.

Die Computersimulation World3, das Herz der Studie, zeigte, inwiefern die Handlungen des Menschen die Welt der Natur beeinflussen und mit ihr interagieren: Nicht nur das Überleben und der Wohlstand der Menschheit seien von der Erde abhängig, inzwischen sei der Mensch, in den Worten der *Grenzen des Wachstums*, dazu in der Lage ihren „Untergang herbeizuführen". Die Schlussfolgerung der Studie lautete, dass der physische Systemzusammenbruch und ein damit einhergehender dramatischer Wohlstandsverlust unausweichlich seien, wenn der ökologische Fußabdruck der Menschheit im beobachteten Maße weiter wachse. Eine vorausschauende Strategie könne das „Überschießen" über die Grenzen der Erde zwar verhindern, zögerliche politische und wirtschaftliche Entscheidungen würden dies jedoch erheblich erschweren. Sobald die Erde sich im Zustand des „Überschießens" befinde, bleibe nur die Möglichkeit, eine kontrollierte Abnahme des ökologischen Fußabdrucks einzuleiten oder den bevorstehenden Kollaps zu akzeptieren.

Schon kurz nach ihrem Erscheinen stand die Studie in Verruf, da sie heftig und von verschiedenen Lagern attackiert wurde. Der Yale-Ökonom Henry C. Wallich nannte sie „unverantwortlichen Nonsens"[12]. Warum eine so heftige Reaktion? Das Buch war eine grundlegende Herausforderung für all jene, die glaubten, der Markt sei ein sich selbst korrigierendes System, das unendlich wachsen könne. Es bedrohte die weltweit verbreitete Annahme, das Konsumenten-Kapitalismus-Modell würde seinen Siegeszug unaufhaltsam und unendlich durch die ganze Welt fortführen. Es war wie eine Granate, die in ein Glashaus geworfen wird.

Die Studie wurde so erfolgreich verunglimpft, dass es inzwischen eine akzeptierte Weisheit ist, dass die Studie völlig falsch lag. Tatsächlich lag sie beinahe vollständig richtig.

Die bekanntesten und wirkungsvollsten Angriffe richteten sich gegen ein Szenario in World3, in dem die nichterneuerbaren Ressourcen aufgebraucht sind, ohne dass eine Reaktion des Marktes oder der Gesellschaft erfolgt. Dieses Szenario ist eindeutig unrealistisch, worauf auch im Buch hingewiesen wird. Um Unterschiede aufzeigen zu können, kann es dennoch hilfreich sein, extreme Szenarien zu erschaffen. Mithilfe der Computersimulation World3 wurde eine ganze Reihe von Szenarien errechnet, von denen einige einen Kollaps in der Mitte des 21. Jahrhunderts vorhersagen – darunter auch das „Weiter-wie-gehabt"-Szenario.

Trotz mangelnder Sorgfalt in ihrer Argumentation erhielten die Kritiker der *Grenzen* große Zustimmung. Bis heute denken viele, die Autoren der Studie hätten sich schlicht geirrt und bezeichnen den Bericht als malthusianisch. Leugnen ist eine machtvolle Sache.

In Wahrheit haben sich die in den *Grenzen* getroffenen Prognosen als überraschend zutreffend erwiesen. Nicht nur konzeptionell, wie wir in den nachfolgenden Kapiteln sehen werden, sondern auch zahlenmäßig. Im Jahr 2008 wurde von Graham Turner, Mitglied des australischen nationalen Wissenschaftsgremiums, der CSIRO, eine Studie verfasst mit dem Titel „Ein Vergleich der ‚Grenzen des Wachstums' mit 30 Jahren Realität"[13].

Diese Studie verglich die tatsächlichen Befunde der vergangenen 30 Jahre mit den Szenarien in *Die Grenzen des Wachstums* und kam zum Ergebnis, dass die Veränderungen in der industriellen Produktion, der Lebensmittelproduktion und der Umweltverschmutzung bis zum Jahr 2000 den Vorhersagen für das „Weiter-wie-gehabt"-Szenario entsprachen, das den Namen „World3 Standardverlauf" trägt. Interessanterweise beschreibt dieses Szenario auch den wirtschaftlichen und gesellschaftlichen Kollaps in der Mitte des 21. Jahrhunderts.

Es war selbstredend nie das Ziel der *Grenzen,* eine genaue Vorhersage über die Zukunft in den nächsten 100 Jahren zu treffen; das ist ohnehin eine unmögliche Aufgabe. Das Ziel war sehr viel einfacher: die augenscheinliche und leicht nachvollziehbare Schlussfolgerung zu ziehen, dass es unweigerlich zu einem Zusammenbruch kommen wird, wenn wir unseren ökologischen Fußabdruck innerhalb fester Grenzen weiterhin exponentiell anwachsen lassen. Es sei denn, wir entscheiden uns, dieses Wachstum zu stoppen, bevor es zu spät ist.

Dass die Vorhersagen der Studie größtenteils eingetroffen sind, ist bemerkenswert und ein Zeugnis für die fachliche Versiertheit und das Systemverständnis ihrer Autoren.

Der Bericht zeigte eindeutig, dass es nicht nur um eine Energiekrise, ein Bevölkerungsproblem oder eine Klimakrise ging. Vielmehr ging es um einen Fehler in der Bauart unseres Systems, wobei „das System" unser Modell des konsumbasierten, quantitativen Wirtschaftswachstums meint. Das bedeutete, dass eine Veränderung in der Beschaffenheit des Systems notwendig sein würde, um das Problem zu lösen. *Die Grenzen des Wachstums* wurde viele Millionen Mal verkauft und zählt neben *Der stumme Frühling* zu den bedeutendsten Werken der Umweltliteratur.

Das Buch löste außerdem eine Welle der Berichterstattung aus. Ich erinnere mich noch gut daran, wie ich 1972 in Australien als 13-Jähriger auf der Veranda hinter dem Haus meiner Eltern sitze und in der Morgensonne gebannt eine Artikelserie über die Zukunft der Menschheit lese. Darin wurde ein düsteres Bild der globalen Krise gezeichnet, mit Ressourcen- und Lebensmittelknappheit und einer Gesellschaft, die unter der Bürde von Überbevölkerung und Umweltverschmutzung ächzt.

Mir wurde klar, dass dies meine Zukunft war und dass sie, falls die Vorhersagen stimmten, tatsächlich eine sehr düstere Zukunft sein würde. Ich ahnte nicht, wie tief sich diese Gedanken in meinen jungen Kopf einnisteten. Wahrscheinlich war das der Moment, in dem sich entschied, welche Richtung mein Leben nehmen würde.

Etwa 30 Jahre später wurde mir Professor Jorgen Randers, einer der Autoren, zu einem guten Freund. Wir gehörten damals derselben Fakultät an, dem *Cambridge Programme for Sustainability*

Leadership, und unterrichteten gemeinsam im *Prince of Wales' Business and the Environment Programme.*

Als ich unlängst mit Jorgen darüber sprach, wie es dazu kam, dass er sich zeit seines Lebens für den Umweltschutz eingesetzt hatte, erzählte er mir, dass er sich als junger Doktorand der Forschergruppe angeschlossen habe, die World3 entworfen und *Die Grenzen des Wachstums* geschrieben hatte. Er schrieb damals gerade an seiner Doktorarbeit am MIT und war ursprünglich mehr aus Interesse an Systemdynamik als an Umweltfragen auf das Forschungsprojekt gestoßen. Als die Folgen des exponentiellen Wachstums aus den Forschungsergebnissen ersichtlich wurden, veränderte das sein Leben. Fortan kämpfte er für die Veränderung des Systems, um zu verhindern, dass, wie er aus dem Zukunftsmodell wusste, Umweltverschmutzung und Ressourcenerschöpfung zum unabwendbaren Zusammenbruch der globalen Wirtschaft und Gesellschaft führen würden.

Fast 40 Jahre später ist Jorgen noch immer ein leidenschaftlicher Verfechter des Systemwandels. Fröhlich und mit einem dicken norwegischen Akzent ausgestattet, hält er überall auf der Welt Vorträge und besucht mit Vorliebe Gebiete großer Artenvielfalt, da er überzeugt davon ist, dass diese bald größtenteils verschwunden sein werden.

Trotz des Mangels an konkreten Handlungen wurde die Umweltbewegung von 1972 an stärker. Greenpeace und viele weitere Umweltorganisationen wurden gegründet und auf der ganzen Welt engagierten sich Menschen für Umweltthemen. Das Auftauchen von Greenpeace war pragmatisch und symbolisch gesehen wichtig. Es symbolisierte das Ankommen im Mainstream der weltweit agierenden Nichtregierungsorganisationen (NGOs), jener unabhängigen Vereinigungen, die ein globales Gegengewicht zu Regierungen und multinational agierenden Unternehmen bilden.

Greenpeace bildete zudem erstmals eine Kontrollinstanz und eröffnete die Möglichkeit zur Beobachtung, indem sie durch mutige und teils waghalsige Konfrontationen und den gezielten Einsatz der globalen Medien umweltschädliches Verhalten in die Wohnzimmer der breiten Masse trugen.

Angesichts der zunehmenden öffentlichen Sorge, die größtenteils durch diese Gruppen wachgerufen wurde, ergriffen die zuständigen Behörden, wie etwa die verschiedenen nationalen Umweltaufsichtsbehörden, in den 1970er-Jahren wichtige Maßnahmen, unter anderem zur Verbesserung der städtischen Luftqualität oder gegen Wasserverschmutzung. Daraus resultierte vielfach eine Verbesserung des Umweltschutzes in den westlichen Ländern und es entstand der irrtümliche Eindruck, dass die Probleme auf diese Weise gelöst würden. Natürlich war es gut, dass die Flüsse nun nicht mehr in Flammen aufgingen, aber die Probleme waren viel tiefschichtiger.

Um diese Zeit, ich war gerade 15 Jahre alt, begann ich mich politisch zu engagieren. Ich setzte mich für Belange der Menschenrechte und eine Reihe von Freiheitsbewegungen ein, wie zum Beispiel die Unabhängigkeitsbewegung in Osttimor. Mitte der 1970er-Jahre engagierte ich mich stark für die Anti-Apartheid-Bewegung und mein Denken war stark von den Ereignissen in Südafrika geprägt. Allen voran das Massaker in Soweto, wo Kinder, jünger noch als ich, beschossen und ermordet wurden, nur weil sie dagegen demonstrierten, dass sie in der Schule nicht in ihrer eigenen Sprache unterrichtet wurden. Der Gedanke, dass es Menschen gab, die ihr Leben opferten für ihre Ideale prägte mein Verständnis davon, was es bedeutete, ein Aktivist zu sein. Und mir wurde bewusst, wie viel Glück ich hatte, in Australien zu leben.

Das führte dazu, dass ich begann, an konkreten Protestaktionen teilzunehmen. Mit 17 kettete ich mich an die Tore der südafrikanischen Botschaft in Canberra. Ich erinnere mich daran, dass es mich sehr nervös machte, an einer Aktion teilzunehmen, die zu meiner Festnahme führen konnte. Zugleich war mir sehr wohl bewusst, dass das Risiko, das ich einging, im Vergleich verschwindend gering war, wenn man bedachte, dass die Menschen, die ich unterstützte, für ihre Überzeugungen erschossen wurden. Es war eine spannende Zeit für einen 17-Jährigen; an die Tore der Botschaft gekettet, wurde ich von nationalen Radio- und Fernsehsendern zu den unfassbaren Verstößen gegen die Menschenrechte in Südafrika befragt. Ich glaubte daran, etwas bewegen zu können – und das fühlte sich gut an.

Auch an einen Tag aus dem Jahr 1977 erinnere ich mich noch gut, auch wenn es mir eher unangenehm ist. Die internationale Walfangkommission tagte damals in Canberra und auf dem Rückweg von einer Anti-Apartheid-Demo sahen wir im Vorbeifahren eine ungleich größere Demonstration gegen den Walfang, organisiert von Greenpeace und anderen Umweltorganisationen. Moralische Entrüstung machte sich im Auto breit, da sich diese Menschen offensichtlich mehr um Wale als um Menschen sorgten: „Warum haben die sich nicht unserem Protest angeschlossen, bei dem es um die Unterdrückung und Ermordung von Menschen geht?" fragten wir. „Wen interessieren denn bitte Wale, wenn Menschen sterben?"

Wenn ich zurückblicke, erkenne ich, dass ich, wie die meisten damals, Carsons Theorie über die Vernetzung allen Lebens und die Überheblichkeit des Menschen nicht begriffen hatte. Ich betrachtete Menschen als höherrangige und wichtigere Lebewesen, und den Schutz der Wale als eine separate und nicht mit dem Menschen in Zusammenhang stehende Angelegenheit. Ich begriff nicht, dass der Schutz der Meereswelt eigentlich dem Schutz des komplexen Systems galt, das unsere Lebensgrundlage ist. Ich hatte noch nicht verstanden, dass mit dem Aussterben der Wale auch der Mensch verschwindet.

Ich hätte wohl mehr Zeit mit dem Lesen von den Werken Henry Thoreaus und weniger Zeit mit dem Lesen der Mao-Bibel verbringen sollen!

Mein Denken veränderte sich grundlegend, als 1979 mein erster Sohn, Callan, geboren wurde. Auch wenn ich damals erst 20 Jahre alt war, erstreckte sich die Zeitspanne, für die ich mich interessierte, von da an plötzlich bis weit in die Zukunft. So geht es vielen, die zum ersten Mal Eltern werden. Mit der neu gewonnenen Verantwortung entsteht auch ein neues Gefühl dafür, was es bedeutet, dass das Leben von Generation zu Generation weitergegeben wird, durch die Weitergabe der eigenen Gene an die Kinder, die all das erleben werden, was die Zukunft bringt. Wenn man an diesem Punkt angekommen ist, wird die Zukunft eine viel persönlichere Angelegenheit und genau so erging es auch mir nach Callans Geburt.

Eine Menge war in den 1970er-Jahren geschehen. Doch trotz aller Anstrengungen waren die 1980er-Jahre hauptsächlich geprägt durch Umweltkatastrophen, manche davon mit globalen Auswirkungen.

In der Nacht vom 2. auf den 3. Dezember 1984 gelangten in einem Werk des amerikanischen Konzerns Union Carbide im indischen Bhopal mehrere Tonnen toxischer Gase in die Atmosphäre.

Es war eine der weltweit schrecklichsten Chemiekatastrophen. Durch das Einatmen der Gase und die einsetzende Massenpanik starben sofort Tausende Menschen. Die vorsichtigsten Schätzungen gehen davon aus, dass 15.000 Menschen ihr Leben verloren.[14] In vielerlei Hinsicht war diese Katastrophe ein Sinnbild der 1980er-Jahre. Während in den entwickelten Ländern die Sicherheitsstandards erhöht wurden, wurden sie von der Industrie in den Entwicklungsländern immer weiter heruntergefahren, um Produkte für die reichen Länder herzustellen. Industrieunfälle wie in Bhopal sorgten dafür, dass diese Praxis der Unternehmen zu einem wiederkehrenden Thema in der westlichen Welt wurde.

Am 26. April 1986 wurde die Erkenntnis in das öffentliche Bewusstsein katapultiert, dass Ländergrenzen keinerlei Bedeutung haben, wenn es um die Verschmutzung der Umwelt geht. Um 1.23 Uhr in der Nacht des 26. April ereigneten sich zwei Explosionen im Atomkraftwerk von Tschernobyl. Durch einen Stromstoß zerbrachen die nuklearen Brennstäbe, das austretende Gas verursachte eine Explosion, die den Deckel des Reaktorkerns und die Decke des Reaktors zerstörte, radioaktive Materie trat nach außen. Die eintretende Luft entflammte den Graphitkern, das im zerstörten Reaktor entstandene Feuer brannte neun Tage.

Die radioaktive Wolke überzog die Stadt Pripyat. Sie zog weiter in Richtung Norden und Westen, verseuchte den Boden im benachbarten Belarus und trieb über Osteuropa und Skandinavien hinweg. Während Messstationen in Skandinavien begannen, ungewöhnlich hohe Werte radioaktiver Strahlung zu melden, schwieg die sowjetische Obrigkeit. Sie brauchten drei Tage, um zuzugeben, dass es überhaupt einen Unfall gegeben hatte.

Weite Teile Europas waren ernstlich von der über den Kontinent ziehenden radioaktiven Vergiftung betroffen. In Schweden rief die Regierung aufgrund signifikanter radioaktiver Strahlenbelastung dazu auf, höchstens einmal pro Monat Elch- und Fischfleisch zu essen. Pilze, Beeren und Honig aus Nordschweden – wohin der Wind die Strahlung getragen hatte – durften aufgrund ihrer radioaktiven Verseuchung nicht mehr verkauft werden. In den folgenden Jahren wurden Hunderttausende erlegter Rentiere aufgrund radioaktiver Verseuchung nicht zum Verzehr freigegeben. Das Halten von Rentierherden und der Verkauf von Rentierfleisch versorgt größtenteils die indigene Bevölkerung Nordskandinaviens, die Saami. Die Geschichten rund um dieses Ereignis hallen bis heute nach und noch immer erzählt man sich in Schweden davon. Tschernobyl verfestigte nicht nur die Skepsis gegenüber der Sicherheit der Nuklearenergie, es gab den Menschen auch ein anschauliches Beispiel für die Vernetzung der Erde.

In den 1980er-Jahren ereignete sich auch eine der größten Ölkatastrophen, ausgelöst vom meistgehassten Erdölunternehmen der Welt. 1989 lief die *Exxon Valdez* auf Grund, 37.000 Tonnen Rohöl flossen in die klaren Gewässer Alaskas. Es folgte ein Rechtsstreit, der Exxon für den Schaden zur Verantwortung ziehen sollte. Das Unternehmen hatte einem bekanntermaßen alkoholkranken Mann das Kommando des Tankers überlassen, der, als das Schiff auf Grund lief, betrunken und nicht auf der Steuerbrücke war. Das erste Verfahren endete mit einer Jury-Entscheidung, die Exxon zur Zahlung von fünf Milliarden Dollar an Schadensersatzzahlungen verurteilte. Angesichts von so viel Geld, das auf dem Spiel stand, schaffte es Exxon, mit den enormen zur Verfügung stehenden Mitteln den Rechtsstreit über Jahrzehnte in die Länge zu ziehen. Im Jahr 2008 entschied der Oberste Gerichtshof, die Schadensersatzzahlung auf 507 Millionen Dollar zu reduzieren. Im selben Jahr verzeichnete Exxon einen Rekordgewinn von über 40 Milliarden Dollar.

Wegen des *Valdez*-Vorfalls und des schrillen Protests des Unternehmens gegen jegliche Maßnahmen zur Verhinderung des Klimawandels, inklusive der bis zum heutigen Tag dauernden Finanzierung der Verbreitung von wissenschaftsfeindlichem Klimaskeptizismus, trägt Exxon Mobil unter vielen Klimaschützern verdientermaßen den Spitznamen Todes-Stern.

Aber es gab auch eine wichtige positive Entwicklung in den 1980er Jahren: den für den Umweltschutz wegweisenden Beschluss, die Produktion von FCKW – eines für die Bildung des Ozonlochs verantwortlichen Gases – auslaufen zu lassen. Diese Vereinbarung aus dem Jahr 1987, unterstützt von den konservativen Regierungen Margaret Thatchers und Ronald Reagans, ist bis heute das klassische Beispiel dafür, dass entschiedenes globales Handeln möglich ist, sobald das Leugnen und Zögern der Industrie ein Ende hat. Kofi Annan, früherer UN-Generalsekretär, bezeichnete das Abkommen als „das bis dato vielleicht allererfolgreichste internationale Abkommen", und es bleibt ein schillerndes Beispiel dafür, welche Maßnahmen ergriffen werden können, sobald sich Unternehmen und Regierungen dazu entscheiden, etwas zu tun.

Einige Jahre später, als Berater von DuPont, erzählten mir leitende Angestellte des Unternehmens, wie sie diese Veränderung erlebt hatten. Als DuPonts Wissenschaftler zum Ergebnis kamen, dass FCKW eindeutig die Ursache für die Auflösung der Ozonschicht sei, stand DuPont vor der unschönen Realität, dass ein ganzer Unternehmensbereich quasi erledigt war. DuPont, das von Greenpeace zwar einmal treffend als der „weltgrößte Umweltverschmutzer" bezeichnet wurde, war dennoch geprägt von einer tiefen ethischen Unternehmenskultur. Als DuPonts Wissenschaftler das Problem bestätigten, beschloss das Unternehmen, diesen Geschäftsbereich zu schließen und die FCKW-Produktion zu einem weit früheren Zeitpunkt als es das Abkommen verlangte einzustellen. Keine leichte Entscheidung, da DuPont damals noch nicht absehen konnte, ob das Unternehmen in den Markt für Ersatzprodukte einsteigen können würde.

Die Angestellten, mit denen ich mich unterhielt, waren stolz auf die kompromisslose Haltung ihrer Firma. Wohlgemerkt, es ging damals nicht nur um eine ethisch vertretbare Entscheidung, und DuPont betrachtete diese zu Recht als wirtschaftlich folgenreich. Wie DuPont-Mitarbeiter Joseph Glas sagte: „Wenn man weltweit FCKW im Wert von 3 Milliarden Dollar verkauft und davon 70 Prozent wegreguliert werden sollen, entsteht ein enormes Marktpotenzial."

Die Politik hinter solch einem Richtungswechsel und die verschiedenen Lager, die sich darum innerhalb der Wirtschaftsgemeinschaft bilden, sind komplex und faszinierend. Während DuPont noch 1980 die Gründung der „Alliance for Responsible CFC Policy" vorangetrieben hatte, einer Lobbygruppe, die sich gegen die Regulierung von FCKW einsetzte, wechselte das Unternehmen 1986 die Seiten und betrieb fortan Lobbyismus für das FCKW-Verbot unter der Regierung Reagan. DuPonts Bestrebungen gipfelten im Montreal-Protokoll, das Präsident Reagan als „monumentale Errungenschaft" bezeichnete.

Manche wandten dagegen ein, dass es hierbei in erster Linie ums Geschäft und nicht um ethische Fragen ging. Die Wahrheit ist, es ging um beides. Mostafa Tolba, Geschäftsführer des UN-Umweltprogramms, sagte: „Die Schwierigkeiten in den Verhandlungen über das Montreal-Protokoll hatten absolut nichts damit zu tun, ob die Umwelt Schaden nehmen würde oder nicht. Es ging nur darum, wer einen Vorteil gegenüber wem haben würde; ob DuPont einen Vorteil gegenüber den europäischen Produzenten bekommen würde oder nicht." Ich kann mir gut vorstellen, dass sich die Verhandlungen zu diesem Zeitpunkt größtenteils um kommerzielle Vorteile drehten, wobei die Regierungen die Interessen der Firmen in ihren Heimatländern vertraten. Amerikanische und europäische Firmen konkurrierten um den Markt für Ersatzstoffe, aber die wirtschaftlichen Entscheidungen dahinter waren komplex. DuPont beispielsweise musste sich zu Investitionen von etwa 500 Millionen Dollar verpflichten, Zeitabläufe und Wettbewerbsposition waren daher wirtschaftlich entscheidend.

Dieses Beispiel zeigt, wie chaotisch wirtschaftliche Entscheidungen getroffen werden, wenn es um Umweltfragen geht. Tief ethische Fragen *spielen* eine Rolle *und* sie haben weitreichende wirtschaftliche Folgen. Darin spiegelt sich die Wirklichkeit des Marktverhaltens. Unternehmen bekennen sich oftmals aufrichtig zu den Prinzipien ethischen Handelns, und doch weist vieles darauf hin, dass sie ihr Verhalten nur dann wirklich verändern, wenn der Wandel für sie profitabel ist und einhergeht mit wirtschaftlichem Erfolg. Dieses komplexe Problem setzt sich heute fort im Umgang mit dem Klimawandel. Wir erleben Unternehmen und Branchen, die ständig ihre Positionen verändern, weil sie zwar erkannt haben, dass ein Wandel notwendig und unausweichlich ist, sich aber gleichzeitig einen wirtschaftlichen Vorteil davon versprechen, den Übergang zu beschleunigen oder zu verlangsamen.

Das Wüten der FCKW-Debatte von Mitte bis Ende der 1980er-Jahre führte auch dazu, dass die Nachhaltigkeitsbewegung in Unternehmen Einzug hielt. Wie DuPont erkannten viele Firmen, dass in einer Welt, in der die Sorge um die Umwelt stetig zunahm, Widerstand zwecklos und strategisch unklug war. Solche Firmen beschlossen, ihrer Zeit voraus zu sein und proaktiv neue Wege einzuschlagen.

In den 1980er-Jahren passierte noch mehr: Umweltorganisationen überall auf der Welt entwickelten sich auf spektakuläre Weise und führten entschiedene Kampagnen gegen industrielle Umweltverschmutzung, die nun immer häufiger auf einzelne Unternehmen abzielten, anstatt nur allgemeine Regulierungen zu fordern. Das war die Geburtsstunde der gezielten Angriffe auf einzelne Handelsmarken, bei denen Aktivisten den Fokus, den Unternehmen auf ihre Marke legen, bewusst als Schwachstelle nutzen, wie etwa bei Nike wegen der Sweatshops. Für die Autorin Naomi Klein ist das Markenimage eines Unternehmens Stärke und Schwäche zugleich. In *No Logo* schreibt sie: „Es zeigt sich, dass Marken, die in entscheidender Weise zum Wohlstand eines Konzerns beitragen, zugleich die Achillesferse eines Unternehmens sind." Je stärker das Markenimage eines Unternehmens ist, desto angreifbarer wird es für Kampagnen von Aktivisten, die auf dieses Image abzielen.

Es war auch die Zeit, in der überdeutlich wurde, wie ernst der Kampf für den Umweltschutz war, als ein Greenpeace-Aktivist von einer westlichen Regierung ermordet wurde. Agenten des französischen Auslandsgeheimdienstes, der Direction Générale de la Sécurité Extérieure (DGSE), bombardierten am 10. Juli 1985 mit Genehmigung des französischen Präsidenten François Mitterand das Greenpeace Schiff *Rainbow Warrior* in Auckland, Neuseeland. Das Schiff sollte als Protest gegen Atomwaffentests im Südpazifik in Kürze in See stechen. Der Anschlag tötete das Crew-Mitglied Fernando Pereira, Fotograf und Vater zweier kleiner Kinder.

Schon zuvor hatte es in Entwicklungsländern eine ganze Reihe von Fällen gegeben, bei denen Umweltaktivisten von Kriminellen oder Geheimdienstagenten getötet wurden. Dieser Fall jedoch, bei dem eine demokratische westliche Regierung einen Aktivisten in einem befreundeten westlichen demokratischen Land ermordete, war für Umweltschützer auf der ganzen Welt eine krasse Mahnung, was auf dem Spiel stand. Es war allerdings auch ein Beweis dafür, dass Protestgruppen inzwischen großen Einfluss auf das Ansehen von Unternehmen und Ländern hatten. Verhältnismäßig kleine Gruppen waren nun in der Lage, die öffentliche Meinung in großem Umfang zu beeinflussen, indem sie auf intelligente Weise die zunehmend globaler werdenden Medien nutzten.

Die Bombardierung der *Rainbow Warrior* und die breitere öffentliche Debatte über die Möglichkeiten eines Atomkriegs führten dazu, dass ich mich, inzwischen als aktives Mitglied des australischen Militärs, wieder als Aktivist engagierte. Ich hatte mich 1983 der australischen Luftwaffe angeschlossen.

Davor hatte ich als Gewerkschafter einer kommunistisch geführten Gewerkschaft, der *Builders Labourers Federation*, in Sydney gearbeitet. Obwohl ich das Gefühl hatte, mit dem Schutz von Arbeiterrechten und sicheren Arbeitsbedingungen in einer damals recht schäbigen Branche einen Beitrag zur Gesellschaft zu leisten, war ich schon bald unzufrieden mit der ideologischen Besessenheit der Gewerkschaftsführer und ihrer blinden Unterstützung für ihre politischen Überzeugungen. Es gab zu viele Beispiele, in denen die Führung mehr die Macht und den Einfluss der Gewerkschaft im Blick hatte als die Interessen der Arbeiter. Einmal hatte ich sogar mehrere Wochen auf einem Streikposten verbracht, im Streit mit einer anderen Gewerkschaft, wer von uns für die Arbeiter auf dieser Baustelle zuständig sei. Daraufhin verließ ich 1981 die Gewerkschaft und nach einem Jahr der Arbeitslosigkeit (es ist ziemlich schwierig, einen Job an Land zu ziehen, wenn man zuvor als Gewerkschafter gearbeitet hat!) ging ich zum Militär.

Für meine Freunde und meine Familie war das eine Riesenüberraschung, da sie gedacht hatten, solch ein Richtungswechsel wäre bei meiner politischen Einstellung schlicht unmöglich. Für mich war dieser Schritt logisch. Ich strebte danach, einen Beitrag zur Gesellschaft zu leisten und aus meiner Sicht tat das australische Militär genau das.

Während des Militärdienstes und nach der Geburt meines zweiten Sohnes, Asher, machte ich mir große Sorgen über die Bedrohung durch einen Atomkrieg. Im Militär zu sein führte natürlich zu einem großen Interesse an Angelegenheiten der nationalen und globalen Sicherheit – es waren schließlich die Jahre von Ronald Reagan, Star Wars und einer massiven globalen Bewegung gegen Atomwaffen.

Ich erinnere mich insbesondere an einen Zeitungsbericht über einen Wissenschaftskongress aus jener Zeit. Darin wurde berichtet, dass ein alarmierender Teil der Teenager glaubte, es gebe buchstäblich keine Zukunft für sie, weil ein Atomkrieg unvermeidbar wäre, und es deswegen auch keinen Sinn mache, auf ein besseres Leben hinzuarbeiten. Unabhängig davon, ob diese Einschätzung zutreffend war oder nicht, bereitete mir, als jungem Vater, die Tatsache, dass eine ganze Generation mit solch einer Einstellung heranwuchs, große Sorge.

Ich glaube, diese Periode der globalen Konzentration auf das Atomproblem, als viele zu verstehen begannen, dass wir die Fähigkeit besaßen, den Großteil des Lebens auf der Erde mit einem Atominferno zu zerstören, entscheidend war für spätere Entwicklungen im kollektiven Denken der Gesellschaft. Dieser Gedanke bot ein tiefes und unmittelbares Verständnis für das Konzept der intergenerationellen Auswirkungen unseres Handelns und dafür, dass wir Menschen leicht und unumkehrbar dem gesamten Erdsystem schaden konnten. Ich denke, bis heute haben manche Menschen noch Mühe zu glauben, dass wir wirklich die Macht haben, die gesamte Umwelt der Erde zu zerstören. Sicher, wir können einen Fluss hier und einen Wald dort zerstören, aber der Planet ist *so* groß, das können wir bestimmt nicht alles vernichten?

Die Möglichkeit eines nuklearen Winters – eine plötzliche globale Abkühlung, ausgelöst durch ein massives Atominferno, das den Planeten mit feinen Staubpartikeln überzieht – zeigte, dass wir dazu sehr wohl in der Lage waren, und zwar nur mit ein paar Knöpfen und Telefonaten. Es war eine ernüchternde Zeit. Wir hatten gelernt, die Bedeutung von Rachel Carsons Worten zu verstehen, dass wir „nun über die verhängnisvolle Macht verfügen, die Natur zu zerstören".

Motiviert durch diese Bedrohung für die Zukunft meiner Kinder war ich 1985 noch immer beim Militär, verbrachte aber meine freie Zeit bei Protestaktionen auf dem Wasser, die von einer Aktivistengruppe aus Sydney, der *Sydney Peace Squadron*, im Hafen von Sydney gegen den Besuch von atomwaffenbestückten Kriegsschiffen aus den USA und England organisiert wurden. Zu dieser Zeit stand ich nach wie vor gerne im Militärdienst und bis heute erfüllt mich großer Respekt für unsere Streitkräfte.

Wenngleich das australische Militär in einem klaren demokratischen Rahmen verortet ist und sich angesichts dessen, was ich in meiner Freizeit tat, überraschend tolerant zeigte, kamen wir am Ende überein, dass eine langfristige Militärkarriere sich wohl nicht mit einem Privatleben als Anti-Atom-Aktivist vereinen ließe, vor allem da sich unser Protest gegen Schiffe aus alliierten Ländern wendete. Nach einigen interessanten (!) Unterhaltungen mit Militärgeheimdienstlern, die den Grad der von mir ausgehenden Bedrohung überprüfen sollten, beschlossen wir im Jahr 1986, uns einvernehmlich zu trennen. Danach widmete ich mich Vollzeit dem Anti-Atom-Protest. Ich lebte damals getrennt von meiner ersten Frau mit meinen beiden Kindern.

Da wir uns keine richtige Wohnung leisten konnten, zogen die Kinder und ich in ein leer stehendes Haus, das der Regierung gehörte. Es war so heruntergekommen, dass wir das Dach erneuern mussten und neue Fenster und Türen benötigten. Das Material für die Renovierung sammelten wir auf dem Schrottplatz und ich erhielt finanzielle Unterstützung von Aktivisten-Freunden und die staatliche Sozialhilfe für alleinerziehende Eltern. Nichts von dem stellte eine Herausforderung dar, da ich glücklich meinem Lebenszweck folgte.

Die Anti-Atomwaffen-Bewegung hatte großen Einfluss auf die Umweltdebatte, da sie dazu beitrug, auf vielerlei Ebenen Zusammenhänge herzustellen. Zum Beispiel enthüllte sie die vielfachen Verknüpfungen zwischen dem Regierungs-, Militär- und Sicherheitsapparat und der zivilen Atomwirtschaft. Das war das perfekte Futter für Berichte über Verschwörungen und Dramatisierungen wie die Kultserie der BBC *The Edge of Darkness*, und trug dazu bei, dass eine ganze Generation heranwuchs, die äußerst skeptisch war, wessen Interessen ihre Regierung tatsächlich vertrat.

Nach einigen Jahren als unabhängiger Aktivist schloss ich mich Ende 1989 Greenpeace an, zu einer Zeit, in der die amerikanischen und europäischen Umweltbewegungen eine große Welle des Wachstums erlebten. Vielleicht durch die Kontroversen rund um FCKWs und das Ozonloch und mit Unterstützung der Anti-Atom-Proteste breitete sich der Umweltschutz in allen westlichen Ländern schnell aus. Mitgliederzahlen und Einfluss stiegen, als das öffentliche Bewusstsein zunahm und die Zahl der Medienberichte explodierte.

Die Unternehmen zogen die Köpfe ein, während die Konsumenten über deren unverantwortliches Verhalten schimpften. Es war die Zeit, als Unternehmen wie Nike sich plötzlich und unvorhersehbar mitten in einer Kontroverse wiederfanden. Nike hatte geglaubt, es gehe darum, Turnschuhe herzustellen und Geld zu machen. Nun wurde plötzlich erwartet, dass sich Nike komplexen sozialen Themen wie soziale Gerechtigkeit, Arbeiterrechte in Entwicklungsländern und kulturell unterschiedlichen Vorstellungen über das Alter seiner Arbeiter widmete. Es wurde deutlich, dass einige neue Fähigkeiten erforderlich sein würden, um in der Zukunft Geld zu machen.

Bis zu diesem Zeitpunkt waren Umweltprobleme in erster Linie als eine Angelegenheit der entwickelten Länder gesehen worden, in denen die öffentliche Unterstützung breit und die Regulierungen straff waren. Infolgedessen hatten viele Unternehmen geglaubt, sie könnten in Entwicklungsländern produzieren, wo die ökologischen Standards lax und die Löhne niedrig waren. Doch im Lauf der 1980er-Jahre stellten sie fest, dass die Globalisierung, die sie mochten, weil sie ihre Kosten reduzierte, auch eine neue vernetzte Welt erschuf. Aktivisten schlossen sich zu eng verbundenen Netzwerken zusammen, und preisgünstige Technologien machten es nun jederzeit und jedem möglich, den Konzernzentralen über die Medien eine Nachricht zu schicken. Plötzlich war das Verhalten überall auch öffentlich.

Die Organisation, die das am besten konnte, war gegen Ende der 1980er zweifellos Greenpeace. Ich trat Greenpeace 1989 bei, um die Kampagne „Sauberes Wasser, Saubere Meere" in Australien zu leiten, die sich darauf konzentrierte, herausstechende Fälle industrieller Umweltverschmutzung aufzudecken. Es war eine der klassischen Rohrverstopfungskampagnen von Greenpeace; unsere erste konkrete Aktion bestand darin, Taucher unter Wasser zu schicken, um die Entsorgungsrohre einer Ölraffinerie zu verstopfen, die toxische Abfälle ins Meer leitete. In Australien gab es zu jener Zeit nur wenige wirksame Regulierungen im Bereich der industriellen Umweltverschmutzung. Unser Team entnahm heimlich Proben an den Stellen, an denen die Abwässer der Firmen in Flüsse, Bäche, Abwasserkanäle oder ins Meer flossen. An fast allen von uns getesteten Stellen wurden die in den Nutzungsverträgen der Firmen festgeschriebenen gesetzlichen Grenzen für Giftmüll deutlich überschritten.

Greenpeace erlebte damals aufregende Zeiten: Die Medien liebten die Mischung aus spannenden und mutigen Aktionen und dem, was wir als das „illegale Abladen von Giftmüll" bezeichneten und die Firmen als „vorübergehende Überschreitung der Grenzwerte in der Entsorgung". Unser politischer Einfluss schoss in die Höhe und mit unseren Aktionen eroberten wir die Öffentlichkeit. Die Positionen verfestigten sich: Hier waren wir, die guten Umweltschützer, und dort die bösen Umweltverschmutzer der Industrie.

Die meisten der beteiligten Firmen reagierten völlig unbeholfen. Ein berühmt-berüchtigtes Beispiel hierfür bot der Sprecher von BHP, dem damals größten australischen Unternehmen, der seine Hand über eine Kameralinse legte, um die Filmaufnahmen zu stoppen und die anwesenden Journalisten durch die Polizei vom Gelände entfernen ließ. Das brachte uns natürlich das Wohlwollen der Medien ein, die flächendeckend über unseren Protest berichteten, inklusive unseres Slogans, der aus dem Akronym BHP den „Big Horrible Polluter" Australiens machte. Dieses Ereignis wurde zur klassischen Fallstudie in den PR-Seminaren der nächsten zehn Jahre, wie man auf keinen Fall auf Umweltproteste reagieren sollte.

Obwohl unsere Absichten ehrenhaft waren und das Verhalten der Unternehmen eindeutig falsch, um nicht zu sagen illegal, verziehe ich im Rückblick oft das Gesicht, wenn ich daran denke, welches Vergnügen es mir bereitete, Unternehmensleiter im Fernsehen mit Beweisen für ihren „unternehmerischen Vandalismus" zu konfrontieren. Viele von ihnen waren anständige Leute, die vom raschen Wandel der öffentlichen Erwartungen überrascht wurden.

Während die Reaktionen der meisten Unternehmen unglaublich naiv waren, rief mich Dr. Michael Deeley, Unternehmensleiter des Chemieriesen ICI, eines Tages an und fragte, ob wir uns zu einem Gespräch verabreden könnten (ich war zu diesem Zeitpunkt CEO von Greenpeace Australia). Das war ein überraschender Schritt und ich willigte sofort ein. ICI war eines unserer Hauptziele, da ihr Chemiewerk in Sydney ein erschreckendes Beispiel für schlechte Umweltstandards darstellte.

Es war ein faszinierendes Treffen, das meine Einstellung gegenüber Unternehmen und der Rolle des Marktes zu verändern begann. Es war eine private Verabredung und wir sprachen offen miteinander. Deeley erklärte, dass obwohl die Kampagnen von Greenpeace ein Problem für ihn darstellten, die weit größere Herausforderung darin bestehe, in seinem Unternehmen eine neue Haltung gegenüber Umweltfragen zu etablieren und Umweltthemen größere Bedeutung einzuräumen. Er sprach über die Überzeugungen der alten Garde und die Schwierigkeit, eine althergebrachte Organisationsstruktur zu modernisieren.

Er war offensichtlich ein rechtschaffener Mann. Wenngleich uns das nicht davon abhielt, in den folgenden Jahren weiterhin unnachgiebige Kampagnen gegen ICI zu führen, hatte ich einen wichtigen Einblick in das Verhalten von Unternehmen gewonnen. Es brachte mich auch dazu, über die gefährliche Psychologie der „Dämonisierung des Feindes" nachzudenken, die wir so erfolgreich betrieben. Ich wusste, dass er mit mir sprechen wollte, um genau das im Interesse seines Unternehmens zu verhindern, doch ich begann auch die Moral unserer Taten anzuzweifeln. Ich dachte, dass wir vielleicht stärker das Fehlverhalten an sich und weniger die Moral der Menschen dahinter angreifen sollten.

Während ich bei Greenpeace Australien war, fand 1992 der Rio Weltgipfel, eine der bedeutendsten historischen Umweltkonferenzen statt. Mit dieser Konferenz, an der 108 Staatsoberhäupter teilnahmen, darunter George W. H. Bush, wurde ein neuer Höhepunkt im globalen politischen Umweltbewusstsein erreicht. Diese Konferenz leitete mit der Verabschiedung der UN-Klimarahmenkonvention (UNFCCC), der Vereinbarung, eine gefährliche Störung des Klimas zu verhindern, den Prozess der globalen Klimavereinbarungen ein.

Ich war auf vielen solcher internationalen Treffen, darunter die Klimakonferenz von 1997 in Kyoto, während der das Kyoto-Protokoll verabschiedet wurde, und dem Weltgipfel +5 in New York, ebenfalls im Jahr 1997. Diese Treffen ähneln weniger einer Tagung als vielmehr einem „Festival der Debatten", bei dem Tausende Lobbygruppen mit den unterschiedlichsten Überzeugungen um die mediale und politische Aufmerksamkeit für ihr jeweiliges Programm kämpfen.

Sie sind auch gute Beispiele für die Unausgereiftheit unserer globalen Führungsstrukturen. Auf diesen Zusammenkünften trifft sich in der Regel die Elite für Umweltentscheidungen, Vertreter aus der Wirtschaft, aus NGOs und Regierungen, die gemeinsam den Mangel an Entwicklungen beklagen – wie in einem großen kollektiven Beichtstuhl!

Als ich 1997 am Erdgipfel +5 in New York teilnahm, einem Sondertreffen der UN Vollversammlung, erhob sich ein Regierungsführer nach dem anderen und hielt eine Rede darüber, wie schrecklich es sei, dass es in den ersten fünf Jahren nach dem Weltgipfel in Rio so wenig Fortschritte gegeben habe. Es war befremdlich mitzuerleben, dass sich die mächtigsten Menschen der Welt versammelt hatten, nur um sich dann so zu verhalten, als wären sie nichts weiter als Beobachter einer Entwicklung, auf die sie wenig Einfluss nehmen konnten. Fünf Jahre später wiederholte sich das Ganze auf dem Erdgipfel 2002 in Johannesburg.

Bei jedem dieser Treffen im Lauf der letzten 20 Jahre wurden zunehmend ernstere Reden gehalten, die meisten davon sicherlich aufrichtig gemeint, über die beträchtlichen Risiken, vor denen die Menschheit steht und der dringenden Notwendigkeit zu handeln. Von außen betrachtet sieht es so aus, als seien alle wichtigen Leute in einem Raum versammelt, bereit und imstande zu handeln und mit der Macht, die Welt zu verändern. Doch was innen drinnen passiert, ist, dass niemand wirklich das Sagen hat, weil, wie wir später noch erörtern werden, das System inzwischen so groß ist, dass es niemanden gibt, der dazu in der Lage wäre.

Aus den 50 Jahren des Schreis haben wir gelernt, dass der globale Wandel in Wirklichkeit viel mehr ein Prozess von unten nach oben ist. Mit einigen wenigen Ausnahmen agieren unsere Regierungschefs bestenfalls in dem Maße, wie sie glauben, dass die Politik es ihnen erlaubt, anstatt das zu tun, von dem sie glauben, dass sie es tun sollten. Wie wir in Kopenhagen gesehen haben, führt die Strategie, ein Auge auf das zu haben, was zuhause politisch akzeptiert ist und mit dem anderen Auge auf den Schutz der Interessen der nationalen Wirtschaft zu schielen, in Verbindung mit einem unreifen und chaotischen Prozess der globalen Entscheidungsfindung zu einem lähmend langsamen Fortschritt; und zwar selbst dann, wenn die Regierenden persönlich von der Notwendigkeit zu handeln überzeugt sind.

Entscheidend für unsere Geschichte ist – und das ist die gute Nachricht an dieser Stelle –, dass, obwohl während dieser Jahrzehnte am oberen Ende der politischen Macht abgesehen von einem besseren Problemverständnis wenig geschah, enorme Fortschritte von unten nach oben erzielt wurden. Viele, viele Millionen Menschen haben sich jenen angeschlossen, die sich leidenschaftlich und überzeugt engagieren, als Aktivisten, Wissenschaftler, Unternehmer, politische Entscheidungsträger, Verfechter von Unternehmensnachhaltigkeit oder ganz normale Bürger. Langsam aber sicher haben sie unsere Denkweise verändert, sodass heute jeder ein Umweltschützer ist.

Wenn die Geschichte der Umweltbewegung geschrieben wird, wird 2010 das Jahr sein, in dem so ziemlich jeder mit dabei war und fand: „Irgendjemand sollte irgendetwas tun!" Alles, was wir jetzt noch tun müssen, ist herauszufinden, wer das sein wird. Darauf werden wir am Ende dieser Geschichte wieder zurückkommen.

Trotz der außergewöhnlichen Anstrengungen, der Millionen von Menschen und Milliarden von Dollar sind dennoch keine wirklich systemverändernden Konsequenzen erfolgt. Wir sind uns einig, dass die Erkenntnisse der Wissenschaft eindeutig sind und auf ein großes Problem hinweisen. Wir haben diese Stadt und jenen Fluss in Ordnung gebracht, hier und da einen Wald gerettet, zahlreiche giftige und gefährliche Chemikalien verboten und durch die Möglichkeit, das gesamte Erdsystem zu beobachten wie nie zuvor, große Sachkunde gewonnen.

Was aber haben wir bezüglich des ganzen Systems erreicht?

Das ist der nächste Teil der Geschichte. Seit über 50 Jahren sagen wir, dass wir etwas gegen diese Probleme unternehmen müssen, weil sonst die Kinder unserer Kinder unter den Folgen leiden werden. Nun, wir sind die Kinder ihrer Kinder. Was wird also passieren?

Mit den Worten Winston Churchills (12. November 1936):

Sie machen weiter in seltsamen Paradoxien, entschieden nur, unentschieden zu sein, entschlossen unentschlossen zu sein, unverrückbar im Abweichen, fest im Fließzustand, allmächtig im Ohnmächtigsein … Dank vergangener Versäumnisse, im Angesicht offensichtlichster Warnungen, betreten wir eine Periode höchster Gefahr. Die Zeit des Zauderns, der halbherzigen Maßnahmen, der Ausreden, der Selbsttäuschungen und Verzögerungen geht dem Ende zu. Stattdessen treten wir ein in eine Periode der Konsequenzen … Wir können diese Periode nicht verhindern, wir befinden uns jetzt in ihr.

Kapitel 3
Ein sehr großes Problem

Ich habe behauptet, dass die Menschheit, die Wirtschaft und das Ökosystem des Planeten als ein einzelnes eng verflochtenes System funktionieren und dass dieses System in ernsten Schwierigkeiten steckt. Im Folgenden werden wir uns die wissenschaftlichen und ökonomischen Belege dafür ansehen.

Unsere Geschichte bewegt sich nun aus der Vergangenheit in die Gegenwart. Das bedeutet, dass wir verstehen müssen, in welchem Zustand sich das Ökosystem der Erde derzeit befindet. Was ist unser Ausgangspunkt?

Vor inzwischen 20 Jahren trafen Regierungsvertreter aus 172 Ländern, darunter 108 Regierungschefs, auf dem Erdgipfel von Rio zusammen. Während dieser bedeutsamen Versammlung wurde beschlossen, dass der Schutz der Umwelt entscheidend sei für den nachhaltigen Wohlstand der Menschheit. Die damals entstandene Rio-Deklaration benennt eine Vielzahl wichtiger Grundsätze, die bis heute Gültigkeit besitzen, darunter auch der „Vorsorgegrundsatz":

Zum Schutz der Umwelt wenden die Staaten im Rahmen ihrer Möglichkeiten allgemein den Vorsorgegrundsatz an. Drohen schwerwiegende oder bleibende Schäden, so darf ein Mangel an vollständiger wissenschaftlicher Gewissheit kein Grund dafür sein, kostenwirksame Maßnahmen zur Vermeidung von Umweltverschlechterungen aufzuschieben.[15]

Sie verabschiedeten außerdem die Klimarahmenkonvention (UNFCCC), die alle Unterzeichner dazu verpflichtete, „eine gefährliche anthropogene Störung des Klimasystems (zu) verhindern"[16].

1992 wurde also ein Handlungsplan für die nachfolgenden Jahrzehnte entworfen. Wie haben wir uns gemacht?

Jede Analyse, die herausfinden möchte, wie viel menschliches Leben die Erde noch verträgt, muss naturwissenschaftlich untermauert sein – durch Messungen und Trendanalysen von tatsächlichen physischen Aktivitäten, basierend auf unserem Verständnis der Physik, Biologie und Chemie. Daher möchte ich zunächst erklären, wie Laien (Leute wie ich und die meisten Leser) mit solchen Informationen umgehen können. Häufig fragen mich Leute, die sich nicht jeden Tag mit Umweltfragen beschäftigen: „Wie soll ich mir darüber eine Meinung bilden? Die einen sagen das und die anderen jenes und ich finde das alles einfach sehr verwirrend."

Der Weg aus dieser Verwirrung liegt in einer Mischung aus einem grundsätzlichen Verständnis von Wissenschaftsprozessen und dem guten alten gesunden Menschenverstand. Um zu verdeutlichen, wie das geht, verwende ich den Klimawandel als Beispiel. Aber im Prinzip gilt das Folgende für alle Bereiche der Nachhaltigkeitsforschung, die ich hier im Fokus habe.

Zunächst einmal muss man verstehen, dass wissenschaftliche Erkenntnisprozesse von vornherein auf das Infragestellen und Diskutieren von bestimmten Vorstellungen angelegt sind. Das ist gut so. Denn andernfalls würde es viel länger dauern, bis wir neue Erkenntnisse gewinnen und falsche Überzeugungen widerlegen könnten. Menschen und auch Wissenschaftler hängen an ihren Überzeugungen und Denkweisen; Skepsis ist daher gut und sollte gefördert werden, weil sie diese althergebrachten Überzeugungen herausfordert. Aufrichtige Skepsis ist in allen Lebensbereichen sinnvoll, und erst recht in der Wissenschaft.

Das Problem beginnt erst, wenn Menschen mit einer bestimmten Absicht sich genau die Details aus der – durch eine gesunde Portion Skepsis entstandenen – Debatte herauspicken, die ihnen nützen. Es wird noch schlimmer, wenn sie diesen kleinen Ausschnitt der Forschung als vermeintlichen „Beweis" dafür verwenden, dass ein ganzer Forschungsbereich angezweifelt werden sollte. Die Klimadebatte ist in dieser Hinsicht eine besondere Herausforderung, da dieser Prozess, der ohnehin stattfindet, von einflussreichen und kapitalstarken Interessen systematisch und absichtlich weiter verstärkt wird. Das Buch *The Merchants of Doubt* untersuchte, auf welche Weise diese Praxis inzwischen in den unterschiedlichsten Bereichen betrieben wird, von Tabakrauch bis zum Klimawandel.[17] Ein relativ aktuelles Beispiel aus dem Bereich Klimawandel ist der US-amerikanische Öl- und Chemieriese Koch Industries mit einem jährlichen Umsatz von 100 Milliarden US-Dollar, der mit 25 Millionen

Dollar Organisationen unterstützt, die daran beteiligt sind, Zweifel am Klimawandel zu verbreiten.[18]

Für Laien gibt es einen einfachen Weg durch all das. Sie können sich damit trösten, dass es aufgrund der Komplexität des Themas auch keinen einzelnen Wissenschaftler gibt, der all die Details versteht. Keiner kann das, weil auch Wissenschaftler nur in einem oder einer kleinen Anzahl von Fachgebieten spezialisiert sind. Das Verständnis eines so komplexen Systems, wie es das globale Ökosystem ist, erfordert jedoch Wissen aus vielen unterschiedlichen Fachgebieten. Jeder, der behauptet, das ganze System in allen Einzelheiten zu verstehen, wie es zum Beispiel einige bekannte Klimaskeptiker tun, versteht es eindeutig nicht und sollte mit Vorsicht bedacht werden.

Aus eben diesem Grund wurden Prozesse in die wissenschaftlichen Verfahren eingebettet, die es erlauben, den Herausforderungen, die durch fächerübergreifende Themen und die daraus resultierenden Unsicherheiten entstehen, zu begegnen. Das ist wichtig, weil wir wissenschaftliche Erkenntnisse für alles Mögliche heranziehen: Sie leiten Entscheidungen von der Zulassung für medizinische Verfahren und Medikamente bis zur Konstruktion von Brücken und der Sicherheitsbeurteilung von Flugzeugen. Was geschieht ist, dass sich Wissenschaftler treffen, gegenläufige Positionen angreifen und eigene verteidigen, um am Ende das zu erreichen, was sie als „Konsens", als übereinstimmende Meinung, bezeichnen. Gremien, je nach Aufgabenstellung zusammengesetzt aus Wissenschaftlern einer oder mehrerer Fachdisziplinen, analysieren strittige Fragen, erörtern die Datenlage, diskutieren die Unsicherheiten und erreichen so eine wohlüberlegte, gemeinsame Haltung, die sich auf die Auswertung der Belege stützt. Dieser Prozess spielt sich auch in Fachzeitschriften, auf Konferenzen und innerhalb anderweitiger akademischer Diskussionen ab, woraus mit der Zeit eine gemeinsame Sichtweise entsteht. Das ist es, was der Begriff *Consensus* meint. Der Begriff ist etwas irreführend, weil er eine 100-prozentige Übereinstimmung impliziert, die er nicht meint. Was er benennt, ist die wohlüberlegte, umfassende und qualifizierte Sichtweise der Wissenschaftsexperten.

Das ist ein gutes Beispiel dafür, dass der kollektive Geist größer ist als der des Individuums. Eine „Consensus"-Position besagt letztlich: „Wir haben alle Unstimmigkeiten und Unsicherheiten in Betracht gezogen und erkennen sie an. Wir wissen, was wir wissen, wir wissen aber auch, an welchen Stellen Unsicherheiten bestehen. Deshalb ist die Sichtweise der weltbesten Experten zu diesem Sachverhalt XYZ und wir sind uns in dieser Annahme zu ABC Prozent sicher. Wenn Sie eine Entscheidung treffen möchten, ist das alles in allem der beste Rat, mit dem die Wissenschaft dienen kann."

Da diese Prozesse größtenteils innerhalb der Wissenschaft ablaufen, kann es für jene innerhalb der Wissenschaftsgemeinschaft leichter als für Außenstehende sein, einen Konsens zu erkennen. Daran liegt es, dass gerade die großen Wissenschaftsorganisationen, die intern forschen aber auch nach außen kommunizieren, hilfreich sein können.

Interessant ist: Wenn man diese Herangehensweise auf den Klimawandel anwendet, zeigt sich, das *jede* größere Gruppe von Wissenschaftlern, die dieses Thema untersucht hat, zu jeder Zeit und an jedem Ort der Welt immer wieder zu denselben Ergebnissen gelangt ist. Zu den Beispielen zählen die nationalen Akademien der Wissenschaft, innerhalb derer fächerübergreifend herausragende Spitzenwissenschaftler versammelt sind, oder internationale Untergruppen der Wissenschaftsgemeinschaft wie etwa Atmosphärenwissenschaftler oder auf der global höchsten und umfassendsten Ebene, der Weltklimarat (IPCC).

Sie alle vertreten übereinstimmend die Auffassung, dass uns umwälzende Veränderungen drohen, die sich destabilisierend auf unser Gemeinwesen auswirken könnten und wir selbst tragen maßgeblich zu dieser Bedrohung bei. Wenn wir das Ausmaß dieser Bedrohung verringern wollen, müssen wir die Emissionen, die dafür verantwortlich sind, drastisch reduzieren. Wie bei fast allen Aspekten der Nachhaltigkeitsthematik ist es recht einfach, das Problem zu benennen und die Lösung dafür zu finden.

Diese „übereinstimmende Meinung" hinsichtlich des Klimawandels findet sich auch in den expertengeprüften Fachartikeln, in denen Forschungsergebnisse vorgestellt und diskutiert werden. Naomi Oreskes veröffentlichte in der Zeitschrift *Science* eine Studie, in der sie zeigte, dass keiner der von 1993 bis 2003 erschienenen Artikel, deren Abstract das Stichwort „Weltklimawandel" enthielt, diese „übereinstimmende Meinung" infrage gestellt hat – nicht ein einziger.[19]

Oreskes' im Anschluss daran erschienenes Buch *Merchants of Doubt* enthüllt auf erhellende Weise, dass diejenigen, die in der antiwissenschaftlichen Kampagne der Tabakindustrie federführend den Zusammenhang zwischen Rauchen und Lungenkrebs leugneten, ebenso scharf und lautstark Zweifel am Klimawandel äußerten.

Eine aktuellere Untersuchung in *The Proceedings of the National Academy of Sciences*, die sich auf die Daten zu 1372 Klimaforschern, deren Veröffentlichungen und Erwähnungen stützt, stellt fest, dass 97 bis 98 Prozent der besonders aktiven Klimaforscher die Einschätzung des Weltklimarates zum Klimawandel teilen. Sie bescheinigt diesen Forschern außerdem profundere Sachkenntnis als den Kritikern der IPCC-Ergebnisse.[20]

Natürlich gibt es immer auch Sichtweisen, die vom allgemeinen Konsens abweichen, und das ist gut so. In Bezug auf den Klimawandel jedoch betreffen fundierte Meinungsverschiedenheiten Fragen von Unterpunkten wie regionale Varianzen oder die Geschwindigkeit der Veränderungen, nicht aber das grundlegende Fazit. Es gibt eine organisierte Gegnerschaft, aber die rekrutiert sich vorrangig aus kleinen Gruppierungen, die sich zum Zweck der Verunsicherung zusammengeschossen haben, im Gegensatz zu den wissenschaftlichen Gremien, die es sich zur Aufgabe gemacht haben, ihr Fachwissen wissenschaftlichen Grundsätzen gemäß objektiv anzuwenden. Diese organisierten Gruppierungen stürzen sich auf jeden Fehler, wie etwa die in den sogenannten (durch Hacker veröffentlichten) Climategate-E-Mails aufgeführten, und messen ihnen im Hinblick auf die gesamte Forschung und ihre Ergebnisse größere Bedeutung zu, obwohl zahlreiche unabhängige Berichte und Untersuchungen zu dem Schluss kamen, dass die Climategate-E-Mails in keiner Weise die Klimaforschung infrage stellen.[21]

Wir müssen also zwei Arten von Skeptikern unterscheiden. Auf der einen Seite haben wir den Prozess der Forschung, in dem Abweichlern die notwendige Rolle zukommt, die herkömmliche Betrachtungsweise infrage zu stellen und Unstimmigkeiten in der gültigen Lehrmeinung aufzudecken. Dem stehen die aus ideologischen Gründen oder wirtschaftlichen Interessen betriebenen Machenschaften von Leuten gegenüber, die aus politischem oder kommerziellem Kalkül danach trachten, eine bestimmte Position zu untergraben. Auf sie wird zunehmend die Bezeichnung „Leugner" oder „Menge der Wissenschaftsgegner" angewandt, um sie von den Vertretern der vernünftigen Skepsis zu unterscheiden, die seriöse Kritik anzubringen haben.

Diese Unterscheidung ist wichtig, um gute Forschung zu gewährleisten. Es ist gefährlich, sämtliche Gegenargumente zum Konsens in der Klimaforschung als Meinung von Ignoranten des Klimawandels oder korrupten Wissenschaftlern abzutun, die von der Öl- oder Bergbauindustrie bezahlt würden. Womit ich nicht sagen will, dass es die nicht gibt, aber daneben gibt es angebrachte Skepsis, die wir als integralen Bestandteil guter Wissenschaft begrüßen sollten. Wir sollten uns darüber im Klaren sein, dass gute Forschung darunter leiden könnte, wenn wir Kritikern der Mehrheitsmeinung das Wasser abgraben.

An dieser Stelle kommt der gesunde Menschenverstand ins Spiel. Sie sollten sich nicht von der Komplexität der Wissenschaft abschrecken lassen. Fachleute sind in der Lage, Sachverhalte herunterzubrechen und uns die Informationen zu vermitteln, die wir benötigen. Und mit wachem Geist und gesundem Menschenverstand werden Sie dann Ihre eigenen Schlüsse ziehen.

Wie also wenden wir ihn an, den gesunden Menschenverstand?

Als Erstes sollten wir uns klarmachen, wo und wie Wissenschaft zum Einsatz kommt. Bei wissenschaftlicher Forschung geht es darum, die „Wahrheit zu finden". Das bedeutet in der Regel, Unsicherheitsfaktoren so lange zu minimieren, bis wir mit einem hohen Maß an Wahrscheinlichkeit sagen können, wie etwas vonstatten geht und wie es sich in verschiedenen Situationen verhalten wird. Diesem größtmöglichen Maß an Gewissheit zu folgen, ist die richtige Herangehensweise, wenn es sich um ein klar definiertes Forschungs- oder Anwendungsgebiet handelt. Dazu zählt etwa die Einrichtung chemischer Anlagen oder eines Atomkraftwerkes, wo ein Defekt unmittelbar katastrophale Auswirkungen hätte, sich das Risiko aber auf ein überschaubares Maß begrenzen lässt.

Schwierig wird es, wenn man in Bereichen wirtschaftlicher oder politischer Entscheidungsfindung absolute Sicherheit verlangt. Das führt dann oft zu einer Haltung von: „Das kann man nicht genau wissen, wir sollten besser alles lassen wie es ist."

In diesen Bereichen gebietet es der gesunde Menschenverstand auf der Grundlage fundierter Einschätzungen, voraussichtliche Entwicklungen und etwaige Risiken gegeneinander abzuwägen. Hier kommt es also nicht auf Gewissheiten an, sondern auf einen breit angelegten Konsens über die Zielrichtung, ein Verständnis der Unwägbarkeiten und eine Analyse ihrer möglichen Konsequenzen.

Ich betrachte die Nachhaltigkeitsforschung unter diesen Aspekten des gesunden Menschenverstandes. Ich habe nichts gegen ein gewisses Maß an Ungewissheit und mir ist klar, dass wir nicht immer wissen können, wie sich die Dinge entwickeln werden, auch wenn wir das gern hätten.

Unwohlsein bereiten mir dagegen jene Leute, die Unwägbarkeiten als Rechtfertigung für Verzögerungen und Untätigkeit ins Feld führen und argumentieren, solange man sich nicht sicher sein könne, solle man alles beim Alten lassen. Das ist deshalb so gefährlich, weil wir es hier nicht mit der üblichen Tagespolitik oder einer gewöhnlichen wirtschaftlichen Krise zu tun haben, wo Fehler noch korrigiert werden können und der Kurs an eine veränderte Sachlage angepasst werden kann. Wir haben es hier mit Veränderungen zu tun, die in Teilen unumkehrbar sind, zumindest innerhalb des Zeitrahmens, der für die Menschheit relevant ist. Fehler sind in diesem Themenkomplex unverzeihlich.

Um das zu verdeutlichen, wird häufig ein medizinischer Vergleich gezogen. Wenn einem gesagt wird, dass man eine gravierende Herzschwäche habe, einen Arterienverschluss, mit dem ein hohes Risiko eines Herzinfarktes einherginge, würde man darauf eine unmittelbare und deutliche Reaktion zeigen. Auch hier könnte man nicht von absoluter Gewissheit sprechen, aber angenommen, die Prognose des Arztes lautete, das Risiko, in den nächsten fünf Jahren einen Infarkt zu erleiden, betrage 25 bis 50 Prozent, würde man kaum sagen: „Na schön, geben Sie mir Bescheid, wenn Sie sich hundertprozentig sicher sind, dann werde ich eine Operation oder die Einnahme von Medikamenten in Erwägung ziehen." Man würde sofort handeln, denn eine 25- bis 50-prozentige Wahrscheinlichkeit für das Eintreten des schlimmsten Falles (des Todes) ist ein ziemlich hohes Risiko.

Kurz gesagt: Wir sollten unser Augenmerk bei der Einschätzung der Nachhaltigkeitsforschung nicht auf hundertprozentige Gewissheiten legen, weil man die Dinge erst dann mit letzter Sicherheit einordnen kann, wenn es bereits zu spät ist, das Ergebnis noch zu beeinflussen. Man kann die Zukunft nicht berechnen. Stattdessen sollten wir lieber nach Maßgabe des gesunden Menschenverstandes mit Verantwortungsgefühl für die Zukunft handeln und uns fragen: Worin sind sich alle Forscher hinsichtlich der Bedrohungen einig, was hat es für Konsequenzen, zu früh oder zu spät zu handeln; was ist daher die angemessene Herangehensweise?

Lassen Sie mich in diesem Zusammenhang zunächst auf die erste dieser Fragen zu sprechen kommen. Was sagt uns die Forschung über den gegenwärtigen Zustand des weltweiten Ökosystems und welche Gefahren bestehen? Wie schwerwiegend sind die Probleme und wie würde sich eine Fehleinschätzung dieser Probleme auswirken?

Es gibt viele Studien zum Zustand des globalen Ökosystems. Wie oben bereits angesprochen, besteht die Gefahr bei der Betrachtung dieses Ökosystems als etwas Abstraktem darin zu glauben, dass es sich um etwas „da drüben" handelt, einen Ort, den wir gelegentlich mal aufsuchen. Obwohl Rachel Carson und andere lange schon aufgezeigt haben, dass diese Sichtweise trügerisch ist, tun wir uns immer noch schwer damit, sie abzulegen. Daher ist es am besten, die Forschung aus dem Blickwinkel des „Nutzens des Ökosystems" zu betrachten – sich den Dingen unseres Ökosystems, unserer Umwelt, zuzuwenden, auf die wir Tag für Tag als Gesellschaft oder Wirtschaftsform zurückgreifen.

Die wohl beste und umfassendste Arbeit zu diesem Thema ist das *Millennium Ecosystem Assessment (MEA)*. Dieser Bericht aus dem Jahr 2004 fußt auf einer Erhebung, die im Auftrag der UN den Zustand des globalen Ökosystems umfassend untersuchen sollte; 1300 Wissenschaftler waren daran beteiligt.[22] Der Bericht orientierte sich an den Bedürfnissen der Menschheit: Untersucht wurde die Kapazität unseres Planeten, die Weltbevölkerung zu versorgen – angefangen von Grundbedürfnissen wie unserer Nahrung bis hin zu den verschiedenen Ressourcen, die die Wirtschaft verbraucht wie Papier-, Textil- oder Glasfasern.

Das macht den *MEA* so bedeutsam. Er bewertet das Ökosystem ganz klar nach den Bedürfnissen der *menschlichen* Gesellschaft und Wirtschaft.

Der *MEA* ging so vor, dass er 25 Dienstleistungen des Ökosystems (*ecosystem services*) identifizierte, von denen Menschen profitieren. Mithilfe wissenschaftlicher, standardisierter Methoden untersuchten sie den Stand dieser Angebote weltweit und bewerteten die Nachhaltigkeit unseres gegenwärtigen Gebrauchs dieser Versorgungsangebote. Dazu gehörten auch spirituelle oder Erholungsangebote wie Tourismus und Freizeitvergnügen, die wir der Natur verdanken, vornehmlich aber ging es in diesem Bericht um unmittelbare Versorgungsleistungen wie Fisch als Nahrungsmittel, Ackerland, Wald als Rohstoffquelle, Klimaregulierung, Wasserversorgung und -klärung oder dergleichen.

Der Bericht kommt zu dem Schluss, dass 16 der 25 Versorgungsangebote nicht in nachhaltiger Weise genutzt werden, und formuliert in der Zusammenfassung:

Im Zentrum dieses Gutachtens steht eine eindringliche Warnung. Die Menschheit setzt die natürlichen Ressourcen der Erde solchen Belastungen aus, dass nicht länger gewährleistet ist, dass das globale Ökosystem in der Lage sein wird, zukünftige Generationen zu versorgen.

Ich denke, es ist wichtig, die Begriffe *nachhaltig* und *nicht nachhaltig* zu klären. Sie werden so häufig verwendet, dass sie einen Teil ihrer Bedeutung verloren haben und dadurch schon fast mehr im Sinne philosophischer Auffassungen verwendet werden denn als die buchstäblichen, logischen Begriffe, die sie eigentlich sind.

Sofern ein System ohne Verantwortung für die Zukunft genutzt wird und sich dieses Verhalten nicht ändert, wird man es irgendwann gar nicht mehr nutzen können. Das ist eine ganz pragmatische Angelegenheit. Wenn wir nicht mehr genug Werkstoffe, Nahrung oder Wasser haben oder das Klima nicht mehr stabil ist, können wir schlicht und ergreifend nicht mehr die Wirtschafts- oder Gesellschaftsformen beibehalten, die heute bestehen. Dank dieser und anderer Untersuchungen können wir heute genau benennen, wofür Rachel Carson schon vor 45 Jahren eingetreten ist: Wir sind Teil unserer Umwelt. Und unsere Wirtschaft, unsere Gesundheit und alles Leben sind auf sie angewiesen.

Jahrzehntelang habe ich dieses Thema aus einer philosophischen oder weltanschaulichen Perspektive heraus betrachtet. Ich vertrat eher intuitiv die Auffassung, dass es nicht gut sein könne, der Natur ins Handwerk zu pfuschen, weil sie ein Ort von solcher Schönheit und voll außerordentlicher Wunder sei, viel beeindruckender als alles, was die Menschheit je hervorgebracht hat. Und dass es deshalb einfach dumm sei, sie nicht zu erhalten. Es war die Artenvielfalt, die mir dies besonders deutlich machte, insbesondere unter dem zeitlichen Aspekt. Es hatte Milliarden von Jahren gedauert, diese erstaunliche Vielfalt an Lebensformen unserer Erde in ihrer überwältigenden Komplexität, genialen Gestaltung und ihren ergreifenden Wundern entstehen zu lassen. Der Gedanke, dass wir auf dem besten Wege sind, um ein paar materieller Zerstreuungen und der flüchtigen Befriedigung willen über die Hälfte dieser wundervollen Schöpfung durch unser Verhalten innerhalb weniger Jahrhunderte zu vernichten, erschien mir unglaublich dumm und ein Zeichen unserer haarsträubenden Arroganz.

Jahrzehntelang hielt ich also Vorträge und Seminare zu diesem Thema, um die Leute mit Appellen an ihre Menschlichkeit und an ihr Verantwortungs- und Moralgefühl für das Thema zu interessieren. Im Allgemeinen pflichteten mir meine Zuhörer, häufig Geschäftsleute, mit großem Ernst bei, aber das änderte wenig an ihrer Lebensführung, ihren Arbeitsstrukturen oder der Gesellschaft im Allgemeinen.

Ab 2005 bin ich die Sache dann anders angegangen. Als mir die in diesem Buch versammelten Gedanken zum ersten Mal bewusst wurden – dass das Thema nämlich in absehbarer Zeit schon eine unmittelbare ökonomische Auswirkung haben würde –, beschloss ich, es auch auf diese Weise zu kommunizieren.

Ich erinnere mich noch genau daran, wie diese neue Herangehensweise eine völlig veränderte Reaktion bei meinen Zuhörern hervorrief, als ich diese Gedanken zum ersten Mal an den Teilnehmern eines Seminars für hochrangige Führungskräfte an der Cambridge University erprobte. Ich sprach nicht länger über die drohende Zerstörung des Ökosystems oder die arrogante und respektlose Haltung der Menschen gegenüber der Natur, sondern warnte meine Zuhörer, dass die Weltwirtschaft vor einem drohenden Kollaps stehe und mit ihr auch die Pensionskassen der Zuhörer, ihr persönlicher Wohlstand und der ihrer Unternehmen. Die Aufmerksamkeit, die ich jetzt erhielt, war um ein Vielfaches lebhafter als alles, was ich bis dato erlebt hatte. Die Reaktionen waren nicht mehr durchweg positiv wie zuvor, als ich über die Bedrohung für die Umwelt gesprochen habe. Die Reaktionen der Leute waren jetzt sehr viel persönlicher. Denn die Bedrohungen für die Wirtschaft und das Wachstum stellten für sie eine weit größere Herausforderung dar als die Gefährdung unseres Planeten.

Ich stand dem zuerst kritisch gegenüber – dass die Leute sich so viel Gedanken um ihr Geld und so wenig um die Umwelt machen. Als ich jedoch darüber nachdachte, wurde mir klar, dass ich mir und meinesgleichen vorwerfen musste, dieses Thema in der Vergangenheit nicht auf eine Art und Weise angesprochen zu haben, die die Leute in ihrer Lebenswirklichkeit ansprach. Stattdessen hatten wir auf Ethik und Rechtschaffenheit gepocht, vielleicht im Glauben, das hebe uns irgendwie auf eine höhere moralische Ebene.

Wie immer es um Falsch oder Richtig der bisherigen Herangehensweise bestellt sein mochte, waren wir nun ganz klar an einem Punkt angelangt, an dem dieses Thema sehr handfest und real geworden war. Der zeitliche Abstand von der Einordnung des Problems bis zu den direkten ökonomischen und persönlichen Konsequenzen im Leben der Menschen war von 40 Jahren auf zehn oder sogar weniger geschrumpft und das Maß an Engagement würde nun proportional zunehmen.

Das *Millennium Ecosystem Assessment* zeigt diese Verschiebung deutlich. Wir sehen uns nun Bedrohungen gegenüber, die keineswegs weltanschaulich, sondern in hohem Maße praktischer und persönlicher Natur sind. Es geht nicht länger um eine *Balance* zwischen Umweltschutz und Wirtschaftswachstum, sondern um das *ursächliche Verhältnis* zwischen diesen beiden Bereichen. Wir sehen aufgrund ausgelaugter Böden und durch den Klimawandel veränderter Niederschlagsverteilungen unsere Nahrungsmittelversorgung in Gefahr. Des Weiteren wird sie durch den potenziellen Zusammenbruch der Fischgründe gefährdet, verursacht durch Überfischung sowie weitläufige Schäden am Ökosystem Ozean. Für Milliarden von Menschen wird der Zugang zu sauberem Wasser zu einem drängenden Problem; Wasserknappheit gefährdet sowohl die alltägliche Wasserversorgung wie die zur industriellen und landwirtschaftlichen Produktion notwendige Wasserversorgung. Diese und viele weitere Probleme werden direkten Einfluss auf das Wirtschaftswachstum, die internationale und nationale Sicherheit und unsere Lebensqualität haben. Allein die schiere Masse der Auswirkungen, die diese Entwicklungen haben werden – sei es für sich betrachtet oder in Verbindung miteinander –, werden dramatisch sein. Dieser Punkt ist wirklich außerordentlich wichtig, denn der Zusammenhang – Umweltzerstörung bedeutet wirtschaftliche Verluste – wird von vielen noch immer nicht anerkannt.

Um beim Beispiel der Fischerei zu bleiben: Forschungsergebnisse legen nahe, dass angesichts des prognostizierten Anstiegs der Fangquoten damit zu rechnen ist, dass die Fischerei weltweit zum völligen Erliegen kommen wird – 30 Prozent sind bereits davon betroffen. Eine 2009 in *Science* veröffentlichte Studie kam zu dem Schluss, dass jedwede Art von Speisefisch bis zum Jahr 2048 erschöpft sein wird, dass also die Fangquoten de facto um 90 Prozent zurückgegangen sein werden. Wenn vom Niedergang der Fischindustrie die Rede ist, heißt das genau das: Niedergang bis zum völligen Erliegen. Angesichts der 500 Millionen Menschen[23], deren Familieneinkommen direkt oder indirekt vom Fischfang abhängt und der etwa einen Milliarde Menschen, für die Fisch die Hauptnahrungsquelle für die Versorgung mit tierischem Protein ist, wären die ökonomischen und sozialen Folgen eines Kollapses tiefgreifend, wie der *MEA* darlegt. Schon jetzt spüren wir die Auswirkungen, nachzulesen in einer Studie der Weltbank, die 2008 feststellte, dass die Überfischung die Industrie bereits damals 50 Milliarden Dollar pro Jahr kostet.[24]

Wie das aussehen könnte, lässt sich exemplarisch am Fall Kanadas studieren; nach der Überfischung des Kabeljaus in den kanadischen Gewässern sind dort in den frühen 1990er Jahren die Bestände zusammengebrochen. In einem erschütternden Beispiel plötzlichen, nichtlinearen Wandels fiel die Fangquote von mehreren Hunderttausend Tonnen pro Jahr auf nahezu Null im Zeitraum von nur wenigen Jahren, trotz des letztlich vergeblichen Versuches, den Bestand durch Einführung von Fangquoten zu retten. Neben der Einbuße eines wertvollen Industriezweiges führte der Kollaps zum Verlust von 30000 Arbeitsplätzen; das kostete den Steuerzahler zwei Milliarden Dollar an Arbeitslosengeld und Umschulungskosten. Hätte man stattdessen nachhaltigen Fischfang betrieben, hätte dieser Industriezweig heute einen Wert von 900 Millionen Dollar pro Jahr.

Aquakulturen werden gern als Lösung für die rückläufigen Fangquoten angeführt. Auch wenn Aquakulturen grundsätzlich Potenzial haben, lässt die gegenwärtige Praxis vermuten, dass die umweltökonomische Bilanz dort ebenfalls fragwürdig ist. Fischzuchtsorten wie Lachs oder Thunfisch müssen mit einem Vielfachen ihres Körpergewichtes an Wildfisch gefüttert werden, was die Produktion ineffizient macht und dafür der Bevölkerung vor Ort das billige Fischprotein abzieht. Der Nutzwert des Ökosystems, den man durch die Einführung von Fischzuchtfarmen verliert, ist ebenfalls immens. Aus einer Studie, die 2001 die Mangrovenwälder Thailands untersuchte, geht laut *MEA* hervor, dass die Erhaltung der Mangroven und ihre traditionelle Nutzung einen Wert zwischen 1000 und 36000 US-Dollar pro Hektar erbrachte, wohingegen eine Umwandlung zu Shrimps-Farmen lediglich 200 US-Dollar je Hektar erbringt.

Wenn wir an Wassersysteme und Wirtschaft denken, haben wir oft die Weltmeere im Sinn, aber die binnenländischen Wassersysteme sind ebenfalls ungeheuer wichtig und in hohem Maße beansprucht. Schätzungen zufolge gingen im 20. Jahrhundert 50 Prozent davon verloren. Dennoch lag der Gewinn aus der Nutzung binnenländischer Wassersysteme zwischen geschätzten zwei Billionen und fünf Billionen US-Dollar jährlich. Als Beispiel für einen solchen Verlust für die Menschheit infolge von Umweltveränderungen muss man sich nur den Aralsee ansehen – einst einer der vier größten Seen der Erde, zwischen Kasachstan und Usbekistan gelegen.

Extreme Entnahmen zur Bewässerung während der Sowjetära haben den einst so mächtigen See buchstäblich austrocknen lassen, sodass er 2007 schließlich auf zehn Prozent seiner ursprünglichen Größe geschrumpft war. Rund 35 Millionen Menschen waren auf das Wasser des Sees angewiesen, auf seinen Fischbestand und seinen Nutzen als Transportweg – alles Nutzwerte, die heute nicht mehr zur Verfügung stehen. Die drastische Reduzierung der Wassermenge hatte erhebliche Veränderungen des Klimas zur Folge; die Region verwandelte sich in eine Wüste mit heißeren, trockeneren Sommern und kälteren Wintern. Mit der verminderten Wasserqualität und -verfügbarkeit mehrte sich die Zahl der pestizidverseuchten Sandstürme; damit einhergehend war ein dramatischer Anstieg an Erkrankungen zu verzeichnen, einschließlich einer drastisch angestiegenen Zahl von Neugeborenen mit Gendefekten. Auch hier sind also durch Umweltprobleme unmittelbare Einbußen für Mensch und Wirtschaft von erstaunlich breiten Auswirkungen im Gesamtsystem zu verzeichnen.

Der fortlaufende TEEB-Report – *The Economics of Ecosystems and Biodiversity* – baut auf den Ergebnissen des *MEA* auf und hat das Ziel, mit aktuellem Datenmaterial ein Bild vom Wert des Ökosystems und seiner Leistungen bzw. seines Nutzwertes zu vermitteln. Eines der Beispiele, die dort angeführt werden, ist die Waldrodung in China zwischen 1950 und 1998, wo der massive Anstieg der Abholzung natürlich gewachsener Wälder die Grundlage für die Bauindustrie einer rasch expandierenden Wirtschaft darstellt. Dieses Wirtschaftswachstum hat die Lebensbedingungen Hunderter Millionen Chinesen enorm verbessert, aber das hatte seinen Preis. In diesem Fall wurde er mit Überschwemmungen, Dürren, Nährstoffabbau und Ähnlichem bezahlt, die sich jährlich zu einem wirtschaftlichen Verlust von 12,2 Milliarden Dollar summieren. Diese Summe beträgt fast das Doppelte vom Marktwert des Bauholzes im selben Zeitraum. Jeder Dollar, der in China für Bauholz bezahlt wird, bedeutet einen Verlust von 1,78 US-Dollar an Nutzwert des Ökosystems.[25]

Dies sind nur ein paar Beispiele dafür, welch weitreichende Folgen der Zusammenbruch von Ökosystemen auf die Wirtschaft hat. In meinen Augen haben die Veränderungen im Ökosystem und der sich abzeichnende weltweite Kollaps zweierlei Konsequenzen: Erstens werden die ökonomischen Auswirkungen weltweit und systembedrohend sein, und zweitens werden sie nicht erst unsere Kindeskinder betreffen, sondern uns selbst. Die Zeit drängt.

Aber wenn das so ist, warum haben wir bislang nichts unternommen? Warum ignorieren wir derart drängende globale Umweltveränderungen, wo wir doch so vehement auf die ökonomischen reagieren wie etwa während der Finanzkrise von 2008?

Die Antwort lautet: Weil wir trotz aller Belege noch immer nicht erkannt haben, dass Umweltbelange ökonomische Folgen haben.

Die Leute hören die Umweltargumente und erkennen sie auch an, aber deren ökonomische Bedeutung haben sie immer noch nicht akzeptiert. Und so bekomme ich häufig etwa Folgendes zu hören: „Also, ich verstehe ja, dass diese Themen sehr wichtig sind und sie beschäftigen mich auch sehr. Andererseits ist das Verschwinden des Regenwaldes oder der Korallenriffe ja wirklich bedauerlich, aber letztlich wird das an unserem Alltag hier nicht viel ändern."

Das ist eine weitverbreitete Annahme, die in Anbetracht der bisherigen Debatte verständlich wird, in der nämlich Umweltaktivisten und Wissenschaftler die Probleme jahrzehntelang aus der Perspektive der ökologischen Auswirkungen betrachtet und das Thema nur unter dem Aspekt des Schutzes der „Umwelt" angesprochen haben.

Die meisten Leute denken nicht, dass sie in der „Umwelt" leben, sondern „irgendwo anders", daher bleibt ihr Bezug zur Umwelt abstrakt. Natürlich nicht im wörtlichen Sinn oder rational betrachtet. Den Leuten ist im Grunde schon klar, wo der Mensch im Ökosystem und der Evolution steht. Es geht dabei mehr um den kulturellen Kontext und die unbewusste Reaktion, die sich daraus ergibt.

Diese Auffassung sitzt tief. Tausende von Jahren waren die Menschen darauf bedacht, Abstand zur „Natur" zu gewinnen, die historisch gesehen immer ein schwieriges Lebensumfeld war, voller Unannehmlichkeiten und Gefahren, von extremer Witterung bis hin zu gefährlichen Tieren. Daher hat sich unsere Gesellschaft immer weiter davon entfernt und sich in klimatisierte Häuser, versiegelte Gebäude, sich massiv ausweitende Städte, große, komfortable und „vollklimatisierte" Autos und so weiter zurückgezogen. Das kann sich nicht jeder leisten, aber auch die, die es nicht können, wünschen es sich zumindest.

Vor diesem Hintergrund haben sich viele Leute auf abstrakte Art für den Umweltschutz engagiert, sowohl in räumlicher wie zeitlicher Hinsicht von der Umwelt getrennt. Sie sehen die Bedrohung der Umwelt als Bedrohung der Natur – also von Wäldern, Eisbären, Orang-Utangs und Walen – oder als eine der Zukunft, die die Kinder ihrer Kinder treffen wird.

Diese kulturell begründete Tendenz verstärkt sich sogar noch bei den Dingen, die Umweltschützer befürworten. Bei Greenpeace waren wir uns der Tatsache nur allzu bewusst, dass eine Mitgliedschaft bei uns dem Bedürfnis, „die Umwelt zu retten" eher dem Bedürfnis entsprach, etwa die Wale zu retten, und zwar am besten, wenn sie in weit entfernten Ländern von fremden Menschen getötet wurden. Wir hatten in den frühen Neunzigern mehr Erfolg darin, eine Spende von 50 Dollar zu erbitten, um Fremde daran zu hindern, Wale abzuschlachten, als die Leute dazu zu bewegen, ihr Auto stehen zu lassen.

Das ist historisch gesehen alles recht interessant, aber unglücklicherweise nicht länger von Bedeutung. Wie die Studien zur Verknüpfung von Ökonomie, dem Kollaps des Ökosystems und der Verknappung der Ressourcen belegen, werden die wirtschaftlichen Auswirkungen dramatisch sein und sich sowohl global wie im persönlichen Bereich unmittelbar bemerkbar machen.

Für den überschaubaren Bereich des Klimawandels haben Studien wie die von Sir Nicolas Stern bereits mit Zahlen unterfüttert, wie diese Auswirkungen im globalen Maßstab aussehen werden. Stern kommt in seiner Studie zu dem Schluss, dass ein ungebremster Klimawandel zu einer zwanzigprozentigen Verringerung des Bruttoinlandproduktes führen könnte, eine Schätzung, die umso zurückhaltender erscheint, je weiter die Forschung voranschreitet.

Die ökonomischen Folgeerscheinungen sind keine bloße Frage der direkten Kosten, die durch das Scheitern des Systems entstehen. Man muss auch die Kosten in Betracht ziehen, die durch die erforderlichen Änderungen in der wirtschaftlichen Infrastruktur entstehen. Diese Kosten werden oft als Grund angeführt, warum wir jetzt nichts ändern können. Doch im Grunde ist das Gegenteil der Fall – denn Mutter Natur wartet nicht, bis wir endlich zurande kommen; die Schäden schreiten weiter voran und somit werden auch die Gegenmaßnahmen immer teurer. Um noch einmal das Beispiel des Klimawandels anzuführen: Die Internationale Energieagentur (IEA) ist zu dem Schluss gekommen, dass mit jedem Jahr, um das der Klimaschutz weiter aufgeschoben wird, das vorhandene „Anlagevermögen" noch schneller aufgezehrt wird, denn wegen der dann erforderlichen umfangreicheren Reduzierung von Schadstoffen wird analog dazu auch die Kosten-Kurve für eine neue Energie-Infrastruktur immer steiler ansteigen. Die IEA schätzt, dass *jedes weitere Jahr* des Aufschubs zusätzliche Kosten von etwa 500 Milliarden US-Dollar verursachen wird.[26]

Die Komplexität der ökonomischen Auswirkungen, die der Niedergang des Ökosystems bedeutet, ist beachtlich. Das erklärt jedoch einmal mehr, warum es uns so schwerfällt, sie in der allgemeinen Entscheidungsfindung zu berücksichtigen.

Die Komplexität der ökonomischen Auswirkungen haben erstmals Studien wie der Stockholm Resilience Centre's Report zu den Grenzen der Belastbarkeit der Erde in den Blick gerückt. Das Neue an der Herangehensweise dieser Untersuchung ist, dass sie einen Katalog natürlicher Versorgungssysteme aufstellt, die essenziell für die Entwicklung und das Gedeihen der menschlichen Zivilisation waren. Wo das möglich war, benannten sie die absolute Obergrenze für Veränderungen im jeweiligen System, die Grenze, deren Übertreten unseren Wohlstand und die allgemeine Stabilität gefährden würde. Die Ergebnisse wurden im wissenschaftlichen Fachjournal *Nature* zusammengefasst.[27] Die Studie erstellte neun solcher Kategorien und stellt fest, dass wir in drei Fällen die Grenze bereits überschritten haben – beim Klimawandel, beim Verlust der Biodiversität und beim Stickstoffgehalt der Luft – und uns einigen anderen Grenzen nähern.

Der Bericht belegt die Verbindung zwischen einem gesunden Ökosystem und einer wachsenden Wirtschaft mit zahlreichen Beispielen. Er zeigt etwa, wie die von uns betriebene Erhöhung der Produktivität der Agrarwirtschaft zu einer erheblichen Überschreitung der Kapazität der Erde zur Kompensation von Stickstoffemissionen geführt hat.

Stickstoff wird als Düngemittel auf die Böden aufgebracht, um den Ertrag zu steigern. Wenn sie jedoch ins Meer gelangen, haben sie den gegenteiligen Effekt, denn sie kurbeln die Algenblüte an, wodurch wiederum der Sauerstoffgehalt derart verringert wird, dass nichts anderes mehr überleben kann. Der ökonomische Nutzen besteht in diesem Fall also aus der höheren Nahrungsmittelproduktivität, signifikante ökonomische Einbußen entstehen jedoch durch den Verlust an Trinkwasser, den Verlust an Fischgründen und die Zunahme toter Flüsse. Schätzungen zufolge betrug der gesamte wirtschaftliche Schaden durch Eutrophierung (übermäßigen Nährstoffeintrag) des Frischwassers der Vereinigten Staaten allein im Jahr 2009 2,2 Milliarden Dollar.[28]

Andere Untersuchungen haben versucht, den Gesamtwert der Ökodienstleistungen für die Wirtschaft zu beziffern. Die umfassendste Arbeit diesbezüglich wurde 1997 in *Nature* veröffentlicht und seither tausendfach zitiert.[29] Auf der Grundlage der Auswertung von einer Vielzahl an wissenschaftlichen Studien schätzten die beteiligten Natur- und Wirtschaftswissenschaftler, dass der Gesamtwert, den die Dienstleistungen des Ökosystems erbringen, eine Summe zwischen 16 und 54 Billionen Dollar jährlich beträgt, durchschnittlich also 33 Billionen. Sie merkten an, an welchen Stellen Unwägbarkeiten bestanden, waren in ihrer Einschätzung aber ohnehin vorsichtig und betonten, dass dies „als Mindestsumme" zu veranschlagen sei. Dem stellten sie das weltweite Bruttosozialprodukt gegenüber, das 1997 mit 18 Billionen Dollar etwa die Hälfte dessen betrug. Eine Arbeit, die das TEEB-Projekt unter der Federführung Pavan Sukhdevs (Deutsche Bank Indien) jüngstens vorgelegt hat, gibt Entscheidungsträgern in Wirtschaft und Politik wertvolle Instrumente an die Hand, mit denen sie diese Denkweise in ihre Arbeit integrieren können. Denn auch wenn unterschiedliche Untersuchungen im Detail unterschiedliche Zahlen vorlegen, bleibt die Kernaussage immer dieselbe: Was die Natur uns liefert, ist grundlegend für unsere Wirtschaft und ohne die Natur würden wir rein gar nichts produzieren. Dennoch wird Naturschutz in den politischen Debatten immer noch als etwas behandelt, das „ganz schön wäre", wenn man es sich nur leisten könnte.

Das bedeutet, wir haben das Stadium der Rettung der – wie Umweltaktivisten es nennen – „charismatischen Megafauna" wie Bären, Eisbären oder Pandas schon lange hinter uns gelassen und müssen nun auch weniger charismatische Geschöpfe wie Sie und mich retten. Wenn die Umwelt kollabiert, dann – daran kann und darf kein Zweifel bestehen – wird die Wirtschaft mit ihr untergehen.

Es steht also außer Frage, dass die Umweltschäden zu wirtschaftlichen Einbußen führen. Doch wie zuverlässig ist die zugrundeliegende Einschätzung der Umweltschäden? Um seriöse Forschung betreiben zu können, ist es genauso unerlässlich wie für die Entwicklung einer guten Wirtschaftsstrategie, Ergebnisse und Schlussfolgerungen prüfen zu lassen. In wissenschaftlichen Termini heißt das, man benötigt mehrere voneinander unabhängige Beweisführungen. Im Hinblick auf die Fragestellung globaler Nachhaltigkeit gibt es sie zum Glück in Hülle und Fülle.

Eins der bekannteren ist das *Global Footprint Network*, denn es vermittelt ein komplexes Problem auf so wundervoll einfache Weise.[30] Unter der Aufsicht eines hochkarätigen internationalen Beirates hat es dieses Wissenschaftlerteam unternommen, die vielfältigen und komplexen Ökodienstleistungen, die im *MEA* katalogisiert wurden, in ihrer geografischen Verteilung auf der Weltkarte zu veranschaulichen. Laut ihren eigenen Angaben haben sie für jedes Land aus international anerkannten Quellen 5400 Einzeldaten jährlich daraufhin ausgewertet, wie groß das Gebiet sein muss, um für das jeweilige Land die biologischen Ressourcen bereitzustellen und den entstehenden Müll zu verarbeiten. Dies wurde in Relation zur real gegebenen Größe des Gebietes gesetzt.

Mit anderen Worten, es wird berechnet, wie viel Landfläche erforderlich ist, um die jeweilige Wirtschaft und den Lebensstandard aufrechtzuerhalten und ob die verfügbare Fläche dafür ausreicht. Für die globale Gesamtsituation lässt sich ermitteln, wie viele Planeten wir im Verhältnis zu unserer Wirtschaftsweise bräuchten. Das besagt entweder, wie viel die Wirtschaft noch wachsen kann, sofern die Berechnung weniger als einen Planet ergibt, oder wie weit wir hinter der Nachhaltigkeitskapazität zurückliegen, sofern sich die Berechnung auf mehr als einen Planeten beläuft. Im globalen Durchschnitt betrug der Faktor 1,4; es waren also eigentlich 140 Prozent des verfügbaren Landes erforderlich oder 1,4 Planeten.[31] 1986 haben wir erstmals die Kapazitäten der Erde überschritten und seither überschreiten wir diese Grenze immer weiter. Wir verbrauchen also täglich unser Kapital fürs reine Überleben.

Es ist häufig einfacher sich das im Zusammenhang mit persönlichen Finanzen oder dem eigenen Unternehmen vorzustellen.

Nehmen wir an, Sie bestreiten Ihren Lebensunterhalt oder Ihr Geschäft mit zwei Konten – einem, auf dem das Kapital liegt (die Summe, die Sie mitbringen), und einem mit Ihrem Einkommen, den Kapitalzinsen. Es gibt kein weiteres Kapital, es sei denn, Sie transferieren Geld von Ihrem Zinskonto. Auf die Menschheit übertragen heißt das: Die Erde ist unser Kapital – wir können keine zweite Welt erschaffen.

Jedes Jahr wird Ihnen am 1. Januar der Zinsertrag auf dem Zinskonto gutgeschrieben. In unserem Vergleich entspricht das all den Nutzwerten, die wir der Erde entnehmen.

Hätten Sie 2009 Ihren Finanzhaushalt so geführt, wie wir mit der Erde umgehen, hätten Sie Ihr gesamtes Zinsaufkommen bereits am 25. September 2009 aufgebraucht gehabt, der Saldo Ihres Einkommenskontos hätte 0 betragen. Jetzt haben Sie aber auch nach diesem Datum noch Ausgaben gehabt, also hätten Sie für die Zeit vom 25. September bis zum 31. Dezember Geld von Ihrem Kapitalkonto entnommen. Das hätte dort zwar den Kontostand verringert, aber an Ihrem Lebensstandard hätte sich nichts ändern müssen, denn Sie hätten ja genug Geld zur Verfügung gehabt. Im Alltag würde man also noch keinen Unterschied bemerken.

Im nächsten Jahr, am 1. Januar 2010, werden Ihnen wieder Zinsen auf Ihrem Einkommenskonto gutgeschrieben, diesmal allerdings schon weniger als im Jahr zuvor, weil das Guthaben auf dem Kapitalkonto ja nach den drei Monaten der Entnahme im letzten Jahr geringer ist. 2010 jedoch brauchen Sie nun noch mehr Geld (in Analogie zur wachsenden Wirtschaft), das bedeutet, Sie haben nun *sowohl* weniger Einkommen *als auch* größere Ausgaben. In der Folge wird das Einkommen in diesem Jahr noch schneller aufgebraucht sein, was wiederum bedeutet, dass Sie noch mehr Geld von Ihrem Kapitalkonto abziehen müssen als 2009.

Leider werden Sie auch keinen Kredit aufnehmen können, um das Geld später zurückzahlen. Wieso nicht? Weil die Bank natürlich gemerkt hat, dass Ihre Ausgaben jetzt schon 40 Prozent größer sind als Ihr Einkommen und dass die Lage von Jahr zu Jahr schlimmer werden wird. Also werden Sie das Geld auch nicht zurückzahlen können. Noch viel entscheidender ist: Wenn wir von der Erde als dem verfügbaren Stammkapital ausgehen, gibt es schlicht nichts mehr zu borgen.

Um aber bei unserem Vergleich zu bleiben, wird dieses Verhalten noch eine Weile gutgehen. Tatsächlich sieht es sogar so aus, als würde sich Ihr Lebensstandard von Jahr zu Jahr erhöhen, weil die Geldmengen, die Sie aufwenden, größer werden und Sie immer noch mehr Zeug kaufen, das heißt, Ihre Wirtschaft wächst. Im alltäglichen Leben ist alles in bester Ordnung.

Eines schönen Tages aber ist nicht mehr genügend Geld auf dem Kapitalkonto, um Ihr Einkommenskonto aufzustocken. Das geschieht keineswegs allmählich, sondern von einem Tag auf den anderen – plötzlich ist das Geld aufgebraucht. Plötzlich ist das Spiel aus und Ihre persönliche Finanzstrategie ist hin. Sie können die Rechnungen nicht mehr bezahlen und können sich nichts zu essen kaufen. Das ist der Kollaps des Systems.

Wann immer eine Gruppe qualifizierter Wissenschaftler unter den verschiedensten Blickwinkeln diese Ausgangslage untersucht, kommen sie zu vergleichbaren Ergebnissen. In Ermangelung monatlicher Bankauszüge kommen diese Bestandsaufnahmen auf planetarer Ebene einer Bilanzaufstellung am nächsten. Und die Bilanz besagt, dass wir überschuldet und daher zahlungsunfähig sind.

Die ganze Weltwirtschaft ist demnach, wie Joe Romm es in einem Interview mit Goldman Sachs Executive Director Greg Smith formuliert hat, ein einziges gigantisches Ponzi-Schneeballsystem. Wir verwenden unser Kapital, um die Dividenden an die Investoren (also uns selbst) zu zahlen und eines schönen Tages ist das Kapital aufgebraucht und der Betrug fliegt auf.

Die Frage, die bei diesem Vergleich aufkommt, lautet: Wie viel Zeit haben wir noch? Können wir unsere Ausgaben drastisch genug kürzen, um zu verhindern, dass unser Grundkapital aufgezehrt wird? Können wir durch Wiedergutmachung dessen, was wir bisher der Erde angetan haben, dieses Kapital wieder aufstocken? In den folgenden Kapiteln werde ich diese Fragen beantworten.

Ein kritischer Ansatz, der weit größere Beachtung als bisher verdient, ist der des Stockholm Resilience Centre, wonach es im System kritische Grenzmarken gibt, deren Überschreiten in einer unumkehrbaren, sich selbst beschleunigenden Bewegung zum Zusammenbruch des Systems führt – die Entwicklung des Fischfangs ist ein Beispiel dafür. Um diesem Risiko gerecht zu werden, müssen Sicherheitspuffer und mögliche Fehlerquellen berücksichtigt werden, eine Risikobewertung, wie man sie bei allen großen Ingenieursaufgaben erstellt. Man macht ja auch keine Belastungsproben, die feststellen, ab wann ein Flugzeug auseinanderbricht, um dann im Betrieb bis an diese Grenze heranzugehen – man trifft Sicherheitsvorkehrungen für den Fall etwaiger Defekte, denn die Auswirkungen eines Schadens wären katastrophal.

Im Kontext des oben erläuterten wissenschaftlichen Prozederes ist die Tatsache, zu welchem Schluss die Untersuchungen im Einzelnen kommen, nicht so entscheidend wie der Umstand, dass wann immer eine Gruppe glaubwürdiger Wissenschaftler diese Themen aus ihrem spezifischen Blickwinkel betrachtet, sie unterm Strich alle zu der Schlussfolgerung gelangen, dass wir die Ressourcen der Erde in einem Maße ausbeuten, das nicht aufrechtzuerhalten ist, und dass das System an einem gewissen Punkt in eine Krise geraten wird, die sich höchstwahrscheinlich auf nichtlineare, eruptive Weise in einer mehr oder weniger plötzlichen Verschiebung im globalen Ökosystem äußern wird, wenn wir unser Verhalten nicht ändern.

Zur Verdeutlichung greift man gern die lokalen Auswirkungen extremer Wetterverhältnisse oder klimabedingte Katastrophen auf. Es besteht kein Mangel an aktuellen Beispielen, die sich unmittelbar auf Mensch und Wirtschaft ausgewirkt haben. In meinem Heimatland Australien hat sich diesbezüglich in den letzten Jahren viel ereignet. Wir hatten die schlimmsten Dürren seit Aufzeichnungsbeginn, mit erheblichen Auswirkungen auf die Nahrungsmittelproduktion und kollabierenden Flusssystemen. Wir waren gezwungen, teure und energieintensive Entsalzungsanlagen zu bauen, weil die Wasserversorgung einiger unserer größten Städte nicht mehr gewährleistet war. Wir hatten die heftigsten Waldbrände, die je verzeichnet wurden, bei denen Hunderte zu Tode kamen, und wir hatten Rekord-Hitzewellen, die ebenfalls Hunderte Todesopfer forderten, wie jene (von der Art, wie sie nur alle 3000 Jahre vorkommt), die meine Heimatstadt Adelaide im März 2008 heimsuchte.

Während ich dieses Buch schreibe, verzeichnet man auf der ganzen Welt neue Hitzerekorde und im globalen Durchschnitt ebenfalls. Pakistan leidet unter einer instabilen Lage und ist in weiten Teilen des Landes von Überschwemmungen betroffen. Russland hat nach Rekordtemperaturen und schwerer Dürre den Weizenexport gestoppt, weil die inländische Lebensmittelversorgung gefährdet war. Jedes Mal, wenn ein Rekord gebrochen wird oder Auswirkungen extremen Wetters zu beobachten sind, ist es leicht und nachvollziehbar, sich mit diesem Thema zu beschäftigen. Doch die Wissenschaft warnt davor, einzelnen Ereignissen oder Jahren zu viel Aufmerksamkeit zu widmen; wichtig ist, wie schon gesagt, das globale System und die Trends im Ganzen im Blick zu behalten. Das sollte uns wirklich am meisten interessieren.

Ungeachtet der offenkundigen Tatsachen werde ich nach meinen Vorträgen oft mehr oder weniger deutlich gefragt: „Aber es ist doch bestimmt nicht so schlimm? Mir ist ja klar, dass die Lage ernst ist, aber Umweltschützer und Wissenschaftler müssen einen doch erst mal in Angst und Schrecken versetzen, damit die Leute etwas tun, und deshalb übertreiben sie halt, oder?"

Ich sage dann meist etwas darüber, wie schön das Wetter doch heute ist, wie angenehm und problemlos mein Spaziergang zum Veranstaltungsort war und wie gut das Frühstück nach einer erholsamen Nacht im bequemen Hotelbett oder zu Hause war. Worum es mir dabei geht, ist, dass ich nachvollziehen kann, wie schwierig es ist, sich angesichts all dessen klar zu machen, dass das globale Ökosystem am Rande der Krise steht oder vielleicht sogar schon mittendrin steckt und dass wir das dennoch nicht direkt zu spüren bekommen oder die Signale in unserer unmittelbaren Umgebung sehen müssen.

Das ist das menschliche Reaktionsverhalten, das auf Instinkten aufbaut, die wir über Millionen Jahre ausgebildet haben. Wir reagieren auf Gefahren, die in greifbarer Nähe sind oder zeitlich unmittelbar bevorstehen. Dieses Reaktionsmuster hat uns gut gedient, in Zeiten, als die feindlichen Stämme angriffen oder ein Tiger vor dem Höhleneingang stand.

Und nun folgt der moderne Mensch denselben Instinkten. Für die meisten Leser ist alles in bester Ordnung, das Leben ist schön, unsere Bedürfnisse werden befriedigt, und die Umwelt, die wir jeden Tag sehen, scheint auch ganz in Ordnung zu sein. Sicher, Probleme gibt es schon, aber die deuten nicht darauf hin, als bewegten wir uns gerade auf einen Kollaps des Systems zu, so viel steht fest. Wir befassen uns stattdessen mit dem heutigen Abendessen, dem Projekt, für das wir verantwortlich sind, oder den Schwierigkeiten, die wir gerade in unserer Beziehung haben.

Das Problem ist, dass wir mittels unserer instinktgeleiteten Sinneswahrnehmungen keinerlei Gefahr spüren. Diejenigen, bei denen das doch der Fall ist, diejenigen, die Waldbränden, Dürren oder Überschwemmungen ausgesetzt sind, reagieren auf die unmittelbare Bedrohung und widmen ihre Aufmerksamkeit dabei ihrer eigenen Sicherheit und der ihrer Freunde und Familie.

Um zu erfassen, welche Gefahr uns droht, müssen wir auf die Forschung zum globalen Ökosystem zurückgreifen, ein Gebiet, das die meisten Leute als einschüchternd und überfordernd empfinden. Wir haben jedoch schlicht keine andere Wahl. In Anbetracht dessen, wie lange es dauert, die menschlichen Instinkte anzupassen, müssen wir mit dem arbeiten, was wir haben!

Meine Antwort auf diese Frage lautet also: Entweder man akzeptiert die wissenschaftlichen Ergebnisse, die von Expertengruppen formuliert wurden und auf rationalen Einschätzungen basieren, oder man lässt es. So liegen die Dinge nun mal, denn die meisten können in ihrem Alltag keine hinlänglich fassbaren Manifestationen des Öko-Kollaps erkennen – und, was entscheidender ist, sie *werden* es auch nicht –, bis er schon im vollen Gange ist.

Deshalb lautet meine Antwort: Ja, es ist wirklich so schlimm, und, wie bereits erwähnt, herrscht in der Wissenschaft diesbezüglich Konsens.

Zusammengefasst heißt das also, das ist unser Ausgangspunkt, hier kann die Diskussion darüber einsetzen, wie sich unsere Zukunft gestalten könnte. Wir haben ein Problem, ein wirklich großes Problem, denn wir haben die Kapazität unseres Planeten, unsere Wirtschaftsweise zu tragen, bereits ausgeschöpft; die Grenze ist bereits überschritten und das wird uns unerbittlich und unmittelbar betreffen.

Was wird als Nächstes geschehen?

Dazu müssen wir zuerst noch tiefer in die Materie eindringen – aber ich verspreche Ihnen, ich hole Sie da auch wieder raus. Bleiben Sie also für die ganze Reise dabei!

Kapitel 4
Jenseits der Grenzen – der Große Bruch

Die Pläne, die wir für unsere Wirtschaft, unsere Unternehmen und unser Leben entworfen haben, basieren alle auf einer Annahme, die eindeutig falsch ist. Wir gehen davon aus, dass unsere gegenwärtige Wirtschaftsordnung so lange weiter bestehen wird, bis wir uns dazu *entschließen*, sie zu verändern. Mit anderen Worten: Wenn wir nichts tun, bleibt alles beim Alten.

Das ist nicht überraschend. Seit über 50 Jahren haben angesehene Wissenschaftler, Ökonomen und Philosophen Warnungen und keine Vorhersagen geäußert – *wenn* wir uns nicht ändern, wird *das* passieren. Entscheidend für die Debatte war, dass es um eine *Wahl* ging – die Wahl zu handeln, bevor die Folgen zu schwerwiegend werden.

Das hat zu endlosen Diskussionen geführt, wissenschaftlichen, philosophischen, ideologischen und politischen. Viele wandten ein, die Warnungen seien falsch oder zumindest übertrieben. Andere meinten, die Warnungen seien richtig, aber wir könnten uns in aller Ruhe darum kümmern, wenn es so weit ist. Ihr Argument lautete, dass Menschen klug sind und mithilfe der Märkte neue Technologien und Verhaltensweisen entstehen würden. Wir würden die Probleme beheben und dadurch weitere Konsequenzen vermeiden. Wieder andere waren der Meinung, die Konsumgesellschaft werde dem Menschen nicht gerecht und der Materialismus habe negative soziale Auswirkungen und führe zu Bedeutungslosigkeit. Daher sollten wir versuchen, ein alternatives Wirtschaftsmodell zu finden, um dadurch unsere Lebensqualität zu verbessern.

Viele dieser Debatten werden bis heute geführt. Meine Botschaft lautet, dass Sie sie vergessen können. Sie sind nur noch von historischer Bedeutung. Wir haben uns nicht verändert. Deshalb werden wir schon bald durch die konkreten physischen Folgen unseres Handelns zu Veränderungen gezwungen werden. Ich sage Ihnen, warum.

Es geht dabei um reine Mathematik, in diesem Fall verhältnismäßig einfache Mathematik. Unser Wirtschaftssystem ist fest eingebettet in ein Ökosystem, das, wie wir gesehen haben, bereits jetzt mit einer Auslastung von etwa 140 Prozent operiert. Obwohl die verschiedenen Studien in Detailfragen zu unterschiedlichen Ergebnissen kommen, ist der Kern dieser Aussage keine Spekulation; er ist wissenschaftlich belegte Realität.

Nun planen wir, die Wirtschaft noch leistungsstärker und effizienter zu gestalten. Als Erstes haben wir vor, die Weltbevölkerung bis zum Jahr 2050 auf über neun Milliarden Menschen zu erhöhen. Die prognostizierte Höchstgrenze liegt laut UN-Weltbevölkerungsbericht sogar bei 10,5 Milliarden; lassen Sie uns dennoch vom prognostizierten Mittelwert von neun Milliarden ausgehen.[32] Das bedeutet für die nächsten Jahrzehnte eine Bevölkerungszunahme um jährlich etwa 0,7 Prozent. Selbst wenn wir die konservativste Schätzung der Vereinten Nationen zugrunde legen, sprechen wir immer noch von atemberaubenden acht Milliarden Menschen. Wir können also davon ausgehen, dass zukünftig etwa ein Drittel mehr Menschen auf dem Planeten leben wird. Das bedeutet ein sehr großes Problem mal 1,33. Schon das allein wäre ein sehr, sehr großes Problem, aber das ist erst der Anfang.

Wir haben außerdem vor, das weltweite Pro-Kopf-Einkommen noch schneller zu steigern als die Bevölkerungszahlen. Laut Internationalem Währungsfonds (IWF) und Schätzungen des australischen Finanzministeriums können wir von 2005 bis 2050 weltweit mit einer Verdreifachung der Pro-Kopf-Produktivität rechnen.[33] Das bedeutet eine jährliche Steigerung um 2,5 Prozent. Zur Verdeutlichung: Jahr für Jahr wird jedes einzelne Individuum 2,5 Prozent mehr produzieren und konsumieren als im vorangegangenen Jahr. Das führt dazu, dass die Weltwirtschaft bis 2050 etwa dreimal so groß sein wird wie im Jahr 2005 – *selbst wenn es überhaupt kein Bevölkerungswachstum gäbe.*

Von Goldman Sachs stammen weitere Datensätze und Prognosen mit ähnlichen Ergebnissen. Sie schätzen, dass sich das Pro-Kopf-Einkommen in den hoch entwickelten Wirtschaftsstaaten der G7 bis zum Jahr 2050 verdoppeln wird, die wirklich bedeutende Steigerung des Pro-Kopf-Einkommens jedoch in den BRIC-Staaten (Brasilien, Russland, Indien und China) und den N-11-Staaten stattfinden wird (Next-Eleven nennt man die großen, sich entwickelnden Volkswirtschaften, die zusammen mit den BRIC-Staaten im Verlauf dieses Jahrhunderts das Potenzial haben, den G7 ihren Rang als stärkste Wirtschaftsmächte abzulaufen). Für diese Volkswirtschaften prognostiziert Goldman Sachs im Durchschnitt fast eine Verzehnfachung des Pro-Kopf-Einkommens zwischen 2006 und 2050.[34] Diese Länder zählen entweder schon jetzt zu den stärksten Volkswirtschaften der Welt (wie China) oder sind auf dem besten Weg dorthin.

Wenn wir die Zunahme der Bevölkerung und die Steigerung des Pro-Kopf-Einkommens addieren, ist das Ergebnis eine Welt, deren Wirtschaft sich bis ins Jahr 2050 vervielfacht haben wird. Laut IWF und Australischem Finanzministerium wird die Weltwirtschaft dann fünfmal so groß sein wie heute. Laut der Wirtschaftsberatungsfirma PricewaterhouseCoopers (PwC) kann von einer durchschnittlichen weltweiten Wachstumsrate der Kaufkraft von jährlich 3,2 Prozent bis 2050 ausgegangen werden. Auf 40 Jahre berechnet bedeutet das eine Vergrößerung der Wirtschaft um 350 Prozent.[35]

Nun haben wir also ein sehr großes Problem mal 3,5 oder vielleicht mal 5. Das ergibt einen Planeten, der schon jetzt 140 Prozent Auslastung erreicht hat und später einmal eine Auslastung von 500 bis 700 Prozent erreichen wird. Ja, es gibt noch viel Potenzial im Bereich der Effizienzsteigerungen, mittels derer sich der Rohstoffverbrauch und die Umweltverschmutzung pro ausgegebenem Dollar senken lassen. Aber auch hier gibt es natürliche Grenzen – wir können die Dinge leichter und sauberer produzieren, aber produzieren müssen wir sie trotzdem. Dazu kommt noch, dass wir mehr Waren herstellen werden, was bedeutet, dass die Effizienzsteigerungen das von uns beabsichtigte Wachstum noch nicht einmal annähernd kompensieren können. Bedenken Sie Folgendes.

In den 30 Jahren vor 2009 wurde der Rohstoffverbrauch je Einheit/BIP weltweit um 30 Prozent reduziert. Das bedeutet, dass wir durchschnittlich jedes Jahr um 1,2 Prozent effizienter mit den zur Verfügung stehenden Rohstoffen umgegangen sind als im Vorjahr.[36] Dieser Trend im allgemeinen Rohstoffverbrauch deckt sich mit der Entwicklung des Energieverbrauchs. Der Energieverbrauch je Einheit/BIP reduzierte sich von 1970 bis 2007 um 33 Prozent, das entspricht einem Rückgang um 1,1 Prozent pro Jahr.[37] Wenn sich diese Entwicklungen fortsetzen, werden wir bis 2050 Rohstoffe um 38 Prozent effizienter nutzen. Das klingt so, als würden wir gut vorankommen.

Dennoch wurden sämtliche Effizienzsteigerungen der letzten 30 Jahre, bzw. die Entkopplung von Wirtschaftswachstum und Rohstoffverbrauch, durch steigende Pro-Kopf-Einkommen und eine wachsende Bevölkerung bei Weitem überrundet – tatsächlich sieht es so aus, als würden Effizienzsteigerungen zu gesteigertem Konsumverhalten ermutigen. Seit 1990, dem Ausgangsjahr des Kyoto-Protokolls, hat sich der Emissionsausstoß um 40 Prozent erhöht, trotz aller Effizienzsteigerungen. Wenn jeder Einzelne von uns jedes Jahr 2,5 Prozent mehr Lohn erwartet und fordert, lautet die unbestechliche Logik, dass auch eine um 1,2 Prozent gesteigerte Rohstoffeffizienz je Dollar Einkommen nicht verhindern kann, dass unser ökologischer Fußabdruck immer weiter und weiter wächst. Im Durchschnitt konsumiert heute jeder einzelne Mensch jeden Tag 22 Kilogramm Rohstoffe, doch regional variiert der Verbrauch stark. Ein durchschnittlicher Afrikaner verbraucht gerade einmal zehn Kilogramm, ein Durchschnittsaustralier dagegen verbraucht täglich 100 Kilogramm. Und es sieht danach aus, dass diese Zahlen weiter steigen.

Rechnet man, unter Berücksichtigung der Effizienzsteigerungen, alle diese Werte zusammen, dann ergibt sich daraus, dass wir vorhaben, bis 2050 eine Wirtschaft zu errichten, die 300 bis 400 Prozent der Kapazität der Erde ausschöpft. Das Global Footprint Network hat ausgehend von eigenen Berechnungen bereits davor gewarnt, dass wir auf dem besten Weg sind, bis Anfang der 2030er Jahre den Planeten zu 200 Prozent auszulasten – das ist der Gegenwert von zwei Planeten.[38] Da wir nur über einen Planeten verfügen, ist das ein ziemliches Problem.

Wenn ich schreibe, dass wir vorhaben, die Wirtschaft in einem solchen Maß zu vergrößern, ist das übrigens keine Mutmaßung über die Zukunft oder ein momentanes politisches Programm, sondern der beherrschende Gedanke der Weltwirtschaft und der Weltgesellschaft. Eine Idee, die von nahezu allen Akteuren mit eisernem Willen und politischem Kalkül verfolgt wird. Mit wenigen Ausnahmen ist jede Regierung, ob demokratisch oder nicht, davon überzeugt, Wirtschaftswachstum liefern zu müssen, weil sie fürchtet, sonst nicht an der Macht zu bleiben. Selbst wenn wir die moderateren Berechnungen von PricewaterCoopers zugrunde legen, wird die Weltwirtschaft also um das 3,5-Fache wachsen. Das ist die bestechende Logik des kumulierten Wachstums – ein scheinbar geringes Anwachsen der Kaufkraft um jährlich 3,2 Prozent resultiert in einer Weltwirtschaft, die sich *alle* 22 Jahre verdoppelt. Wenn wir also bei 140 Prozent im Jahr 2009 beginnen, werden wir 2031, nach 22 Jahren, 280 Prozent Auslastung erreichen und nach weiteren 22 Jahren, in 2053, schließlich 560 Prozent.

Das wird *nicht* passieren.

Nicht, weil es eine wirtschaftliche, ökologische und politische Herausforderung ist. Nicht, weil wir es nicht wollen. Nicht, weil es die Umwelt zerstören würde. Es wird nicht dazu kommen, weil dazu die Gesetze der Physik, der Biologie und der Chemie oder auch der Mathematik außer Kraft gesetzt werden müssten. Aber diese Gesetze stehen unverrückbar fest und sind nicht verhandelbar.

Das bedeutet, dass unsere Annahmen über die Weltgesellschaft – dass wir die Armut überwinden werden, dass wir die über zwei Milliarden Menschen, die noch dazu kommen werden, und die heute schon lebenden sieben Milliarden Erdenbürger mit Arbeitsplätzen und Nahrungsmitteln versorgen werden, dass wir die Grundbedürfnisse aller Menschen befriedigen werden, dass wir in der westlichen Welt unseren materiellen und finanziellen Lebensstandard endlos weiter steigern werden, dass die Weltsicherheit im Großen und Ganzen relativ stabil bleiben wird – eine riesige Illusion sind.

Ich sage es noch einmal: Das wird nicht passieren.

Was wird also geschehen? Es wird zum Großen Bruch kommen. Zuerst wird die Wirtschaft einfach nicht mehr wachsen. Die Erde ist voll; es gibt keinen Platz für eine Wirtschaft, die doppelt so groß ist, geschweige denn fünfmal so groß wie die heutige. Wir werden uns große Mühe geben, das Wachstum anzukurbeln; um genau zu sein, werden wir dafür alles in unserer Macht Stehende tun, so wie 2008, als das Wachstum schon einmal stillstand. Teilweise werden wir damit erfolgreich sein und in einzelnen Ländern und Unternehmen wird es immer wieder zu Wachstumsbewegungen kommen. Auch wird es weltweit zu bestimmten Zeiten Wachstumsperioden geben. Aber auf Dauer wird es kein nennenswertes Wachstum geben, und das auf viele Jahrzehnte hin gesehen. Die Wirtschaft ist abhängig von der Versorgung mit Rohstoffen und dem Funktionieren des Ökosystems. Und so werden Engpässe in der Rohstoffversorgung und die physikalischen Reaktionen des Ökosystems, insbesondere des Klimas, das Wachstum verhindern.

Je schneller wir wachsen, desto schneller werden wir gegen die Grenzen stoßen und desto härter und bedrohlicher wird der Aufprall sein. Ironischerweise wird es also unsere Besessenheit mit dem Wachstum sein, die das Ende des Wirtschaftswachstums erzwingen wird.

Während die Wirtschaft in diesem jahrzehntelangen Kreislauf aus Wachsen und Schrumpfen insgesamt stagnieren wird, begleitet von den damit verbundenen politischen, sozialen und wirtschaftlichen Herausforderungen, werden wir uns gleichzeitig um die humanitären und wirtschaftlichen Folgen des systemweiten Zusammenbruchs unserer Lebensgrundlage, der Umwelt, kümmern müssen.

Das bedeutet, dass uns eine Ära der wirtschaftlichen Stagnation, der geopolitischen Krisen und des ökologischen Chaos bevorsteht, während der wir all diese Probleme bewältigen werden müssen *und* ein neues globales Wirtschafts- und Politikmodell erfinden müssen. Ich bin überzeugt davon, dass es zur Erschaffung eines neuen Wirtschaftsmodells kommen wird, weil es nur zwei mögliche Wege gibt, wie sich all das entfalten kann.

Wie jedes System, das an seine Grenzen stößt, werden wir uns entweder auf eine höhere Entwicklungsstufe begeben oder durch den Systemzusammenbruch auf eine niedrigere Stufe zurückgeworfen werden. Anders gesagt, wir werden uns entweder zu einer intelligenteren, bewussteren und stabileren Zivilisation weiterentwickeln oder es wird das eintreten, was laut James Lovelock ohnehin unausweichlich ist und was Jared Diamond den Untergang nennt. So oder so steht uns eine schwere Zeit bevor, und ich denke, dass wir uns darauf gefasst machen müssen, im heraufziehenden geopolitischen, wirtschaftlichen und klimatischen Chaos auf tragische Weise einige Milliarden Menschen zu verlieren.

Hm. Ein Moment zum Nachdenken ... vielleicht ein paar Momente ...

An diesem Punkt wird jeder, der mit dieser Logik konfrontiert wird, mit einer oder mehreren der folgenden Gefühlsregungen reagieren. Eine häufige Reaktion ist das Gefühl von Verzweiflung angesichts der ausgesprochenen Hoffnungslosigkeit all dessen. Das ist verständlich. Manche werden wütend, entweder über sich selbst, weil sie sich an diesem idiotischen Verhalten beteiligen oder auf die ganze Welt und die an der Macht, weil sie zugelassen haben, dass es so weit gekommen ist. Andere leugnen das Problem, indem sie entweder sagen: „Ach, das gab's doch alles schon mal. Wir haben es schon immer hinbekommen und werden es auch dieses Mal schaffen." Oder: „Was für ein Blödsinn. Die Wissenschaft irrt sich und Ihre Analyse ist voller Fehler." Ich habe schon jede dieser Reaktionen erlebt, sogar die letzte, und habe viel Zeit damit verbracht, jede von ihnen genau zu überdenken.

Aber am Ende lande ich doch immer wieder bei der erdrückenden Logik der Mathematik, den Ergebnissen der Naturwissenschaften und der Unerbittlichkeit der wissenschaftlichen Erkenntnisprozesse. Man wird sich immer darüber streiten, welche Modelle, Zahlen und Vorhersagen zutreffen. Verschiedene Leute werden zu unterschiedlichen Ergebnissen kommen und alternative Szenarien entwerfen. Das Ausmaß des Problems, dem wir jetzt gegenüberstehen, ist jedoch so eindeutig, dass es von solcherlei Auseinandersetzungen unberührt bleibt. Der Versuch, die Auslastung eines Systems, das schon jetzt mit 140 Prozent seiner Kapazität läuft, auf 200 Prozent zu steigern, ganz zu schweigen von 500 oder 700 Prozent, bedeutet nichts anderes als dass wir gegen die Wand fahren werden.

Während der letzten fünf Jahre habe ich diese Thesen vor Geschäftsleuten, Politikern und engagierten Bürgern überall auf der Welt vorgetragen und im Anschluss an meine Vorträge habe ich Tausende von Fragen beantwortet. Und die allerhäufigste Reaktion waren Fragen, die mit „Ja aber was ist mit …" begannen.

Wenden wir uns also zuallererst diesen Fragen zu, während Sie die Gefühle verarbeiten, die die unbestechliche Botschaft der Daten und Zahlen in Ihnen ausgelöst hat. Wir werden uns später noch damit beschäftigen und dann werde ich Ihnen auch erzählen, warum ich inzwischen voller Hoffnung bin. Aber bis dahin lassen Sie die rechte Seite Ihres Gehirns noch Ihre Gefühle verarbeiten, während Sie die linke Gehirnhälfte einsetzen, um weiterzulesen. Ich trenne diese beiden Reaktionen voneinander, weil wir unsere Situation mit unserem ganzen Wesen erfassen müssen, und beidem, dem Verstand *und* den Gefühlen ihre Berechtigung zugestehen sollten.

Das Problem logisch und rational zu betrachten verhindert, dass wir uns in einem artifiziellen Hoffnungsgefühl einrichten oder uns von unseren ideologischen Überzeugungen oder dem, was wir *wünschen* würden, dass es wahr wäre, leiten lassen.

Ich finde, dass sich dafür eine vor inzwischen 40 Jahren von Paul Ehrlich und anderen formulierte Gleichung am besten eignet.[39] Die Ehrlich-Gleichung, I=P×A×T, besagt, dass die menschengemachte Umweltbelastung (Impact = I) das Ergebnis ist von der Bevölkerungsgröße P (Population) multipliziert mit dem Wohlstand bzw. dem Pro-Kopf-Einkommen (Affluence = A) und der technologischen Entwicklung der Wirtschaftsleistung bzw. der relativen Umweltwirksamkeit je ausgegebenen Dollar (Technology = T).

Die Gleichung besagt also, dass es nur drei Größen gibt, die verantwortlich sind für das Maß, in dem wir die Umwelt belasten: Bevölkerung, Wohlstand und Technologie (einschließlich unseres Umgangs damit). Das bedeutet, dass wir nur drei Hebel betätigen können, wenn wir unseren Umwelteinfluss reduzieren möchten. Wir können die Bevölkerung reduzieren, den Wohlstand oder die Auswirkungen pro ausgegebenen Dollar, was entweder durch die Entwicklung besserer Technologien oder durch einen veränderten Umgang mit der Technologie erreicht werden kann.

Denken Sie daran, dass die Ehrlich-Gleichung hilfreich ist, um das Problem rational zu analysieren. Es geht dabei nicht darum, was wir gerne hätten.

Im Kontext dieser drei Hebel, die wir betätigen können, werde ich Ihnen die drei Fragen beantworten, die mir im Anschluss an meine Vorträge am häufigsten gestellt werden.

1. Das Problem ist die Bevölkerung. Es gibt einfach zu viele Menschen, also sollten wir uns darauf konzentrieren.

2. Wenn wir die Auswirkungen spüren, werden wir uns um das Problem kümmern und es lösen. Das wird schwer sein, aber keine Krise. Märkte und Technologie sind außergewöhnlich.

3. Wir können einfach auf andere Weise Wachstum erreichen. Mit weniger Materialeinsatz, geringerem Energieverbrauch und mehr erneuerbaren Rohstoffen.

Die erste Frage ist sehr beliebt, insbesondere in westlichen Ländern. Sie lautet für gewöhnlich: „Das Problem ist das Bevölkerungswachstum, oder? Es gibt zu viele Menschen auf der Welt, das sollten wir einfach irgendwie lösen!"

Diese Frage kommt immer wieder und das seit Jahrzehnten. Ein Blick auf die Zahlen und die politische Realität hilft hier weiter.

Zunächst die Mathematik. Erinnern wir uns an die entscheidende Gleichung I=P×A×T. Diese Gleichung zeigt uns, dass obwohl die Bevölkerung (P) ein Hebel ist, den wir betätigen könnten, seine Wirkung vielleicht hilfreich, aber lange nicht groß genug wäre, um das Problem zu lösen. Die Prognosen zur Bevölkerungsentwicklung der Vereinten Nationen zeigen eine durchschnittliche Wachstumsrate von 0,7 Prozent für die nächsten Jahrzehnte und landen – bei mittleren Wachstumserwartungen – bei einem Höchststand von etwas über neun Milliarden Menschen im Jahr 2050. Es liegt jedoch in der Natur des kumulierten Wirtschaftswachstums, dass selbst eine wesentliche Verringerung des Bevölkerungswachstums rasch vom Anstieg des Pro-Kopf-Einkommens überrundet würde. Für das Pro-Kopf-Einkommen wird eine jährliche Steigerung von 2,5 Prozent prognostiziert, was die Wachstumsrate der Bevölkerung bei Weitem überschreitet. Ich werde gleich noch anhand eines Beispiels veranschaulichen, wir unterschiedlich die Auswirkungen von Bevölkerungs- und Wirtschaftswachstum sind.

Die zweite Herausforderung liegt, selbstverständlich, in der Politik. Wenngleich es einzelnen Nationen (vor allem China) gelungen ist, mithilfe der Ein-Kind-Politik die Entwicklung ihrer Bevölkerung zu kontrollieren, ist die Vorstellung eines wirksamen globalen Abkommens zur Regulierung des Bevölkerungswachstums schlicht unrealistisch. Wir sollten uns den Vergleich des Bevölkerungswachstums mit den Steigerungsraten des Pro-Kopf-Einkommens vergegenwärtigen. Daraus geht hervor, dass selbst eine 50-prozentige Reduktion des Bevölkerungswachstums, was einer Herkulestat gleichkäme, nur sehr wenig Einfluss auf die Entwicklungen haben würde, über die wir hier sprechen.

Für eine nennenswerte Wirkung auf die prognostizierten Umwelteinflüsse müssten wir die Weltbevölkerung um einen erheblichen Prozentsatz *ihrer heutigen Größe* reduzieren. Wenn man bedenkt, dass wir schon Schwierigkeiten haben, das *Bevölkerungswachstum* zu verlangsamen, wird deutlich, dass es keine Strategie geben wird, um die Weltbevölkerung vorsätzlich zu reduzieren. Wir werden noch darauf zurückkommen, ob es unfreiwillig dazu kommen könnte, aber wir können davon ausgehen, dass es keine Strategie sein wird, die wir aktiv verfolgen werden, um die Krise abzuwenden. Bedenkenswert ist auch Folgendes. Da wir über einen Zeitraum von weniger als 40 Jahren sprechen und die durchschnittliche Lebenserwartung heute bei etwa 70 Jahren liegt, existieren viele der Menschen, die 2050 leben werden, bereits heute, oder sie werden bald geboren werden.

Aber kommen wir zurück zu unserer Ausgangsgleichung; der Bevölkerungshebel funktioniert also nicht und es hätte keinen nennenswerten Effekt, ihn zu betätigen.

Die häufigste Frage von Menschen, die nicht mit meiner Sichtweise übereinstimmen, lautet in etwa: „Sobald die Auswirkungen für alle klar und deutlich erkennbar sind, können wir uns sicher schnell genug verändern und das Problem bewältigen, ohne dass es eine Krise gibt. Und überhaupt, haben wir nicht die meisten sozialen und ökologischen Probleme in der Vergangenheit gelöst?"

Oder: „Es gab schon immer Untergangsszenarien, aber wir haben es immer geschafft. Unsere Märkte und Technologien sind so bemerkenswert und werden auch weiterhin funktionieren."

Ich hege gewisse Sympathien für diese Reaktion und muss zugeben, dass sie eine echte Herausforderung für mich darstellte. Es schien mir der wahrscheinlichste Grund dafür zu sein, dass ich mich täusche. Schließlich stand die Menschheit im Lauf der Geschichte schon vielen Krisen gegenüber, die sie gut bewältigt hat. Es hat außerdem eine ganze Reihe außergewöhnlicher technologischer Durchbrüche gegeben, die, oftmals überraschend, die Gesellschaft verändert haben und/oder dazu geführt haben, Probleme zu lösen, die andernfalls massive Krisen verursacht hätten. Denken wir etwa an den Zweiten Weltkrieg, auf den ich später noch zurückkommen werde; die Grüne Revolution in den 1960er-Jahren, durch die sich die Lebensmittelproduktion in Entwicklungsländern mehr als verdoppelte[40]; und die rasant schnelle Verbreitung von Informations- und Kommunikationstechnologien.

Wahr ist auch, dass einige bemerkenswerte Technologien und Geschäftsmodelle in der Planungs- oder der Realisierungsphase stecken, die sich massiv auf das „T" (Technologie) in unserer Gleichung auswirken könnten.

Aber selbst wenn die Technik das zugrunde liegende Problem lösen könnte – die Entstehung einer ernsthaften Krise wird sie nicht verhindern können. Ich werde gleich erklären, warum.

Auch nähere ich mich all dem nicht mit einer markt- oder technologiefeindlichen Haltung. Vielmehr habe ich 15 Jahre lang dafür plädiert, dass wir durch die Kraft der Märkte die entscheidenden Veränderungen einleiten können und ich habe Firmen geleitet, die genau diese Veränderungen bewirken. Ich kann dieser Sichtweise daher viel abgewinnen, weil ich das enorme Potenzial für schnelle, weltweite Veränderungen erkenne, die wir durch gezielte Marktaktivitäten erreichen könnten.

Dennoch lässt eine vernünftige und ruhige Analyse, die auf mathematischen und wissenschaftlichen Erkenntnissen und nicht auf Überzeugungen und Hoffnungen basiert, nur eine Antwort auf die Frage zu, ob Märkte und Technologien diese Krise verhindern werden können. Sie lautet: „Nein, diesmal nicht."

Es gibt dafür zwei Gründe, auf einen (das Ausmaß und die Geschwindigkeit der Veränderung) werde ich später noch zurückkommen. Der wichtigste Grund jedoch lässt sich nur wissenschaftlich erklären: Es geht darum, dass die Wirkung, die der Ausstoß von Emissionen oder die Verursachung anderer Umweltschäden auf das Ökosystem haben, zeitverzögert erfolgt. Dasselbe gilt umgekehrt natürlich auch für positive Entwicklungen, wie die Reduktion des Schadstoffausstoßes oder der Umweltschäden. Auch umweltfreundliches Verhalten wirkt sich nur zeitverzögert auf das Ökosystem der Erde aus.

Während die Struktur unseres Wirtschaftssystems auf Jahreszielvereinbarungen, Quartalszahlen und tagesaktuelle Nachrichten ausgerichtet ist, operiert das Erdsystem in viel längeren und komplexeren Zyklen. Und, wie uns der US-Senator Gaylord Nelson erinnerte: „Die Wirtschaft ist zu hundert Prozent eine Tochtergesellschaft der Umwelt, nicht andersherum."

Beispielsweise sind die Veränderungen im Klima, die wir heute beobachten können, größtenteils die Folge von vor Jahrzehnten ausgestoßenen Emissionen. Treibhausgase speichern Wärme in der Atmosphäre, ein Großteil davon wird von den oberen Schichten der Ozeane absorbiert, was dazu führt, dass kein direkter Temperaturanstieg erfolgt. Erst nach Anstieg der Meerestemperaturen, aufgrund der hohen gespeicherten Energiemengen, werden dann die Auswirkungen des CO_2 auf das Klima und an Land messbar. Ein Verzögerungsprozess, der Jahrzehnte dauert. Diese Erkenntnis brachte die *National Academy of Sciences* dazu, bereits im Jahr 1979 vor den Folgen des CO_2-Ausstoßes zu warnen. Sie schrieben im sogenannten Charney-Report: „Es kann sein, dass wir so lange keine Warnung erhalten, bis die Kohlendioxid-Konzentration so hoch ist, dass ein spürbarer Klimawandel nicht mehr zu verhindern ist."[41]

CO_2 wird sehr lange in der Atmosphäre gespeichert, zum Teil bleibt es über 1000 Jahre nach Ausstoß in der Atmosphäre.[42] Sobald wir beginnen, die Erwärmung zu bemerken, wird also schon längst noch viel mehr CO_2 in der Atmosphäre eingeschlossen sein, das den Planeten während der ganzen Zeit weiter erwärmt.

Das Prinzip der Zeitverzögerung gilt für viele Bereiche der Umwelt und deshalb ist es ein Problem des gesamten Ökosystems und nicht nur des Klimas. Zu den Beispielen zählen die Versauerung der Meere (was dazu führen kann, dass sich ab einem bestimmten Zeitpunkt keine Korallenriffs mehr bilden werden und Schalentiere keinen Schutzpanzer mehr ausbilden können) und die Ozonschicht. Ihr Zustand verschlechterte sich noch lange Zeit nachdem die Ursachen beseitig worden waren, und mit einer vollständigen Erholung ist voraussichtlich erst im nächsten Jahrhundert zu rechnen. Hinzu kommt noch, dass die meisten dieser Systeme die Tendenz haben, sich nicht-linear zu entwickeln. Für eine lange Zeit widerstehen sie den Veränderungen, und versuchen dabei, alle schädlichen Einflüsse zu neutralisieren. So lange, bis sie sich einem Umkipppunkt nähern, an dem dann entweder eine sehr schnelle Systemveränderung oder der Systemzusammenbruch erfolgt. Genauso ist es mit der Ursachenbekämpfung: eine Besserung kann sehr lange dauern oder auch ganz ausbleiben.

Das, was wir derzeit beobachten können, das Tauen des arktischen Seeeises, das Verschwinden der Gletscher, die Engpässe in der Nahrungsmittelversorgung und die Zerstörungen durch Waldbrände, ist nichts weiter als eine Botschaft von Mutter Natur, die uns sagt: „Das, was ihr seht, ist noch gar nichts." Das ist nur der Anfang.

Das bedeutet, dass, selbst wenn es eine dramatische gesellschaftliche Reaktion geben würde – und an irgendeinem Punkt wird es dazu kommen –, die Schwungkraft, die den physikalischen Prozessen des Ökosystems der Erde innewohnt, dazu führen wird, dass die Auswirkungen noch über Jahrzehnte fortdauern werden. Um diesen Prozess abzumildern, müssten wir nicht nur die von uns verursachten Umwelteinflüsse (wie etwa den CO_2-Ausstoß) reduzieren, sondern aktiv dazu beitragen, das System wiederherzustellen (CO_2 aus der Atmosphäre entfernen, damit unser Umwelteinfluss tatsächlich in einer *Reduktion* der CO_2-Konzentration bestünde). Im Fall von CO_2 ist das vorstellbar, wenn auch sehr schwer zu erreichen. Dasselbe im Fall der gesamten Ökodienstleistungen zu tun, in einer Geschwindigkeit, die ausreicht, um die Zeitverzögerungen in den verschiedenen Bereichen noch einzuholen, übersteigt alle Wahrscheinlichkeiten. Ich würde nicht sagen, dass es unmöglich ist, aber auf keinen Fall würde ich unsere Zukunft darauf setzen.

Das bedeutet nicht, dass wir gar nichts tun können. Vielmehr bedeutet es, dass wir noch viel *Außergewöhnlicheres* tun müssen und tun werden. Und sobald wir reagieren werden, werden wir das mit atemberaubender Geschwindigkeit und in einem unvorstellbaren Ausmaß tun und den größten Wirtschafts- und Industriewandel in der Geschichte auslösen. Das ist der schöne Teil unserer Geschichte, zu dem wir später noch kommen.

Meine Meinung zum Thema Technologie als Lösung ist einfach. Es geht nicht darum, dass Technologien nicht wichtig sein werden, ganz im Gegenteil. Es ist einfach sehr unwahrscheinlich, dass neue Technologien so schnell entwickelt und etabliert werden können, dass dadurch die Beharrungstendenzen innerhalb des Umweltsystems überwunden werden könnten – in ausreichendem Maß, um eine wirtschaftliche und gesellschaftliche Krise zu verhindern.

Es ist vor allem so, dass es sich dabei nicht primär um eine technische Herausforderung dreht („Ist es technisch möglich?"), sondern mehr um eine wirtschaftliche und politische. Denn in diesem Zusammenhang werden die Zeitverzögerungen dazu führen, dass wir die Ursachen zukünftiger Probleme beheben werden müssen (wie zum Beispiel die Reduktion von Emissionen), während wir gleichzeitig die wirtschaftlichen und gesellschaftlichen Folgen unseres Verhaltens in der Vergangenheit zu bewältigen haben (zum Beispiel den rasanten Klimawandel, Hungersnöte und Ähnliches). Die Bewältigung der Folgen der Vergangenheit wird uns wirtschaftlich und politisch davon abhalten, zukünftige Schäden zu vermeiden. Ein Beispiel hierfür könnte das Zusammenbrechen der weltweiten Versicherungsbranche sein, ausgelöst durch heftige Veränderungen im Weltklima.

Die Wucht der ökologischen Veränderungen innerhalb des Systems ist zu stark, um ihrer problemlos Herr zu werden. Übersetzt man die Veränderungen, die notwendig wären, um das Entstehen einer Krise zu verhindern, in eine mathematische Gleichung, weckt das Ergebnis Zweifel, ob das überhaupt noch möglich ist. Wir werden das gleich sehen. Also: Ja, ich glaube an die Märkte. Aber ich glaube einfach nicht an Wunder, die die Gesetze der Mathematik und der Physik außer Acht lassen.

Der letzte Strohhalm, nach dem marktorientierte Techno-Optimisten greifen, ist, dass wir die Krise verhindern werden können, indem wir das Wirtschaftswachstum von materiellem Wachstum und steigendem Energieverbrauch entkoppeln. Diese Idee galt Nachhaltigkeitsexperten lange Zeit als Heiliger Gral und wie viele andere war auch ich bis vor sechs Jahren davon überzeugt, dass darin die Lösung für das Dilemma des Wachstumsproblems liege.

Der Gedanke dahinter ist, dass wir die Wirtschaft neu strukturieren können, weg von materiellen Produkten und Umweltverschmutzung. Die Entwicklung ginge hin zu erneuerbaren Energien und Rohstoffen sowie wirkmächtigen Programmen zur Effizienzsteigerung, die zu weniger und sauberer Material- und Energienutzung je Einheit Wirtschaftsleistung führen würden. Vorausgesetzt wird dabei, dass solche Veränderungen schnell und umfassend genug erfolgen können, damit die Wirtschaft weiterhin wächst und zugleich die absoluten Umweltbelastungen drastisch reduziert werden können.

Das ist eine gute Idee und sie weist in die richtige Richtung. Überall auf der Welt sind ausgehend von diesem Konzept bereits eine ganze Reihe herausragender Geschäftsideen entstanden, unter anderem der Ansatz, Dienstleistungen und nicht Produkte zu verkaufen. Ein sehr lebensnahes Beispiel ist die Idee, dass wir anstelle einer Klimaanlage ein angenehmes Raumklima erwerben. Der Grundgedanke dabei ist, dass wir keine Maschine besitzen wollen, sondern uns eine angenehme Raumtemperatur und Luftfeuchtigkeit wünschen und bereit sind, dafür zu bezahlen. Die Firma, die uns diese Dienstleistung bietet, besitzt die Maschine und begleicht die Stromrechnung. Dadurch entstehen Anreize für die Verleihfirmen, möglichst langlebige, gut zu recycelnde und effiziente Maschinen einzusetzen, da nicht der Kunde, sondern sie selbst für Reparatur, Entsorgung und Energieverbrauch aufkommen. Die Firma hätte zudem ein Interesse daran, all diese Faktoren weiter zu optimieren, da ihr die daraus resultierenden Einsparungen zugutekämen. Genau das geschieht seit Langem bei der Bereitstellung von Kopiergeräten, die sich über die Bezahlung je Kopie finanzieren.

Ein weiteres Beispiel ist die nachhaltigkeitsorientierte Teppichfirma Interface, gegründet von Ray Andersen, einem inzwischen verstorbenen legendären Nachhaltigkeitsunternehmer. Interface bietet seinen Kunden einen „Evergreen Teppich" zur Miete an, und die Kunden bezahlen für die Dienstleistung eines teppichbedeckten Bodens. Für Interface bedeutet das einen Anreiz, die Lebensdauer-Kosten der Teppiche gering zu halten, indem sie etwa strapazierfähige und recycelbare Materialien in der Produktion einsetzen.

Könnten wir also nicht einfach mit der Etablierung von solchen Strukturen, die Effizienz und Langlebigkeit belohnen, die Entkopplung vom materiellen Wachstum erreichen? Wir können, und wir werden es auch tun. Das Problem ist, dass wir auch hier vor einem mathematischen Problem stehen. Betrachtet man nochmals Ehrlichs Gleichung, handelt es sich hierbei um das T in $I=P \times A \times T$.

Im Auftrag der britischen Regierung veröffentlichte die Kommission für Nachhaltige Entwicklung (*Sustainable Development Commission*) im Jahr 2009 die Publikation *Prosperity Without Growth?* (dt. *Wohlstand ohne Wachstum*) von Tim Jackson. Jacksons Untersuchung, die unter dem Vorsitz meines Freundes Sir Jonathan Porritt entstanden ist, liefert eine hervorragende Überblicksdarstellung zu diesem Sachverhalt.[43]

Wohlstand ohne Wachstum enthält unter anderem einige faszinierende Zukunfts-Szenarien, die der Frage nachgehen, wie bis 2050 mittels Entkopplung der Anteil von CO_2 in der Atmosphäre auf 450 ppm (parts per million) begrenzt werden kann. Sie sollten wissen, dass eine Konzentration von 450 ppm in der Atmosphäre von den meisten Wissenschaftlern als unzureichendes Ziel bewertet wird; die tatsächliche Herausforderung ist demnach noch um einiges größer als das, was ich gleich beschreiben werde.

Hinzu kommt noch, dass die Entkopplung von Wachstum und CO_2-Emissionen eines der *einfachsten* Probleme darstellt. Denn Energie kann auch ohne CO_2-Emissionen gewonnen werden, wohingegen es um einiges schwieriger wäre, zum Beispiel Autos ohne Metall oder Plastik herzustellen.

Um die einzelnen Szenarien miteinander vergleichen zu können, wurde das Verhältnis von Gramm CO_2 je einem Dollar Wirtschaftsleistung als Maßeinheit zugrunde gelegt. Im Jahr 2007 betrug dieses Verhältnis weltweit 768 g CO_2 je 1 US $. Insgesamt entwarf das Forscherteam vier mögliche Szenarien, die schrittweise verdeutlichen, welche Anstrengungen es bedeuten würde, um dieses Problem, dass das *einfachste* Problem im Bereich der Entkopplung darstellt, zu lösen.

1. Ausgehend von dem prognostizierten Mittelwert von einer Weltbevölkerung von neun Milliarden Menschen im Jahr 2050 und unter der Annahme, dass sich die Wirtschaft mit 1,4 Prozent Wachstum pro Jahr im selben Maß wie seit 1990 entwickelt, müsste sich das Verhältnis von CO_2/US $ von heute 768 g CO_2/1 US $ bis 2050 auf 36 g CO_2/1 US $ verringern. Das ist eine Abnahme um 95 Prozent.

2. Der höchste prognostizierte Wert von elf Milliarden Menschen würde eine Verringerung auf 30 g CO_2/US $ erfordern.

3. Wenn wir davon ausgehen, dass wir in der Armutsbekämpfung vorankommen und bis 2050 neun Milliarden Menschen auf der Erde leben werden, die ein Pro-Kopf-Einkommen erzielen, das dem Pro-Kopf-Einkommen in der Europäischen Union aus dem Jahr 2007 entspricht (das bedeutet, kein weiterer Anstieg des Pro-Kopf-Einkommens im Westen), liegt das Ziel bei 14 g CO_2/1 US $.

4. Wenn wir annehmen, dass alle Länder weitgehend gleich sind und der Lebensstandard überall etwa das Niveau der EU im Jahr

2007 erreicht, aber die Wirtschaft weltweit jedes Jahr um 2 Prozent wächst, müssen wir den Verbrauch von 768 g CO_2/1 US $ auf 6 g CO_2/1 US $ senken, das ist eine Reduktion um 99,2 Prozent.

Diese Zahlen enthalten ein paar wichtige Lektionen.

Sie sprechen erstens eindeutig dafür, dass das Bevölkerungswachstum, wenngleich materiell, verglichen mit dem Anstieg des Pro-Kopf-Einkommens kein entscheidender Faktor unseres Problems ist.

Zweitens verdeutlichen sie, wie erheblich die benötigten Veränderungen sind. Selbst Szenario 3, das von einer mittleren Bevölkerungsentwicklung und gleichem Einkommen ausgeht und das voraussetzt, dass es *keinen* weiteren Anstieg des Pro-Kopf-Einkommens in der entwickelten Welt gibt, erfordert eine Effizienzsteigerung von *jährlich* neun Prozent für die kommenden 40 Jahre. Das Resultat wäre eine Wirtschaft, die *sechs* Mal so groß ist wie die heutige.

Drittens, und das ist am wichtigsten, ist das nur die Herkulesarbeit, gleichzeitig Maßnahmen gegen den Klimawandel und für das Wachstum der Wirtschaft zu ergreifen. Das ist eindeutig die *einfachste* Aufgabe verglichen damit, den Wald, das Land, den Fisch, die Nahrungsmittel, die Verkehrsmittel, die Mineralstoffe und das Wasser zu finden, die eine sechs Mal größere Wirtschaft verschlingt.

Noch komplizierter wird diese Aufgabe durch das, was der „Reboundeffekt" (im Deutschen auch Rückschlageffekt) genannt wird. Er besagt, dass mehr Produkte verbraucht werden, sobald sie effizienter produziert werden. Je geringer der Benzinverbrauch von Fahrzeugen durch verbesserte Motorenleistung wird, desto schwerere Autos produzieren wir; je weniger Strom Haushaltsgeräte verbrauchen, desto größere Geräte kaufen wir; je effizienter und dadurch kostengünstiger Klimaanlagen werden, desto mehr Häuser werden mit Klimaanlagen ausgestattet. Technologische Entwicklungen alleine reichen also nicht. Wenn wir nicht wieder und wieder gegen die Grenzen stoßen wollen, müssen wir auch den Pro-Kopf-Konsum mit in den Blick nehmen.

Wie ich bereits weiter oben bemerkt habe, beziehen die Szenarien in *Wachstum ohne Grenzen* nur den CO_2-Ausstoß in ihre Berechnungen ein; CO_2-Emissionen sind zwar ein Problem, aber eines, das wir lösen können. Bedenkt man aber, dass es bei der Entkopplung um alle Rohstoffe geht, die unsere moderne Wirtschaft speisen und dass wir bereits jetzt bei einer Auslastung von 140 Prozent angelangt sind, dann gibt es kein vorstellbares Entkopplungs-Szenario, in dem die Wirtschaft weiter wächst und wir die Situation rechtzeitig, bevor eine Krise entsteht, unter Kontrolle bekommen.

Autor Tim Jackson kommt zu folgendem Ergebnis:

In Wahrheit gibt es bislang kein überzeugendes Szenario, das für eine Welt mit neun Milliarden Bewohnern stetig wachsende Einkommen mit sozialer Gerechtigkeit und ökologischer Nachhaltigkeit verbindet. Im Lichte dieser Erkenntnis ist die naive Annahme, die Tendenz des Kapitalismus zur Effizienz werde uns erlauben, das Klima zu stabilisieren oder uns vor Ressourcenknappheit zu schützen, schlichtweg eine Wahnvorstellung. Wer Entkopplung als Ausweg aus dem Wachstumsdilemma empfiehlt, sollte sich erst einmal den historischen Befund etwas genauer ansehen – und die grundlegende Mathematik des Wachstums.

Die effiziente Nutzung von Ressourcen, erneuerbare Energien und eine Reduzierung des Materialverbrauchs, dies alles spielt eine entscheidende Rolle, wenn man die Nachhaltigkeit des Wirtschaftslebens sicherstellen will. Nach der in diesem Kapitel vorgelegten Analyse erscheint die Annahme, man könne Emissionen und Ressourcenverbrauch tiefgreifend senken, ohne sich mit der Struktur von Marktwirtschaft auseinanderzusetzen, allerdings völlig unrealistisch.[44]

Ich möchte hier keinesfalls die Grundideen verwerfen, die hinter der Entkopplung oder dem effizienteren Umgang mit Rohstoffen stehen. Beide Strategien bieten uns enorme Vorteile und wir werden sie entschieden weiterverfolgen müssen. Meine Frage lautet an dieser Stelle einfach nur: „Können wir eine systemweite Krise verhindern?" Und meine Antwort ist, dass Entkopplung und Effizienzsteigerungen diesem Ziel noch nicht mal nahe kommen, auch wenn sie aus anderen Gründen durchaus weiterverfolgt werden müssen.

Um zusammenfassen, an welchem Punkt wir jetzt stehen:

- Wir haben festgestellt, dass die vor uns liegende Herausforderung weithin anerkannt wird und dass es sich um ein klares, logisches und wissenschaftlich belegtes Problem handelt.

- Wir haben gesehen, dass es angesichts der Größe der derzeitigen Weltwirtschaft eine Herkulestat sein wird, die Wirtschaft in die ihr angemessenen Betriebsgrenzen zu bringen.
- Aus der Mathematik geht hervor, dass selbst ein geringes Wirtschaftswachstum diese Aufgabe unmöglich machen wird.
- Es wurde deutlich, dass Märkte und Technologien nicht in der Lage sein werden, sich so umfassend anzupassen, wie es erforderlich wäre.
- Wir haben gesehen, dass die Menschheit trotz all dieser Beweise bislang keine umfangreichen, globalen Gegenmaßnahmen ergriffen hat, ganz zu schweigen von den kriegsähnlichen Interventionen, die es brauchen würde.
- Aus der Wissenschaft wissen wir, dass sich durch die Zeitverzögerung, mit der sich Emissionen und andere Umwelteinflüsse im Ökosystem bemerkbar machen, eine Schwungkraft entwickelt hat, die nun mit hoher Geschwindigkeit auf uns zu rast.
- Der Mangel an Gegenmaßnahmen zeigt, wie stark die Blockaden in Gesellschaft und Wirtschaft gegenüber Veränderungen sind. Da der notwendige Wandel weit über alles, was bislang getan wurde, hinausgeht, werden diese Blockaden weiterhin bestehen und sich wahrscheinlich noch mehr verfestigen.
- Das bedeutet, dass alle Hoffnungen auf einen rechtzeitigen und radikalen Richtungswechsel, mit dem die Krise noch *verhindert* werden kann, falsche Hoffnungen sind.

All das lässt nur einen Schluss zu: Wir werden die Krise, die der Große Bruch auslösen wird, nicht verhindern können.

Wie wird sich diese Krise zeigen?

Haben Sie gedacht, die Finanzkrise von 2008 sei eine Krise gewesen? Und haben Sie gedacht, der Klimawandel sei ein kulturelles, wirtschaftliches und politisches Problem? – Dann halten Sie sich gut fest, denn wir stehen kurz davor, die größte Krise in der Geschichte der Menschheit zu erleben. Eine Krise, die die Grundfeste der Gesellschaft erschüttern wird – das Ende des Wirtschaftswachstums.

Kapitel 5
Süchtig nach Wachstum

Die Weltwirtschaft ist fast fünfmal so groß wie noch vor einem halben Jahrhundert. Wenn sie im selben Maße weiter wächst, wird die Wirtschaft im Jahr 2100 achtzigmal so groß sein.[45]

Das sagt Professor Jim Jackson, dem sich inzwischen ein Chor von Experten aus aller Welt angeschlossen hat. Sie alle fordern, dass wir das Prinzip des Wirtschaftswachstums infrage stellen müssen. Dabei scheint es so offensichtlich, das Wachstum infrage zu stellen. Der Wirtschaftswissenschaftler Kenneth Boulding behauptet sogar: „Jeder, der glaubt, das exponentielle Wachstum könnte in einer Welt der endlichen Rohstoffe unendlich weitergehen, ist entweder verrückt oder ein Ökonom." Dennoch ist Wachstum der entscheidende Faktor jeder Wirtschaftsstrategie und ein heiliges Prinzip im globalen Kapitalismus.

Die Zahlen, auf die sich Jackson und andere berufen, zeigen eindeutig, dass wir früher oder später zwangsläufig das Ende des Wachstums erreichen werden. Obwohl über Timing und Auslöser Uneinigkeit herrscht, kann man nur schwerlich behaupten, das Wachstum gehe ewig weiter. Wie wir weiter oben gesehen haben, würden uns auch eine dramatische Erhöhung der Energieeffizienz und die Entkopplung des Wirtschaftswachstums von materiellem Wachstum im besten Fall etwas Zeit verschaffen. Selbst dann müssten wir irgendwann der Tatsache ins Auge sehen, dass wir in einer Welt mit begrenzten Ressourcen leben.

Stellt das wirklich eine Herausforderung dar? Können wir nicht einfach zu einem neuen Modell übergehen, auch wenn der Weg dorthin ein paar Schlaglöcher haben wird? Können wir nicht einfach anerkennen, dass das alte Modell erledigt ist?

Ja, wir werden einen Systemwandel einleiten, aber die Schlaglöcher werden mehr wie Erdbeben sein und der Übergang wird uns bis auf unsere Grundfeste erschüttern. Wir werden dazu gezwungen sein, unsere Werte, politischen Systeme und unser Leben völlig umzugestalten. Dafür gibt es zwei Gründe. Erstens werden wir uns nicht verändern, bis wir durch das Erreichen der physikalischen Grenzen dazu gezwungen sein werden. Das heißt, wir werden uns schnell und durch eine Krise verändern. Der zweite Grund ist, dass das Wirtschaftswachstum aufs Engste mit der modernen Gesellschaft verwoben ist. Wir werden noch auf die Krise zu sprechen kommen, lassen Sie uns aber zunächst einen genaueren Blick auf das Wachstum werfen.

Ich habe bereits erwähnt, dass ich vor ein paar Jahren das Hauptaugenmerk meiner Reden vom Herannahen einer weltweiten ökologischen Tragödie auf die unmittelbaren wirtschaftlichen Folgen gelenkt habe, die durch den Zusammenbruch des Ökosystems und die Verknappung der Ressourcen entstehen werden. Ich konzentrierte mich vor allem auf das unausweichliche Ende des Wirtschaftswachstums. Daraufhin veränderten sich die Reaktionen im Publikum. Aus aufrichtiger Sorge und breiter Zustimmung wurden handfeste Auseinandersetzungen und Meinungsverschiedenheiten.

Heute wie damals sind es nicht der Untergang von 50 Prozent der weltweiten Artenvielfalt, die zivilisationsbedrohenden Veränderungen im weltweiten Ökosystem im Lauf der nächsten einhundert Jahre oder die potenzielle Neugestaltung der gesamten geopolitischen Landschaft, die Aufmerksamkeit erregen. Nein, was Aufmerksamkeit erregt ist die Aussicht darauf, dem sofortigen Ende des Wirtschaftswachstums entgegenzusehen.

Wir lieben das Wachstum einfach zu sehr; in allen Ländern der Welt, ob demokratisch oder nicht, bildet es die Grundlage für politische und wirtschaftliche Strategien. Jede Unternehmensstrategie wird vom Wachstum beherrscht und es entscheidet darüber, wie lange Vorstandsmitglieder, CEOs und Führungskräfte in ihren Positionen bleiben. Es geht aber nicht nur um jene, die „das Sagen haben". Für die meisten Menschen ist Wachstum einer der wichtigsten Gradmesser für ihre persönliche Entwicklung. Im Allgemeinen bewerten wir unseren Erfolg danach, ob unser Vermögen, unser Einkommen und unsere finanzielle Sicherheit im Laufe der Zeit anwachsen oder nicht, mitsamt aller dazugehörigen materiellen Manifestationen in unseren Häusern, Autos und unserem Lebensstil. Auch unsere emotionale Sicherheit und unser Selbstwertgefühl haben wir daran geknüpft.

Weil das Wachstum derart eng verbunden ist mit unserem Wirtschaftssystem und unseren persönlichen und politischen Erwartungen, wird sein Ende nicht reibungslos verlaufen. Weil die Bevölkerung wächst, brauchen wir mehr Arbeitsplätze, wofür wiederum Wachstum benötigt wird. Gleichzeitig reduzieren jedoch immer weitere technologische Effizienz- und Produktivitätssteigerungen die Anzahl der Menschen, die wir für die Produktion unserer Waren einsetzen müssen. Wenn die Wirtschaft nicht schnell genug wächst, um die Effizienzsteigerungen zu überflügeln und das Bevölkerungswachstum zu kompensieren, steigt die Arbeitslosigkeit an, sinken die Investitionen, werden weniger Waren produziert und weniger Arbeitsplätze geschaffen. Solange es anhält, verschafft uns das Wachstum also ein High, wenn es aufhört, führt es zum Zusammenbruch. Das ist ein abhängig machender Kreislauf, den wir nur schwer besiegen werden.

Die Sucht nach Wachstum ist ein so komplexes Phänomen, dass dafür nicht ein Wirtschaftsmodell oder eine Ideologie verantwortlich gemacht werden kann. Es ist nicht die Schuld des Kapitalismus oder der westlichen Demokratien, noch handelt es sich um eine Verschwörung der Weltwirtschaft oder der Reichen. Genauso wenig ist es eine schlechte Idee aus den Wirtschaftswissenschaften oder das Ergebnis eines radikalen Marktliberalismus, wie er sich seit den 1980er Jahren im Zuge der Globalisierung zeigt. Alle diese Faktoren spielen eine Rolle, aber es wäre zu einfach, nur einem von ihnen die Hauptschuld zu geben. Wachstum ist der Kern unserer Gesellschaft, weil Wachstum das Ergebnis von dem ist, was wir sind und was wir zu schätzen uns entschieden haben.

Das Ende des Wachstums in seiner gegenwärtigen, materiellen Form – und für die kommenden Jahrzehnte überhaupt jede Form des Wachstums – wird unsere Gesellschaft im Kern treffen. Obwohl das Ende des Wachstums lediglich ein Symptom der grundlegenden Krise ist – der Zusammenbruch des Ökosystems der Erde –, wird es dieses Symptom sein, das, zumindest am Anfang, als die eigentliche Krise begriffen werden wird.

Denn die wachstumsbasierte Gesellschaft ist längst nicht mehr nur eine Strategie, ein Wunsch oder ein Gesellschaftsmodell, das als das beste aller möglichen Alternativen auserkoren wurde. Wie oben ausgeführt ist das Wachstum inzwischen zur Sucht geworden – und Süchtige wehren sich gegen Veränderung mit zunehmend komplizierten, verzweifelten und (am Ende) wahnhaften Ausreden. Jeder, der einmal mit einem Alkoholiker oder einem anderen Abhängigen zu tun hatte, weiß, dass das Leugnen, je offensichtlicher die Sucht wird, langsam in Lügen und Betrug abgleitet. Die Rechtfertigungen, warum die Sucht keine Sucht ist und die Folgen nicht so schlimm sind, wie es aussieht, werden immer bizarrer und entfernen sich mehr und mehr von der objektiven Realität.

Das ändert sich erst, wenn die Folgen der Sucht so überwältigend, unmittelbar und allumfassend werden, dass die Selbsttäuschung nicht mehr aufrechterhalten werden kann und die Entscheidung, sich zu ändern, den Nebel der Verdrängung durchdringt.

So wird es mit dem Wirtschaftswachstum sein.

Ich will auf keinen Fall, dass es so wirkt, als argumentierte ich *für* das Ende des Wirtschaftswachstums. Ich könnte das ohne Weiteres tun, weil es glaubhafte Belege dafür gibt, dass das Wirtschaftswachstum seine ureigenste Funktion, die Lebensqualität der Menschen jenseits der Armutsgrenze zu verbessern, nicht mehr erfüllt. Wir werden darauf später zurückkommen. Ob Wachstum wünschenswert ist oder nicht, ist jedoch größtenteils irrelevant für die nahende Krise, weil darin nicht der Schlüssel zur Veränderung liegt.

Ich behaupte, dass das Wachstum, aus Gründen, die längst besiegelt sind, praktisch beendet ist. Wir müssen uns an diese neue Realität gewöhnen, weil sie eine globale Krise auslösen wird und die Zukunft der Menschheit, ganz zu schweigen von der des gesamten Ökosystems, davon abhängen wird, wie wir auf diese Krise reagieren.

Aber noch einmal zurück zur Abhängigkeit. Die dem Wachstum zugrunde liegende Idee und Motivation sind nicht schlecht. Sie sind wahrscheinlich dem Alkoholtrinken vergleichbar. Die Leute trinken aus den verschiedensten, gesellschaftlich anerkannten Gründen: weil sie gern unter Leuten sind und gemeinsam etwas erleben wollen, weil sie Grenzen überwinden wollen oder aus Genuss oder weil sie als Weinliebhaber die ganze Weinkultur von der Produktion über den Geschmack bis zum gegenseitigen Wissensaustausch schätzen. Nichts von all dem ist an sich schlecht oder zerstörerisch. Dennoch gehören auch der Tod und die Tragödien, die von betrunkenen Autofahrern verursacht werden, die Gesundheitsschäden eines starken Alkoholikers oder die durch Alkohol verstärkte Gewalt gegen Familienmitglieder zu den verheerenden Folgen des Alkoholkonsums.

Genauso ist es mit dem Wachstum: Es gibt viel Gutes, das aus dem Streben nach Wachstum entstanden ist und der Menschheit dient. Obwohl man sagen kann, dass es uns nun nicht mehr weiterbringt, war die ursprüngliche Intention nicht schlecht. Es ist nichts Falsches daran, die eigene Lebensqualität verbessern, den Komfort vergrößern, die Altersvorsorge besser absichern und die schönen Seiten des Lebens genießen zu wollen.

Extreme Armut besitzt im Vergleich keine aussöhnenden Momente. An dieser Stelle unterscheide ich zwischen Armut und einem einfachen Leben, von dem manche sagen, in ihm liege ein eigener Wert. Oder sie wählen die Einfachheit aus der religiösen Überzeugung, dass Besitzlosigkeit zu größerer Klarheit und einer stärkeren Konzentration auf die Spiritualität führt. Aber das ist nicht Armut; das sind Lebensentscheidungen oder Glaubenssysteme.

Wirkliche Armut stinkt und eine der großartigen Folgen des Wirtschaftswachstums während der letzten Jahrzehnte ist die Linderung der Armut für viele Millionen Menschen und die Verbesserung der Lebensbedingungen für viele mehr. In noch früherer Zeit trug das Wirtschaftswachstum zur Verbesserung der Lebensmittelsicherheit bei, beförderte die Städtebildung und brachte der Menschheit die Freiheit, sich beruflich spezialisieren zu können, wodurch manche das Leben aller verbesserten. Dazu zählen die Entwicklungen in der medizinischen Versorgung, Techniken zur Energiegewinnung und zur Sicherung der Lebensmittelversorgung sowie die Schaffung von Quellen der Freude und der Erkenntnis wie Musik, Kunst und Literatur. Vieles davon hat den wahren Reichtum in unserem Leben vergrößert.

Das Problem ist also nicht die Idee des Wohlstands oder das Streben danach; das Problem sind der Missbrauch und die Abhängigkeit von der Droge, die im Zentrum unseres gegenwärtigen Wirtschaftsmodells stehen. Diese Droge und das artifizielle „High", das sie uns verschafft, korrumpieren das vernünftige und sinnvolle Streben nach Wohlstand. Die Droge ist der Gedanke, dass ein steigender Reichtum, und insbesondere die materiellen Besitztümer, die mit diesem Reichtum erkauft werden, unerlässlich sind für die Steigerung unseres Wohlstands.

Die gute Nachricht lautet, dass wir zwar ein Suchtproblem haben, es aber bereits weit entwickelte Therapien gibt, die zurzeit klinisch getestet werden. Wir wissen jetzt, wann, wie und wodurch eine tatsächliche Verbesserung der Lebensqualität bewirkt wird. Weltweit wurden hierzu ausführliche Studien und Recherchen betrieben, auf deren Ergebnissen wir noch zurückkommen werden. Kurz zusammengefasst deutet alles darauf hin, dass wir hartnäckig an wirtschaftlichem Wachstum festhalten, ohne dass unser Leben sich dadurch merklich verbessert; mit Ausnahme jener, die das Wachstum aus extremer Armut befreit.

Doch trotz der guten Nachricht, dass wir das Problem verstehen und dabei sind, Lösungen zu entwickeln, müssen wir uns im Klaren darüber sein, dass wir als Gesellschaft eindeutig noch nicht bereit sind, der Realität ins Auge zu sehen. Und auch die Ära des Leugnens, in der wir uns nach wie vor befinden, wird nicht einfach werden. Wir sind im Endspiel, aber wir sind noch nicht am Ende.

Wie groß die Herausforderung ist, die Grenzen des Wachstums zu akzeptieren, zeigte sich an den Reaktionen auf die globale Finanzkrise in 2008. Obwohl es einige interessante Ansätze gab, den Fokus der Hilfspakete auf den Ausbau von Umweltinitiativen zu legen, vor allem im Bereich der regenerativen Energien, lag das überwiegende und hauptsächliche Augenmerk auf der Ankurblung des Wirtschaftswachstums um jeden Preis. Regierungen auf der ganzen Welt und aller Couleur, von Liberalen wie Präsident Barack Obama und Premierminister Kevin Rudd in Australien über Konservative wie Angela Merkel in Deutschland bis hin zu Kommunisten wie Hu Jintao in China pumpten Geld in die Wirtschaft, um das Wachstum anzukurbeln. Kein hochrangiger Vertreter aus Politik oder Wirtschaft zweifelte an der Sinnhaftigkeit oder Dringlichkeit dieser Vorgehensweise.

Und das trotz der offensichtlichen Beweise dafür, dass unser obsessives Streben nach mehr Wachstum eine der Ursachen der Krise war. Die Versorgung mit günstigen Krediten, um unsere Sucht zu nähren, führte zu unverantwortlichen Investitionen auf Seiten der Banken und unverantwortlichem Konsum auf Seiten der Verbraucher; was wiederum die Folgen für die Umwelt verstärkte und die Verknappung der Rohstoffvorkommen beschleunigte und zu all dem die Schere zwischen Arm und Reich noch vergrößerte. Unsere Reaktion auf das Scheitern dieses Ansatzes war es, so schnell wie möglich dasselbe noch mal zu tun.

Karl Marx behauptete, Religion sei das Opium des Volkes, doch die Religion hat diese Wirkung inzwischen weitestgehend eingebüßt. Vielleicht ist das neue Opium für das Volk der Konsum materieller Waren, wie er uns, unabhängig von der jeweiligen Ideologie, von Leuten wie dem Vorsitzenden der Kommunistischen Partei Chinas, Hu Jintao oder Präsident George W. Bush in Amerika über die zwei Jahrzehnte, die zur Finanzkrise im Jahr 2008 führten, gepredigt wurde.

Nun, da wir süchtig nach der endlosen Steigerung unseres materiellen Reichtums sind, sitzen die Regierungen in der Falle. Sie begreifen, dass sie das Angebot aufrechterhalten müssen, weil sonst die ernste Gefahr eines schnellen, nicht kontrollierten Entzugs droht, der zu einer Revolution führt – oder wenigstens zu Verlusten bei den nächsten Wahlen!

Der Grund, warum ich den Grad unserer Sucht so deutlich hervorhebe, ist, dass wir verstehen müssen, was kommt. Denn obwohl wir inzwischen überall Anzeichen dafür sehen, dass uns das Wachstum in den Abgrund treiben wird, greifen wir zu immer noch abstruseren Erklärungen, warum es nicht dazu kommen wird. Wir werden nicht so leicht loslassen. Das ist das Wesen der Sucht.

Wohlgemerkt, ein gewisses Maß an Widerstand ist nachvollziehbar. Obwohl ich behaupte, dass kontinuierliches Wachstum unmöglich ist, weil dafür die Gesetze der Physik außer Kraft gesetzt werden müssten, wäre ein ungeplanter Wachstumsstopp oder ein Schrumpfen der Wirtschaft sehr unangenehm und würde sozial destabilisierend wirken. In gewisser Weise sitzen wir in der Falle. Unser derzeitiges System ist auf Wachstum angelegt; es sichert unsere Arbeitsplätze, sichert uns sämtliche steuerfinanzierte staatliche Leistungen und hält den Glauben der Armen aufrecht, der Armut entfliehen zu können. Ohne Wachstum, oder zumindest ohne das kontrollierte Ende des Wachstums, droht das ganze Kartenhaus in sich zusammenzustürzen.

Deshalb müssen wir verstehen, dass das Ende des Wachstums erreicht ist und wir den Übergang zu einem neuen Ansatz vorausschauend planen müssen. Es sich selbst zu überlassen, ist eine riskante Strategie.

Aber obwohl sich das gegenwärtige System in einem Kreislauf der Wachstumsabhängigkeit befindet, war das kein Konstruktionsfehler der frühen Ökonomen; ganz im Gegenteil: sie verstanden die Grenzen des Wachstums.

John Stuart Mill, einer der Gründerväter der Wirtschaftswissenschaften, erkannte sowohl die Notwendigkeit als auch das Wünschenswerte daran, letzten Endes auf einen „stationären Zustand von Kapital und Wohlstand" zuzusteuern, was jedoch „keinen stationären Zustand menschlicher Verbesserung"[46] bedeute. Selbst einer der einflussreichsten Wirtschaftswissenschaftler aller Zeiten, John Maynard Keynes, vermutete, dass die Zeit kommen würde, da das „ökonomische Problem" gelöst wäre und die Gesellschaft es „vorziehen würde, ihre Energien nicht-wirtschaftlichen Zwecken zu widmen".

Wir haben das Problem, dass wir lange Zeit ignoriert haben, dass das Ende des Wachstums sowohl unvermeidbar als auch wünschenswert ist und daher nicht darauf vorbereitet sind. Wir sind also nicht nur süchtig nach der Droge des materiellen Konsums, wir haben auch unser Leben, unsere Kultur, unsere politischen Systeme und unsere Wirtschaftsstrukturen aufs Engste mit dem Wachstumsmonster verknüpft, sodass die Trennung langwierig und traumatisch sein wird.

Wir werden uns noch mit einigen der Gründe befassen, warum uns das Wachstum ohnehin nicht gerecht wird und was wir stattdessen anstreben sollten. Bedenken Sie aber immer, dass das erst für das relevant sein wird, was nach dem Zusammenbruch kommt. Unabhängig davon, was wir vorhaben, stehen wir aufgrund des Erreichens der physikalischen Grenzen vor dem Ende des Wachstums. Wenn 500 Millionen Menschen ihre Lebensgrundlage und eine Milliarde Menschen ihre Proteinversorgung verlieren, weil die Fischgründe kollabieren, wird Wachstum für sie nur noch ein verblassender Traum sein. Wenn wir die Industrie der fossilen Brennstoffe abschaffen müssen, um die CO_2-Emissionen zu beschränken, werden wir drei Billionen US-Dollar an wirtschaftlicher Aktivität verlieren. Wenn wir sie nicht abschaffen, werden wir einem unkontrollierbaren Klimawandel entgegensehen, der das Potenzial hat, die Versicherungsindustrie zum Erliegen zu bringen, die Lebensmittelversorgung zusammenbrechen zu lassen und geopolitische Krisen und Instabilität aufgrund von Flüchtlingsströmen und Wasserknappheit auszulösen. Sollten wir das Wachstum wieder auf das Niveau vor der Krise in 2008 bringen, dann werden wir dem Ölfördermaximum und Lebensmittelverknappung gegenüberstehen, was die Preise so stark steigen lassen wird, dass das Wachstum erneut endet.

Die Frage ist daher nicht, ob das Wachstum endet, die Frage ist *wie* es endet, *wann* wir akzeptieren werden, dass das Ende erreicht ist und *wie* wir uns dann an diese neue Realität anpassen werden. Wenn Sie also Argumente zugunsten des Wachstums hören, dann verstehen Sie diese nicht als Argumente gegen das Ende des Wachstums, denn das ist keine Entscheidung, die in unseren Händen liegt. Verstehen Sie sie als Beweis dafür, wie schwierig das unvermeidliche Ende des Wachstums sein wird.

Und dennoch zeigt sich ein Silberstreif am Horizont. Das Wachstum hat sein Versprechen des vermehrten Wohlstands ohnehin nicht eingelöst, nicht für Menschen oberhalb der Armutsgrenze. Die Daten zahlreicher Studien belegen, dass eine Gesellschaft, sobald sie das Pro-Kopf-Einkommen von $15.000 überschritten hat, weder in objektiv messbaren Faktoren der Lebensqualität noch in subjektiven Bewertungen wie die der Lebenszufriedenheit irgendeine wesentliche Verbesserung erfährt. Das gilt, mit geringen Abweichungen, für alle politischen Systeme und Kulturen. Und es gilt sogar für so grundlegende Bewertungsfaktoren wie Lebenserwartung, Kindersterblichkeit, Bildung und Gesundheit – Bereiche, in denen man erwarten würde, dass Geld einen Vorteil erkauft.[47]

Bei der Bewertung der Lebenszufriedenheit wird die Geschichte noch interessanter. Die Belege reichen von Wachstum, der keinen positiven Effekt hat, nachdem die Grundbedürfnisse befriedigt sind, bis hin zu negativen Auswirkungen auf einige wichtige Lebensbereiche.

Tim Jackson beschreibt in *Wohlstand ohne Wachstum* die Ergebnisse einer Studie der Universität Sheffield:

Zu erkennen ist ein bemerkenswerter Wandel, der in der britischen Gesellschaft seit den frühen 1970er-Jahren stattgefunden hat. Über den Zeitraum von 30 Jahren haben sich die Einkommen im Schnitt verdoppelt. Der von den Forschern entwickelte „Einsamkeitsindex" nahm allerdings in jeder einzelnen der untersuchten Regionen zu. Einem der Autoren zufolge waren „1971 selbst die schwächsten Gemeinschaften noch stärker als irgendeine Gemeinschaft heute". … „Zunehmender Reichtum und verbesserter Zugang zu Verkehrsmitteln hat den Menschen das Umziehen leichter gemacht – ob der Grund nun die Arbeit, der Ruhestand, die Schule oder ein neues Leben ist", berichtet die BBC. … Bis zu einem gewissen Grad kann man die Verantwortung für diese Veränderung wohl dem Wachstum selbst zuschreiben.[48]

Wir haben alle Erfahrung mit diesem Phänomen – wie wir reicher, aber nicht zufriedener geworden sind.

Während die Datenlage für das Ausbleiben einer Verbesserung auf gesamtgesellschaftlicher Ebene eindeutig ist, gibt es eine wichtige und interessante Ausnahme von der Verbindung zwischen Vermögen und Glück. Diese Ausnahme ist auch einer der Hauptgründe für den Erfolg des Marktes, den Einzelnen zu Leistung zu motivieren.

Ein höheres oder niedrigeres Einkommen zu haben als jene, mit denen wir uns auf lokaler oder gesellschaftlicher Ebene vergleichen, wirkt sich auf unsere gefühlte Lebenszufriedenheit aus. Das erklärt, warum wir uns anstrengen, um weiterzukommen, und innerhalb von Unternehmen und der Gesellschaft miteinander in Konkurrenz treten. Obwohl die Bereitschaft, hart zu arbeiten und nach einem besseren Leben zu streben, einerseits wie eine nützliche Eigenschaft erscheint, bedeutet sie bei Lichte besehen, dass unsere Fokussierung auf das Wirtschaftswachstum, inklusive der damit einhergehenden Verschmutzungen und Umweltschäden, keinen Nettogewinn für die Gesellschaft insgesamt liefert. Wir wechseln lediglich die Positionen auf der Tanzfläche. Das ist ein recht tiefgreifender Konstruktionsfehler.

Seit langer Zeit wird kritisiert, dass der Materialismus für die Gesellschaft schädlich sei. Unter den Kritikern finden sich nicht nur Umweltschützer, sondern auch Religionsführer, Wirtschaftswissenschaftler, Philosophen und Künstler. Sie alle weisen auf die real schädigenden Auswirkungen des Materialismus hin und betonen die negativen Folgen für die Werteentwicklung und das soziale Miteinander, die durch das Streben nach rein materieller Befriedigung entstehen.

Viele von ihnen geben dem Kapitalismus und insbesondere den Marketingexperten der Unternehmen die Schuld. Auf gewisse Weise lässt sich dadurch der extreme Materialismus der letzten Jahrzehnte erklären; aber es kann schwerlich behauptet werden, das sei die zugrunde liegende Ursache.

Wie Tim Jackson erklärt, ist der Materialismus tief in uns verwurzelt:

Woher kommt es, dass uns materielle Güter nach wie vor so wichtig sind, auch nachdem unsere materiellen Bedürfnisse längst befriedigt sind? ... Die Lösung des Rätsels ist, dass wir dazu neigen, materielle Dinge mit gesellschaftlicher und psychologischer Bedeutung aufzuladen. Dies wird inzwischen durch zahlreiche Belege aus der Konsumforschung und der Anthropologie gestützt – eine verheerende Erkenntnis. Konsumgüter liefern eine Symbolsprache, in der wir unablässig miteinander kommunizieren, und zwar nicht bloß über die Dinge selber, sondern darüber, was uns wirklich wichtig ist: Familie, Freundschaft, Zugehörigkeit, Gemeinschaft, Identität, sozialer Status, Sinn und Ziel im Leben.

... Die „Sprache der Güter" erlaubt es uns miteinander zu kommunizieren, nicht nur über gesellschaftlichen Status, sondern auch über Identität, gesellschaftliche Zugehörigkeit, sogar über die Gefühle, die wir füreinander haben – indem wir zum Beispiel Geschenke machen und erhalten.[49]

Es ist sicherlich richtig, dass die Marketingabteilungen der Unternehmen sich diese Tendenzen zunutze machen und sie manchmal für ihre Zwecke missbrauchen, indem sie Verbraucher zu einem Konsumverhalten ermutigen, das bizarre Ausmaße annehmen kann: Fahrzeuge in der Größe eines kleinen Eigenheims, ausgestattet mit zahlreichen Fernsehbildschirmen und Kühlschränken; Einfamilienhäuser, in denen leicht eine kleine Gemeinde wohnen könnte, mit Fernsehgeräten in jedem Zimmer; ein Umgang mit Lebensmitteln, der so weit über die Deckung des Bedarfs hinausgeht, dass es schon fast obszön ist. All das sind Beispiele für eine verrückt gewordene Marketingwelt. Zu solchen Verhaltensweisen zu ermutigen ist unethisches Marketing, das sich unter dem Schutzmantel der Wahlfreiheit der Verbraucher versteckt. Aber so sehr es uns auch gefällt, anderen die Schuld zu geben – und in diesem Fall lassen sich leicht Schuldige finden –, die Gründe für all das liegen in uns selbst und den Entscheidungen, die wir für unser Leben treffen.

Dennoch ist Wachstum noch weitaus mehr als Materialismus; es ist ein komplexes System von ineinander greifenden Prozessen.

Einer dieser Prozesse sorgt dafür, dass Effizienzsteigerungen niemals die dem Wirtschaftswachstum zugrunde liegende Problematik der Umweltfolgen angehen wird. Effizienzsteigerungen, gegen die sich angesichts der offensichtlichen ökologischen Vorteile von weniger Material und einem Preisvorteil für die Verbraucher nur schwer etwas sagen lässt, erschaffen das Problem, das sie vorgeblich lösen, in Wirklichkeit nur neu.

Marktorientierte Effizienzsteigerungen reduzieren die notwendigen Mengen an Rohstoffen und Arbeit in der Produktion von Waren. Das senkt Kosten, wodurch der Bedarf gesteigert wird und die Verbraucher größere Mengen der effizienter hergestellten Waren kaufen können. Das machen die Erfahrungen der letzten Jahrzehnte deutlich. Das Geld, das durch Energieeinsparungen gewonnen wird, wird beispielsweise häufig zum Kauf weiterer elektrischer Geräte und Dienstleistungen ausgegeben. Ein anderes Beispiel sind die zwischen den 1970er- und 1990er-Jahren leistungsstärker gewordenen PKW-Motoren, die zu insgesamt schwereren, mit Sonderausstattungen und Accessoires beladenen Autos führten.

Das System speist sich letztendlich aus sich selbst und, wie bei vielen Süchten, erschafft es seinen eigenen Abhängigkeitskreislauf. Wir möchten mehr Dinge, um miteinander zu kommunizieren, die Bedeutungslosigkeit auszufüllen, miteinander zu konkurrieren und zu zeigen, dass wir im Vergleich zu anderen erfolgreicher sind. Unsere Firmen und Staaten wiederum konkurrieren darum, diese Produkte zu liefern, indem sie die Produktivität immer weiter anheben, wodurch die Kosten gesenkt werden und der Konsum gesteigert wird, aber auch weniger Arbeitsplätze entstehen. In der Folge muss das Wirtschaftswachstum angehoben werden, damit die Menschen weiterhin diese effizienter hergestellten Produkte kaufen können, und zudem um die politische Instabilität abzuwenden, die durch eine hohe Arbeitslosigkeit entstehen würde. Diese würde wiederum zu einer verminderten Lebenszufriedenheit führen, weil ein Mangel an Geld in einer konsumorientierten Gesellschaft Teilhabe effektiv verhindert, wie wir weiter oben in dem Beispiel aus England gesehen haben, in dem sich die Einsamkeit proportional zur Zunahme des gesellschaftlichen Reichtums vergrößerte.

Es ist ein in zweifacher Weise krankendes System, weil es nicht funktioniert und weil es zugleich unglaublich erfolgreich darin ist, sich immer weiter in einen sich selbst verstärkenden Kreislauf hineinzutreiben.

Noch einmal *Wohlstand ohne Wachstum*:

Nach all dem wird noch deutlicher, was für eine ungeheure Herausforderung es ist, ein wirklich nachhaltiges Wohlstandskonzept vorzulegen. Vor allen Dingen zwingt uns diese Herausforderung dazu, eine ganz andere Wirtschaftsstruktur zu entwickeln.

Das allein wird aber nicht ausreichen. Wir werden uns auch einen Weg durch die institutionellen und gesellschaftlichen Zwänge bahnen müssen, die uns in einem zum Scheitern verurteilten System gefangen halten. Insbesondere müssen wir herausfinden, wo sich bei einer Veränderung der Gesellschaft ansetzen lässt – Änderungen im Wertesystem, im Lebensstil, in der gesellschaftlichen Struktur –, damit wir uns aus der zerstörerischen gesellschaftlichen Logik des Konsumismus befreien können.[50]

Wir haben also einen Konstruktionsfehler im System. Das Problem, vor dem wir jetzt stehen, ist nicht, dass wir kein neues System entwerfen und alle diese Herausforderungen angehen können. Das könnten wir mit Sicherheit und wir haben auch schon längst definiert, welche Veränderungen dazu notwendig wären. Es sind anspruchsvolle und komplexe Veränderungen, vor allem während des Übergangs, aber sie sind realistisch und durchführbar. Wir werden auf diese Schritte in Richtung Zukunft noch zurückkommen. Es gibt viele gute Nachrichten an dieser Front und Teil davon sind die Maßnahmen, die wir sofort in unserem eigenen Leben umsetzen können.

Nein, das Problem ist nicht, dass es keinen anderen Weg gibt; das Problem ist, dass dieses System so tief in uns verankert und selbstverstärkend ist, dass wir der Notwendigkeit zur Veränderung so lange widerstehen werden, bis wir keine andere Wahl haben werden. Erst wenn wir in der Gosse liegen, werden wir unserer Sucht ins Auge sehen.

Einen realistischen Vergleich liefert unsere Reaktion auf die verhältnismäßig einfachere Herausforderung des Klimawandels. Trotz 40 Jahren Forschung, 20 Jahren eindeutiger wissenschaftlicher Erkenntnisse und der wirtschaftlichen Logik, dass der Übergang zu einer Wirtschaft ohne CO_2-Emissionen viele Gewinner hervorbringen würde, haben wir fast vollkommen versagt, den Wandel freiwillig und rechtzeitig vor der Krise einzuleiten.

Wenn es also um den Wandel hin zu einer stationären Wirtschaft geht, wenn wir Wachstum und Materialismus hinter uns lassen und uns der Herausforderung stellen, das Krebsgeschwür der weltweiten Armut zu bekämpfen, ohne dabei den Kuchen insgesamt immer größer werden zu lassen *und* uns für einen auf Nachhaltigkeit ausgerichteten Wandel der Weltwirtschaft einsetzen, wird das System sich dagegen auf entschiedene Weise zur Wehr setzen. Erst eine gravierende Krise wird diese Veränderungen erzwingen und deshalb ist solch eine Krise unausweichlich.

Zusammenfassend lässt sich sagen, dass das Wachstum tief verwurzelt ist in unseren globalen politischen, wirtschaftlichen und kulturellen Systemen. Obwohl der Wandel unausweichlich ist, wird er uns nicht leicht fallen. Selbst wenn das Ende des Wachstums erreicht ist, werden wir, wie im Jahr 2008, mit allen Mitteln versuchen, es wieder anzukurbeln. Das wird dazu führen, dass das Wachstum zurückkehrt und dann werden wir behaupten: „Schaut, wir können immer noch weiter wachsen!" Dann werden wir aufgrund der wachstumsbedingten Umweltschäden und Rohstoffknappheit erneut an unsere Grenzen stoßen, zurückprallen und weiter schrumpfen. Jedes Mal werden wir eine andere Ursache dafür verantwortlich machen, von der wir behaupten, wir könnten sie durch eine eng fokussierte Lösung beheben. Wir werden eine Weile in diesem Kreislauf des Leugnens verharren und unsere Augen vor der Realität verschließen, dass wir ein Systemproblem haben.

Wir werden im Grunde versuchen, unsere Drogensucht mit einem Mehr an Drogen zu behandeln. Wir werden das so lange tun, bis wir in der Gosse landen.

Die Finanzkrise 2008 war ein typisches Beispiel, ein Vorgeschmack auf das, was auf uns zukommen wird. In einer Radiosendung mit Hörerbeteiligung hörte ich mitten in der Krise von 2008 den Kommentar eines Anrufers, der sich über das Konjunkturpaket der australischen Regierung äußerte, die damals gerade jedem Bürger einen Scheck über 900 Dollar zusandte:

Wir erleben also diese Krise, die von Leuten ausgelöst wurde, die Geld ausgeben, das sie nicht haben, um Dinge zu kaufen, die sie nicht brauchen und damit dazu beitragen, den Planeten an den Rand des Kollapses zu treiben. Und die beste Reaktion, die unserer Regierung darauf einfällt, ist, uns mehr Geld zu geben, das sie nicht hat, damit wir genau so weitermachen können. Ist das wirklich das Beste, was wir tun können? Ist es wirklich schon so weit mit uns gekommen?

Kapitel 6

Globales Vorbeben – das Jahr, in dem das Wachstum endete

Als mir im Jahr 2005 erstmals klar wurde, dass wir auf einen globalen ökologischen und ökonomischen Zusammenbruch zusteuerten, wollte ich diesen Gedanken an einem breiten Publikum erproben. Ich schrieb einen Brief mit dem Titel „Scream Crash Boom", in dem ich meine Argumente darlegte, und verschickte ihn an alle meine Kontakte. Während der folgenden Monate erhielt ich Hunderte Zuschriften von überall aus der Welt – der Brief hatte sich wie ein Lauffeuer verbreitet und Tausende Menschen erreicht. Ich hatte ganz offensichtlich einen Nerv getroffen. Die Antworten kamen aus ganz unterschiedlichen Richtungen. Mir schrieben CEOs genauso wie Regierungsmitglieder und Graswurzel-Aktivisten. Viele Menschen teilten offensichtlich mein Gefühl, dass für unser gegenwärtiges Wirtschaftsmodell das Endspiel begonnen hatte.

Weil der Brief auf so viel Interesse gestoßen war, wurde ich überall auf der Welt zu Vorträgen eingeladen. Ich sprach vor Geschäftsführern im Zuge von Unternehmensveranstaltungen, vor Aktivisten, Politikern, in Universitäten und so weiter.

Im Allgemeinen lösten meine Vorträge eine Art widerstrebender Zustimmung für die potenzielle Richtigkeit meiner Thesen aus, aber diese Zustimmung war auf gewisse Weise ohne Rückbezug. Wenn ich vor Geschäftsführern auf Firmenveranstaltungen sprach, hatte ich oft das Gefühl, dass man mich zur „intellektuellen Unterhaltung" eingeladen hatte und nicht, um meine Argumente in Zusammenhang mit der eigenen Unternehmensstrategie zu reflektieren. Angesichts der Tatsache, dass ich die Auffassung vertrat, dass es ab einem gewissen Punkt – voraussichtlich in weniger als zehn Jahren – zu unsteten Veränderungen auf den Märkten kommen würde, überraschte mich das ein wenig. Schließlich handelte es sich dabei um einen bedeutenden Zeitrahmen für Führungskräfte der oberen Ebene.

Den Grund dafür begann ich erst zu verstehen, als ich anfing, die Reaktionen meines Publikums systematisch auszutesten. Ich tat das im Zuge meiner Lehrtätigkeit innerhalb des *Prince-of-Wales's-Business-and-Sustainability-Programme* (BSP), das von der Universität

Cambridge, UK, angeboten wird. Ich konnte meine These über drei Jahre hinweg an Führungskräften aus den unterschiedlichsten Ländern, Gesellschafts- und Wirtschaftsbereichen überprüfen. Die meisten Seminarteilnehmer hatten kaum Vorkenntnisse auf dem Gebiet der Nachhaltigkeit. Da die Seminare jeweils über vier Tage gingen, hatte ich ausreichend Gelegenheit, die Reaktionen der Teilnehmer eingehend zu studieren.

An den teils sehr unterschiedlichen Reaktionen ließ sich gut ablesen, wie der kollektive Unternehmensgeist funktioniert und warum ein Umdenken nur schwer zu erreichen sein wird. Das Gefühl der eigenen Machtlosigkeit gegenüber der Gesamtentwicklung zählte zu den wichtigsten Erkenntnissen. Während manche meine These komplett verwarfen, reagierten die, die ihr an und für sich zustimmten, mit einer Passivität, die mich bis heute überrascht. Es war so in der Art von: „Na gut, wir können ohnehin nichts dagegen tun, also müssen wir einfach abwarten und dabei zusehen, wie es sich entwickelt." Für viele von ihnen war dies jedoch nur ihre professionelle, analytische Sichtweise. Daneben, meistens abends in der Bar, zeigten sie eine andere, viel persönlichere und emotionalere Reaktion: Sie machten sich Sorgen über die Zukunft, vor allem wegen ihrer Familien und ihrer eigenen Karriere.

Drei Jahre lang reiste ich durch die Welt und plädierte dafür, dass wir uns inmitten eines globalen Autounfalls in Zeitlupentempo befanden; dass wir gegen die Grenzen der Natur und der Rohstoffe stoßen würden und dass die daraus resultierende Wirtschaftskrise unvermeidbar sei und unmittelbar bevorstehe.

Anfang 2008 begann sich abzuzeichnen, dass der Moment gekommen war. Was ich zwischen Mitte 2006 bis Mitte 2008 beobachtet hatte, war die Entstehung der zwei „Krisenindikatoren", die nach meiner Auffassung anzeigen würden, dass die Wirtschaft die Grenzen der Erde eindeutig überschritten hatte. Die zwei Indikatoren, auf die ich gewartet hatte, waren:

1. durch Rohstoffverknappung ausgelöste Preissteigerungen

2. eine so hohe Beschleunigung in den Veränderungen des Ökosystems, die nahe legte, dass es Systemverschiebungen gegeben hatte und Umkipppunkte erreicht worden waren.

Beide Indikatoren waren Anfang 2008 gegeben. Damals aber nahmen die meisten meiner Zuhörer lediglich einen Erfolgszug der globalen Wirtschaft wahr, mit spektakulären Wachstumsentwicklungen in China und anderen Teilen der sich entwickelnden Welt. Der Dow-Jones-Index bewegte sich zwischen 12 000 und 14 000 Punkten und obwohl er sich wegen Problemen im Finanzsektor ans untere Ende dieses Spektrums zurückzog, konnten sie keine Anzeichen für die unmittelbar bevorstehende Gefahr für die Weltwirtschaft erkennen. Mein Argument – dass dieses spektakuläre Wachstum uns gegen die Wand fahren und der anschließende Stillstand das direkte und kausale Ergebnis dieses Wachstums sei – besaß für sie kaum Gültigkeit.

Am wenigsten konnten mir jene folgen, die tagtäglich in der globalen Marktwirtschaft agierten. Ich erinnere mich an eines der BSP-Seminare an der Universität Cambridge im April 2008, an dem 50 Delegierte teilnahmen. Die meisten waren hochrangige Führungskräfte globaler Konzerne, aber unter den Teilnehmern waren auch einige Mitarbeiter von Regierungen und NGOs. Ich stellte meine Thesen vor und betonte insbesondere die wirtschaftlichen Konsequenzen. Ich sagte, dass der Zusammenbruch der Wirtschaft nicht mehr zu verhindern sei und damit sowohl ihre Altersvorsorge als auch ihre Unternehmen an Wert verlieren würden. Als ich daraufhin fragte, wer der allgemeinen Richtung meiner These zustimme, hoben nur drei der 50 Seminarteilnehmer ihre Hand! Die anschließende Fragerunde verlief aggressiv. Vor allem stieß der Gedanke auf Widerstand, dass die Entwicklungen im Umweltbereich, die von den meisten akzeptiert wurden, derartige Auswirkungen für die Wirtschaft haben würden. Die meisten taten meine Thesen als extremistisch und pessimistisch ab.

Während dieser Seminare trafen sich jeden Tag die Seminarleiter, um sich über die Stimmung unter den Teilnehmern und den Fortschritt des Seminars auszutauschen. Am nächsten Morgen sprachen wir über diese Reaktion. Obwohl wir zunächst überrascht waren, wie heftig sie ausgefallen war, wurde uns im Verlauf des Treffens klar, was dahintersteckte. Jeder einzelne dieser Führungskräfte war tief verstrickt in den globalen Markt. Ihre Karriere und ihr ganzes Leben waren aufs Engste mit dem System verbunden, sie waren ständig umgeben von Leuten, die davon überzeugt waren, dass das Wirtschaftswachstum gut für die Welt sei. Für sie war das schon lange keine politische Überzeugung mehr, sondern die Wahrheit.

Sie glaubten auch daran, dass dem tiefschürfenden Problem der extremen Armut – über das wir zu einem früheren Zeitpunkt während des Seminars bereits gesprochen hatten – nur begegnet werden könne, indem man die Segnungen des Wirtschaftswachstum weiter verbreitete. Da Armut in so großem Kontrast zu ihrem eigenen Leben stand, waren sie aufrichtig davon überzeugt, dass dagegen etwas getan werden musste.

Infolge all dessen hätte die Zustimmung zu meiner These bedeutet, dass sie ihr Leben ernsthaft hätten infrage stellen müssen. Sie waren gute Menschen, die sich aus Sorge um die Welt und ihre Rolle in ihr für die Teilnahme an einem Seminar über globale Nachhaltigkeit und soziale Probleme entschieden hatten. Einzusehen, dass der Markt, den sie vorantrieben, diese Maschinerie, die sie jeden Tag am Laufen hielten und vergrößerten, darin versagte, Menschen aus der Armut zu bringen, weltweit die Umwelt zerstörte, die Zukunft ihrer Kinder zugrunde richtete und auf dem Weg dorthin die Einbuße ihrer eigenen finanziellen Sicherheit bedeutete, würde niemals einfach sein.

Ich habe solchen Widerstand immer als persönliche Herausforderung empfunden. Selbst wenn man den Angriff auf das eigene Ego beiseite lässt, den es bedeutet, von einer Gruppe hoch ausgebildeter, erfolgreicher Leute infrage gestellt zu werden, hat mich diese Situation immer dazu bewogen, mich zu fragen, ob meine Analyse und meine Annahmen richtig waren. Denn generell ist es doch so: Wenn man selbst denkt, man hat recht und alle anderen im Raum irren sich, kann es ebenso gut sein, dass man ein bisschen verrückt ist.

Ich war schon oft der Einzige im Raum, der an das glaubte, was er sagte. Aber das lag daran, dass ich mich dazu entschieden hatte, diesen Raum zu betreten und die Botschaft zu verbreiten. Ich habe zudem das Glück, während meiner Arbeit an einer Fakultät der Universität Cambridge und anderswo in regem Austausch mit einigen der weltbesten Wissenschaftler, Ökonomen und Technologieexperten zu stehen. Die meisten von ihnen stimmten im Jahr 2008 mit mir darin überein, dass es in der Hauptsache eine Frage des Timings ist.

Während ich meine Sichtweise also ständig infrage stellte, für den Fall, dass ich etwas übersehen hatte, wurde die Zahl der Belege für meine These immer größer. Die Ergebnisse der Wissenschaft waren zwischen Ende 2007 und Anfang 2008 besonders beunruhigend gewesen. Am dramatischsten war das beschleunigte Abschmelzen der nördlichen Polkappen. Während der Sommer-Tauperiode in 2007 erreichte das arktische Meereis ein neues Rekordtief. Die Eisfläche betrug gegenüber dem letzten Rekordtief, das erst im Jahr 2005 gemessen worden war, über eine Million Quadratkilometer weniger Eis und lag 41 Prozent unter dem zwischen 1978 und 2000 gemessenen Durchschnitt.[51]

Die Klimamodelle des Weltklimarats hatten ein konstantes Schmelzen vorausgesagt, aber diese Entwicklung ging so weit über diese Vorhersagen hinaus, dass Schockwellen durch die Wissenschaftsgemeinschaft gingen. Professor Mark Serreze, Leiter des nationalen Zentrums für Schnee- und Eisdaten in den USA und Experte für arktisches Eis, berichtete, wie erschüttert er war, als die Eiswerte einfach „über die Klippe fielen". Zusammen mit anderen vertrat er die Auffassung, dass ein Anhalten dieser Entwicklung dazu führen würde, dass das gesamte Sommereis bis 2030 verschwinden würde; ganze 70 Jahre früher als viele der Modelle voraussagten. Wir waren und sind Zeugen eines klassischen Rückkopplungskreislaufs – neueste Forschungen deuten darauf hin, dass einer der wichtigsten Gründe für die Erwärmung der Arktis das *Fehlen von Eis* ist, weil Meerwasser weniger Sonnenstrahlung reflektiert als Eis.[52] Da es weniger Eis gibt, wird es in den Folgejahren noch weniger Eis geben.

Für mich war das nur ein Anzeichen unter vielen für den herannahenden Zusammenbruch der Ökosysteme der Erde. Während einzelne schmelzende Gletscher, Dürren und Fluten alle in eine bestimmte Richtung weisen, war etwas so Großes und Bedeutendes wie das Schmelzen der Kappen des Nordpols ein Anzeichen für eine systemweite Veränderung. Es barg zudem das Risiko eines Rückkopplungseffekts, da das dunkelblaue Wasser der Meere die Wärme der Sonnenstrahlen absorbiert, wohingegen Eis sie reflektiert. Das bedeutete, dass die lokale Schmelze zu lokaler und globaler Erwärmung führen würde, was wiederum zu mehr Eisschmelze führen würde und so weiter.

Andere Forschungsergebnisse aus dieser Zeit enthielten weitere Warnsignale für eine Beschleunigung und systemweite Folgen. Dazu zählten Berichte über Methan, das in den Schmelzwasserseen der riesigen Flächen der Eistundra an die Oberfläche blubberte. Die gefrorene Erde der Tundra schließt Milliarden Tonnen von Methan ein und verhindert ihr Austreten in die Atmosphäre; im Austritt von Methan liegt vielleicht das allergrößte Risiko für einen Umkipppunkt. Das eingeschlossene Methan ist ein derart starkes Treibhausgas und in so großen Mengen vorhanden, dass sein Austritt die vom Menschen verursachten Emissionen klein aussehen lassen würde und die Erwärmung in einem Maß beschleunigen könnte, die sich nicht mehr kontrollieren ließe.

Auch die Ozeane wiesen Anzeichen tiefgreifender Veränderungen auf. Eine Reihe von Berichten offenbarte eine Versauerung der Meere in unerwarteter Geschwindigkeit. Dieser Prozess, verursacht durch die Aufnahme überschüssiger CO_2-Emissionen aus der Atmosphäre, hat zwei Folgen. Erstens kommt es zu einer sich selbst verstärkenden Klima-Rückkopplungsschleife, weil die Fähigkeit des Ozeanökosystems, CO_2 zu absorbieren, gefährdet ist, wodurch mehr CO_2 in der Atmosphäre verbleibt und die Erdtemperatur ansteigt. Zweitens könnte er das globale Meeresökosystem völlig aus dem Gleichgewicht bringen, weil Meerestiere wie Krabben keine Schalen mehr ausbilden könnten und unter Umständen das Wachstum von Korallenriffen verlangsamt werden würde. Dadurch drohten Veränderungen in der gesamten Meeresnahrungskette.

Diese einzelnen Anzeichen wurden dadurch noch verschlimmert, dass alle für uns messbaren globalen Parameter sich am oberen Ende oder über den Werten der Vorhersagen des Weltklimarats bewegten, die die Grundlage für gesetzliche Richtlinien bilden. Dazu zählten der Umfang und die Geschwindigkeit des Meeresspiegelanstiegs, die Menge an Emissionen, die Rate des CO_2-Gehalts in der Atmosphäre, die gemessene Steigerung der globalen Durchschnittstemperaturen und so weiter. Das bedeutete, dass zwei Dinge gleichzeitig geschahen: Die Ursachen des Problems waren schlimmer als erwartet und die Reaktionen des Ökosystems waren schlimmer als erwartet. Es war eine ernüchternde Zeit.

Aus früheren Erfahrungen wusste ich jedoch, dass auch wenn die Indikatoren eines beschleunigten Wandels des Ökosystems für mich Beweise für das Erreichen der Grenzen waren, sie den meisten anderen Menschen wenig sagen würden. Und abgesehen von denjenigen, die ohnehin schon auf Linie waren, würden sie auch nicht viel Aufmerksamkeit erregen.

Es brauchte *wirtschaftliche* Indikatoren, die zeigten, dass wir an die Grenzen stießen, um wirklich Aufmerksamkeit zu erregen. Die beiden offensichtlichsten Kandidaten dafür waren Warenpreise, vor allem für Lebensmittel und Öl.

Öl taugte als überzeugender Kandidat, weil seit Langem prognostiziert wurde, dass wir an einem bestimmten Punkt das Ölfördermaximum („Peak Oil") erreichen würden, der Moment ab dem die Ölfördermenge nicht mehr weiter erhöht werden kann. Und es gibt einen eindeutigen und weithin bekannten Zusammenhang zwischen Wirtschaftswachstum und Ölverbrauch, der die Logik von „das Wachstum erreicht seine Grenzen" für alle leicht nachvollziehbar machte. Zudem war es ein guter Test für die techno-optimistische Sichtweise – dass Märkte sich selbst regulieren, weil bei Rohstoffknappheit die Preise steigen und Alternativen ins Spiel kommen. (Obwohl das in der Theorie und für längere Zeiträume offensichtlich stimmt, stellt das hinsichtlich des Übergangs und des Timings Politik und Wirtschaft vor erhebliche Herausforderungen, sollten die Preissteigerungen nicht kontinuierlich und langsam erfolgen, was selten der Fall ist.)

„Peak Oil" ist ein gutes Beispiel dafür, wie Grenzen aufgrund der Plötzlichkeit der Folgen erreicht werden, konzeptionell vergleichbar etwa mit dem Zusammenbruch der Fischgründe, der weiter oben beschrieben wurde. Es geht nicht darum, dass es bald kein Öl mehr geben wird; das ist nicht einmal annähernd der Fall. Die Menge des förderbaren Öls wird an einem bestimmten Punkt ein Maximum erreichen, da die verbleibenden Reserven immer schwieriger zu fördern sein werden. Es ist daher nicht die Ölmenge, die den globalen Verbrauch begrenzt, sondern vielmehr die Geschwindigkeit mit der das Öl gewonnen werden kann. Während die Produktion sich verlangsamt, steigt die Nachfrage weiter und im Zusammenhang damit entstehen Preisschwankungen und starke Preissteigerungen. Das liegt daran, dass Öl ein solch elementarer Bestandteil unserer Wirtschaft ist und nur schwer auf die Schnelle ersetzt werden kann. Das US-Energieministerium vermeldete, dass der einzige Weg, einen massiven Wirtschaftseinbruch aufgrund einer ernsthaften Energiekrise abzuwenden, darin bestünde, 20 bis 30 Jahre im Voraus Vorkehrungen zu treffen. Das war ein guter Gedanke, noch sinnvoller wäre er vor 30 Jahren gewesen!

Als die Ölpreise 2008 neue Höchststände erreichten, sah es ganz danach aus, als würde das Spiel nun beginnen. Dennoch, obwohl es einfach ist, das Erreichen der Rohstoffgrenzen anhand eines einzelnen Verbrauchsguts wie Öl zu erklären, ist es schwieriger, die Zusammenhänge zwischen systemweiten Rohstoff- und Umweltgrenzen und ihren wirtschaftlichen Auswirkungen zu verdeutlichen. Das liegt zum Teil an der unglaublichen systemischen Komplexität, mit der wir unser globales Wirtschaftssystem errichtet haben. Lebensmittel waren daher ein noch wichtigeres Beispiel als Öl, weil sie dieses komplexe System aus ökologischen, sozialen und wirtschaftlichen Faktoren auf eine einzige Kennziffer brachten – die weltweiten Lebensmittelpreise. Anhand von Lebensmittelpreisen lassen sich faktisch alle angesprochenen Probleme rund um das Thema Nachhaltigkeit bemessen. Umweltfaktoren wie Bodenqualität, Wasserversorgung und extreme Wetterereignisse verbinden sich mit gesellschaftlichen Entwicklungen wie der Zunahme von wohlstandsabhängigen Nahrungsmittelangeboten und mit wirtschaftlichen Entwicklungen wie die Verwendung der Maisernte zur Gewinnung von Biotreibstoff, gefördert durch Regierungssubventionen für aus Mais gewonnenes Bioethanol.

Von 2005 an erhöhte sich der Druck auf die Lebensmittelversorgung aufgrund ökologischer und gesellschaftlicher Faktoren. Umweltexperten wie Lester Brown vom *Earth Policy Institute* waren der Auffassung, dass der Druck nach Jahren der Vorhersagen und Warnungen nun aus allen Richtungen und mit Wucht auftrat. Auf Seiten der Produktion war das eine ganze Reihe ernster Probleme wie die Verringerung ungenutzter landwirtschaftlicher Nutzflächen, Ernteverluste durch Bebauung und industrielle Nutzung von Land, zu hohe Wasserentnahmen aus Aquifern, absinkende Grundwasserspiegel, fehlender Ausbau von Bewässerungsanlagen aufgrund von bereits überlasteten Flüssen, verlangsamte Zunahme der Ernteerträge, zunehmende Erosion sowie Verwüstung durch zu intensive Weidenutzung, Überpflügung und Abholzung. Vieles davon wurde im bereits genannten *Millennium Ecosystem Assessment* als Ökosystem-Dienstleistungen anerkannt.

Auf der Verbraucherseite hatten wir, natürlich, eine weltweite jährliche Zunahme um 80 Millionen Menschen, die ernährt werden müssen sowie eine Zunahme des Wohlstands, der zu einem erhöhten Fleischkonsum und damit zu einer größeren Nachfrage nach getreideintensiver Viehzucht führte und eine Verschiebung in der Nutzung von Mais als Rohstoff für die Gewinnung von Biotreibstoff anstatt als Lebensmittel.

Während wir uns also auf 2008 zu bewegten, erlebten wir, neben diesen Problemen von Produktion und Verbrauch, die unmittelbaren Folgen des Klimawandels: vielerorts gab es Dürreperioden, die die Ernteerträge reduzierten, in anderen Ländern wurde die Ernte von Überschwemmungen zerstört. Es waren die perfekten Verhältnisse für einen Wachstumssturm, der gegen die Grenzen des Systems prallt.

Tatsächlich hielt zwischen Mitte 2007 und Mitte 2008 auch in der Wirtschaft die Logik der Nachhaltigkeit Einzug. Alle, die glauben, die Natur sei ein Ort, den man am Wochenende besucht, sollten gut aufpassen, was während dieser Zeit geschah.

Die Lebensmittelpreise begannen infolge der oben beschriebenen Systemherausforderungen, inklusive klimabedingter Wasserknappheit und abnehmender Bodenqualität, anzuziehen. Das boomende Wirtschaftswachstum trieb den Ölverbrauch in die Höhe, Ölpreise kletterten auf historische Höchststände, was dazu führte, dass die Investitionen in erneuerbare Energien zunahmen, wie Technologie-Optimisten behaupten. Eine dieser alternativen Energiequellen war Mais, der bei steigenden Ölpreisen ein starker Konkurrent in der Treibstoffproduktion ist. Das führte dazu, dass US-amerikanische Bauern von der Produktion von Sojabohnen für den Lebensmittelmarkt auf die Produktion von Mais zur Herstellung von Bioethanol umstiegen, teilweise auch wegen der Subventionszahlungen für Bioethanol. Gemeinsam ließen diese beiden Faktoren die weltweiten Soja- und Maispreise steigen.[53]

Die Lücke, die die amerikanischen Sojabauern auf dem Sojamarkt hinterließen, wurde von brasilianischen Rinderbauern geschlossen, indem sie ihre Ranches in Sojafarmen umwandelten und damit die Chance ergriffen, die höhere Sojapreise boten. Das verursachte eine Lücke auf dem Fleischmarkt, die wiederum andere brasilianische Bauern dazu brachte, die Abholzung der Wälder weiter vorantreiben, um Weideland zu gewinnen. Auch für den Anbau von Sojabohnen wurde der Regenwald weiter gerodet. Abholzung ist einer der Schlüsselfaktoren im Klimawandel. Viele gaben dem Klimawandel die Schuld an der schlimmsten Dürreperiode aller Zeiten in Australien, durch die die Weizenernte geringer als erwartet ausfiel, und dem Auftreten von Ernte zerstörenden Fluten in Amerika. Beides trieb den weltweiten Weizenpreis weiter in die Höhe.

Schon bald erreichten Lebensmittel- und Ölpreise historische Höchststände. Wie Lester Brown hervorhob, verursachten die steigenden Lebensmittelpreise zwischen 2007 und 2008 heftige politische Instabilität, da die Menschen in ärmeren Ländern im Schnitt 50 bis 70 Prozent ihres Einkommens für Lebensmittel ausgeben. Hungerkrawalle und Unruhen breiteten sich in Dutzenden von Ländern aus und veranlassten die Regierungen dazu, Lebensmittelexporte zu unterbinden, um die nationale Versorgung sicherzustellen; das verschärfte die weltweite Lebensmittelversorgungslage und trieb die Preise weiter nach oben. Und selbst in entwickelten Ländern kam es aufgrund der Ölpreisspitzen zu politischen Unruhen.

Einen Vorgeschmack auf die Zukunft boten auch die Investitionen in landwirtschaftliche Nutzflächen im Ausland, zu denen einige Länder aus Sorge um die Versorgungssicherheit griffen. Obwohl es nichts Ungewöhnliches ist, in ausländische Nutzflächen zu investieren, gab es dieses Mal einen Unterschied. Aus Sorge um die Versorgungslage legten manche der investierenden Länder großen Wert darauf, fortan die alleinige Kontrolle über die Flächen zu haben und den Ertrag ausschließlich für den Export in ihre Heimatländer zu verwenden. Niemand weiß bislang genau, um wie viel Land es sich dabei handelt, teilweise, weil sich die Staaten weigern, Zahlen über das zu veröffentlichen, was manche als „neuen Kolonialismus" bezeichnen.

Laut einer von der Ernährungs- und Landwirtschaftsorganisation der Vereinten Nationen und einigen internationalen Nichtregierungsorganisationen durchgeführten Studie wurden zwischen 2004 und 2009 in den fünf afrikanischen Ländern Äthiopien, Ghana, Madagaskar, Mali und Sudan insgesamt 2,5 Millionen Hektar Landwirtschaftsfläche von Auslandsinvestoren aufgekauft.[54] Diese gigantische Zahl entspricht fast der Hälfte der landwirtschaftlichen Nutzfläche Großbritanniens – und ist doch nur ein Bruchteil der Fläche, die international betroffen ist. Eine Schätzung des *International Food Policy Research Institute* ging 2009 von einer Gesamtfläche von 30 Millionen Hektar aus. Einer Schätzung des *Oakland Institute* zufolge liegt sie bei 50 Millionen Hektar (ein Gebiet, das etwa so groß ist wie die Hälfte der landwirtschaftlichen Nutzfläche Chinas).[55] Zu den bedeutendsten Beispielen zählen der Versuch Chinas, sich drei Millionen Hektar Land in der demokratischen Republik Kongo für den Anbau von Ölpalmen zu sichern; weiterhin ein Vertrag, der einem südkoreanischen Unternehmen den Anbau von Weizen auf einer Fläche von 690.000 Hektar im Sudan erlaubt sowie ein großer saudischer Investmentfonds, der dem Zweck dient, landwirtschaftliche Nutzflächen im Ausland zu erwerben oder langfristig zu pachten.[56] In Zeiten knapper werdender Lebensmittel werden es die ausländischen Investoren sein, die das Land und seine Erträge kontrollieren – schon jetzt wurde in Medienberichten angedeutet, dass Pakistan plant, 100.000 Soldaten zur Verteidigung von Landwirtschaftsbetrieben bereitzustellen, die sich in ausländischer Hand befinden.[57]

Es ist unvermeidbar, dass es in Zukunft zu politischen Unruhen und geopolitischer Instabilität kommen wird, weil arme Länder ihre Landwirtschaftsflächen an reichere Länder verloren haben. Verschärft wird die Lage noch, wenn diese ihre eigenen Arbeitskräfte für den Anbau von Nahrungsmitteln einsetzen anstatt die ärmeren Bauern vor Ort zu beschäftigen.

Wenngleich manche das oben Beschriebene als normales Marktgeschehen betrachten, ist es in Wirklichkeit vielmehr ein chaotisches und riskantes Gerangel um Rohstoffe in einer Welt der abnehmenden Verfügbarkeit. Lester Brown erklärt, wodurch sich die jüngsten Preissteigerungen bei Lebensmitteln von den vorausgegangenen unterscheiden. Nach Ernteausfällen, die infolge einer Dürreperiode entstanden oder durch einen Monsun verursacht wurden, fielen die Preise bereits bei der nächsten Ernte wieder auf ein normales Niveau. Den jüngsten Lebensmittelpreissteigerungen lägen jedoch Langzeittrends zugrunde, die die Lebensmittelversorgung auf lange Sicht begrenzen und die Nachfrage erhöhen werden. Es ist schwieriger für den Markt, mehr Nahrungsmittel zu produzieren, wenn dafür nicht ausreichend Wasser und Land zur Verfügung stehen.

Diese Sicht wurde von den seitherigen Preisbewegungen untermauert. Obwohl die Preise infolge der Finanzkrise und dem damit einhergehenden abnehmenden Bedarf sanken, blieben sie dennoch weiterhin deutlich über den bisherigen Durchschnittswerten, was darauf hindeutet, dass wir nun vor Systemveränderungen stehen. Während ich diese Zeilen schreibe, erreicht der Weizenpreis aufgrund weit verbreiteter Fluten und Dürren wieder einen Höchststand und Russland hat gerade seinen Weizenexport gestoppt, um die Nahrungsmittelversorgung im eigenen Land nicht zu gefährden. Diese Art von Problemen wird schnell zur neuen Normalität, während wir immer wieder gegen die Systemgrenzen stoßen.

Obwohl es wie in jeder Krise unterschiedliche Meinungen über die Ursachen geben wird, wissen wir seit 2008, wie sich der Große Bruch anfühlen wird. 2008 lieferte uns insbesondere ein gutes Beispiel, welch verheerenden Folgen Engpässe in der Rohstoffversorgung und Veränderungen im Umweltsystem für unser Wirtschaftssystem haben können.

Im Lichte der nachfolgenden Ereignisse vergisst man leicht, dass die meisten Akteure am Markt Anfang 2008 optimistisch auf die Wachstumschancen der Weltwirtschaft blickten. Probleme in den USA und weltweit steigende Öl- und Lebensmittelpreise wurden als kurzzeitige Veränderungen angesehen, die nichts weiter bedeuteten als den gewohnten Gang der Dinge.

Und doch waren die Anzeichen da, wobei diese Probleme lediglich Indikatoren für tiefer liegende strukturelle Probleme in der Weltwirtschaft waren. Als der Zusammenbruch der Banken später im Jahr 2008 begann, wurde das glasklar.

Auch wenn ich nicht genau wusste, was kommen würde, war mir Anfang 2008 klar, dass der Crash nicht länger nur eine Voraussage, sondern tatsächlich unterwegs war. Daher begann ich die Fortsetzung meines Briefes „Scream Crash Boom!" zu schreiben. Ich nannte ihn „The Great Disruption" (Der Große Bruch).

Obwohl nur wenige Tausend Wörter lang, brauchte ich über vier Monate zum Schreiben. Im Nachhinein glaube ich, dass ich Angst davor hatte, den Aufruf derart öffentlich zu machen. Trotz der steigenden Öl- und Lebensmittelpreise erlebten wir damals immer noch einen Boom. Ich erinnere mich, dass der Dow (Dow-Jones-Index) im ersten Monat von 11.800 wieder auf 13.000 Punkte hochschoss. Für viele war diese Phase ein Siegeszug des weltweiten Kapitalismus. Die Unsicherheiten auf den Finanzmärkten von 2007 bis Anfang 2008 wurden als kleinere kurzfristige Veränderungen innerhalb eines endlosen Booms und einer Ära der Superzyklen gedeutet. Zu sagen, das sei nun alles vorbei, fühlte sich an, als würde ich mich selbst lächerlich machen wollen.

Nichtsdestotrotz schickte ich den Brief im Juli 2008 an mein gesamtes Netzwerk. Folgendes war auf der ersten Seite zu lesen:

Und so kommt der Moment.

In meinem ersten „Scream Crash Boom"-Brief von 2005 prognostizierte ich, dass der Zusammenbruch des Ökosystems der Erde nun unvermeidbar sei. Ich schrieb damals, die resultierende Wirtschafts- und Gesellschaftskrise würde zu einem Investitionsboom führen, der eine neue industrielle Revolution und einen Wandel in der Wirtschaft auslösen würde. Ich dachte, ich würde Ereignisse voraussehen, die ein, zwei Jahrzehnte entfernt seien. Und jetzt, gerade drei Jahre später, schaut euch um. Die Weltwirtschaft ächzt unter ihrem eigenen Gewicht. Wir sehen:

- *Ausschreitungen und politische Krisen überall in Asien, wo infolge von extremen Wetterereignissen und anschwellendem Wirtschaftswachstum steigende Lebensmittelpreise einen immensen Druck auf das alltägliche Leben von Milliarden von Menschen ausüben;*
- *Proteste, Streiks und politische Unruhen überall in der Welt, weil die Ölpreise auf die Wirklichkeit einer begrenzten Versorgung reagieren, wodurch eine Rezession oder Schlimmeres droht;*

- *Globale Finanzmärkte, die von Krise zu Krise taumeln, während Komplexität, Gier und Vernetzung das Finanzsystem an den Rand treiben;*
- *Debatten über Auslands-Militäreinsätze in Ländern, die die humanitären Folgen extremer Wetterereignisse nicht bewältigen können, wie zum Beispiel Burma;*
- *Wissenschaftler, die verblüfft sind von einer dramatischen Zunahme der Eisschmelze am Nordpol und in der Antarktis in einer Geschwindigkeit, die alle Vorhersage-Modelle übertrifft,*
- *und zahllose weitere Auswirkungen mit Fluten und Bränden in den Vereinigten Staaten, Dürren und sterbenden Flüssen in Australien, schmelzenden Gletschern in vielen Regionen der Welt und so weiter und so weiter.*

Der Zusammenbruch des Umweltsystems, von dem ich dachte, er sei Jahrzehnte entfernt, ist nun im Gange und der daraus resultierende wirtschaftliche Zusammenbruch folgt nicht weit dahinter, vielleicht hat der Absturz schon begonnen.

Weiter beschrieb ich, wie sich all das über die Jahre entfalten würde und wie die globalen Finanzmärkte unweigerlich von ihrer eigenen Komplexität getroffen würden:

Wir haben eine unglaublich komplexe, verflochtene globale Gesellschaft und Wirtschaft errichtet. Während wir stolz auf unsere Schöpfung sind, ist es der hohe Komplexitätsgrad, der sie für Erschütterungen so anfällig macht. Gerade die von uns so bewunderte globale Vernetztheit könnte unser Untergang sein, wenn parallele Erschütterungen das ganze System zu Fall bringen.

Es war mir klar, dass meine Freunde aus der Geschäftswelt die unglaubliche Vernetztheit des globalen Marktes bewunderten, während bei mir und vielen anderen die Alarmglocken schrillten.

Die Reaktion auf den Brief war heftig. Anders als mein letzter Brief wurde dieser nicht als eine intellektuell interessante Prognose aufgefasst. Die Leute spürten, dass etwas schief lief. Es gab ein Gefühl dafür, dass der Welt eine ernste, destabilisierende Phase bevorstand. Obwohl die finanziellen und wirtschaftlichen Konsequenzen sich erst noch zeigen würden und die Folgen auf dem Markt noch kaum spürbar waren, gab es – für die, die sie sehen wollten – genügend Beweise dafür, dass etwas ernstlich schief lief.

In ihren Antworten auf meinen Brief erkannten daher selbst Wirtschaftsführungskräfte im Großen und Ganzen an, dass das System bebte, dass es Risiken gab, die alles zu Fall bringen könnten. Wie ein CEO einer großen australischen Firma, der mir schrieb: „Das spiegelt das, was ich empfinde, ziemlich genau wider."

Eine weitere häufige Reaktion war, mir in der Richtung recht zu geben, aber unsere Wandlungsfähigkeit optimistischer einzuschätzen. Zum Beispiel schrieb mir der CEO eines großen börsennotierten Unternehmens: „Von der Richtung her gebe ich dir recht. Diskutieren würde ich jedoch den Grad und die Geschwindigkeit, mit der wir uns anpassen, wenn wir die Wirklichkeit erkennen."

Im Lauf des folgenden Jahres geriet die Wirtschaft freilich in den stärksten Abschwung seit der Großen Depression. Nach der ersten Klagewelle über Investment-Cowboys und seltsame Finanzprodukte begannen die Menschen sich zu fragen, ob es nicht um etwas Tiefergehendes ging. Sie begannen, das System infrage zu stellen.

Thomas Friedman, lange Zeit ein leidenschaftlicher Verteidiger des Marktes und der Globalisierung, verfasste im März 2009 einen Artikel für die *New York Times*, in dem er fragte:

Was, wenn die Krise von 2008 für etwas sehr viel Fundamentaleres als eine tiefe Rezession steht? Was, wenn sie uns sagt, dass das ganze Wachstumsmodell, das wir im Lauf der letzten fünfzig Jahre erschaffen haben, schlicht wirtschaftlich und ökologisch nicht nachhaltig ist und dass 2008 das Jahr war, in dem wir gegen die Wand gefahren sind – als Mutter Natur und der Markt beide sagten: „Nicht weiter."

Ich vertrat damals die Meinung und tue das bis heute, dass 2008 das Jahr war, in dem das Wachstum aufhörte. Es war das Jahr, wie Thomas Friedman sagte, „als Mutter Natur und Vater Gier gleichzeitig gegen die Wand fuhren".

Während ich mich natürlich sehr auf die Umweltfaktoren konzentrierte, die den Großen Bruch verursacht hatten, blickten Verteidiger des Marktes wie Friedman mit Schrecken auf das beängstigende Gebaren der Investmentbanken. Es war eine verrückt gewordene

Gier, schlimm genug an sich, aber unglaublich gefährlich, wenn sie sich inmitten eines komplizierten, vernetzten Systems ausbreitet. Jeder war süchtig geworden. Als Island beinahe Pleite ging, schrieb Friedman, das Land sei wie ein „Hedgefonds mit Gletschern". Doch nun war der Hedgefonds geschmolzen und die Gletscher waren nicht mehr weit davon entfernt.

Was diese beiden Faktoren zusammenbringt, ist Wachstum. Das Verlangen nach Wachstum führt dazu, dass Investmentbanker immer größere Risiken eingehen, um die Profite und das Wachstum zu liefern, das ihre CEOs und Aktionäre fordern. Die Gerissenheit, mit der sie neue Produkte erfinden, die niemand außer ihnen versteht, garantiert ihnen, dass sie dieses Wachstum liefern und ihnen Boni und Beförderungen sichern. Sie verleihen das Geld von anderen an Leute, die sich die Rückzahlung nicht leisten können, und sorgen dafür, dass die Risiken andere als sie selbst treffen. Die Regierung traut sich nicht einzugreifen, weil die Banker für das Wachstum sorgen, das die Massen glücklich macht und ihnen die Wiederwahl sichert. Jedes Wachstum ist gut, keine weitere Fragen.

Tatsächlich unterstützen Regierungen diesen Prozess aktiv und vergrößern die Risiken dadurch noch weiter. Sie leihen, um die Wirtschaft zu stimulieren. Die daraus resultierenden massiven Schulden gefährden die Wirtschaft noch stärker. Dabei hofft man, dass das Wachstum die Staatseinnahmen genug erhöht, um die Schulden tilgen zu können. Auf diese Weise treibt sich das System selbst immer weiter in die Sucht hinein.

Niemand wird jemals beweisen können, was genau die Krise von 2008 auslöste, weil das System dafür viel zu komplex ist. Wir können nicht einmal die Preisentwicklung von Öl vorhersehen, einer einzelnen Ware innerhalb eines relativ einfachen Marktes. Der Gedanke, wir könnten präzise vorhersagen, wie sich die Weltwirtschaft und -gesellschaft in einem bestimmten Jahr verhalten werden, ist unrealistisch.

Was wir jedoch mit einem hohen Maß an Sicherheit wissen können, ist, wie sich ein System verhält, sobald es seine physischen Grenzen erreicht hat. Aufgrund dieses Wissens komme ich zu dem Schluss, dass wir bereits 2008 die Grenzen des Wachstums erreicht haben. Obwohl sich die Krise in hochschnellenden Öl- und Lebensmittelpreisen, gefolgt von einer Kreditkrise, gezeigt haben mag – war die Ursache der Kreditkrise unsere Sucht nach Wachstum und die Notwendigkeit, billige Kredite bereitzustellen, um die Wirtschaft am Laufen zu halten? Oder entzog die Verdopplung der Öl- und Lebensmittelpreise der Wirtschaft Geld und reduzierte den Konsum anderer Güter, wodurch das Wachstum stagnierte?

Wir können es nicht wissen. Was wir wissen können, weil wir es mittels einfacher Mathematik und Physik beweisen können, ist, dass die Weltwirtschaft inzwischen größer ist als der Planet. Was bedeutet, dass die Wirtschaft an irgendeinem Punkt aufhören wird zu wachsen. Ob das in 2008 bereits passiert ist oder erst in 2012 oder 2015 passieren wird, ist nur von historischem Interesse. Passieren wird es auf jeden Fall.

Darüber hinaus besagen alle bisherigen Untersuchungen, dass wir nicht sanft landen werden. Stattdessen: das Jahr 2008 auf Drogen, mit Turbulenzen und einem entfesselten Gerangel um die verbleibenden Ressourcen. Wir werden das Wachstum wieder und wieder gegen die Wand fahren und es wird wehtun.

Dann, wenn wir die Schmerzen satt haben, werden wir uns verändern. Aber erst dann.

Kapitel 7

Der Weg nach vorne – unser planetares Navi

Bevor wir uns in die Zukunft begeben, seien noch ein paar Bemerkungen über den Weg dorthin angebracht.

Ich habe den Großteil meines Lebens damit verbracht, über die Zukunft zu sprechen; ich könnte sogar sagen, dass darin sowohl während meiner Zeit als Aktivist genauso wie als Unternehmensberater meine Hauptaufgabe bestand. Zukunftsprognosen sind von Natur aus unsicher. Denn anders als die Gegenwart, lässt sich die Zukunft nur schwer einschätzen. Der Schlüssel zum Erfolg liegt darin, klar unterscheiden zu können, was man wissen kann und was nicht, und sein Augenmerk auf die grobe strategische Richtung zu legen. Man darf nie vergessen, dass das Ganze ein Spiel mit Wahrscheinlichkeiten ist, dessen Ziel darin besteht, das Risiko so gering wie möglich zu halten und ein Maß an Widerstandsfähigkeit aufzubauen, das es braucht, um mit den wahrscheinlichsten Entwicklungen fertigzuwerden.

Für die Fragen, um die es hier geht, ist das ein wichtiger und praktischer Prozess und kein intellektuelles Gedankenspiel. Wir blicken einer ungewissen Zukunft entgegen, und wie gut wir unseren Weg durch diese unsicheren Gewässer finden werden, hängt auch davon ab, wie gut wir uns physisch und psychologisch darauf vorbereitet haben. Eine verhältnismäßig genaue Vorstellung davon zu haben, was uns erwartet, ist dafür überaus wichtig.

Denn die Zukunft ist, trotz allem, etwas, das wir erschaffen und nichts, das einfach geschieht.

Was wissen wir also? Welche Wege sind bereits erkundet und welche noch nicht? Die Faktoren, die den Wandel maßgeblich beeinflussen, sind, verglichen etwa mit der Geschäftsstrategie für ein Technologieunternehmen, ungewöhnlich deutlich zu erkennen. Für das Technologieunternehmen verändert eine Myriade von komplexen Entwicklungen in der Wirtschaft, der Technologie und im Konsumentenverhalten immer wieder auf unvorhersehbare Weise die Regeln des Spiels.

Die Situation im Bereich der Nachhaltigkeit, insbesondere des Klimawandels, ist viel einfacher. Wie wir bereits gesehen haben, wird es mit Sicherheit zu Überraschungen auf den Feldern der Politik und der Technologie und zu einigen unerwarteten Ereignissen kommen. Aber wenn es darum geht, eine Strategie für Wirtschaft und Gesellschaft zu entwerfen, sind die Unsicherheiten im Bereich der Auslöser unerheblich. Die dem Wandel zugrunde liegenden Prozesse sind einfach, zuverlässig und vorhersehbar. Blind auf eine überraschend andere Entwicklung zu hoffen ist nichts weiter als eine Vermeidungsstrategie.

Damit soll nicht behauptet werden, es gebe überhaupt keine Unwägbarkeiten. Die gibt es und sie lassen sich in zwei Kategorien einteilen: Natur und Mensch. Die Fragen rund um die Natur beziehen sich darauf, wie sich die Umwelt als System verhält, mit Vernetzungen, Kipppunkten und Rückkopplungen. Ein Beispiel dafür ist etwa die Versauerung der Meere durch eine gesteigerte CO_2-Aufnahme, das würde das Meeresleben schwächen, was wiederum den Zusammenbruch der Fischgründe beschleunigen würde.

Zu den menschlichen Unwägbarkeiten zählt beispielsweise die Verbindung zwischen Ökosystem und Ökonomie, wie im oben beschriebenen Beispiel des Nahrungsmittelsystems: der gestiegene Ölpreis und die Subvention von Bioethanol in den USA beförderten die Abholzung der brasilianischen Regenwälder, was zu einer Verschlimmerung der Klimabelastung führte, wodurch wiederum die Lebensmittelpreise stiegen. Die andere menschliche Unwägbarkeit ist die Technologie. Es bleibt immer die Möglichkeit eines außergewöhnlichen technologischen Durchbruchs, in Form einer sehr günstigen erneuerbaren Energie oder der Beseitigung des CO_2 aus der Atmosphäre. Die Wahrscheinlichkeit, dass sich dadurch die Krise verhindern ließe, ist aus meiner Sicht verschwindend gering, da zu spät begonnen wurde, nach Alternativen zu suchen und es sehr lange dauert, bis sich technische Neuerungen global durchsetzen. Dennoch könnten solche bahnbrechenden Entwicklungen großen Einfluss auf die Geschwindigkeit haben, mit der wir uns von der Krise erholen werden.

Diese Unwägbarkeiten verdeutlichen noch einmal, wie komplex die Aufgaben sind, denen wir uns stellen müssen. Wenn man verstehen will, wie ein komplexes System funktioniert, ist es sinnvoll, sich das Verhalten anderer Systeme anzusehen. Obwohl solche Analogien weit weniger Sicherheit bieten als die bereits beschriebenen physikalischen Prozesse, lassen sich daraus dennoch einige nützliche Erkenntnisse ziehen.

Dazu gehört zum Beispiel, dass Systeme, die an ihre physikalischen Grenzen stoßen, sich in der Regel nicht ruhig und gleichmäßig verhalten, sondern sprunghaft und chaotisch. Sie prallen gegen eine Grenze, werden zurückgeworfen und wachsen weiter bis zum nächsten Aufprall. Das sind Phasen großer Aktivität und zunehmender Intensität. Das System stößt wieder und wieder gegen seine Grenzen, an unterschiedlichen Stellen, auf unterschiedliche Weise, im Versuch, die Grenzen zu durchbrechen, so lange, bis die Grenzen als unverrückbar erkannt werden und das System sich verändert. Dann gibt es zwei Möglichkeiten. Entweder hört das System auf zu wachsen und stabilisiert sich, dabei entwickelt es sich normalerweise weiter, oder es zerfällt zu einem einfacheren, weniger komplexen System (sprich: Zusammenbruch).

Dasselbe Verhalten eines komplexen Systems lässt sich auch in der Medizin beobachten. Mein Freund Dr. John Collee, Arzt und Drehbuchautor in Hollywood (*Master and Commander*, *Happy Feet*, *Creation*), ist davon überzeugt, dass der menschliche Körper den passenden Vergleich für das globale Ökosystem liefert:

Jeder Patient, der an einer unheilbaren Krankheit leidet, wird wissen wollen, wie lange er noch zu leben hat. Die Antwort darauf könnte in etwa lauten: „Niemand kann wissen, wie lange Sie noch leben werden, weil jedes Individuum anders ist. Aber Sie können sich auf die Veränderungen konzentrieren, die Sie wahrnehmen, und sich von ihnen leiten lassen. Wenn sich Ihr Zustand zu verschlechtern beginnt, müssen Sie damit rechnen, dass sich die Verschlechterung beschleunigen wird. Was sich innerhalb eines Jahres verschlechtert hat, könnte sich dann innerhalb von Monaten und schließlich innerhalb von Wochen weiter verschlechtern. Auf diese Weise können Sie selbst beurteilen, wann das Ende kommt."
Der Planet Erde, ein Netz aus komplexen, sich selbst steuernden Systemen, funktioniert ähnlich wie ein menschlicher Körper. Unheilbare Krankheiten geben uns ein Modell für die meisten Formen des ökologischen Kollapses. Eine Reihe von Veränderungen initiiert

die nächste und so geht es weiter in einer Kaskade aus negativen Rückkopplungen, bis schließlich das ganze System auseinanderbricht.

Ich nähere mich dieser wie allen anderen Theorien, indem ich sie durch die Brille des gesunden Menschenverstands betrachte. Wie ich bereits gesagt habe, lässt sich der Fortgang eines Prozesses, der so komplex ist wie die Entwicklung der menschlichen Gesellschaft innerhalb des ökologischen Systems, analytisch nicht genau bestimmen. Stattdessen können wir wahrnehmen, was wir um uns herum sehen und hören, und uns dann fragen, welche der unterschiedlichen Theorien sinnvoll erscheinen und welche nicht. Geht man so vor, ist sowohl der Vergleich mit anderen Systemen als auch mit dem menschlichen Körper hilfreich. Beide besagen, dass sich die Veränderungen beschleunigen werden, die Auswirkungen größer und in kürzeren Abständen erfolgen werden und die Zeit der Entscheidungen, die den Kollaps verhindern wollen, sehr plötzlich kommen wird.

Die einfache Schlussfolgerung lautet – und darin besteht der Hauptgrund für dieses Buch –, dass wir uns auf diesen Moment vorbereiten müssen.

Wie können wir uns diese Entwicklung vorstellen? Wie könnten diese Theorien auf die reale Welt angewandt werden und was sind die erwartbaren Auswirkungen? Welche wissenschaftlichen Erkenntnisse könnten uns als Richtschnur dienen? Mein Brief „Der Große Bruch" aus dem Jahr 2008 imaginierte diese Welt und beschrieb sie so:

Wenn unser System an seine Grenzen stößt, werden sich die folgenden Kräfte auf verschiedene und unvorhersehbare Weise vereinen und den Zusammenbruch des Systems sowie eine umfassende Wirtschaftskrise (oder eine Reihe kleinerer Krisen) auslösen. In der Folge werden wir einen nachhaltigen wirtschaftlichen Abschwung und eine Jahrzehnte dauernde globale Not erleben.

- *Eine Reihe von ökologischen, sozialen und ökonomischen Erschütterungen, ausgelöst durch den Klimawandel (insbesondere durch das Schmelzen der Polargebiete, extreme Wetterereignisse und Veränderungen in den landwirtschaftlichen Erträgen), die massive wirtschaftliche Belastungen und damit einhergehend eine tiefgreifende Verunsicherung in der Öffentlichkeit und unter den globalen Eliten hervorrufen werden. Das wird zu starken Interventionen aufseiten der Regierungen führen und eine Weltkrisenstimmung heraufbeschwören.*

- *Der Druck, den die steigende Nachfrage nach Lebensmitteln und die gleichzeitige klimabedingte Verringerung der Erträge erzeugen, wird zu kontinuierlich steigenden Lebensmittelpreisen führen – was wiederum ökonomische und geopolitische Instabilität und Spannungen auslösen wird; die Entwicklungsländer werden dem Westen die Verursachung des Klimawandels vorwerfen.*

- *Innerhalb des stark geschädigten Ökosystems wird sich die Kapazität wichtiger Ökosystem-Dienstleistungen verringern – Trinkwasser, Fischgründe und landwirtschaftliche Nutzflächen. Auch das wird sich auf die Nahrungsmittel- und Wasserversorgung, die politische Stabilität und die globale Sicherheit auswirken.*

- *Wir werden eine noch weiter anhaltende und schnellere Steigerung des Ölpreises erleben, wenn das Ölfördermaximum überschritten ist. Zwar ist es richtig, dass es immer wieder auch zu fallenden Preisen kommen wird, aber die generelle Richtung wird eindeutig sein. Das wird über das ganze System hinweg enormen wirtschaftlichen und politischen Druck erzeugen und es werden ernsthafte Konflikte entstehen über die Zunahme von dreckiger Versorgung einerseits und der Reduktion der CO_2-Emissionen andererseits.*

- *Wie bei allen Zukunftsprognosen wird es Überraschungen geben. Das könnte zum Beispiel ein verheerender globaler Terroranschlag sein, der eine ganze Hauptstadt vernichtet. Oder der Ausbruch einer Pandemie, die den weltweiten Reiseverkehr zum Erliegen bringt. Schock über Schock über Schock.*

- *Während sich diese Ereignisse nach und nach entfalten, werden die eng ineinander verflochtenen und komplexen globalen Finanzmärkte plötzlich die Langzeitfolgen all dessen begreifen. Ohnehin panikanfällig, wenn Angst und Verunsicherung um sich greifen, werden sie, ausgelöst vielleicht durch eine Reihe von*

Konzernpleiten oder nationale Wirtschaftskrisen, einfach den Börsenpreis für Risiken anpassen. Das wird zu dramatischen Verlusten an den Börsen und einer Verknappung der verfügbaren Finanzmittel führen.

So geht sie dahin.

Die daraus resultierende Kette von wirtschaftlichen und politischen Krisen wird massiv sein und Jahrzehnte andauern. Sie wird so lange währen, weil die Ursachenbeseitigung bei gleichzeitiger Folgenbewältigung – eine abflauende Wirtschaft, politische Instabilität und der durch bereits vorhandene Emissionen beschleunigte Klimawandel – Jahrzehnte in Anspruch nehmen wird. Durch das Ausmaß der Krise und der Veränderungen wird die Zukunft schwer vorhersehbar und alles wird möglich, einschließlich einiger hochinteressanter Veränderungsprozesse.

Wieso denke ich, dass das jetzt beginnt? Das System ist zu komplex für sichere, analytisch fundierte Vorhersagen. Wir können nicht einmal die Ölpreisentwicklung vorhersagen, ganz zu schweigen vom Verhalten des ganzen Systems. Aber eine Stimme in mir schreit laut, dass es jetzt an der Zeit ist und die Daten, die ich sehe, geben diesem Gefühl recht. Wenn wir uns die Grundlagen anschauen, sehen wir, dass die zwei wichtigsten Herausforderungen – die Verfügbarkeit billiger Rohstoffe für die Wirtschaft und die Fähigkeit des Ökosystems, die Folgen unseres Verhaltens zu verkraften – eindeutige Indikatoren liefern. Sobald das System gegen die Wand fährt, sollten wir somit einen deutlichen, nicht konjunkturbedingten Anstieg der Warenpreise – vor allem für Nahrungsmittel und Energie – sowie eindeutige Anzeichen für einen beschleunigten Zusammenbruch des Ökosystems beobachten können. Diese beiden Indikatoren sind seit mehreren Jahren meine Kanarienvögel in den Tiefen des „Ende des Wachstums"-Schachts.

Die beiden genannten Anzeiger schlagen derzeit voll durch; und die entscheidenden Faktoren dafür sind umfassend, gut verankert und wirken sich mit signifikanten Verzögerungen aus. Das Spiel geht also los. Von nun an wird die Talfahrt in die Krise Politik und Wirtschaft definieren.

Ist das allzu pessimistisch? Ich bin eigentlich von Natur aus ein wirklich optimistischer Mensch. Ich sehe mir einfach die Zahlen und die wissenschaftlichen Erkenntnisse an, und das ist es, was ich kommen sehe.

Wichtig ist mir aber klarzustellen, dass es mir nicht darum geht, „das Ende der Welt" oder unser unvermeidliches Verderben herauf-zubeschwören. Aber es kündet sich eine beispiellose Zeit der Systembelastungen, der wirtschaftlichen Stagnation und der gesellschaftlichen Spannungen an – eine globale Notsituation, innerhalb derer wir ein neues Wirtschaftsmodell entwickeln und dann die Neuorganisation beginnen werden. Ich nenne das den Großen Bruch, weil ich glaube, dass es sich dabei sehr viel wahrscheinlicher um eine Erschütterung im evolutionären Prozess der Menschheit handelt als um das Ende der Zivilisation.

Der Große Bruch wird der Motor für eine außergewöhnlich schnelle und umfassende Transformation sein, die alle anderen bisherigen globalen Veränderungen – durch Kriege, Technologien oder die Globalisierung – weit hinter sich lassen wird. Es wird eine spannende und letzten Endes positive Transformation sein, mit großartigen Neuerungen und Veränderungen im Bereich der Technologien, der Unternehmen, der Wirtschaftsmodelle, nebst einer parallel verlaufenden Veränderung in der Entwicklung des Menschen. Es könnte, nicht-biologisch gesprochen, sehr wohl der Schritt zu einer höheren evolutionären Stufe sein und die Entwicklung zu einer höheren Bewusstseinsebene.

Wir sind langsam, aber nicht dumm. Ich bin davon überzeugt, dass wir reagieren werden – mit derselben Intensität, mit der die Krise heraufzieht –, sobald wir aufhören, die offensichtliche Logik dessen zu leugnen, was wir alle sehen können, wenn wir es nur sehen wollen.

Es gibt Menschen, die mit meiner These im Grunde übereinstimmen, aber nicht glauben, dass die durch den Kollaps des Ökosystems bedingte Wirtschaftskrise tatsächlich so schwerwiegend sein wird. Sie argumentieren wie der CEO, den ich weiter oben zitiert habe, dass wir schnell genug reagieren werden und dadurch eine verheerende wirtschaftliche und gesellschaftliche Krise abwenden werden.

Darauf antworte ich stets, dass die wirtschaftlichen Probleme, die aus einer verspäteten Reaktion erwachsen, dazu führen werden, dass wir für eine Weile in einer Übergangsphase feststecken werden. Es wird mit Sicherheit einen gewaltigen Vorstoß geben, um etwas Neues aufzubauen, aber das Alte – die schiere Größe der alten Wirtschaftsordnung und die systemweiten Auswirkungen der früheren Verschmutzung und Umweltzerstörung – wird uns runterziehen und einen schnellen Wandel verhindern. Das wird uns weltweit für Jahrzehnte nahezu null Wachstum, wenn nicht gar ein Negativwachstum, bescheren, während die alte Wirtschaft zusammenbricht und die neue Wirtschaftsordnung aufgebaut wird. Durch die allgemeine Schwankungsanfälligkeit werden sich die Zahlen um Null bewegen, mal höher, mal niedriger, je nach Land und Region unterschiedlich, aber die generelle Richtung wird klar sein.

Warum können wir nicht schneller reagieren? Warum wird uns der Boom des Neuen nicht tragen? Das Problem liegt in Geschwindigkeit und Ausmaß des benötigten Wandels. Wir werden mit Sicherheit in vielen neuen Industriezweigen ein spektakuläres Wachstum erleben, vor allem in den Energietechnologien. Aber diese werden von einem sehr niedrigen Niveau ausgehen, wodurch es eine Weile dauern wird, bis selbst die zu erwartenden hohen Wachstumsraten ihre Wirkung auf die gesamte Wirtschaft entfalten. Bis dahin wird der Großteil unserer Wirtschaft weiterhin von einer Reihe von alten Technologien und Industriezweigen, wie etwa dem Kohlenbergbau und der Ölindustrie, bestimmt sein. Ihnen wird jedoch kein weiteres Wachstum zugestanden werden, da ihr Wachstum die ökologischen Ursachen der Krise verstärken und dadurch die gesamte Wirtschaft bedrohen würde. Das wiederum bedeutet den Beginn eines raschen Niedergangs vieler dieser alten Industrien, insbesondere das Absinken ihrer Marktbewertung.

Während es also sicherlich eine Zunahme an Lösungen geben wird, wird der Niedergang des Alten, zusammen mit beträchtlich gesunkenen Kosten – etwa durch die notwendige Stilllegung funktionierender Kraftwerke –, während des Wandels ein beachtliches Leergewicht für die Wirtschaft bilden.

Vielleicht wäre das allein mit massiven, kriegsähnlichen Interventionen durch die Regierung und die Massenmobilisierung der

Öffentlichkeit zu bewältigen. Das Problem ist nur, dass viele Unternehmen und Branchen direkt davon abhängig sind, dass sich das Ökosystem auf eine Weise verhält, die nicht länger vorausgesetzt werden kann. Das reicht von Versicherungsgesellschaften, die durch die Folgen verschiedenster klimabedingter Katastrophen Gefahr laufen, zahlungsunfähig zu werden, über Touristikunternehmen, deren Hauptattraktionen wie Schnee oder Korallenriffs verschwunden oder zerstört sein werden, bis hin zu Lebensmittelunternehmen, deren Warenversorgung nicht mehr gesichert sein wird oder die zumindest unter extremen Preisschwankungen leiden werden. Und während all dem werden sich die Menschen im Allgemeinen, inklusive der Investoren, ängstlich und unsicher fühlen, wodurch Vertrauen zersetzt wird und Politik und Wirtschaft unbeständig werden.

Ohne also in irgendeiner Form die bevorstehenden Chancen zu ignorieren – tatsächlich werden wir uns diesen im Verlauf dieses Buches noch ausführlich widmen –, sollten wir nicht blind sein für die wirtschaftlichen Probleme des Übergangs. Ich bin zuversichtlich, dass wir diese Periode erfolgreich überstehen werden, aber es wird ein hartes Stück Arbeit sein, es wird nicht glatt laufen und es wird seine Zeit dauern.

Dies unterstützt die zentrale Schlussfolgerung, zu der ich während meiner Arbeit immer wieder gelange. Wir können dieser Krise nicht mehr entgehen. Dafür ist es bereits zu spät.

Es ist, wie es ist. Je früher wir das akzeptieren und je besser wir uns vorbereiten, desto weniger Leid wird es geben und desto schneller werden wir auf der anderen Seite wieder herauskommen.

Kapitel 8

Sind wir am Ende?

Es ist gut möglich, dass Sie bis hierhin von ein paar ziemlich düsteren Gedanken geplagt wurden. Vielleicht sind Sie sich unsicher, ob wir all das durchstehen werden. Vielleicht denken Sie auch, dass diejenigen recht haben, die behaupten, dass wir einfach langsam in unser Verderben rutschen.

Selbst wenn es bei Ihnen noch nicht so weit ist, gibt es vielleicht Momente, in denen Sie sich fragen: „Was, wenn das alles fürchterlich schief geht?" Oder Sie spüren Verzweiflung, angesichts des bevorstehenden Leids, Frustration weil wir so lange gewartet haben, Wut darüber, dass es so weit gekommen ist und Verwirrung, warum das so ist. Sie haben vielleicht darüber nachgedacht, was das alles für Sie persönlich bedeutet – für Ihre Familie, Ihre Sicherheit und die jungen Menschen, die Sie kennen.

Wenn keine dieser Reaktionen auf Sie zutrifft, können Sie getrost zum nächsten Kapitel übergehen und lesen, was als Nächstes geschieht. Aber ich kann mir vorstellen, dass die meisten von Ihnen solche Momente kennen. Ich jedenfalls kenne sie gut. In diesem Fall: Lesen Sie weiter.

Ich habe mich viele Jahre lang mit diesen Fragen beschäftigt. Ob es eine Krise ist, die wir durchstehen werden, oder ob wir unserem Untergang entgegensehen. Ob ein nüchterner Blick auf die Wissenschaft und die Politik eine Reaktion der Verzweiflung oder der Hoffnung rechtfertigt. Ich habe diese Fragen auch mit Unternehmern, Aktivisten, Entscheidungsträgern und führenden Wissenschaftlern diskutiert und mir angesehen, wie sie reagieren und denken.

Ich bin zu dem Schluss gekommen, dass die Haltung, die wir über die nächsten Jahre annehmen – nennen wir es der Einfachheit halber Hoffnung kontra Verzweiflung –, vielleicht *die* entscheidende Frage sein wird. Ich denke, ob wir Hoffnung oder Verzweiflung empfinden, wird unsere Zukunft stärker beeinflussen als Technik, Politik oder Märkte. Das ist eine gewagte Behauptung, die es daher verdient, erörtert zu werden.

Die Probleme, vor die uns der Große Bruch stellt, sind ernster und größer als alles, was bisher in der Menschheitsgeschichte geschehen ist. Die Situation, in der wir uns befinden werden, und die sich entfaltenden Konsequenzen werden sehr ernst sein. Dennoch habe ich keinen Zweifel, dass wir so gut wie jedes denkbare Szenario überleben und überstehen können, wenn, und nur wenn, wir konzentriert und entschlossen bleiben und gemeinsam als eine Spezies handeln. Diese Schlussfolgerung basiert auf einigen wichtigen Annahmen, die sich von dem unterscheiden, wie viele Menschen die Welt sehen; daher will ich Sie gerne mit Ihnen teilen.

Erstens müssen wir akzeptieren, dass es hässlich werden wird. Darauf müssen wir uns vorbereiten – physisch, ökonomisch und psychologisch. Es wird nicht einfach unbequem oder unangenehm werden, uns steht das bevor, was James Kunstler in *The Long Emergency* beschrieben hat – eine Generationen dauernde Krise, die mit Konzentration und Entschiedenheit bewältigt werden muss.

Zweitens müssen wir uns von der seit Jahrzehnten vorherrschenden Vorstellung verabschieden, wie die Veränderung erfolgen wird – stetig, marktorientiert und in globalem Konsens. Wir müssen schnellstmöglich begreifen, was tatsächlich passieren wird – ein unregelmäßiger, chaotischer und allumfassender Wandel, vorangetrieben von einer Reaktion, wie wir sie nur aus dem Krieg kennen.

Drittens müssen wir endlich verstehen, dass wir uns für diese Art der Veränderung weiterentwickeln werden müssen. Das betrifft unsere Wertvorstellungen, die Politik sowie unsere persönlichen Erwartungen. Es geht hier nicht um ein einzelnes technisches Problem wie die Bewältigung des Klimawandels; es geht um einen Konstruktionsfehler im System. Wir werden unser Verhalten auf der persönlichen und kollektiven Ebene entscheidend ändern müssen.

Viertens müssen wir akzeptieren, dass dieses Problem inzwischen ein menschliches ist – vielleicht ist das am allerwichtigsten. Über Jahrzehnte haben Menschen wie ich sich für den Schutz der Umwelt oder für die Verhinderung von massiven Veränderungen im Ökosystem eingesetzt. Wir müssen akzeptieren, dass es dafür zu spät ist. Es lässt sich nicht mehr verhindern, dass sich das gesamte Erdsystem durch unser Handeln zutiefst verändern wird und dass die

Folgen für Tausende oder möglicherweise Millionen von Jahren spürbar sein werden.

Das bedeutet, dass wir das Projekt „Rettet die Erde" vergessen müssen. Dem Planeten wird es gut gehen, er wird sich wunderbar erholen und er hat dazu viel Zeit. Wenn es eine Million oder hundert Millionen Jahre dauert, um sich von unseren Einflüssen zu erholen und wieder auf einen neuen Evolutionspfad zurückzukehren, stellt das aus der Perspektive des Planeten kein Problem dar. Nein, unser Problem ist jetzt *unser* Problem – wollen wir wirklich die Zivilisation „retten" und ihr erlauben, sich ausgehend von der Grundlage, die wir über die letzten zehntausend Jahre aufgebaut haben, weiter zu entfalten und zu entwickeln? Oder wollen wir mit ein paar Hundert Millionen Menschen oder weniger noch mal von vorne anfangen? Es ist unsere Wahl und es ist die einzige Wahl, die wir treffen müssen. Es ist eine Wahl, die wir treffen *können*. Und es ist eine Situation, die wir überstehen *können*. Aber nur, wenn wir uns dazu *entscheiden*. Dieses Mal bestimmen wir selbst über unsere Zukunft.

So sehe ich das. Sie können sich beim Lesen dieses Buches, während wir diese Fragen und die verschiedenen Reaktionsmöglichkeiten erörtern, Ihre eigene Meinung bilden.

Zunächst aber möchte ich mich dem schwierigen Problem von Hoffnung kontra Verzweiflung zuwenden. Das ist kein rein intellektuelles Problem, sondern wird die entscheidende Frage sein: Wenn wir den Fehler machen, kollektiv in Angst und Verzweiflung zu verfallen, könnte es sein, dass wir damit eine sich selbst erfüllende Haltung erschaffen. Das ist wichtig auf der kollektiven gesamtgesellschaftlichen Ebene, aber noch viel drängender ist diese Frage für all jene, die sich schon jetzt aktiv engagieren. Denn wir können es uns nicht leisten, dass sich die bestinformierten und engagiertesten Leute abwenden, ihren Fokus verlieren oder auch nur unterbewusst halbherzig handeln. Wir müssen daran glauben, dass wir es schaffen können; jeden Tag aufs Neue. Wie ich bereits weiter oben geschrieben habe: Wir können es schaffen. Allerdings nur, wenn wir uns darauf konzentrieren und entschieden handeln.

Ich habe immer gedacht, es sei eine Frage der persönlichen Einstellung, ob man an unseren Möglichkeiten zweifelt oder nicht. Dass Optimisten voller Hoffnung seien und Pessimisten verzweifelten. Ich glaube, das war ein Irrtum. Heute denke ich, dass Verzweiflung eine völlig vernünftige und logische Reaktion ist angesichts dessen, was wir über unsere Situation wissen. Verwirrt? Lesen Sie weiter.

Für mich ist das keine theoretische Frage. Es ist eine zutiefst persönliche Frage und ich bin ihr bis auf den Grund nachgegangen. Ich werde Ihnen von meinen Erfahrungen damit erzählen. Als ich 2005 begann, an „Scream Crash Boom" zu arbeiten, stellte ich fest, dass während des Schreibens und meiner Vorträge mich der Crash, der Zusammenbruch, sehr viel mehr fesselte als der darauf folgende Boom, der Neubeginn. Das übertrug sich zum Teil auch auf meine Zuhörer. Zuerst dachte ich, es liege einfach daran, dass ich mich besser damit auskannte. Schließlich war ich lange Jahre als Umweltschützer aktiv und hatte mir über einen großen Zeitraum Fachkenntnisse auf den Gebieten der Nachhaltigkeit und des Klimawandels angeeignet. Dazu kam noch die Dramatik der Krise, die man leicht auf ein Publikum übertragen kann.

Um dieses Ungleichgewicht auszugleichen, fing ich an, mich intensiver mit der Vielzahl von interessanten Schritten zu beschäftigen, die Leute überall auf der Welt unternehmen, um den Übergang zu einer neuen Wirtschaftsordnung vorzubereiten. Es gibt so viele unglaublich tolle Geschichten, die es leicht machen, Begeisterung zu empfinden über das, was alles möglich ist. Doch obwohl ich viel Neues erfuhr und mich die Menschen und ihre Geschichten inspirierten, musste ich feststellen, dass sich meine Herangehensweise nicht groß veränderte. Es war weiter der Zusammenbruch, der mich und meine Zuhörer am meisten beschäftigte und die größte Aufmerksamkeit auf sich zog.

Als ich dann 2007 während eines Cambridge-BSP-Seminars in New York vor einem Publikum, das größtenteils aus Geschäftsleuten bestand, über den Zusammenbruch sprach, überkam mich plötzlich eine solche Traurigkeit, dass ich tatsächlich zu weinen begann. Keine gute Figur für einen großen australischen Kerl!

Im Nachhinein habe ich viel über diese Reaktion nachgedacht. Da ich es als meine Aufgabe begreife, die Leute zu inspirieren und zu motivieren, war diese Demonstration der Verzweiflung wohl nur wenig hilfreich.

Wieder zu Hause, erzählte ich meiner Frau Michelle von meiner tränenreichen Rede – und wir fingen beide an zu weinen! Wir spürten den Schmerz und die Traurigkeit, aber keiner von uns hätte sagen können, was sie genau auslöste. Wir saßen in einem Café und ich musste mich unwillkürlich fragen, was die Leute um uns herum denken würden, wenn ich ihnen erklären würde: „Ach, wir weinen, weil die Welt am Rand eines systemweiten Zusammenbruchs steht, der zu jahrzehntelangem, weltweitem Leid und Chaos führen wird." Wahrscheinlich hätten sich die Leute umgesehen, es war ein schöner Herbsttag, und anschließend in der Psychiatrie angerufen, damit man uns abholt.

Im Lauf des nächsten Jahres achtete ich sehr genau auf meine Stimmung, wenn ich auf Vortragsreisen war. Ich stellte fest, dass ich nach größeren Reden häufig für mehrere Tage depressiv wurde, verbunden mit dem Gefühl, dass alles, was ich tat, vermutlich aussichtslos war. Ich fragte mich, ob ich mir selbst etwas vormachte, wenn ich darauf hoffte, dass wir die Situation noch wenden könnten. Ich beschäftigte mich intensiv mit dem individual-psychologischen Aspekt dieser Reaktion. Ich wollte wissen, ob es dabei mehr um meine Reaktion auf die Forschungsergebnisse ging und gar nicht so sehr um die Botschaft der Ergebnisse selbst. Die Beschäftigung mit mir selbst und die Fülle an wissenschaftlichen Daten ließen mich jedoch schließlich zu der Überzeugung gelangen, dass es um mehr ging als eine individuelle psychische Reaktion.

Von 2004 bis 2008 hatte sich eine neue Entwicklung abgezeichnet. Einige der am besten informierten Leute auf diesem Gebiet begannen die Sicht zu äußern – in der Regel taten sie dies in vertraulichen Gesprächen –, dass wir nur Zeit schindeten und nicht wirklich vorankämen. Diese Entwicklung war keines dieser „Das-Ende-der-Welt-naht"-Phänomene, wie wir sie aus anderen Zusammenhängen kennen. Das waren hoch gebildete und erfahrene Experten aus aller Welt, die sich die Forschungsergebnisse genau ansahen und zu dem Ergebnis kamen, dass es schlichtweg physisch zu spät sei.

Einer von ihnen, James Lovelock, gehört zu den auch in der Öffentlichkeit bekannteren Experten. Seit Jahrzehnten einer der Vordenker auf diesem Gebiet, ist er der Urvater der Erdsystemwissenschaften, der Erforschung der Erde als ein ineinandergreifendes System. Lovelock ist zudem Mitbegründer der Gaia-Hypothese, die besagt, dass die Erde wie ein einziges, sich selbst regulierendes Lebewesen betrachtet werden kann. Mit einigen großen Erfolgen auf seinem Konto zählt er zu den ernstzunehmenden Wissenschaftlern auf diesem Gebiet.

Inzwischen über 90 Jahre alt und nach wie vor brillant, hat Lovelock unlängst sein wahrscheinlich letztes Buch geschrieben *The Vanishing Face of Gaia: A Final Warning*. Darin vertritt er die Auffassung, dass der Untergang der Zivilisation nun nicht mehr abzuwenden sei. Sein wichtigstes Argument für diese These lautet, dass wir Menschen einfach nicht klug genug seien, um für ein so komplexes Problem wie den Klimawandel eine adäquate Lösung zu finden. Wie auch in Collees medizinischem Vergleich, den wir bereits angesprochen haben, sagt Lovelock, dass der Klimawandel uns überwältigen und zu Fall bringen wird. Er glaubt, dass am Ende gerade noch ein paar hundert Millionen Menschen auf dem Planeten übrig bleiben werden, zusammengeballt in den wenigen Gebieten der Erde, an denen man noch Lebensmittel anbauen kann.

Er ist alles andere als allein mit dieser Sichtweise. Eine ganz ähnliche Sicht vertrat auch der Australier Clive Hamilton in seinem letzten Buch, das den sprechenden Titel *Requiem for a Species* trug.

Verzweiflung und Hoffnungslosigkeit zu empfinden ist somit mehr als eine individuelle emotionale Reaktion. Schenkt man einigen sehr klugen und gut informierten Leuten Glauben, dann ist es gar die einzig vernünftige Reaktion, wenn man sich die Geschichte der Menschheit und die aktuellen Forschungsergebnisse besieht. Auch ich war einige Zeit sehr verzweifelt; aber inzwischen habe ich die Verzweiflung überwunden und denke, dass sie sich irren.

Wir werden noch darauf zurückkommen, warum jene, die die Verzweiflung als einzige adäquate Reaktion ansehen, auch technisch gesehen falsch liegen. Und wir werden sehen, wie wir das Ruder noch herumreißen können und warum ich der Überzeugung bin, dass wir genau das auch tun werden. Denken Sie daran, dass es aktuelle Studien gibt, die zeigen, dass die globale Erwärmung fast sofort aufhören würde, wenn wir ab morgen keine Treibhausgase mehr ausstoßen würden.[58] Wir bestimmen selbst darüber, wie sehr wir der Klimakatastrophe ausgeliefert sind. Über Nacht den Ausstoß von Klimagasen zu beenden, ist natürlich schon allein politisch unmöglich und würde viel Leid erzeugen. Aber wie wir noch sehen werden, ist es aus wissenschaftlicher Sicht technisch noch möglich, die weitere Erwärmung der Erde zu verhindern. Entscheidend wird sein, dass wir die notwendige Motivation finden, um die Emissionen schnell genug zu reduzieren. Für den Moment aber möchte ich noch beim Thema Verzweiflung bleiben. Ich will Ihnen erklären, warum wir optimistisch sein und daran glauben sollten, dass es menschlich und politisch möglich ist, den Kollaps zu verhindern.

Aufgrund meiner eigenen Beobachtungen und der Diskussionen, die ich mit anderen geführt habe, denke ich, dass die Verzweiflung eine Phase ist, die wir durchmachen müssen. Ich denke sogar, dass die Verzweiflung in Wirklichkeit ein positives Zeichen ist, weil sie das Ende des Leugnens markiert. Wenn es um Nachhaltigkeit geht, reagieren die meisten Leute zunächst ablehnend und leugnen das Problem – es gibt kein Problem. Darauf folgt das, was ich als das „Bröckeln des Leugnens" bezeichne – die wissenschaftlichen Erkenntnisse werden theoretisch und bis zu einem bestimmten Punkt anerkannt; allerdings noch ohne zu begreifen, was das bedeutet und ohne die damit verbundenen Gefühle. Schließlich kommt die Phase tiefster Verzweiflung, manchmal begleitet von Angst und Wut.

Ich schließe daraus, dass das Gefühl der Verzweiflung den Moment markiert, in dem Sie voll und ganz verstanden haben, was uns die Fakten sagen. Verglichen werden kann diese Entwicklung vielleicht am ehesten mit dem Trauerprozess nach dem Tod eines geliebten Menschen; es ist der Moment, in dem man erkennt, dass der andere für immer gegangen ist und nicht mehr zurückkehren wird. Wenn die Realität ins Bewusstsein gelangt. Als Phase ist die Verzweiflung daher gesund. Wenn Sie sich vergegenwärtigen, worüber wir bisher gesprochen haben und welches Ausmaß die Folgen annehmen werden: Wäre es nicht irgendwie seltsam, darauf nicht verzweifelt und traurig zu reagieren? Jeder, der nicht an irgendeinem Punkt Verzweiflung und Trauer empfindet, verschließt die Augen wahrscheinlich vor der Wahrheit – entweder, weil er nicht wahrhaben will, wie schlimm es tatsächlich wird, oder weil er leugnet, dass es bereits zu spät ist, in der Hoffnung, dass irgendein politischer und technologischer Taschenspielertrick das Ganze noch verhindern kann.

Ironischerweise sollten Sie sich also gut fühlen, wenn Sie verzweifelt sind! Denn Sie sind schon fast da.

Obwohl ich also denke, dass wir alle an irgendeinem Punkt Verzweiflung empfinden müssen, auf individueller wie auf kollektiver Ebene, ist es dennoch eine Phase, die wir hinter uns lassen können und die wir hinter uns lassen *müssen*. Auch das ähnelt der Herausforderung, die wir nach dem Verlust eines geliebten Menschen durchmachen müssen. Auf das Leugnen folgt die Verzweiflung. Aber irgendwann müssen wir uns wieder aus der Verzweiflung lösen – denn auch wenn es manchmal schwerfällt, ist sie ist kein Ort, an dem man lange verweilen möchte. Das bedeutet nicht, dass wir unseren Verlust vergessen oder unsere Traurigkeit verleugnen sollten, aber es bedeutet, dass wir neue Hoffnung schöpfen müssen, um wieder neue Lebenskraft zu gewinnen. Denn sonst gehen wir zugrunde.

Der einfachste Weg, das zu erreichen, ist der Blick nach vorne. Zu handeln. Dinge zu tun. Das sollte keine große Überraschung sein – auch in anderen Situationen, in denen wir Verzweiflung oder Trauer erleben, handeln wir, damit wir die Kontrolle über unser Leben zurückerlangen. Natürlich verläuft kein Trauerprozess in fein säuberlich getrennten Phasen und Entwicklungsschritten. Manchmal fällt man zurück oder springt nach vorn, mal geht es besser und dann wieder schlechter. Aber im Allgemeinen wird der Verlust im Laufe der Zeit mehr und mehr akzeptiert.

Während dieser Prozess für jeden von uns ganz individuell gilt, gibt es auch die kollektive Dimension, die sich auf der Ebene der Weltgesellschaft abspielt. Fraglos verschließt die Gesellschaft noch die Augen vor der Realität. Als Gesamtgesellschaft befinden wir uns in der Phase des abnehmenden Leugnens: Irgendwie akzeptieren wir die Ergebnisse der Wissenschaft, aber wir leugnen noch deren wahre Bedeutung, nämlich die Geschwindigkeit und das Ausmaß der herannahenden Gefahr. Ich meine damit nicht die Klimaskeptiker oder andere antiwissenschaftliche Skeptiker. Denn die können wir aus zwei Gründen ohnehin getrost ignorieren. Zum einen, weil wir ihnen nicht helfen können. Wie bei einem Alkoholiker, der seine Sucht leugnet, werden sie durch keine Beweise der Welt umzustimmen sein, weil sie die Wahrheit einfach nicht sehen wollen. Und zweitens: Sie spielen keine Rolle. Die Ereignisse werden sie am Ende überrollen.

Aber kollektiv betrachtet befinden wir uns in der Phase des abnehmenden Leugnens. Und das spielt sehr wohl eine Rolle, weil dadurch der Wandel gebremst wird. Die Leute haben begonnen, das Problem zu verstehen, sie scheuen sich jedoch noch davor, die vollen Ausmaße der Gefahr zu begreifen, weil sie Angst vor den damit verbundenen Gefühlen und Konsequenzen haben. Und so sind Meinungen entstanden wie „Es ist schlimm, aber auch wieder nicht *so* schlimm"; „Die Lage ist ernst, aber es geht um die Zukunft. Wir haben noch Zeit"; „Das ist ein globales Problem, dagegen kann ich nichts tun." Oder: „Ja, das ist ein großes Problem, Schuld daran sind/ist aber jemand/etwas anderes (die großen Unternehmen, China, die USA, reiche Länder, der Bevölkerungszuwachs in den armen Ländern. – Alle, bloß nicht wir)." Das Leugnen hat viele Gesichter und es ist faszinierend, es zu sehen und zu erleben.

Diese Phase wird an einem bestimmten Punkt in nicht allzu ferner Zukunft vorbei sein. Dann werden wir eine Phase der kollektiven Verzweiflung und Angst erleben, die zur vollen Akzeptanz führt. Diese Akzeptanz wird es uns erlauben zu handeln. Große Sache? Nicht wirklich. Lassen Sie mich erklären, warum.

Nehmen wir noch einmal den Klimawandel als Beispiel. Dasselbe gilt auch für alle anderen Bereiche des Großen Bruchs, aber am Klimawandel lässt es sich am deutlichsten zeigen. Ich stelle mir das Leugnen des Klimawandels gerne wie einen riesengroßen Damm vor. Im Augenblick hat dieser Damm einige recht große Risse. Es dauert nicht mehr lange und diese Risse werden aufbrechen. Wenn ein Damm bricht, geschieht das sehr plötzlich und riesige Wassermassen werden freigesetzt. So wird es auch mit der Einstellung zum Klimawandel und, als Folge, den Gegenmaßnahmen sein. All der aufgestaute Druck wird freigesetzt werden, wenn der Damm des Leugnens bricht und die Flut der Akzeptanz auch die letzten Zweifel mit sich reißen wird.

Um das verstehen zu können, muss man sich die sozialpsychologischen Mechanismen, die unsere Reaktion auf den Klimawandel beeinflussen, vergegenwärtigen. Im Augenblick befindet sich der

Großteil der Leute in der Phase des abnehmenden Leugnens, das heißt, sie akzeptieren das Problem noch nicht vollständig. Somit sind jene, die das Problem erkannt haben, isoliert und neigen dazu, nur untereinander auszusprechen, was sie wirklich denken. Deshalb konnte ich mir nicht vorstellen, den Leuten um uns herum zu erklären, an was ich dachte, als ich weinend mit meiner Frau im Café saß. Auf diese Weise trägt die Angst, sich der Lächerlichkeit preiszugeben, sobald man ausspricht, was man wirklich denkt, zur kollektiven Verleugnung bei. Sobald jedoch die Veränderung Fahrt aufnimmt, wird dieses soziale Phänomen vom größten Hindernis zum größten Beschleuniger des Wandels werden. Dieser Wirkmechanismus ist, gruppen- und gesellschaftsdynamisch betrachtet, ein Grund dafür, dass sich Veränderungen häufig erst langsam und dann mit unglaublicher Geschwindigkeit vollziehen.

Sie denken also vielleicht: „Theoretisch verstehe ich, wie das funktioniert. Aber was könnte solch eine Veränderung wohl auslösen?"

Wenn ich diese Fragen mit Leuten diskutiere, die zutiefst verzweifelt sind, erhalte ich als Antwort oft: „Aber wenn Sie doch selbst sagen, dass es richtig schlimm wird, wie sollen wir das dann überhaupt überstehen?" – Auch mir ging es schon oft so und ich kenne dieses Gefühl nur zu gut.

Paradoxerweise ist es genau dieser Punkt, dass es wirklich richtig schlimm werden wird, der in mir die größte Zuversicht weckt, dass es zu einer Veränderung kommen wird. Die gesellschaftliche Dynamik, in Verbindung mit dem enormen Druck, der auf dem Damm lastet, bedeutet, dass es eine massive Flut geben wird, wenn es so weit ist.

Ich nenne das, was da kommt, das Große Erwachen, ein Begriff, den ich in diesem Kontext zum ersten Mal von Professor Jorgen Randers hörte.

Lassen Sie mich das anhand einer kleinen Geschichte erklären, die normalerweise als Gegenargument zu meiner These verwendet wird: die Parabel vom kochenden Frosch. Diese besagt, dass ein Frosch, den man in einen Topf mit kochend heißem Wasser setzt, sofort wieder aus dem Topf heraus hüpfen wird. Setzt man den aber in kaltes Wasser, das man nur langsam erhitzt, wird der Frosch so lange im Wasser bleiben, bis er zu Tode verbrüht.[59]

Manche Leute behaupten, die Menschheit werde sich auf ihrem langsamen Weg ins Verderben so lange in immer abstrusere Abwehrmechanismen flüchten, bis es zu spät sein wird und sie von den Ereignissen überwältigt wird; bis sie langsam im kochenden Wasser verbrüht.

Es gibt drei Gründe dafür, dass es dazu nicht kommen wird und wir stattdessen das Große Erwachen und den plötzlichen Beginn einer ganz neuen Welt erleben werden; auch wenn es keine einfache Welt sein wird und uns der Weg dorthin viel Kraft kosten wird.

Erstens: Wenn es losgeht, wird es uns schnell und hart treffen. Schon kurz darauf werden wir mit dem Risiko des Zusammenbruchs konfrontiert sein. Das geht aus den Forschungsergebnissen eindeutig hervor und ist für alle offensichtlich, die das Leugnen hinter sich haben und sich mit den Fakten beschäftigen. Obwohl es sich um ein sehr viel weiteres Feld als den Klimawandel handelt, bringen es die Klimawissenschaften am deutlichsten auf den Punkt. Wenn es losgeht, wird es unmittelbar die Wirtschaft treffen. Das wird das Interesse der breiten Masse wecken, weil es sie direkt betreffen wird. Fast über Nacht wird sich daraufhin das Verleugnen des Problems in Luft auflösen.

Zweitens: Wir sind in der Lage, schnell zu reagieren, wenn wir uns dazu entschließen. Das ist unser Glück, denn wir reagieren ständig zu spät. In der Geschichte und im menschlichen Verhalten gibt es vieles, was dafür spricht, dass das unser Standardprogramm ist: Spät und schnell. Wenn wir erst einmal aufgewacht sind, tun wir alles, was nötig ist, um es wieder hinzubekommen. Wollte man eine Grabinschrift entwerfen, die unsere Generation besonders gut beschreiben sollte, dann stünde da vermutlich: „Sie haben es geschafft. Sie waren langsam, aber nicht dumm."

Drittens: Wenn der Moment gekommen ist, werden wir physisch und technisch imstande sein, die Wende hinzubekommen. Dieser Moment wird schon bald kommen, doch wenn die Alternative der Zusammenbruch ist, werden wir einen bemerkenswerten Richtungswechsel hinlegen. Dieser letzte Punkt ist zentral für alles Weitere. Denn die Leute werden nicht aufhören, die Realität zu leugnen, solange sie keinen Lösungsweg sehen.

Lassen Sie mich jeden dieser drei Punkte noch etwas ausführen.

Erstens sind wir keine Frösche im heißen Wasser. Wir werden nicht tatenlos unserem Untergang entgegensehen. Dessen bin ich mir so gewiss, weil der Schwung, den wir in das Klimasystem der Erde gebracht haben, derzeit wie ein Hochgeschwindigkeitszug auf uns zurast. Und mitten auf der Bahnstrecke stehen wir, umgeben von dichtem Nebel. Entweder wird sich der Nebel lichten und wir werden den Zug sehen oder der Zug wird so dicht an uns herankommen, dass wir ihn trotz des Nebels spüren und sehen können. Dann werden wir springen. Mit an Sicherheit grenzender Wahrscheinlichkeit werden wir nicht einfach nur dastehen und warten, bis wir vom Zug überrollt werden.

Die wissenschaftlichen Belege dafür, dass die Geschwindigkeit, mit der der Zug auf uns zurast, zunimmt, sind inzwischen überall. Wer über wache Sinne verfügt, hört ihn schon rumpeln. Die entscheidende Veränderung in den Erkenntnissen der letzten Zeit besteht darin, dass wir nun das beobachten können, was John Collee in seinem medizinischen Vergleich beschrieben hat: Das System wird noch eine Weile ohne die Anzeichen für eine Veränderung durchhalten, aber dann wird es sehr schnell zusammenbrechen. Der Unterschied ist natürlich, dass wir nicht „ein Körper" sind und daher auch nicht als solcher sterben können. Aber was wir beobachten können, ist die hohe Beschleunigung der Geschwindigkeit, mit der verschiedenste Bereiche in den Klima- und Umweltsystemwissenschaften, wie das Ökosystem der Ozeane, gerade beginnen, in die falsche Richtung zu kippen. In den kommenden Jahren wird es dafür immer weitere Beispiele geben.

Auch Clive Hamilton hat viel und lange über das Leugnen nachgedacht und kommt zu dem Ergebnis, dass der Nebel sich nicht mehr rechtzeitig lichten wird. Er schreibt, dass es schwerer ist, den Verlust einer nahestehenden Person zu verkraften, wenn es Zweifel an deren Tod gibt oder man jemand anderem die Schuld für ihren Tod geben kann. Beides gilt für den Klimawandel. Die Frage nach der Schuld ist vertrackt und ich werde später noch darauf zurückkommen, wie sich das möglicherweise auswirken wird. In Bezug auf den Zweifel stimme ich mit Hamilton darin überein, dass wir nicht aufwachen werden, bis wir wirklich etwas zu spüren bekommen. Belastbare Theorien und profunde Forschungsergebnisse reichen einfach nicht. Entscheidend ist, dass wir es spüren werden wie nie zuvor.

Es ist wichtig, dass wir begreifen, dass der Große Bruch nicht nur die Umwelt, sondern auch die Wirtschaft treffen wird. Das wird, aus all den Gründen, die ich weiter oben bereits genannt habe, nicht nur lokale Märkte treffen, sondern die gesamte globale Wirtschaft. Dazu gehört auch das Ende des Wirtschaftswachstums, wie wir es bislang kennen. Die Leute werden das Problem dann auf neue und sehr persönliche Weise „spüren". Selbst jene, die nicht direkt betroffen sein werden, werden davon berührt sein. Der Terrorismus liefert dafür ein gutes Beispiel. Auch wenn nur wenige Menschen direkt von den Anschlägen des 11. September betroffen waren, spürten Menschen überall auf der Welt Anteilnahme für die Opfer und die Hinterbliebenen. Enorme politische und wirtschaftliche Veränderungen fanden in der Folge Akzeptanz, von neuen Sicherheitsrichtlinien im Flugverkehr über Gesetzesänderungen bis hin zu zwei Kriegen. – Weil die Leute sich auf neue Weise mit den Ereignissen identifizieren konnten.

Sobald sich der Nebel lichtet, wird der auf uns zurasende Zug sichtbar werden und uns dazu zwingen zu springen, anstatt überfahren zu werden. Wie das aussehen wird, darum wird es in den nächsten Kapiteln gehen.

Zweitens sollten wir immer daran denken, dass diese Reaktion normal ist für unsere Spezies. Wir warten bis zum allerletzten Moment und dann springen wir. Wir ergreifen drastische Maßnahmen. Man kann das als dumm bezeichnen, aber dadurch ändert sich nichts daran. Wir warten, bis uns eine Krise unmittelbar bevorsteht und reagieren dann. Das gilt für unseren Umgang mit der Gesundheit, den Unternehmen, der Wirtschaft und der Gesellschaft. Es braucht normalerweise einen Herzinfarkt, eine Finanzkrise oder eine Invasion Polens für unsere ungeteilte Aufmerksamkeit. Aber dann ergreifen wir drastische Maßnahmen. Langsam, aber nicht dumm.

Das führt zu der Frage, die mir diesbezüglich am häufigsten gestellt wird: Was wird der „11. September" des Klimawandels sein? Was wird eine wirklich dramatische Reaktion auslösen? Ein Orkan, der durch die Wall Street fegt? Ein Taifun in Tokio? Was ist das Klima-Gegenstück zu Hitlers Invasion Polens?

Meine Antwort darauf ist unbefriedigend. Ich bin mir zwar sicher, dass wir reagieren werden, aber ich glaube nicht, dass ein einzelnes Ereignis dazu führen wird. – Auch wenn sich Historiker im Nachhinein sicherlich auf ein Ereignis einigen werden, um erklären zu können, was es war, das die Veränderung letztlich auslöste. Ich bin mir deshalb so sicher, weil es schon jetzt genügend Beweise gibt, dazu zählen auch einige noch nie dagewesene physikalische Veränderungen, dass wir längst sehen könnten, was los ist, wenn wir nur wollten. Durch den Drang, die Augen vor unliebsamen Realitäten zu verschließen, ignorieren die Leute alles, was ihre Sichtweise infrage stellen würde – bis sie bereit zur Veränderung sind. Dann werden die Befunde als eindeutig gelten und anerkannt werden. Wissenschaftliche Erkenntnisse sind also notwendig, reichen aber allein nicht aus. Wir reagieren nicht, weil wir eine riesige Menge an Daten gesammelt haben – das ist bereits geschehen –, sondern weil wir aufhören, ihre Bedeutung zu leugnen.

Dann wird es zu einer Trendwende kommen, und fast über Nacht wird es zu einer allgemein anerkannten Tatsache werden, dass wir einem weltweiten, die Zivilisation bedrohenden Risiko gegenüberstehen. Und dann werden wir mit außerordentlicher Geschwindigkeit und Konzentration drastische Maßnahmen ergreifen. Dieser Moment ist das Große Erwachen. Es wird weder gleichmäßig noch sanft, aber die Richtung, in die wir uns bewegen, wird eindeutig sein.

Aber warum irrt sich Lovelock? Warum wird die Krise nicht einfach über unsere Rettungsversuche hinwegfegen? Warum werden uns die Umkipppunkte im Erdsystem nicht den Boden unter den Füßen wegreißen?

Das ist der dritte Grund, warum es zum Großen Erwachen kommen wird. Sobald die Menschheit wirklich unter Druck gerät, ist sie zu ganz außergewöhnlichen Veränderungen und Wandlungen fähig. Und auch in diesem Fall wird uns unser Ideenreichtum vor dem Abgrund bewahren und am Ende der Krise zu einer Stabilisierung des Klimas führen. Das ist sehr wichtig, damit das Leugnen aufhören kann. Denn wenn wir nicht daran glauben, dass wir das Problem lösen können, werden wir auch nicht aufhören, es zu leugnen.

Weil bisher recht wenige funktionierende Strategien zur drastischen Reduktion von CO_2-Emissionen gefunden wurden, habe ich mich für dieses Buch gemeinsam mit meinem Kollegen Jorgen Randers intensiv mit dem Thema der Emissionsreduktion befasst. In Kapitel 10 werde ich unsere Ergebnisse detailliert vorstellen. Aus ihnen geht eindeutig hervor, dass wir die Konzentration von schädlichen Treibhausgasen in der Atmosphäre weitaus schneller und umfassender reduzieren können, als es im Kontext heutiger Debatten vorstellbar ist. Und daher bin ich optimistisch, dass wir ähnliche Erfolge auch auf anderen Gebieten der Nachhaltigkeit erreichen können. Das bedeutet, dass wir unabhängig davon, ob es um Wälder, Peak Oil, Wasser, Nahrungsmittel oder Umweltverschmutzung geht, technisch und physisch dazu fähig sind, die Situation noch zu wenden. Wir können die Krise nicht mehr verhindern, und auch nicht, dass es zu großen Schäden kommen wird, aber wir können den von Lovelock prognostizierten Untergang verhindern.

Jorgen Randers und ich kamen am Ende unserer Recherchen zu folgendem Ergebnis: Die Veränderungen, die für ein stabiles Klima und eine nachhaltige Wirtschaft notwendig sind, werden nicht an unseren wirtschaftlichen, physischen oder technischen Fähigkeiten scheitern. Angesichts unserer Möglichkeiten verblassen viele unserer heutigen wirtschaftlichen und technischen Schwierigkeiten, wenn wir sie mit den Herausforderungen vergleichen, die die Menschen im Zweiten Weltkrieg bewältigen mussten.

Entscheidend ist also nur unsere Bereitschaft, zu handeln und die daraus resultierende Entscheidung, es auch zu tun.

Um solch eine Entscheidung zu treffen, muss eine Gesellschaft davon überzeugt sein, dass ihr eine Krise bevorsteht. Keine normale Krise, sondern eine sehr ernste Krise. Das hat wenig damit zu tun, ob die Krise auch physisch bei uns ankommt, denn das ist längst geschehen. Dieser Moment tritt erst ein, wenn wir aufhören, das Problem zu leugnen und akzeptieren, dass es bei der drohenden Gefahr nicht um eine weniger hübsche Natur oder noch dreckigere Städte oder das Verschwinden von Teilen der Megafauna geht, sondern um den Verlust von allem, was wir inzwischen als „normal" empfinden. Das wird erst dann der Fall sein, wenn wir kurz vor dem Untergang stehen.

Der Begriff Untergang wird in diesem Kontext häufig etwas ungenau verwendet, daher sollten wir ihn an dieser Stelle etwas näher betrachten. Ich glaube nicht, dass es wirklich zum Untergang unserer Zivilisation kommen wird, aber wir müssen verstehen, dass diese Gefahr existiert, damit wir alles zu tun, um den Untergang abzuwenden. Der Begriff Kollaps wurde der Allgemeinheit durch das exzellente Buch von Jared Diamond *Kollaps: Warum Gesellschaften überleben oder untergehen*, nahegebracht. Jared beschreibt darin, wie Umweltveränderungen im Lauf der Menschheitsgeschichte immer wieder ganze Gesellschaften und Zivilisationen vernichteten. Ein Kollaps, wie er uns derzeit droht, würde nicht das Ende der Spezies Mensch bedeuten. Er würde allerdings das Ende der Gesellschaft bedeuten, wie wir sie heute kennen. Er würde zum Zusammenbruch der politischen Strukturen führen und die Zusammenarbeit von internationalen Bündnissen und Gremien unmöglich machen. Unser Lebensstandard würde sich drastisch reduzieren und ebenso die Erwartungen, die wir im Westen und in weiten Teilen der sich entwickelnden Welt in Bezug auf allgemeine Sicherheitsstandards, persönliche Sicherheit, Lebensmittel- und Energieversorgung, Verfügbarkeit materieller Güter und den Standard unserer medizinischen Versorgung haben. Vor allem würde es einen Verlust der individuellen Sicherheit bedeuten, vielleicht sogar eine Rückkehr zu dem, was Thomas Hobbes' als Naturzustand bezeichnete.

Die Arbeiten von Diamond und anderen zeigen uns deutlich, dass große Zivilisationen von der Natur in die Knie gezwungen werden können, und dass wir uns dazu „entscheiden" müssen, wenn wir überleben wollen. Eine der von Diamond analysierten Gesellschaften, die Maya Zentralamerikas, kommen auch in Brian Fagans Buch *The Great Warming* vor. Fagan untersucht darin, welche Auswirkungen die Wärmeperiode zwischen 800 und 1300 n. Chr. auf Gesellschaften weltweit hatte. Diese Zeitspanne, während der die globalen Temperaturen in manchen Gebieten um bis zu einem Grad anstiegen, brachte nicht nur die mächtige Zivilisation der Maya zu Fall und führte dazu, dass sie ihre Tempelstätten auf der Halbinsel Yucatán verließen. Sie vernichtete auch die kambodschanische Zivilisation mit ihrem Zentrum Angkor Wat, der größten Stadt der Welt vor dem Industriezeitalter, und verdrängte die gesamte Population der Puebloindianer bzw. die Anasazi-Kulturen des amerikanischen Südwestens.

Man könnte annehmen, dass wir heutzutage besser auf solche Herausforderungen vorbereitet sind. Zwar stimmt das, man sollte aber nicht vergessen, dass für den Untergang dieser Völker eine Erwärmung um gerade mal ein Grad Celsius verantwortlich war. Das, was uns bevorsteht, ist ein sehr viel höherer Temperaturanstieg und – noch wichtiger – die vom Menschen verursachte Erderwärmung ist ein sehr viel schnellerer Prozess als die natürliche Erwärmung, die zu diesen Veränderungen führte.

Es ist ziemlich einfach, sich den Kollaps und die anschließende globale Krise vorzustellen, wenn man die hier diskutierten Entwicklungen zusammenzählt. Eine weltweite Hungersnot mit einer Milliarde oder mehr Hungertoten; eine Reihe von Kriegen um Wasser in den Ländern des Nahen Osten und anderswo; bewaffnete Konflikte zwischen China, Indien und Pakistan wegen der Millionen von Flüchtlingen, die aufgrund von politischen Unruhen und Lebensmittelknappheit ihre Heimatländer verlassen; Sturmfluten, die tief liegende Inselstaaten überschwemmen und deren Bewohner töten; die Insolvenz der globalen Versicherungsindustrie aufgrund einer ganzen Reihe von Klimakatastrophen, die sich auch auf die Bankenindustrie auswirken würde; der Zusammenbruch der globalen Aktienmärkte, wenn all diese Risiken mit in die bestehenden Aktienportfolios eingerechnet werden.

Militärstrategen, zu deren Aufgabe die Beurteilung gegenwärtiger und zukünftiger Risiken für die nationale Sicherheit zählt, sind diese Gefahren, inklusive des Kollapses, bewusst. In den vergangenen Jahren wurden diese Risiken und ihre mögliche Bedeutung für zukünftige Konflikte und die globale Sicherheit vielfach analysiert.

Laut Marine Corps General Anthony Zinni, der als ehemaliger Oberbefehlshaber des U.S. Central Command Teil eines hochrangigen Sonder-Militärausschusses war, werden wir uns dem Problem des Klimawandels entweder sofort stellen oder „den Preis dafür später in Form von Militärinterventionen bezahlen. Und dabei wird es auch um Menschenleben gehen. Wir werden auch mit Menschenleben dafür bezahlen." Der Abschlussbericht des Militärausschusses kam 2007 zu dem Ergebnis, dass sich der Klimawandel als Gefahrenmultiplikator auswirken werde. Wenn keine Maßnahmen ergriffen würden, um die Folgen einzudämmen, würden die Konflikte um

Ressourcen (hauptsächlich um knapper werdende Nahrungsmittel), Ländergrenzen, Massenmigration und anderes (wie zum Beispiel die zunehmende politische Instabilität und die Entstehung „gefallener" Staaten) durch den Klimawandel verschärft.

Diese Ergebnisse decken sich mit einem vertraulichen Gutachten über die Sicherheitsrisiken des Klimawandels, das vom Koordinierungsgremium der 16 US-Geheimdienste, dem Nationalen Geheimdienstrat (NIC), erstellt wurde. Der frühere Vorsitzende des NIC, Thomas Finger, sagte während einer Anhörung vor dem amerikanischen Kongress, der Klimawandel habe „weitreichende Folgen für die nationale Sicherheit, weil er bestehende Probleme verschärfen wird". Das gelte insbesondere für bereits instabile Regionen wie das subsaharische Afrika und den Nahen Osten. Laut eines NIC-Thesenpapiers werde der zusätzliche Druck durch den Klimawandel „den Druck innerhalb von Staaten erhöhen. Die Konkurrenz um Ressourcen sowie Unstimmigkeiten über den Umgang mit und die Verantwortung für Migration werden außerdem zu Spannungen zwischen Staaten führen."

Der alle vier Jahre erscheinende Verteidigungsbericht des Pentagon bestätigte, dass der Klimawandel als „Beschleuniger von Instabilität oder Konflikten" wirken werde, auf den „sämtliche zivilen und militärischen Einrichtungen weltweit reagieren müssen." Frustriert über den Mangel an politischen Maßnahmen schrieben 33 pensionierte Generäle und Admiräle im April 2010 einen Brief an die Vorsitzenden von Opposition und Regierung im Senat. Darin heißt es: „Der Klimawandel bedroht Amerikas Sicherheit ... Er verschärft existierende Probleme, indem er destabilisierend wirkt, neue Konflikte herbeiführt und zu den sozialen und wirtschaftlichen Bedingungen beiträgt, die die Ausbreitung des Terrorismus begünstigen. Das Außenministerium, der Nationale Sicherheitsrat und der CIA stimmen darin überein und bereiten sich auf die durch den Klimawandel entstehenden Bedrohungen vor."

In internen Berichten äußern sich Sicherheitsexperten ganz offen zu den Gefahren des Klimawandels: „Erschütterungen und Konflikte werden die vorherrschenden Merkmale des Lebens sein ... Das menschliche Leben wäre einmal mehr von Krieg bestimmt." So das Fazit eines geheimen Pentagonberichts über die Folgen des Klimawandels aus dem Jahr 2004.[60]

Die Botschaft dieser und vieler anderer ähnlich lautender Berichte ist eindeutig. Es ist unsicher, wann, wo und in welchem Ausmaß sich die Klimakatastrophe ereignet, aber die grundsätzliche Gefahr eines weltweiten Kollapses und des darauf folgenden Chaos ist unbestritten. Und sobald wir diese Gefahr erkennen, wird der Moment für das Große Erwachen gekommen sein.

Vergessen Sie aber nicht, dass dies keine Frage der Fakten ist. Die Fakten sind eindeutig. Man kann unterschiedlicher Auffassung sein, wie groß die Bedrohung ist. Aber selbst die optimistischsten Gefahrenszenarien weisen Risiken auf, die sehr viel größer sind als die Bedrohungen, auf die wir schon heute mit massivem militärischen und sicherheitstechnischen Aufwand und/oder riesigen Geldsummen reagieren. Das ist der Grund, warum Militärstrategen überall auf der Welt sich so intensiv mit diesen Problemen befassen. Die Beweise sind längst da.

Jetzt geht es darum, das Leugnen zu beenden.

Zukunftsszenarien können dafür hilfreich sein, aber auch ein Blick zurück auf das, was wir bereits getan haben, kann dabei helfen, passende Vergleiche zu finden. Solche Vergleiche dienen dazu herauszufinden, wann mit einer Trendwende gerechnet werden kann und zu was wir fähig sind, wenn wir uns erst einmal entschlossen haben zu handeln.

Ich persönlich verwende gerne das Beispiel des Zweiten Weltkriegs, um zu illustrieren, zu was wir wirtschaftlich und physisch in der Lage sind und wie plötzlich politische Veränderungen einsetzen können. Die Leute wenden dagegen häufig ein, dass die Situation im Zweiten Weltkrieg in vielerlei Hinsicht eine ganz andere war. Die Alliierten standen einem eindeutigen Feind gegenüber, personifiziert in der Person Adolf Hitlers. Sie kämpften gegen ein Land, gegen das sie gerade erst 20 Jahre zuvor schon einmal gekämpft hatten, sie waren also daran gewöhnt, es als Feindesland zu betrachten. Sie kämpften gegen etwas Äußeres, etwas Fremdes. Das ist wichtig – die besten Feindbilder haben ein Gesicht und sind uns fremd. Im Unterschied dazu lässt sich der Klimawandel nur schwerlich personifizieren und wir können letzten Endes auch niemand anderem als uns selbst die Schuld daran geben. Es gibt keinen Feind, gegen den wir uns verbünden können, so sehr wir das auch versuchen.

Und dann bringen die Leute die Invasion Polens ins Spiel – und dass es kein vergleichbares Ereignis in Bezug auf den Klimawandel oder die Nachhaltigkeitsthematik gegeben habe.

Bei genauerer Betrachtung stellt sich jedoch heraus, dass sich bei allen wirklichen Unterschieden – und davon gibt es weniger als Sie jetzt vielleicht denken – einige Lehren und viel Ermutigendes aus diesem Vergleich ziehen lassen. Die Reaktion auf Hitler ist tatsächlich das beste Beispiel für langsam, aber nicht dumm; für spät, aber dramatisch.

Obwohl für viele Menschen die Invasion Polens der Auslöser war, konnte man schon viel früher eindeutig erkennen, welche Gefahr von Hitler für Europa ausging. Unmittelbar nach seiner Ernennung zum Reichskanzler im Jahr 1933 hatte er die Wiederbewaffnung massiv vorangetrieben. Mit der Remilitarisierung des Rheinlands 1936 verstieß er gegen den verhassten Versailler Vertrag und provozierte zudem die Franzosen. 1938 hatte Hitler den Anschluss Österreichs an das Dritte Reich verkündet und im März 1939 wurde die Tschechoslowakei durch die Wehrmacht besetzt. Während all dieser Jahre gab es viel Gerede und Augenwischerei über das Ausmaß der Gefahr. Erst mit der Eroberung eines dritten Staates, der Invasion Polens am 1. September 1939, erklärten die Alliierten Hitler den Krieg. Obwohl Großbritannien bereits im Jahr davor mit der Mobilisierung der Truppen begonnen hatte, war die Beschwichtigungspolitik sehr viel länger betrieben worden, als es die Vernunft geboten hätte.

Kurzum, es ist eine objektiv überprüfbare Tatsache, dass die Nationalsozialisten und Hitler schon lange, bevor die Alliierten ernsthaft etwas gegen sie unternahmen, eine eindeutige und nicht zu leugnende Gefahr darstellten. Bekanntlich hatten Churchill und andere schon früh vor dieser Bedrohung gewarnt, waren aber ignoriert oder gar verlacht worden. Die Gesellschaft verschloss lieber die Augen vor der Gefahr. Weil die Menschen nicht akzeptieren wollten, was diese Gefahr für ihr Leben bedeutete – Krieg und eine Veränderung des Status quo. Und dennoch erfolgte in dem Moment, in dem das Leugnen endete, eine schnelle und dramatische Reaktion. Beinahe über Nacht veränderte sich alles.

Im Rückblick lässt sich leicht erkennen, ab wann die von Hitler ausgehende Gefahr erkannt wurde. Hätten wir damals gelebt, wäre das ungleich schwieriger gewesen. Genauso verhält es sich auch mit dem Klimawandel: Es ist schwierig, vorherzusehen, wann wir aufhören werden, diese Gefahr zu leugnen. Rückblickend wird es dann „offensichtlich" erscheinen.

Es ist der passende Vergleich. Die Bedrohung ist seit Langem ersichtlich. Seit über 20 Jahren schlagen wir die Warnungen der Churchills unserer Zeit in den Wind. Es gibt die Protokolle von Kyoto und Kopenhagen, die nur scheinbar einen Fortschritt signalisieren und mit der Beschwichtigungspolitik Lord Chamberlains vergleichbar sind. Wir verschließen lieber die Augen. Obwohl das für diejenigen schwer auszuhalten ist, die die Gefahr längst verstanden haben, zeigt uns ein Blick auf die Geschichte, dass diese Entwicklung vorhersehbar war. Ein Vergleich mit der Geschichte zeigt uns aber auch: Das wird sich ändern. Der Damm wird brechen und dann kommt die Flut.

Doch ein Wort der Warnung. Ironischerweise kann unkontrollierter Optimismus die Veränderung genauso verhindern wie Leugnen und Pessimismus. Wenn wir uns zurücklehnen und abwarten, bis der Damm bricht, wird auch das mindestens zu einer Verzögerung führen. Stattdessen müssen wir unsere Hoffnung aktiv, engagiert und strategisch einsetzen.

Ich nehme an, dass Sie sich jetzt gerade sehr darauf freuen, diesen Teil des Buches hinter sich zu bringen. Sie wünschen sich wahrscheinlich, dass die unendlich detaillierten Beschreibungen des Schlamassels, in dem wir uns gegenwärtig befinden und der noch viel schlimmeren Zukunft endlich aufhören. Sie wollen nichts mehr über das Risiko des Untergangs und den Sturz ins Chaos lesen und nicht mehr darüber nachdenken müssen, was all das für Sie persönlich und Ihre Familie bedeutet.

Nun, ich habe eine wirklich gute Nachricht für Sie. Sie haben hier und jetzt, genau mit diesem Satz, den emotionalen Tiefpunkt unserer Geschichte erreicht! Von hier aus geht es um die Hoffnung. Eine Hoffnung, die logisch, erhebend und ein sehr viel besserer Ort ist, als jene Stadt namens Verzweiflung.

Hoffnung ist keine Frage der persönlichen Einstellung. Vielmehr ist es strategisch klug und pragmatisch, angesichts einer ungewissen Zukunft eine optimistische Haltung einzunehmen. Es ist ein Weg, sich der Welt zu nähern. Wie der Schriftsteller David Orr sagte: „Hoffen ist ein Verb mit hochgekrempelten Armen."

Vielleicht besteht darin die bedeutendste und strategisch wichtigste Veränderung, auf die sich die Millionen von Nachhaltigkeitsaktivisten jetzt einlassen müssen. Vielleicht liegt darin sogar die Trendwende, die das Große Erwachen auslöst.

Hoffnung ist eine ernsthafte politische Strategie. Alle großen positiven Veränderungen in der Geschichte wurden von Anführern und Bewegungen ausgelöst, die auch in den ausweglosesten Situationen ein Bild der Hoffnung zeichneten. Gandhi, Mandela, King und Churchill, sie alle beschworen ungeachtet der verzweifelten Ausgangslage das Bild von einer hoffnungsvollen Zukunft herauf. Unabhängig davon, inwieweit sie den Begriff der Hoffnung jeweils mit religiösen oder spirituellen Inhalten verbanden, nutzten sie die Verbreitung von Hoffnung als pragmatische Strategie. Hoffnung funktioniert.

Martin Luther Kings berühmte Rede heißt daher auch nicht „Ich habe einen Alptraum, weil ich jeden Tag Rassismus erlebe und sich die Menschen nie ändern werden", sondern schlicht „Ich habe einen Traum". Nelson Mandela lebte in einem Land, das kurz davor stand, im Chaos zu versinken: Die gewalttätigen Auseinandersetzungen zwischen der schwarzen Bevölkerung und den weißen Regierungstruppen nahmen verheerende Ausmaße an, nachdem jahrzehntelang jedes Aufbegehren gegen die von der weißen Bevölkerung unterstützte Apartheid mit Militär- und Polizeigewalt niedergeschlagen worden war. Obschon er jahrzehntelang eingesperrt gewesen war, sandte Mandela ein Zeichen seiner unerschöpflichen Menschlichkeit aus und rief die gesamte Bevölkerung dazu auf, gemeinsam für ein vereinigtes Südafrika einzutreten. Mandela erreichte damit eine der außergewöhnlichsten Wandlungen der Geschichte. Auch im Slogan des African National Congress spiegelte sich die Hoffnung wider, dass ein geeintes Land ein erreichbares Ziel darstellte, um das es sich zu kämpfen lohnt: „Freiheit zu unserer Lebzeit."

Ich besuche Südafrika häufig, da die Wurzeln meines frühesten politischen Engagements dort liegen. Und ich bin jedes Mal aufs Neue erstaunt, wie sehr sich dieses Land seit dem Ende der Apartheid verändert hat. So viele hatten behauptet, ein Wandel sei undenkbar. Und doch existiert dort inzwischen eine multiethnische Gesellschaft, die, trotz aller Schwierigkeiten, inzwischen als normal angesehen wird. Niemand könnte sich heute noch die Welt von damals vorstellen.

Winston Churchill ist womöglich ein noch überzeugenderes Beispiel. Eine im Verlauf des Zweiten Weltkriegs mehrmals vorgenommene sogenannte „realistische" Einschätzung der Lage des Landes besagte, dass Großbritanniens Situation ausweglos sei und die Besatzung durch die deutschen Truppen unausweichlich. Es ist weithin bekannt, dass Churchill an schweren Depressionen litt. Manche behaupten sogar, dass die Situation, in der sich Großbritannien damals befand, so offensichtlich hoffnungslos war, dass nur ein etwas verwirrter Geist noch Hoffnung hätte verbreiten können. So schreibt zum Beispiel der Psychiater Anthony Storr in seiner Analyse Churchills:

> *Wäre er ein ausgeglichener und gefestigter Mann gewesen, wäre es ihm niemals gelungen, die Nation zu inspirieren. Im Jahr 1940, als alles gegen Großbritannien sprach, hätte ein Staatsmann mit nüchterner Urteilskraft sehr wohl zu dem Ergebnis kommen können, dass wir erledigt waren.*[61]

Trotz der Situation, der er sich gegenübersah und trotz seiner persönlichen Schwierigkeiten führte Churchill sein Land mit siegessicheren Parolen der Hoffnung, während um ihn herum die Bomben vom Himmel fielen. Und inzwischen gilt er natürlich als einer der größten Staatsmänner aller Zeiten.

Aus ganz praktischen, strategischen Gründen werden wir eine Menge solcher Persönlichkeiten benötigen, die uns durch die bevorstehende Krise lotsen und dabei gleichzeitig die notwendigen wirtschaftlichen und gesellschaftlichen Veränderungen vorantreiben. Denn natürlich wird kaum jemand bereit sein, sich einer Bewegung anzuschließen, deren Botschaft lautet: „Die Situation ist hoffnungslos und alles ist am Ende, aber wir sollten uns auf dem Weg nach unten trotzdem noch ein bisschen anstrengen." – Natürlich würden die wenigsten Aktivisten so etwas je laut aussprechen. Aber wenn sie auch nur unterbewusst so empfinden, laufen sie Gefahr, dass sich genau dieses Gefühl in ihren Taten und Worte widerspiegelt.

Und lassen Sie uns nicht vergessen, dass unsere Situation *nicht* wie jene Churchills ist, die „realistisch" betrachtet hoffnungslos war. Wir haben bereits gesehen – und werden darauf noch zurückkommen –, dass es einen ganz rationalen Grund dafür gibt, dass die Zukunft, die wir uns wünschen, möglich ist. Wenn wir uns dazu entscheiden. Wir wissen, was wir dafür tun müssen und wie das geht. – Wir haben alles, was es braucht, um erfolgreich zu sein.

Zum Ende dieses Kapitels möchte ich noch einmal auf die Traurigkeit zurückkommen, die ich angesichts unserer Situation empfand, und auf die Psychologie des Leugnens. Es ist traurig, dass wir die Hälfte der weltweiten Artenvielfalt ausrotten werden, die Milliarden von Jahren benötigte, um sich zu entwickeln. Es ist traurig, dass die Veränderungen im globalen Ökosystem Milliarden von Menschen über lange Zeit viel Leid bescheren werden. Es ist tragisch, dass all das ohne triftigen Grund geschieht und wir es leicht hätten verhindern können.

Schon oft hat mich das Gefühl beschlichen, dass ich als Umweltschützer schmerzlich versagt habe. Dass ich und meine Arbeit und die ganze Umweltbewegung gescheitert sind, weil wir nicht verhindern konnten, was Millionen von uns vorausgesehen haben. Ich war deswegen oft wütend und kurz davor, wieder Kampagnen gegen Exxon-Mobil und andere zu führen, um diesen Firmen, die in meinen Augen hauptverantwortlich sind für die Verhinderung von echten Maßnahmen, das Leben etwas schwerer zu machen. Doch am Ende wird mir immer wieder klar, dass all das nur Ausdruck meiner Traurigkeit ist.

All das ist unendlich traurig. Deswegen musste ich damals in New York während meines Vortrags weinen. Und auch als Michelle und ich im Café saßen und weinten, spürten wird diese Traurigkeit. Dennoch ist es, wie es ist. Traurig zu sein ist mehr als angemessen. Aber es gibt keinen Grund, auf Dauer zu verzweifeln.

Denn eines habe ich inzwischen verstanden: Hoffnung ist ein sich selbst verstärkendes Gefühl. Wenn ich mich auf den Zusammenbruch konzentriere, werde ich traurig; wenn ich mich auf die Möglichkeiten konzentriere, die damit verbunden sind, fühle ich mich gut. Wenn ich mein Leben voller Hoffnung lebe, bin ich ein glücklicherer Mensch, mit dem, das sagt meine Frau, es sich leichter zusammenlebt. Hoffnung ist also genauso eine Frage der Lebensqualität wie eine gute politische Strategie. Und, wie ich bereits gesagt habe, eine rationale Schlussfolgerung – der Damm wird bald brechen.

Angesichts der vor uns liegenden Schwierigkeiten ist die Entscheidung, optimistisch zu sein, vielleicht die wichtigste und politischste Entscheidung, die der Einzelne treffen kann. Sobald jeder von uns diese Entscheidung für sich getroffen hat, ist es unsere Aufgabe, auch die anderen davon zu überzeugen. Der richtige Zeitpunkt ist und bleibt entscheidend. Je schneller die Veränderung beginnt, desto mehr Möglichkeiten werden wir vor uns auf dem Tisch liegen haben und desto weniger Leid werden wir letzten Endes aushalten müssen. Machen Sie sich also bereit, krempeln Sie die Ärmel hoch und leben Sie hoffnungsfroh.

Seien Sie realistisch! Seien Sie ein Churchill und fordern Sie das Unmögliche.

Kapitel 9
Wenn der Damm bricht

Wenn das Große Erwachen beginnt, werden wir uns höchstwahrscheinlich ähnlich verhalten wie bei vorausgegangenen nationalen und globalen Krisen. Wir reagieren immer auf die gleiche Weise.

Diese Reaktion wird dramatisch, im Fokus der Öffentlichkeit und teuer sein und sich auf alle oder fast alle gesellschaftlichen Bereiche erstrecken; die Losung wird lauten, dass das Problem nun „mit allen Mitteln" gelöst werden muss. Und die Regierungen werden mit starker Hand in das Geschehen eingreifen. Auch wenn es heute kaum vorstellbar ist, wird sich die Weltgemeinschaft an diesem Punkt – sehr schnell, wenn auch chaotisch – auf einen weltweiten Notfallplan einigen, der „um jeden Preis" die Reduktion von Klimagasen und das Ziel eines stabilen Klimas verfolgen wird. Und bald danach wird ganz allgemein das Thema Nachhaltigkeit auf die Agenda rücken.

Unsere gesamte Reaktion wird von einem einzigen, entscheidenden Gedanken geprägt sein. Mit den Worten meines Lieblings-Klima-Strategen Winston Churchill: „Es ist sinnlos zu sagen ‚Wir tun unser Bestes.' Wir müssen das tun, was *notwendig* ist."

Um die mit dem Klimawandel und einem gestörten Ökosystem verbundenen Risiken erfolgreich abwenden zu können, müssen zuallererst die Netto-Treibhausgasemissionen von Wirtschaft und Industrie innerhalb weniger Jahrzehnte komplett beseitigt werden. Das wird notwendig sein, weil die wissenschaftlich belegten Risiken von Zeitverzögerungen und Umkipppunkten eindeutig zeigen, dass ohne Gegenmaßnahmen das Risiko eines globalen Kollapses unkontrollierbar wird. Um bei den Worten Churchills zu bleiben: „Notwendig" wird eine Notfallreaktion sein, die ein bislang ungekanntes Maß an globaler Kooperation und Einmütigkeit im Hinblick auf das zu erreichende Ziel erforderlich machen wird. Vergleichbar wird diese Reaktion allenfalls mit der Mobilisierung weltweiter Streitkräfte während des Zweiten Weltkriegs sein. Aber auch dieser Vergleich passt nicht wirklich. Was wir brauchen werden, sind ein eindeutiges Ziel (genauer gesagt ein Feindbild), ein schneller Wandel, beträcht-

liche Zwangsumsiedlungen und eine auf allen Seiten hohe Opfer-
bereitschaft.

Für die Menschheit wird eine mehrere Jahrzehnte dauernde Periode der Reaktion beginnen, die in den folgenden Kapiteln noch näher beschrieben wird. Während dieser Zeit werden wir uns ständig
am Rand des Abgrunds bewegen, jedoch nicht abstürzen. Anstatt
des seit Langem vorausgesagten Kampfes der Zivilisationen wird es
einen Kampf *für* die Zivilisation geben. Glücklicherweise ist das ein
Kampf, den wir gewinnen können. Und er hat einen ganz entscheidenden Vorteil.

Bevor wir uns dem dramatischen Wandel zuwenden, der uns bevorsteht, fehlt noch ein wichtiges Puzzleteil, ohne das es einfach zu
schwierig wird, sich solch einen politischen Richtungswechsel überhaupt vorzustellen.

In einem echten Krieg geht es darum zu siegen, damit alles so
bleiben kann, wie es war. Die Entwicklung neuer Technologien
oder die Vereinigung von Völkern etc. sind nur Begleiterscheinun-
gen von Kriegen. Aber die Nachteile und das Leid eines echten Krieges übertreffen bei Weitem seinen Nutzen. Der „Krieg", um den es
hier geht, ist anders. Wie in einem echten Krieg hätte eine Niederlage katastrophale Folgen, daher ist es keine Option, den Kampf von
vornherein verloren zu geben. In unserem Fall ist das Ziel des Krieges aber nicht die Bewahrung des Status quo, sondern eine Verbesserung in quasi allen Bereichen der Gesellschaft.

Ohne das viele Leid schmälern zu wollen, das uns während der
Zeitspanne des Übergangs unausweichlich bevorsteht, ist es wichtig,
sich früh über die Möglichkeiten bewusst zu sein, die darin liegen.
Auch wenn es als Erstes um die Bekämpfung des Klimawandels gehen wird, insbesondere in den Bereichen Energieerzeugung, Transportwesen und Landwirtschaft, steht es außer Frage, dass, wie in
den vorherigen Kapiteln erörtert, der Klimawandel ein Symptom
und nicht das Problem ist. Für einen Sieg wird es daher nicht ausreichen, nur den Klimawandel zu bekämpfen. Um erfolgreich zu
sein, müssen wir unsere Reaktion auf andere Aspekte der Nachhaltigkeit ausweiten. Dazu gehört die Beseitigung einer ganzen Reihe
von Schwierigkeiten, mit denen wir aufgrund von Umweltverschmutzung oder Rohstoffverknappung konfrontiert sein werden;

der Aufbau einer neuen Wirtschaftsordnung, die ohne Materialismus und Wachstum auskommt, und die Bekämpfung von Armut und extremer Ungleichheit. All das werden wir tun, während die Gesellschaft lokal und global immer stärker zusammenwächst. Die Veränderungen, die uns bevorstehen, sind also tiefgreifend und bedeuten einen echten Wandel, der auch evolutionsgeschichtlich bedeutsam sein wird.

Schon in der Anfangsphase, in der es lediglich um die Verhinderung des Klimawandels gehen wird, wird es bereits zu zahllosen Verbesserungen in der Gesellschaft, der Wirtschaft und im Leben jedes Einzelnen kommen. Die Veränderungen werden nicht über Nacht stattfinden, aber doch sehr viel schneller, als die meisten von uns es sich vorstellen können. Denn es wird nur ein sehr enges Zeitfenster geben, in dem wir überhaupt gegensteuern können.

Zum Beispiel werden aus Sonnen-, Wind- und Wasserkraft gespeiste Energiesysteme zur Unabhängigkeit von Energieimporten und den damit verbundenen geopolitischen Risiken (inklusive steigender Energiepreise) führen, weil jedes Land ausreichend eigene Energiereserven bilden können wird. Die dafür notwendigen Investitionen werden so groß sein, dass die Preise für erneuerbare Energien so stark sinken werden, dass selbst ärmere Länder üppig mit lokal erzeugter Energie versorgt sein werden. Dafür werden sie am Anfang sicherlich Finanzhilfen aus reicheren Ländern benötigen, was allerdings in der weltweiten Klimapolitik weithin als akzeptabel gilt. Weil die allgemeine Lebensqualität ganz wesentlich mit dem Zugang zu Energie verbunden ist, liegen in einer nicht-importabhängigen Energieversorgung außerdem weitreichende Möglichkeiten für die wirtschaftliche Entwicklung in ärmeren Ländern und somit für die Bekämpfung der Armut.

Die wirtschaftliche Lage in allen Ländern wird von einer umfassenden Preis- und Versorgungssicherheit in der Energieversorgung profitieren; schließlich wird es niemandem gelingen, den Markt für Wind- und Sonnenenergie zu beherrschen. Auch die Privathaushalte werden durch eine gesteigerte Energie- und Brennstoffeffizienz viel Energie einsparen können, sobald die Energiewende vollzogen ist. So kostet etwa das Betanken eines Elektroautos gerade mal ein Fünftel dessen, was ein Benzinauto verbraucht. Selbst wenn die

Amortisierung der Batteriekosten mit eingerechnet wird, wird das gesamte Transportwesen günstiger und dadurch für mehr Menschen als heute zugänglich sein.

Die Luft in Städten wird sauber sein, sobald Autos, LKWs und Kraftwerke die Luft nicht mehr mit Abgasen verschmutzen. Dadurch werden unsere Kinder gesünder aufwachsen und gleichzeitig die Gesundheitskosten reduziert, unter anderem weil die Anzahl der Asthma- und Atemwegserkrankungen sinken wird. Eine Studie hat unlängst gezeigt, dass allein in Kalifornien zwischen 2005 und 2007 Krankenhauskosten in Höhe von über 193 Millionen Dollar entstanden, weil der Staat Kalifornien die staatlichen Richtlinien über die Begrenzung von Luftverschmutzung nicht eingehalten hat.[62] Für über zwei Drittel dieser Kosten kamen die öffentlichen Krankenkassen auf. Eine städtische Infrastruktur, die auf die Bedürfnisse von Fußgängern, Fahrradfahrern und kleinere Fahrzeuge zugeschnitten ist, wird die Lebensqualität in den Stadtvierteln erhöhen, den Zusammenhalt stärken, die Sicherheit vergrößern und zu mehr Bewegung und damit einem gesünderen Lebensstil führen.

Global gesehen wird die geopolitische Stabilität stark vom Ende der Konflikte um Öl und andere Energien profitieren und uns dazu zwingen, Probleme wie die extreme Verteilungsungerechtigkeit zwischen einzelnen Ländern und Völkern anzugehen.

Nichts von all dem schmälert die geopolitischen, wirtschaftlichen und sozialen Probleme, denen wir während des Großen Bruchs ausgesetzt sein werden, aber diese Überlegungen werden hilfreich sein, um den Beginn des Großen Erwachens einordnen und erkennen zu können.

Die politischen Debatten über den Klimawandel und die Nachhaltigkeitsthematik waren geprägt von dem Gedanken, dass ein Wandel freiwillig erfolgen müsse und mit erheblichem gesellschaftlichen und wirtschaftlichen Aufwand und Risiko verbunden sei. Die Gegenargumente drehten sich daher vorrangig um die Minderung der Lebensqualität, die Risiken wirtschaftlicher Einbußen sowie den Verlust von Arbeitsplätzen (und ignorierten, welch riesigen ökonomischen Vorteil der Aufbau eines neuen Energiesystems tatsächlich bringen würde). In einer Zeit, in der selbst sachte Maßnahmen wie die Pflicht, einen zu hohen CO_2-Ausstoß durch den Erwerb von Emissionsrechten auszugleichen oder einen mehrere Jahrzehnte dauernden Übergang zu sauberen Energien anzustoßen, derart starke Gegenreaktionen auslösen, erscheint der von mir beschriebene Wandel nur schwer vorstellbar, wenn nicht unmöglich. Doch darum geht es nicht – die Situation, die wir mit Beginn des Großen Erwachens erleben werden, wird komplett anders als heute sein:

Sobald das Leugnen aufhört, wird der Damm brechen und die Öffentlichkeit wird die Gefahr eines unkontrollierten Klimawandels erkennen. Dann werden die Machthaber der Welt zu schnellem und umfassendem Handeln gezwungen sein. Wir haben alle erlebt, welche Reaktionen das vergleichsweise kleine Problem der Finanzkrise ausgelöst hat. Wer hätte sich vorstellen können, dass Regierungen plötzlich Billionen US-Dollar zur Rettung der Banken ausgeben oder ein US-Präsident zu solch drakonischen Maßnahmen wie der Verstaatlichung von Banken oder Teilen der Automobilindustrie greifen würde? Wenn die Alternative eine Katastrophe bedeutet, wird das Undenkbare schnell zur neuen Normalität. Stellen Sie sich also vor, was passieren wird, wenn Ihnen erstmal klar wird, dass nichts Geringeres als der Fortbestand der Zivilisation auf dem Spiel steht; dass das Wirtschaftswachstum unmittelbar bedroht ist, nicht für ein paar Quartale oder Jahre, sondern für immer.

An dieser Stelle wird der positiven Seite des Wandels eine ganz entscheidende Rolle zukommen. Es wird eine ganz andere Situation sein als im Krieg, in dem vor allem die Angst vor einer Niederlage zum Kampf motiviert. Zwar werden wir auch Angst vor einer Niederlage haben, aber wir werden *unmittelbar* von unseren Handlungen profitieren. Wir werden einen Punkt erreichen, an dem wir nichts mehr zu verlieren haben werden. Wenn wir nicht handeln, führt das zu unvorstellbaren wirtschaftlichen und gesellschaftlichen Verlusten; handeln wir dagegen entschieden, dann bringen wir Einzigartiges hervor und tragen dazu bei, das schon entstandene Leid zu lindern.

Man kann sich nur allzu leicht vorstellen, welche Reden Politiker halten werden, wenn es so weit ist. Sie werden sich derselben Rhetorik wie im Krieg bedienen und jeden von uns dazu aufrufen, sich in dieser historischen Stunde seiner Aufgabe bewusst zu sein; Opfer zu bringen, damit die Katastrophe noch verhindert werden kann und wir stattdessen eine sicherere, bessere Welt für unsere Kinder errichten können.

Ich habe bereits beschrieben, wie sich die Reaktionen auf meine Vorträge veränderten, nachdem ich begonnen hatte, den Hauptakzent auf das wirtschaftliche Risiko jedes Einzelnen zu legen. Genauso wird es auch im Moment des Großen Erwachens wichtig sein, sich die Art des Problems zu vergegenwärtigen und sich bewusst zu machen, wie es dargestellt werden wird. Denn es stimmt, dass wir in der Vergangenheit erschreckend wenig gegen die Zerstörung der Natur getan haben. Und daran wird sich nichts ändern.

Selbst wenn fest stünde, dass wir Gefahr laufen, dass die Hälfte aller Pflanzen und Tierarten weltweit ausgerottet werden, würden wir nichts gegen den Klimawandel oder eine unnachhaltige Wirtschaftsordnung unternehmen. Wir werden erst dann etwas tun, wenn unsere Wirtschaft und das Leben, wie wir es kennen, bedroht sind. Auch davon zeugt die Vergangenheit: wenn es um konkrete Bedrohungen unseres Lebens wie Kriege, Wirtschaftskrisen oder Umweltkatastrophen geht, sind wir zu beeindruckenden Reaktionen fähig. Und so wird es auch dieses Mal sein.

Wie aber wird sich das im politischen Tagesgeschehen bemerkbar machen? Und wie werden Historiker diese dramatische Wende in der Geschichte der Menschheit später bewerten?

Zwei Reaktionen werden sich parallel, aber mit unterschiedlicher Geschwindigkeit herauskristallisieren. Ich gehe davon aus, dass sie etwa im Lauf der nächsten 40 Jahre Gestalt annehmen werden, und wie das aussehen wird, darum wird es im weiteren Verlauf dieses Buchs gehen.

Erstens wird mithilfe von existierenden Mechanismen und Lösungen versucht werden, die alte Wirtschaftsordnung und das bestehende System aus sich selbst heraus zu regulieren. Dabei wird grundsätzlich davon ausgegangen werden, dass die Wirtschaft – unter der Voraussetzung von Effizienzsteigerungen und der Verringerung der CO_2-Emissionen –, weiter wachsen kann. Zweitens wird es einen Vorstoß zur Errichtung einer neuen Wirtschaftsordnung geben, die auf völlig veränderten Vorzeichen beruhen wird. Neben der Abkehr von einer materialistischen, auf Konsumgütern basierenden Definition der Lebensqualität werden darin etwa die Stärkung von lokalen Wirtschaftskreisläufen und der globalen Zusammenarbeit zentrale Gedanken sein.

Beide Ansätze, die alte und die neue Wirtschaftsordnung, werden zu unterschiedlichen Zeitpunkten entscheidende Bedeutung tragen; es ist also kein Kampf zwischen zwei rivalisierenden Systemen. Letzten Endes aber wird sich die neue Wirtschaftsordnung durchsetzen. Der Grund dafür wurde bereits genannt – die physikalische Unmöglichkeit eines endlosen materiellen Wirtschaftswachstums.

Die Reaktion der alten Wirtschaftsordnung wird sich die existierenden politischen und ökonomischen Modelle, Systeme und Überzeugungen zunutze machen, um die Gesellschaft zu einer Notfallreaktion zu bewegen. Es wird ein echter Notfall sein, der eine kriegsähnliche Mobilisierung aller Ressourcen und Menschen erfordert, damit die Bremse noch rechtzeitig gezogen wird, bevor wir in den Abgrund stürzen. Dafür wird es eine starke Führung vonseiten der Regierungen brauchen, umfassende Eingriffe in allen Bereichen der Gesellschaft, Brückentechnologien und die Mobilisierung der Märkte. All das können wir richtig gut und ich werde im nächsten Kapitel, „Der Ein-Grad-Krieg", darauf zurückkommen, wie das genau aussehen wird.

Viele Anhänger der „neuen Wirtschaftsordnung" werden sich gegen diese Art der Reaktion wehren. Sie werden mit dem oft zitierten Ausspruch Albert Einsteins argumentieren, dass man Probleme niemals mit derselben Denkweise lösen kann, durch die sie entstanden sind. Damit liegen sie zum Teil richtig und zum Teil falsch. Sie werden insofern recht haben, dass wir die Ursache des Klima- und Nachhaltigkeitsproblems, unser Modell des wirtschaftlichen und gesellschaftlichen Fortschritts, nicht bekämpfen können, ohne die fundamentalen Konstruktionsfehler unserer Weltwirtschaftsordnung anzugehen. Dazu gehören auch unsere Werte und Überzeugungen. Außer Acht lassen werden sie aber, dass wir nach dem Großen Erwachen nur sehr wenig Zeit haben werden, einen katastrophalen Kollaps zu verhindern. Wir werden weder die Zeit noch die politischen Mittel haben, um einen grundsätzlichen Wandel einzuleiten *und* die herrschende Krise zu bewältigen. Das gleichzeitig zu versuchen, würde uns der Gefahr eines wirtschaftlichen und politischen Totalausfalls preisgeben.

Der zweite Lösungsansatz, die Errichtung einer neuen Wirtschaftsordnung, wird parallel dazu erfolgen und ebenso wichtig sein. Anfangs noch langsam, wird sich dieser Ansatz am Ende durchsetzen. Dabei wird es nicht nur um den Klimawandel, sondern um das ganze Spektrum der Nachhaltigkeitsentwicklung gehen. Auch werden allgemein anerkannte Grundsätze und weithin akzeptierte Wahrheiten über die Weltwirtschaft auf den Prüfstand gestellt werden. Unsere Besessenheit mit immer mehr Wachstum wird infrage gestellt werden und die verschiedenen Modelle einer stationären Wirtschaft untersucht werden, wie sie von bedeutenden Wirtschaftswissenschaftlern und Wirtschaftskommentatoren, etwa dem früheren Weltbank-Ökonomen Professor Herman Daly, befürwortet werden. Die Vertreter dieser neuen Ordnung werden eine komplette Neustrukturierung der Weltwirtschaft fordern, die Errichtung eines geschlossenen, komplett abfallfreien Wirtschaftskreislaufs, in dem analog den biologischen Mechanismen des Ökosystems alle Rohstoffe wiederverwertet werden. Die Vordenker auf diesem Gebiet sind Janine Benyus, Autorin von *Biomimicry,* und William McDonough, der das so genannte *Cradle-to-Cradle*-Prinzip (von der Wiege bis zur Wiege) in seinem gleichnamigen Buch beschreibt. Einige dieser Ideen werden bereits von Unternehmen und Konzernen umgesetzt, sie werden aber noch viel weiter verbreitet werden müssen und von Regierungsverordnungen und durch eine gezielte Preispolitik unterstützt werden.

Die Grundideen dieser neuen Wirtschaftsform sind bereits gut verankert mit immer mehr Menschen, die sich von einer konsumorientierten Lebensweise und der dahinter stehenden Sucht nach materiellem Wohlstand abwenden. Stattdessen bringen sie sich in den Aufbau belastbarer sozialer Gemeinschaften ein und entwickeln Lebenskonzepte, die auf mehr Lebensqualität anstelle von unnützem Besitz basieren. Im Zentrum dieser Ideen steht der Wunsch nach einem glücklicheren Leben. Diese Bewegung wird weiter wachsen und eine deutliche weltanschauliche bzw. spirituelle Komponente besitzen, die jeden von uns dazu aufruft, die eigenen Werte und Überzeugungen neu zu überdenken. Es wird darum gehen, inneres anstelle von äußerem Wachstum anzustreben und ein Leben zu führen, das von Liebe und Hoffnung erfüllt und nicht von Angst getrieben ist.

Viele Anhänger der alten Wirtschaftsordnung wird das nicht überzeugen. Sie werden sich auf marktwirtschaftliche Grundsätze berufen und behaupten, der Mensch sei von Natur aus gierig und eigennützig. Sie werden ins Feld führen, dass wir seit Tausenden von Jahren nach materiellem Wohlstand streben; dass wir genetisch auf Kampf und Konkurrenz ausgerichtet sind und dass all das Gerede über einen höheren Daseinszweck für die Katz oder zumindest für Mönche sei. Sie werden sagen, dass wir keine Zeit für diesen emotionalen Kram haben, sondern einen Krieg führen müssen.

Auch sie werden zum Teil recht haben und sich zum Teil irren. Sie werden recht haben, wenn sie sagen, dass man die drängenden Probleme nicht mit einem umfassenden Systemwandel lösen wird. Ein grundlegender Wandel ist zwar notwendig, um die Ursachen der Krise zu beseitigen, benötigt aber viel zu viel Zeit. Was zunächst gebraucht wird, sind Lösungen, die innerhalb von Jahren, nicht von Jahrzehnten umsetzbar sind. Sie werden auch recht damit haben, dass wir genetisch auf eine ganze Reihe von Verhaltensweisen gepolt sind, von denen wir einige dringend hinter uns lassen müssen. Tatsächlich liegt darin eine der größten Herausforderungen der Zukunft, wie Jared Diamond eindrücklich in seinem Buch *Der dritte Schimpanse: Evolution und Zukunft des Menschen* beschreibt, das mein Denken mithin am stärksten beeinflusst hat.

Irren werden sie sich jedoch, wenn sie glauben, dass sich das Problem allein mittels Technik, Marktmacht und Kapital lösen lässt. Diese Faktoren sind essenziell, wenn es darum geht, uns mehr Zeit zu verschaffen; das Problem lösen werden sie jedoch nicht. Auch wenn wir das Klima durch die Beseitigung von Treibhausgasemissionen stabilisieren, kann eine Wirtschaft, die auf dem Verbrauch von Rohstoffen basiert, in einer Welt mit begrenzten Rohstoffvorräten nicht ewig weiterwachsen. Und auch die Entkopplung des Wirtschaftswachstums von materiellem Wachstum ist nur eine Verzögerungsstrategie. Dadurch reduzieren wir lediglich die Geschwindigkeit, mit der wir uns auf die Klippe zubewegen. Die Rechnung geht einfach nicht auf, wie wir in Kapitel 4 gesehen haben.

Die Verfechter der alten Ökonomie täuschen sich in einem weiteren Punkt: Die Menschheit besitzt nicht nur die *Fähigkeit* zu grundlegenden Veränderungen und zur Beherrschung ihrer Triebe, sondern diese Fähigkeit ist die *Grundlage* für unsere Entwicklung als Spezies. Es stimmt, dass wir bis vor Kurzem noch Affen waren. Aber seitdem sind wir weit gekommen und auch jetzt haben wir noch einen weiten Weg vor uns.

Zu sagen, wir seien von Natur aus gierig und konkurrenzhungrig und könnten daran nichts ändern, ist, als würde man behaupten, dass wir von Natur aus andere Menschen sind und unsere Kinder töten, weil es das ist, was schon unsere Vorfahren und unsere Vorvorfahren, die Schimpansen, taten. Wir haben bestimmte genetische Neigungen, und doch haben wir als einzige Spezies bisher bewiesen, dass wir in der Lage sind, unsere Triebe mithilfe unseres Bewusstseins zu regulieren. Wichtiger noch: Wir haben gezeigt, dass wir fähig sind, Gesellschaften auf Grundlage von ehernen Werten und Gesetzen zu errichten. Noch wichtiger: Wir haben Gesellschaften errichtet, die sich weiter entwickeln und Veränderungen durchsetzen, sobald solche Tendenzen an die Oberfläche treten.

Unterschätzen Sie also nicht unsere Fähigkeit zur Veränderung. Wir können uns noch immer evolutionär weiterentwickeln, auch bewusst. Die bevorstehende Krise ist vielleicht die größte Chance seit Jahrtausenden für einen Evolutionssprung in der menschlichen Gesellschaft.

Unweigerlich werden sich also zwei Lager mit unterschiedlichen Lösungsansätzen bilden, die unter Aufbringung oben genannter Argumente darüber streiten werden, welcher Weg der richtige ist. Ich persönlich glaube nicht, dass es sinnvoll ist, viel Energie in diese Debatte zu stecken und denke, man sollte ihr keine große Beachtung schenken. Es ist unvermeidbar, dass die Anhänger der „alten Wirtschaftsordnung" alles dafür tun werden, das bestehende System zu bewahren und deshalb mit aller Macht die Auffassung vertreten werden, es ließe sich mittels eines neuen Wachstumsmodells retten. Viele werden sich über diese Rettungsversuche aufregen, jedoch ohne große Wirkung. Bestehende Systeme sind immer mächtig und geben ihre Herrschaft nicht leichtfertig ab.

Ganz abgesehen davon sind wir auf die Verfechter des alten Systems in diesem Kampf angewiesen. Denn sie sind gut in der Kriegsführung und wir müssen diesen Krieg gewinnen, weil wir sonst beim Aufbau eines neuen Wirtschaftssystems noch mal ganz von vorne anfangen müssten: Mit ein paar hundert Millionen Menschen, geringen technologischen Mitteln und wenig Fachwissen. Das würde den Prozess erheblich verlangsamen und erschweren. Ganz zu schweigen von dem Leid, das der Weg zu diesem neuen Anfang für Milliarden von Menschen bedeuten würde.

All jene, die eine neue Wirtschaftsordnung wollen, sollten ihre Kraft daher genau dafür einsetzen: Sie sollten sich dem Aufbau von neuen Wirtschaftsmodellen und Besitzstrukturen widmen, sinnorientierte Unternehmen mit erfolgreichen Geschäftsideen gründen und den Kultur- und Wertewandel vorantreiben, den wir brauchen werden. Die Gesetze der Physik werden zum Niedergang der alten Wirtschaftsordnung führen, da ein anhaltendes materielles Wirtschaftswachstum unmöglich ist. Wenn sich diese Erkenntnis durchsetzt, sollten wir möglichst weit fortgeschritten sein in der Entwicklung alternativer Lösungen.

Was bedeutet all das nun? Um den Großen Bruch zu überstehen und am Ende in einer besseren Welt anzukommen, müssen unbedingt *beide* Systeme mit aller Kraft verfolgt werden. Dieser Prozess wird chaotisch und verwirrend, aber so wird eben vieles sein in den kommenden Jahrzehnten.

Wir werden uns jetzt dem ersten der beiden Lösungsversuche zuwenden, dem unvermeidbaren, aufregenden Notfallplan gegen den Klimawandel. Und da beginnt der eigentliche Spaß!

Kapitel 10

Der Ein-Grad-Krieg

Wie die meisten Verfechter der Nachhaltigkeit habe auch ich Zeiten erlebt, in denen ich mir kaum vorstellen konnte, dass die Welt eines Tages die volle Tragweite des Problems erkennen würde. Denn diese Erkenntnis ist die Voraussetzung dafür, dass die Ursachen effektiv bekämpft werden können. Während ich an diesem Buch arbeite, gibt es viele, die meinen, das Pendel schlage eher in die andere Richtung aus. Der Klimagipfel in Kopenhagen hat zu keinen konkreten Fortschritten geführt, wissenschaftliche Erkenntnisse werden wieder und wieder infrage gestellt, in den Meinungsumfragen finden sich eher Hinweise auf ein verringertes als ein gesteigertes Problembewusstsein, und es gibt nur wenige Anzeichen dafür, dass die Regierungen der Welt den Worten ihrer aufrichtigen Sorge und ihres Problemverständnisses Taten folgen lassen werden. Das Wasser im Kochtopf wird langsam richtig heiß!

Warum bin ich mir dann so sicher, dass die Welt reagieren wird und dass es dann noch nicht zu spät sein wird? Auf die erste Frage habe ich bereits im letzten Kapitel eine Antwort gegeben, aber die zweite Frage, ob es dann nicht zu spät ist, verdient eine detailliertere Antwort. Diese Frage bestimmte in den letzten Jahren oft meine Recherchen. Was ich hier tun werde ist dennoch mehr, als eine theoretische Antwort auf die Frage „Wird es zu spät sein?" zu geben. Vielmehr bin ich im Laufe meiner Nachforschungen mehr und mehr zu der Überzeugung gelangt, dass sich die Zukunft in etwa so abspielen wird. Wir werden die nahende Klima- und Nachhaltigkeitskrise überleben und gleichzeitig damit beginnen, eine neue Wirtschafts- und Gesellschaftsordnung zu errichten. Wir werden zeigen, zu was wir imstande sind.

Durch meine Recherchen bin ich zu ganz neuen Einsichten gelangt, was alles möglich ist. Wie viele meiner Mitstreiter auf diesem Gebiet war ich bis dahin überzeugt gewesen, dass die Menschheit dazu in der Lage ist, so lange abzuwarten, bis es „zu spät" ist, also bis zu dem Punkt, an dem der Zusammenbruch des Ökosystems nicht mehr aufzuhalten ist, weil er sich jeglicher Kontrolle entzieht.

Die Gefahr einer unkontrollierbaren ökologischen Katastrophe ist in diesem Zusammenhang vielleicht die wichtigste Frage. Experten arbeiten mit Hochdruck daran herauszufinden, ob es Umkipppunkte gibt, nach denen wir die Kontrolle über alle weiteren Vorgänge im Ökosystem verlieren würden.

Ich bin mir inzwischen ziemlich sicher, dass solche Punkte existieren, aber ich bin auch überzeugt davon, dass wir reagieren werden, bevor es zu spät ist. Allerdings war ich mir dessen nicht immer so gewiss. Erst als mir klar wurde, was mit wirklichen Notfallmaßnahmen alles erreicht werden kann, habe ich verstanden, wie dramatisch wir reagieren können, wenn wir es wollen. Und ich glaube, dass wir reagieren werden. Das Bild, das sich daraus ergibt, ist nicht hübsch, aber realistisch.

Während meiner Recherchen wurde ich von meinem Freund und Kollegen Professor Jorgen Randers unterstützt, der Klimastrategie an der *BI Norwegian Business School* lehrt. Jorgen wurde bereits in Kapitel 2 erwähnt, als einer der Autoren der *Grenzen des Wachstums*, dem meistverkauften Umweltbuch aller Zeiten. Seit der Veröffentlichung der *Grenzen* im Jahr 1972 hat sich Jorgen unermüdlich für mehr Nachhaltigkeit eingesetzt. Er ist ein Experte auf diesem Gebiet und hat sich damit aus verschiedensten Blickrichtungen auseinandergesetzt. Neben seinem Doktortitel, den er am renommierten *Massachusetts Institute of Technology* erwarb, und seiner momentanen Lehrtätigkeit im Bereich Klimastrategie war Jorgen als Betriebsleiter, Vorsitzender einer Handelshochschule, Vizechef des WWF (World Wildlife Fund) und Investmentmanager tätig.

Jorgen und ich gehören beide der zentralen Fakultät des *Prince of Wales's Business and Sustainability Programme* an, das Intensivseminare zum Thema Nachhaltigkeitsmanagement für Geschäftsleute anbietet und dem *Cambridge University Programme for Sustainability Leadership* angehört. Nach einem dieser Seminare, im Sommer 2007, verbrachten Jorgen und ich gemeinsam mit meiner Frau Michelle ein paar freie Tage mit Mountainbike- und Wandertouren im Barrington Top Nationalpark nördlich von Sydney im Hunter Valley. Eines Abends saßen wir gemeinsam beim Essen und diskutierten darüber, was wohl geschehen würde, wenn die Wirtschaft die Grenzen des Wachstums erreichen würden. Bereits zuvor hatten wir darüber gesprochen, wie die Reaktion auf eine globale Krise aussehen würde, als Jorgen ein Jahr zuvor bei einem Brainstorming zu diesem Thema in meiner Unternehmensberatung Ecos Corporation teilgenommen hatte.

Mit 35 Jahren Erfahrung auf diesem Gebiet konnte Jorgen viel Wissenswertes zu unserer Diskussion beitragen. Erst im Jahr 2004 hatte er gemeinsam mit den Kollegen von 1972 den Folgereport zu den *Grenzen* veröffentlicht, *Die Grenzen des Wachstums: Das 30-Jahre-Update,* der sich mit genau dieser Frage befasste.

Kurze Zeit vor unserer Diskussion war das öffentliche Interesse am Klimawandel und der Nachhaltigkeitsthematik neu entbrannt. Regierungen und Unternehmen beschäftigten sich verstärkt damit und die gesteigerte Aufmerksamkeit der Öffentlichkeit, die von extremen Klimaereignissen und dem Einsatz hochrangiger Aktivisten wie Al Gore und Tim Flannery herrührte, hatte das Thema auf der öffentlichen und politischen Agenda nach ganz oben gerückt. Viele Experten gingen damals davon aus, dass wir nun über den Berg seien und schon bald entschiedene politische Maßnahmen ergreifen würden.

Jorgen hatte daran seine Zweifel. Er hatte zu oft erlebt, wie das öffentliche Interesse über die Jahrzehnte hinweg immer wieder hoch gekocht und daraufhin wieder abgekühlt war. Seit dem Ölschock in den 1970ern, verschiedenen Höhepunkten in den 1980er- und 1990er-Jahren bis zu der sich gerade anbahnenden Weltfinanzkrise hatte es eine ganze Reihe solcher Wellenbewegungen gegeben. Jorgen war davon überzeugt, dass die Welt noch nicht bereit sei für jene weitreichenden Prozesse, die nötig wären, um das Weltwirtschaftssystem zu verändern. Seine Argumente waren derart überzeugend, dass unser Gespräch sich in eine neue Richtung bewegte: Wann, fragten wir uns, würde der notwendige Prozess eingeleitet werden und was bedeutete dieser Zeitpunkt aus Sicht der Wissenschaft? Würde es zu spät sein? Und wenn nicht, was müsste dann getan werden, um den gesellschaftlichen Kollaps noch abzuwenden?

Wir kamen zu dem Ergebnis, dass es wohl noch etwa ein Jahrzehnt dauern würde, bevor die Welt zu umfassenden Gegenmaßnahmen und Veränderungsprozessen bereit wäre. Wir wussten alle, was das angesichts der Reaktionsverzögerungen innerhalb des Ökosystems und der neuesten wissenschaftlichen Erkenntnisse über die

Beschleunigung von Klimaauswirkungen bedeutete. Jede Reaktion, die zu einem derart späten Zeitpunkt das Ökosystem der Welt erfolgreich stabilisieren wollen würde, müsste atemberaubende Ausmaße annehmen, zumindest verglichen mit den Plänen, die 2007 auf dem Tisch lagen. Andernfalls wäre es wirklich „zu spät", weil die dann zu erwartenden, zeitverzögerten Auswirkungen jede andere Reaktion überwältigen würden. Uns wurde schlagartig klar, dass wir über eine wirtschaftliche und gesellschaftliche Mobilmachung sprachen, die sich nur mit den Vorbereitungen auf einen Weltkrieg vergleichen ließen.

Zwei Dinge wurden uns während der nächsten Tage auf unseren Wander- und Mountainbiketouren durch die Berge bewusst. Erstens: Es müsste sich erst eine weltweite Krise ereignen, bevor zu solch umfassenden Maßnahmen gegriffen würde. Denn nichts anderes würde die dramatischen Veränderungen in der Politik hervorrufen, die notwendig wären. Zweitens fiel uns auf, dass uns kein einziges großes Forschungsprojekt bekannt war, das gegenwärtig an der Definition der Maßnahmen arbeitete, die dann notwendig und wirksam sein würden. Die Forschung richtete sich auf das, was Churchill mit „wir tun unser Bestes" beschrieben hatte, anstatt zu untersuchen, was „notwendig" ist. Die wissenschaftlichen Erkenntnisse sagten eindeutig, was notwendig wäre. Aber daran reichten selbst die dramatischsten Vorschläge, die 2007 zur Diskussion standen, nicht heran.

Diese Schlussfolgerungen führten uns zu einigen wichtigen Einsichten darüber, was sich in der Zukunft abspielen würde, und versahen uns zugleich mit einem klaren Auftrag.

Die Tatsache, dass nur eine Krise zu einer wirklichen gesellschaftlichen Reaktion führen würde, bedeutete, dass eine Krise unausweichlich war. Wie wir im letzten Kapitel gesehen haben, wird die Wucht, mit der die Veränderungen im physischen System vor sich gehen werden, unweigerlich das Große Erwachen auslösen, das seinerseits zu einer gesellschaftsweiten Krisenreaktion führen wird. Das bedeutete, dass eine so massive Gegenreaktion, wie wir sie voraussahen, nicht nur möglicherweise, sondern höchstwahrscheinlich eintreten würde. Auch wenn sich das im Jahr 2007 kaum jemand vorstellen konnte. Die Geschichte lehrte uns außerdem, dass diese Reaktion scheinbar plötzlich und für die meisten Menschen völlig überraschend erfolgen würde.

Das wiederum bedeutete, dass die Welt dann schnellstmöglich einen gut ausgearbeiteten Notfallplan brauchen würde, den es jedoch nicht gab. Deshalb beschlossen wir, unsere eigene Version eines Notfallplans zu Papier zu bringen und ihn anschließend zu veröffentlichen. Genau das taten wir in den folgenden zwei Jahren.

Unser wichtigstes Ziel war es, andere Experten dazu zu ermutigen, sich an diesen Forschungen zu beteiligen. Idealerweise würden sie die Strippenzieher in der Politik davon überzeugen, Forschungsprojekte mit genügend Mitteln und dem Auftrag auszustatten, einen umfassenden Notfallplan auszuarbeiten, und sei es nur, um für den Fall der Fälle gewappnet zu sein. Außerdem wollten wir auch andere Klimaschützer, Geschäftsleute und die Gesellschaft insgesamt warnen, dass eine kriegsähnliche Mobilisierung zumindest wahrscheinlich sei und wir uns darauf vorbereiten müssten.

Wir schlossen unsere Arbeit ab, ließen sie von Experten gegenlesen und veröffentlichten sie anschließend in der wissenschaftlichen Zeitschrift *The Journal of Global Responsibility*[63]. Dieser Artikel bildet die Grundlage für die nachfolgenden Überlegungen.

Sobald der Große Bruch in Gang kommt, wird es zweierlei Reaktionen geben, die im letzten Kapitel bereits behandelt wurden. Wenn das Ausmaß der Bedrohung erkannt wird, wird zuerst die alte Wirtschaftsordnung versuchen, sich selbst zu regulieren. Das System wird einen Überlebenskampf führen, um die eigenen Machtstrukturen zu verteidigen. – Systeme fahren schwere Geschütze auf, wenn es darum geht, sich selbst zu schützen. Was ich nun beschreibe, ist der Kern dessen, wie das System meiner Überzeugung nach reagieren wird.

Denken Sie daran, dass sich all das in einer Zeit abspielen wird, in der die Menschheit begriffen hat, dass sie kurz vor dem Untergang steht. Es wird Übereinstimmung herrschen, dass wir nicht mehr länger warten können und dass wir jetzt handeln müssen, weil andernfalls entscheidende Umkipppunkte im Ökosystem überschritten werden, wodurch unser Überleben bedroht wäre. Die unmittelbaren Auswirkungen werden dann so spürbar sein, dass sich jede weitere politische Debatte über Ursachen oder Risiken erübrigt haben wird. Tatsächlich wird es zu diesem Zeitpunkt erheblichen politischen Druck geben, aus der Wirtschaft, dem Militär und einer breiten Öffentlichkeit, der ein sofortiges und dramatisches Einschreiten fordert. Allein dieser Druck wird ausreichen, um das eigennützige Interesse am Schutz des eigenen wirtschaftlichen Reichtums zu überwinden.

Es gibt Parallelen zwischen dieser Situation und den Umständen, unter denen England und die USA Deutschland im Zweiten Weltkrieg den Krieg erklärten. Von daher können wir vieles aus dem Zweiten Weltkrieg lernen, weit mehr noch als großartige Churchill-Zitate.

Wenn es so weit ist, wird die erste Frage, die wir beantworten müssen, Churchills „Was ist notwendig?" sein. Auch wenn es offensichtlich ist, dass das Problem weit über den Klimawandel hinausgeht und in den Kern unseres sozioökonomischen Modells trifft, wird der Klimawandel der absolute Schwerpunkt sein. Dafür gibt es zwei Gründe. Erstens wird das System den Klimawandel zu recht als die akuteste und eindeutigste Gefahr einstufen: Wenn wir das Problem des Klimawandels nicht in den Griff bekommen, wird der wirtschaftliche und gesellschaftliche Zusammenbruch alle weiteren Maßnahmen unmöglich machen. Zweitens wird das System irrtümlicherweise davon ausgehen, dass unsere Wirtschaftsordnung bestehen bleiben wird, wenn wir es schaffen, CO_2-Emissionen und Wachstum zu entkoppeln und den Materialverbrauch in der Warenproduktion effizienter zu gestalten. Wie wir bereits gesehen haben, geht aus den Daten eindeutig hervor, dass das nicht stimmt; aber das System wird mit dieser Wahrheit nicht umgehen können, weil dadurch Machtstrukturen und Ideologien fundamental bedroht würden. Das Leugnen wird also noch eine Zeit lang andauern.

Wenn man bedenkt, dass die erste Annahme dennoch richtig ist, wird es von großem Vorteil sein, dass sich die Gesellschaft ganz auf die Verringerung des Ausstoßes von Treibhausgasen und die Verhinderung des Klimawandels konzentriert. Denn um das zu erreichen wird, wie wir noch sehen werden, ein außergewöhnliches Maß an Konzentration und Aufwand nötig sein.

Was wird also, in diesem Zusammenhang, *notwendig* sein?

Für den objektiven Betrachter geht aus den Klimawissenschaften eindeutig hervor, was notwendig ist. Die Rahmendaten der Klimawissenschaften zeigen, welchen Temperaturanstieg (gemessen in

Grad Celsius) wir für die globale Jahresdurchschnittstemperatur im Vergleich mit den Werten des vorindustriellen Zeitalters zulassen dürfen. Aus dieser Zahl leitet sich die maximale Treibhausgaskonzentration in der Atmosphäre ab, um unter der angestrebten Zieltemperatur zu bleiben. Die Konzentration von Treibhausgasen in der Atmosphäre wird üblicherweise in Kohlendioxidäquivalenten (CO_2e) angegeben, d. h. die Wirkung der einzelnen klimaerwärmenden Treibhausgase wird in CO_2, das entscheidende Treibhausgas, umgerechnet (zum Beispiel entspricht 1 Kilogramm Methan etwa 21 Kilogramm CO_2). Obwohl diese Umrechnungsmethode aufgrund der Unberechenbarkeit von Rückkopplungseffekten Ungenauigkeiten birgt, geht man derzeit davon aus, dass die Treibhausgaskonzentration in der Atmosphäre 450 ppm CO_2e nicht übersteigen darf, wenn man verhindern will, dass die weltweite Durchschnittstemperatur um mehr als maximal zwei Grad Celsius ansteigt.

Doch auch ein Temperaturanstieg um zwei Grad birgt große Gefahren. Die Zwei-Grad-Marke wurde auf dem Klimagipfel 2009 in Kopenhagen von den meisten Regierenden und Entscheidungsträgern als wichtiges Ziel akzeptiert und Hunderte internationale Konzerne haben sich dieser Sichtweise angeschlossen. Doch die wenigsten Forschungseinrichtungen würden zustimmen, zwei Grad Celsius seien ein „sicherer" Wert. Vielmehr handelt sich dabei um „das Beste, was wir tun können", basierend auf der Analyse dessen, was als politisch „realistisch" gilt. Zwei Grad Celsius werden zu flächendeckenden Zerstörungen in Natur, Gesellschaft und Wirtschaft führen, mit weitläufigen Engpässen in der Nahrungsmittelversorgung, einer Zunahme extremer Wetterereignisse und einem signifikanten Anstieg des Meeresspiegels. Das Schlimmste ist, dass bei einer Erwärmung um zwei Grad Celsius die Gefahr eines unkontrollierbaren Klimawandels („runaway warming") nicht mehr ausgeschlossen werden könnte, was sich zivilisationsbedrohend auswirken würde. Zwei Grad Celsius sind als Ziel daher ungeeignet.

Die logische, wissenschaftlich begründete Reaktion darauf ist es, ein Ziel zu finden, das als „sicher" gelten kann. Vom heutigen Wissensstand ausgehend kann ein Temperaturanstieg um weniger als ein Grad Celsius im Vergleich zu den Werten vor der Industrialisierung als relativ „sicher" angesehen werden. In anderen Worten: Zu einem Temperaturanstieg *unter* einem Grad Celsius zurückzukehren ist *die Lösung des Problems*. Es ist das, „was notwendig ist".

Und so gelangten Jorgen und ich zu dem Ergebnis, dass die Menschen – sobald die Klimakrise akut wird und ihnen das Ausmaß der Bedrohung klar wird – nach einem Plan verlangen würden, der sicherstellt, dass die globale Erwärmung langfristig um nicht mehr als ein Grad Celsius steigen würde. Interessant war, dass unsere Recherchen ergaben, dass die CO_2e-Konzentration in der Atmosphäre maximal bei etwa 350 ppm liegen darf, um das zu erreichen. Dieser Wert deckt sich mit den Forschungsergebnissen von James Hansen von der NASA und entspricht dem, was auch viele andere als geeignetes Ziel empfehlen. Auch innerhalb der internationalen Klimabewegung konzentriert man sich hauptsächlich auf 350 ppm als Höchstwert, darunter auch die Bewegung 350.org um Bill McKibben. Schon die Begrenzung der globalen Erderwärmung auf zwei Grad stößt auf breiten Widerstand. Und so ist es nicht verwunderlich, dass sich viele Wissenschaftler davor scheuen, das heiße Eisen Erderwärmung anzupacken und sich damit der öffentlichen Debatte darüber auszusetzen, was als sicheres Ziel gelten kann. Dennoch habe ich in der Zwischenzeit oft genug mit hochrangigen Wissenschaftlern über dieses Thema gesprochen, um sicher zu sein, dass man sich in der Wissenschaft in nicht allzu ferner Zukunft auf ein Grad Celsius als Zielmarke einigen wird.

Es ist interessant, in diesem Zusammenhang über Risiken nachzudenken. Es liegt in der Natur der Emissionsabbaukurve (welche CO_2-Einsparungen jedes Jahr nötig sind, um ein bestimmtes Temperaturziel zu erreichen), dass es sehr schwierig ist, den Zielwert später noch nach unten zu korrigieren. Die logische Herangehensweise ist es daher, aufgrund der bestehenden Unwägbarkeiten zunächst von einem engeren Ziel auszugehen, das man, wenn nötig, später nach oben korrigieren kann. Rational betrachtet ist ein Grad Celsius daher nach gegenwärtigem Erkenntnisstand ein guter Ausgangspunkt.

Manche halten dieses Ziel für aussichtslos, weil sie davon überzeugt sind, dass wir bereits unaufhaltsam auf zwei oder mehr Grad Erwärmung zusteuern. Dabei ist es wichtig zu unterscheiden, was die Leute als „politisch realistisch" einschätzen – ein subjektives

Urteil – und was technisch möglich wäre, wenn wir uns dazu entschließen würden, das Problem mit allen zur Verfügung stehenden Mitteln anzugehen.

2009 veröffentlichten zwei kanadische Wissenschaftler in einer Ausgabe von *Nature Geoscience* einen Artikel, in dem sie anhand existierender Klimamodelle zeigten, dass sich die globalen Temperaturen fast augenblicklich stabilisieren und dann langsam zurückgehen würden, wenn wir über Nacht sämtliche Emissionen weltweit beenden würden.[64] Zusammenfassend lässt sich daher sagen, dass nur die Erwärmung wirklich „feststeht", die durch unsere Entscheidung, weiterhin Emissionen auszustoßen, entsteht. Laut einer weiteren Studie, die im September 2010 in *Science* veröffentlicht wurde, fanden Wissenschaftler heraus, dass die Erderwärmung ihren Höchststand bei etwa 1,3 Grad Celsius erreichen würde und die globale Durchschnittstemperatur danach wieder absinken würde, wenn die gesamte bereits bestehende Energie- und Transportinfrastruktur für ihre normale Lebensdauer weiter genutzt würde, jedoch keine neue klimafeindliche Infrastruktur hinzukommen würde.[65] Auch hier lautet die Botschaft: Wir können es schaffen – wir müssen es nur unbedingt schaffen wollen.

Wenn ein Grad Celsius also das ist, was *notwendig* ist und alles, was darüber hinausgeht, unser „Feind" im „Ein-Grad-Krieg" ist – welche Maßnahmen müssen wir dann ergreifen, um den Krieg zu gewinnen? Und sind diese Maßnahmen realistisch? In anderen Worten:

1. Ist eine Einigung auf solch einen Plan politisch vorstellbar?

2. Sollte eine politische Einigung erzielt werden, ist es technisch und wirtschaftlich möglich, die CO_2-Konzentration so weit zu reduzieren, dass die Erwärmung wieder auf ein Grad begrenzt wird?

Keine Frage, in der heutigen Welt ist es nur schwer vorstellbar, dass wir je ein derartiges internationales Abkommen erzielen werden. Aber wie auch immer, der Zweite Weltkrieg wie auch die jüngste Finanzkrise zeigen beispielhaft, wie schnell sich die Dinge ändern können und selbst scheinbar hartnäckiger Widerspruch und Gegenwehr sich in Windeseile verflüchtigen. Die Reaktionsgeschwindigkeit der USA im Zweiten Weltkrieg war außergewöhnlich. Machten die Verteidigungsausgaben 1940 noch 1,6 Prozent des Brutto-Inlandsprodukts aus, stiegen sie innerhalb von nur drei Jahren auf 32 Prozent und lagen 1945 bei 37 Prozent. Zugleich wuchs das Brutto-Inlandsprodukt selbst um 75 Prozent, was die beobachtete Steigerung noch außergewöhnlicher erscheinen lässt.[66] Dem vergleichbar waren die politischen Entscheidungen, die zur Steuerung der Wirtschaft getroffen wurden. So wurde nur vier Tage nach dem Angriff auf Pearl Harbour die Autoindustrie angewiesen, die Produktion ziviler Fahrzeuge einzustellen.[67]

Benzin und Reifen wurden rationiert, es gab Kampagnen zur Verringerung des Fleischkonsums und die Regierung ließ öffentliche Sammelstellen einrichten, um Altmetalle in der Kriegsproduktion weiterzuverwerten. Ja, auch damals regte sich einiger Widerstand, über den die politische Führung jedoch, mit Unterstützung aus Öffentlichkeit und Wirtschaft und um des höheren Allgemeinwohls wegen einfach hinwegging. – Die Folgen einer Niederlage wären schlicht inakzeptabel gewesen.

Es *ist* also möglich. Die Frage lautet aber *wie*. Es ist unwahrscheinlich, dass der Ein-Grad-Krieg durch ein weltweites Abkommen herbeigeführt wird. Das Kyoto-Protokoll und der Verlauf des Klimagipfels in Kopenhagen zeigen, wie kompliziert solche weltweiten Abkommen sind. Diese Schwierigkeit, einen globalen Konsens zu finden, wird oft als Beweis dafür vorgebracht, dass es uns nicht gelingen wird, mit den notwendigen Maßnahmen auf den Klimawandel zu reagieren. Meine Erwiderung darauf lautet: „Wurden überhaupt schon einmal bedeutende militärische Interventionen oder gewichtige wirtschaftliche Transformationsprozesse durch eine einmütige globale Vereinbarung erreicht?" Aus welchem Grund haben wir je geglaubt, dass ein solches Abkommen hinsichtlich des Klimawandels möglich wäre; insbesondere wenn viele Akteure genau dies aktiv zu verhindern suchen?

Wir haben beispielsweise auch kein einzelnes weltweites Freihandelsabkommen geschlossen, bevor irgendeine Art des Freihandels praktiziert wurde. Wären wir so vorgegangen, hätten wir 50 Jahre später immer noch am Verhandlungstisch gesessen und die Präambel diskutiert. Stattdessen haben wir begonnen, Verträge zu schließen wie das Allgemeine Zoll- und Handelsabkommen (GATT), das zunächst den Handel zwischen einzelnen Ländern regelte und später auf weitere Regionen ausgedehnt wurde. Seitdem haben wir sehr langsam und nach und nach eine Infrastruktur zur globalen Handelspolitik errichtet, beginnend 1947 mit der Verabschiedung des GATT bis hin zur Gründung eines Gremiums mit Vollstreckungsbefugnis, der Welthandelsorganisation (WTO). Über 60 Jahre nach GATT ist die Reichweite der WTO mithin nicht wirklich „weltweit". Und selbst der Beitritt Chinas erfolgte erst 2001; dies allein bedurfte einer 15-jährigen Verhandlungszeit.

Was also den Klimawandel angeht, der eine noch größere wirtschaftliche Herausforderung darstellt und mit mächtigen Gegenspielern aus der Wirtschaft zu kämpfen hat, ist es daher kaum vorstellbar, dass wir – selbst in einer Krise – schnell ein einzelnes, rechtlich durchsetzbares und weltweit wirksames Abkommen erzielen werden.

Wenn wir uns zu einer schnellen Reaktion entscheiden, so wird diese vielmehr von einer kleinen Anzahl einflussreicher Länder (einer Art „Coalition of the Cooling") ausgehen, der sich andere anschließen werden. Manche werden folgen, um sich mit den Großmächten zu verbünden, andere werden unter militärischem, wirtschaftlichem und diplomatischem Druck beitreten.

In technischer Hinsicht ist dieser Prozess recht einfach. Ganze 50 Prozent der weltweiten Treibhausgasemissionen ließen sich durch den Beitritt von drei „Ländern" (China, die USA und Europa) kontrollieren. Kämen weitere vier Länder hinzu (Russland, Indien, Japan und Brasilien), würde die Koalition über 67 Prozent der weltweiten Emissionen verfügen.[68] Zählt man noch ein paar Verbündete hinzu, dann hätte diese Koalition innerhalb kürzester Zeit den notwendigen Einfluss, um das Problem in Angriff zu nehmen. Etwas Ähnliches begann sich bereits in Kopenhagen abzuzeichnen und obwohl dieser Prozess chaotisch verlaufen wird und in den kommenden Jahren mal mehr und mal weniger stark auf der politischen Agenda vertreten sein wird, habe ich keinen Zweifel daran, dass das der grundlegende Weg ist, auf dem sich Fortschritte zeigen werden.

Die Antwort auf die erste Frage lautet somit eindeutig Ja. Wenn wir die Krise als das akzeptieren, was sie ist, dann werden in der Lage sein, die politisch notwendigen Entscheidungen für einen Handlungsplan zu treffen. Existiert solch ein Plan, mit dem wir das Problem lösen könnten?

Unsere Recherchen ergaben, dass, ausgehend vom heutigen Wissens- und Entwicklungsstand, das Ein-Grad-Ziel nicht nur erreichbar ist, sondern auch zu einem Preis, der erschwinglich ist verglichen mit dem, was uns unser Versagen kosten würde. Ich will nicht verheimlichen, dass sich die notwendigen Maßnahmen auf Teile der Wirtschaft zerstörerisch auswirken und viele Menschen hart treffen würden; auch kämen wir – kurzfristig – nicht umhin, beträchtliche Opfer zu bringen. Aber auf diese Weise ließe sich eindeutig „das Problem lösen".

Bei beiden Fragen – der Frage nach unserer Fähigkeit, politische Entscheidungen zu treffen und der Frage nach unseren technologischen/wirtschaftlichen Fähigkeiten – ist das Problem eindeutig nicht die *Fähigkeit* der Menschheit zu handeln, sondern die Umstände, innerhalb derer sich die Menschheit dazu *entschließt* zu handeln. Dieser Zeitpunkt ist leicht auszumachen. Sobald die Menschen im Klimawandel mehrheitlich eine Bedrohung für den Fortbestand der Zivilisation und die gesamte Weltwirtschaft erkennen, wird es zu einer schnellen Krisenreaktion kommen. Dann wird es nicht mehr darum gehen, „was politisch realistisch" ist, sondern um das, was im Sinne Churchills „notwendig" ist. Aber bis dahin wird außer der Vorbereitung auf diesen Moment nur wenig Nennenswertes geschehen.

Wie könnte dieser „Kriegsplan" also aussehen? Lässt sich heute schon sagen, welche Reaktionen diese Erkenntnis wahrscheinlich auslösen wird? Jorgen und ich waren uns einig, dass das möglich ist. In unserem Entwurf gehen wir vom Jahr 2018 als Startdatum aus. Das ist keine exakte Prognose; vielmehr war es notwendig, ein Startdatum für unser Modell zu finden, um die von uns vorgeschlagenen Maßnahmen und ihre Wirkung zeitlich abbilden zu können und 2018 war nach unserem Ermessen der wahrscheinlichste Zeitpunkt. Auch nach dem Klimagipfel in Kopenhagen erscheint uns diese Einschätzung realistisch.

Wir kamen zu dem Ergebnis, dass es zu einem derart späten Zeitpunkt vier Maßnahmen brauchen würde, um die Krise unter Kontrolle zu bringen:

1. Der Wandel hin zu einer emissionsfreien Industrie und Wirtschaft innerhalb der nächsten 20 Jahre; mit einer Reduktion der industriellen CO_2-Emissionen um 50 Prozent im Laufe der ersten fünf Jahre.

2. Der Einsatz von risikoarmen und umkehrbaren Geoengineering-Maßnahmen, die eine direkte Verlangsamung des Temperaturanstiegs bewirken würden, um die Zeit sicher zu überstehen, bis sich die Emissionsreduktion positiv auf die Erwärmung auswirkt.

3. Eine jährliche Abscheidung von sechs Gigatonnen CO_2 aus der Atmosphäre über einen Zeitraum von etwa 100 Jahren sowie die Speicherung des abgespaltenen CO_2 (Sequestrierung) in unterirdischen Becken und Salzstöcken sowie in Biomasse.

4. Hilfsmaßnahmen, die das Leid und die geopolitische Instabilität reduzieren, die durch die unvermeidbaren Auswirkungen des Klimawandels entstehen werden. Dazu zählen unter anderem Lebensmittelknappheit, Zwangsmigration und militärisch geführte Auseinandersetzungen um Ressourcen.

Das Ausmaß des Problems wird unter anderem daran deutlich, dass selbst die dramatischen Veränderungen, die unser Ein-Grad-Kriegsplan vorsieht, nicht verhindern werden, dass die Temperaturen bis Mitte des Jahrhunderts um mehr als ein Grad Celsius ansteigen werden, bevor sie um das Jahr 2100 auf etwa ein Grad Celsius zurückgehen werden.

Die folgenden drei Phasen schlagen wir daher für den Kampf im Ein-Grad-Krieg vor:

1. *Klima-Krieg. Jahre 1–5.* Um die Treibhausgasemissionen weltweit in den nächsten fünf Jahren um 50 Prozent zu reduzieren, wird global eine ähnliche Mobilisierung benötigt werden, wie sie mit Eintritt der Vereinigten Staaten in den Zweiten Weltkrieg erfolgte. Diese Krisenintervention würde einen Großteil der Veränderung bewirken und das gesamte System durcheinanderschütteln.

2. *Klima-Neutralität. Jahre 5–20.* Phase zwei besteht aus einem gut 15 Jahre andauernden Kraftakt, um die bereits erzielte 50-Prozent-Reduktion der Emissionen festzuzurren und bis zum Jahr 20 den Wandel zu einer Welt ohne Treibhausgasausstoß zu schaffen (das wäre das Jahr 2038, wenn wir 2018 beginnen). Dies wird eine große weltweite Herausforderung, die den Einsatz aller technischen Möglichkeiten und profunder Kultur- und Verhaltensveränderungen bedarf.

3. *Klima-Erholung. Jahre 20–100.* Das wird die Phase der auf lange Sicht angelegten Anstrengungen zur Klimakontrolle – das Bestreben, ein auf lange Sicht stabiles Weltklima und eine nachhaltige Weltwirtschaft zu erschaffen. Um das zu erreichen, muss es eine lange Phase der Negativ-Emissionen geben (etwa mittels CO_2-Abscheidung etc.), um das Klima auf den vorindustriellen „Normalzustand" zurückzufahren. Um zum Beispiel das Wiedergefrieren der Eisschichten an den Polkappen zu gewährleisten, wird es notwendig sein, große Mengen CO_2 aus der Atmosphäre abzuspalten; hierfür werden Geoengineering-Techniken wie etwa CCS (Carbon Capture and Storage) zum Einsatz kommen (CCS wird etwa dazu eingesetzt, das bei der Holzverbrennung entstehende CO_2 abzuspalten und im Boden zu speichern). Wir sind davon überzeugt, dass die Menschheit die Stabilisierung des Klimas innerhalb der ersten Jahrzehnte nach 2100 erreichen kann.

Wir haben die von uns vorgeschlagenen Emissionssenkungen durch das C-ROADS Global Climate Model testen lassen, das von Climate Interactive entwickelt wurde. Climate Interactive ist eine gemeinsame Initiative von Ventana Systems, dem Sustainability Institute und der Sloan School of Management des Massachusetts Institute of Technology (MIT)[69]. Zusammenfassend ergab dieser Test, dass die Umsetzung unserer Vorschläge zu folgenden Ergebnissen führen würde:

- Bis zum Ende des Jahrhunderts fällt die CO_2-Konzentration auf 350 ppm, nachdem sie zuvor einen Höchststand von etwa 440 ppm erreicht hatte.
- Die globalen Temperaturen steigen um die Mitte des Jahrhunderts zeitweise um über ein Grad an; bis zum Ende des Jahrhunderts fällt der globale Temperaturanstieg wieder unter ein Grad.
- Der Meeresspiegel erreicht etwa um das Jahr 2100 im Mittel einen Anstieg um 0,5 Meter und steigt weiter bis zu einem Höchststand von 1,25 Meter bis zum Jahr 2300. Das ist nach wie vor zerstörerisch und spricht für einen strafferen Zeitplan. Dennoch lassen sich 1,25 Meter innerhalb von 300 Jahren besser bewältigen als das, was gegenwärtige Prognosen vorhersagen, weil der größere Zeitrahmen eine bessere Vorbereitung zuließe.

Im Großen und Ganzen bedeutet das, dass sich das Klima stabilisieren ließe und die Folgen des Klimawandels für die globale Gesellschaft handhabbar würden. Es würde nach wie vor zu drastischen Veränderungen im Klima kommen, zu Erschütterungen in der Wirtschaft und Engpässen in der Nahrungsmittelversorgung sowie zum Aussterben zahlreicher Arten. Aber die Situation bliebe beherrschbar und das Risiko eines Kollapses würde auf ein vertretbares Maß reduziert werden. Außerdem könnten wir die Maßnahmen gegebenenfalls verschärfen, wenn erkennbar würde, dass die Situation schlimmer ist als erwartet.

Es scheint also möglich zu sein, einen Plan zu erstellen, mit dem sich die notwendigen Emissions-Reduktionen erreichen lassen. Natürlich weist unser Plan nur die grobe Richtung. Was es brauchen würde, wäre eine mehrjährige detaillierte Modell- und Planungsphase in einer Größenordnung, die sich nur regierungsfinanziert realisieren ließe. Wir wollten lediglich zeigen, was möglich ist. Welche konkreten Maßnahmen sind es also, die laut unserem Plan notwendig sind?

Aus zwei Gründen haben wir die Ziele für die erste Phase des Ein-Grad-Kriegs sehr hoch gehängt.

1. Frühes Handeln ist überaus wertvoll.[70] Da sich Emissionen kumulativ auswirken, ersparen uns frühe Einsparungen spätere, sehr viel drastischere und einschneidendere Reduktionen.

2. Aus der Geschichte wissen wir, dass ein erfolgreiches Krisenmanagement eher auf raschen, dramatischen Eingriffen basiert als auf langsamen, kontinuierlichen Maßnahmen. Dadurch erweckt man das Interesse der Öffentlichkeit und bricht die Tyrannei der Gewohnheit.

Der Ein-Grad-Plan sieht daher eine Reihe globaler Maßnahmen vor, mittels derer in linearen Schritten von jährlich zehn Prozent innerhalb der ersten Phase, dem 5-Jahr-Klimakrieg, eine rasche Reduktion der CO_2-Emissionen auf die Hälfte erreicht wird. Das C-ROADS-Modell zeigte, dass zur Erreichung unseres Ziels bis 2023 eine 50-prozentige Reduktion der Emissionen notwendig ist. Selbst dann müssten noch weitere Einsparungen und Reduktionen folgen. Bis zum Jahr 2038 müsste der Emissionsausstoß auf Null heruntergefahren werden; gleichzeitig müsste die Absorption bestehender Emissionen aus der Atmosphäre weiter betrieben werden (je sechs Gigatonnen Kohlendioxidäquivalente pro Jahr über einen Zeitraum von 100 Jahren). Obwohl 50 Prozent Reduktion innerhalb von fünf Jahren ein sehr ehrgeiziges Ziel sind, ist es dennoch machbar. Entscheidend ist, dass ein langsamerer Start das Erreichen des Ein-Grad-Ziels erschweren würde.

Die gute Nachricht lautet, dass sich Einsparungen um 50 Prozent bis 2023 durch die Art von Initiativen realisieren lassen, deren Kosten die internationale Unternehmensberatung McKinsey & Co. auf weniger als 60 Euro/t CO_2e (Tonnen CO_2-Äquivalente) beziffert.[71] Die schlechte Nachricht lautet, dass nach gängiger Meinung die Kosten steigen würden, wenn die Einsparungen noch schneller verwirklicht würden. Die Studie kommt zu diesem Ergebnis, weil bei einem schnelleren Ausstieg aus dem Emissionszeitalter Bestandteile der alten Infrastruktur früher ersetzt werden müssten, als es eigentlich notwendig wäre und Technologien noch bevor sie markttauglich wären zum Einsatz kommen würden. Sollten diese Annahmen zutreffen, dann sind das die unseligen Konsequenzen, die sich aus einer verspäteten Reaktion ergeben. Noch länger zu warten, würde die Situation jedoch zusätzlich verschärfen.

Es gibt jedoch auch eine ganz andere Sichtweise. Auch wenn es uns nicht möglich war, diese in einem Modell abzubilden, sind wir dennoch geneigt, sie zu unterstützen. Durch die kriegsähnliche Mobilisierung der gesamten Weltwirtschaft würde eine Umgestaltung der Energie- und Transportinfrastruktur nicht nur finanzierbar, sondern auch der Markt derart stimuliert, dass sie sich positiv auf die Wirtschaft auswirken würde. Diese Sicht wird von vielen Beobachtern auf diesem Gebiet vertreten, die den derzeitigen Entwicklungsstand der erneuerbaren Energien als so unausgereift bewerten, dass nach ihrer Prognose die Erneuerbaren ab einem bestimmten Zeitpunkt nicht nur günstiger als heute sein werden, sondern auch günstiger als fossile Brennstoffe, selbst ohne zusätzliche CO_2-Abgaben. Ich werde darauf in den nächsten Kapiteln noch zurückkommen.

Die Maßnahmen, die wir in unserem Plan für den Ein-Grad-Krieg vorschlagen, würden mit Sicherheit massive Innovationen und Bewegungen auslösen, sodass sich sehr schnell herausstellen würde, welche Seite recht behalten wird. Der Wille zum Sieg hat in vielen vorangegangenen Kriegen zur Entstehung von Innovationen geführt, zur Schaffung neuer Industriezweige und Effizienzsteigerungen, weil die Konzentration auf ein Ziel zu entscheidenden Fortschritten führte und die üblichen Entwicklungshindernisse überwinden half.

Letztlich sind diese Fragen jedoch lediglich von akademischem Interesse, da die Krise ohnehin den Weg diktieren wird, den es dann einzuschlagen gilt; weitgehend unabhängig vom Preis. Ich kann mir nicht vorstellen, dass die US-Regierung vor Beginn des Manhattan-Projekts (dem nuklearen Forschungsprogramm der USA während des Zweiten Weltkriegs) erst eine langwierige Kosten-Nutzen-Rechnung anstellen ließ. Wir können es also getrost der Geschichte überlassen, die relativen Kosten für die Reduktion von CO_2 zu bewerten.

Um Ihnen einen Vorgeschmack auf das zu geben, was wir zu erwarten haben, wenn der Kampf gegen den Klimawandel so verläuft, wie wir es in unserem Plan vorhersehen, liste ich im Folgenden einige überarbeitete Auszüge daraus auf, anhand derer sich ablesen lässt, was in der ersten Phase (Jahr 1–5) getan werden muss, um die Weltwirtschaft auf einen Kurs zu bringen, der es uns letztlich erlauben wird, die Erderwärmung wieder auf unter ein Grad Celsius zu bringen.

Reduziert Abholzung und anderen Holzschlag um 50 Prozent

Reduziert die weltweite Waldrodung, inklusive der Abholzung der Regenwälder, dauerhaft um die Hälfte. Maximiert die Kohlendioxidaufnahme, indem die kommerzielle Holznutzung auf Plantagen konzentriert und kontrolliert betrieben wird. Um das zu realisieren, wird viel Geld an Entwicklungsländer bezahlt werden müssen, als Gegenleistung für die Klimadienstleistungen ihrer intakten Wälder. Interessanterweise ist das nicht nur möglich, sondern auch rentabel.[72]

Schließt eintausend dreckige Kohlekraftwerke innerhalb von fünf Jahren

Setzt eine große Anzahl der dreckigsten Kohlekraftwerke weltweit außer Betrieb, um den Ausstoß von Treibhausgasen für die Energiegewinnung um ein Drittel zu reduzieren. Wir schätzen, dass dafür die Schließung von eintausend Kohlekraftwerken notwendig ist,[73] was zugleich zu einem Sechstel weniger an produzierter Energie führen würde. (Die Energiegewinnung würde sich disproportional zum Emissionsausstoß verringern, da die dreckigsten Kohlekraftwerke mehr CO_2 pro produzierte Energieeinheit ausstoßen.)

Rationiert die Energie, seid kampfbereit, sorgt schnell für mehr Energieeffizienz

Lanciert zur Senkung des Stromverbrauchs eine Kampagne, die die Dringlichkeit von effizienter Nutzung in Verbindung mit der eingeschränkten Verfügbarkeit (also der Rationierung) von Energie propagiert. Dazu sollte auch eine weltweite Kampagne zur Verringerung bzw. je nach Jahreszeit zur Erhöhung der Temperatur in wärmeregulierten Gebäuden um ein bis zwei Grad Celsius gehören. Macht das zum Teil eurer Kampfstrategie, um möglichst viele Menschen dafür zu gewinnen, sich für unmittelbare Energieeinsparungen zu engagieren (Ein-Grad-Krieg). Sattelt dann ein breit angelegtes Umrüstungsprogramm auf, zu dem das Isolieren von Wänden und Decken, der Einbau stromsparender Beleuchtung und Haushaltsgeräte, solar betriebener Warmwasserbereitung und dergleichen gehört, und zwar sowohl in Wohnhäusern wie in Bürogebäuden. Dies würde zudem kurzfristig neue Arbeitsplätze schaffen.

Stattet 1000 Kohlekraftwerke mit CO_2-Sequestrierungsanlagen aus

Baut CO_2-Sequestrierungsanlagen (Anlagen zur Abscheidung und Speicherung von CO_2) in 1000 der verbleibenden Kohlekraftwerke.[74] Dieser enorme Investitionsaufwand würde durch Einführung internationaler Standards erleichtert. Das Sequestrierungsverfahren wird auch später im Rahmen des Ein-Grad-Krieges zum Abbau des CO_2 eine Rolle spielen (indem Strom aus Biomasse und der Abscheidung von CO_2 gewonnen wird). Dieses Verfahren (kurz CCS genannt) ist bisher noch nicht wirtschaftlich genug und wird nur mit politischem Druck durchgesetzt werden können. Jorgen ist jedoch fest überzeugt, dass die Politik sich für eine solche Verordnung einsetzen wird, weil es zwar eine teure, aber einfache Art ist, die Emission von Treibhausgasen zu reduzieren. Ich bin diesbezüglich skeptischer, wie ich in Kapitel 12 darlegen werde. Zum gegenwärtigen Zeitpunkt kommt es darauf nicht an, da die erforderlichen Technologien noch weiter entwickelt und sämtliche Maßnahmen den jeweiligen Entwicklungen angepasst werden müssen.

Errichtet ein Wind- oder Solarkraftwerk in jeder Stadt

Baut in jeder Stadt ab 1000 Einwohnern mindestens ein Windkraftwerk. Sollte es keine ausreichende Windausbeute geben, dann solarthermische oder Photovoltaikanlagen (PV). Abgesehen vom Nutzen hinsichtlich des CO_2 und der beschleunigten Verbreitung von Technologien für erneuerbare Energien hätte dies den äußerst positiven Effekt, dass die Menschen überall auf der Welt eine direkte Verbindung zu den Kampfmaßnahmen erhalten würden.

Schafft an geeigneten Standorten groß angelegte Windparks und Solaranlagen

Legt ein Großprogramm auf, das sich vorrangig auf die intensive Nutzung von Sonnenwärme, Photovoltaik und Windkraft konzentriert – angesichts der Dringlichkeit müssen wir unser Augenmerk anfänglich auf diese Bereiche legen, da sie das größte Potenzial für einen kurzfristigen Ausbau im großen Stil und die besten Aussichten auf weltweite Subventionen haben. Mit dem an das europäische Stromnetz angeschlossene DESERTEC-Projekt in Nordafrika wurde der Grundstein einer neuen Generation erneuerbarer Energie in großem Maßstab gelegt; es führt eindrücklich vor Augen, was auf der Ebene multilateralen Handelns möglich wäre.[75] Es gibt verschiedene Untersuchungen, die gezeigt haben, dass global gesehen eine hundertprozentige Versorgung auf Grundlage erneuerbarer Energien relativ rasch umsetzbar wäre. Eine jüngere globale Studie hat gezeigt, wie dies bei voller Grundlastabdeckung bis 2030 zu erreichen ist. Dabei ist von besonderem Interesse, dass die Studie zu dem Schluss kommt, dass das sogar billiger wäre als die Nutzung fossiler Brennstoffe und von Atomenergie, und zwar aufgrund der beachtlichen Effizienz eines Energiesystems, das auf Technologien zur Stromerzeugung aus erneuerbaren Energien und intelligenter Stromnutzung fußt.[76] All diese modellhaften Überlegungen sind umstritten und Gegenstand von Kontroversen; mit Sicherheit aber liegt in den Erneuerbaren großes klimastrategisches Potenzial.

Verschwendet keinen Abfall mehr

Sorgt dafür, dass alle Materialien recycelt und wiederverwendet werden, zumindest, um die ursprünglich eingesetzte Energie zurückzugewinnen. Um dies voranzutreiben, sollte die Herstellung von Aluminium, Zement, Eisen, Kunststoff und Holzprodukten möglichst durch internationale Abkommen beschränkt werden, um so durch höhere Preise oder eine globale Emissionssteuer den Verbrauch von Rohstoffen einzudämmen. Macht kollektives Recycling zum Bestandteil des Klimakampfes (hier gibt es ebenfalls einschlägige Beispiele aus dem Zweiten Weltkrieg, wo insbesondere die Wiederverwendung von Wertstoffen in breiter Masse vorangetrieben wurde).

Begrenzt die Anzahl schadstoffintensiver Autos, um die Verkehrsemissionen um 50 Prozent zu senken

Ersetzt in großem Stil benzin- oder dieselbetriebene Fahrzeuge durch Elektroautos – die möglichst mit klimaneutral erzeugtem Strom betankt werden – und verbessert gleichzeitig die Benzinverbrauchsnormen, verbietet Spritfresser und setzt verstärkt auf Hybridfahrzeuge. Staatlicher Aufkauf und Verschrottung besonders klimaschädlicher Fahrzeuge (mittels „Abwrackprämien" etwa) kann die Umstellung beschleunigen und gegebenenfalls für einen finanziellen Ausgleich sorgen. In Anbetracht dessen, wie viel Zeit es in Anspruch nehmen wird, die Produktion solcher Fahrzeuge zu erhöhen, wird es erforderlich sein, Benzin und Diesel zu rationieren und andere restriktive Maßnahmen zu ergreifen, um den Verbrauch zu senken, etwa gesonderte Geschwindigkeitsbeschränkungen für spritbetriebene Fahrzeuge. Das würde die Akzeptanz von Elektroautos und sparsamen Fahrzeugen erhöhen, die von solchen Auflagen befreit wären. Das schnelle Elektroauto könnte auf der Autobahn fröhlich winkend an der Dreckschleuder vorbeiziehen!

Im Zweiten Weltkrieg war Treibstoff in den Vereinigten Staaten anfangs auf vier Gallonen (etwa 15 Liter) pro Woche und Fahrzeug beschränkt, später auf drei und 1944 schließlich auf zwei Gallonen. Daneben galt national eine Geschwindigkeitsbegrenzung von 35 mph (gut 55 km/h); wer sie übertrat, riskierte seine Benzin- und Reifenration. Die Regierung ließ zur Unterstützung dieser Maßnahmen auf Propagandaplakaten fragen: „Ist diese Fahrt wirklich notwendig?" und startete Aufklärungskampagnen: „Autofreie Ausflugsmöglichkeiten am Wochenende".[77] Man könnte glauben, die Vorreiter der Umweltbewegung hätten im US-Verteidigungsministerium gesessen!

Bereitet Biostrom mit CCS den Weg

Interessanterweise werden Bio-Treibstoffe im Kampf gegen die Kohlendioxidemissionen keine nennenswerte Rolle spielen (nicht einmal die zweite Generation dieser Treibstoffe, die aus Zellulose gewonnen werden). Für das Klima scheint es besser zu sein, Zellulose zu gewinnen und in Kraftwerken mit CCS zu verfeuern, um auf diese Weise bei der Gewinnung von Wärme und Strom CO_2 zu verringern. Der verstärkten Gewinnung von Zellulose (wenn nötig in eigens angelegten Plantagen) kommt also zentrale Bedeutung zu.

Halbiert das weltweite Flugaufkommen

Mittels regulierender Maßnahmen muss der Umfang von Flugreisen kontinuierlich um jährlich zehn Prozentpunkte gesenkt werden, um nach fünf Jahren eine Halbierung der durch den Flugverkehr verursachten Emissionen erzielt zu haben. Das wird aufgrund der wirtschaftlichen Notwendigkeit die schnelle Entwicklung von Biotreibstoffen für Flugzeuge forcieren und dazu führen, dass der digitalen Kommunikation schließlich eine größere Akzeptanz zukommen wird als einem leichtfertigen Umgang mit Flugreisen.

Scheidet Methan ab oder verbrennt es

Legt ein globales Programm auf, um einen Großteil des Methans, das bei landwirtschaftlicher Produktion und auf Deponien freigesetzt wird, entweder aufzufangen und zur Energiegewinnung zu nutzen oder es zumindest zu verbrennen, um den Treibhauseffekt des Methangases auf ein 23stel seines bisherigen Wertes zu verringern.

Verzichtet auf klimaschädliche proteinreiche Ernährung

Die Gesellschaft muss durch Aufklärung und flankierende gesetzliche und preisgestalterische Maßnahmen zu einer Ernährungsweise bewegt werden, die mit weit weniger klimaschädlichem Fleisch auskommt. Dies soll sich nicht gegen eine Fleischsorte im Besonderen richten, sondern gegen die mit der Produktion einhergehenden Emissionen, mit dem Ziel, dass klimafreundlicher hergestelltes Eiweiß bevorzugt gekauft wird. Diesbezüglich gibt es bei den verschiedenen Eiweißquellen große Unterschiede – die Emissionswerte fallen bei Soja anders aus als bei Hühner-, Schweine- oder Rindfleisch (und bei Rindfleisch kommt es noch darauf an, ob die Rinder aus Weidewirtschaft stammen oder mit hohem Getreideanteil gefüttert wurden; neuere Forschung stellte zudem fest, dass eine bestimmte Form der Weidehaltung von Rindern den Bodenkohlenstoffgehalt immens erhöhen kann). Es sollten auf der Grundlage wissenschaftlicher Erkenntnisse Richtlinien erarbeitet werden, die zu einer nachdrücklichen Verhaltensänderung führen; dabei sollte Fleisch nach seinem CO_2-Wert in CO_2e/kg gekennzeichnet werden und einen entsprechenden Preis haben. Es sei an dieser Stelle angemerkt, dass die US-Regierung im Zweiten Weltkrieg eine recht erfolgreiche „meat-free-Tuesday"-Kampagne betrieben hat. Heute gibt es eine breite Bewegung für einen Meatless Monday.

Bindet eine Gigatonne CO_2 im Erdreich

Entwickelt neue landwirtschaftliche Methoden, die die Treibhausgasemissionen reduzieren und den Anteil an bodengebundenem Kohlenstoff erhöhen. Das verlangt massive Veränderungen in der

Art der Bewirtschaftung und in der Mentalität der Bauern; von daher werden wir beim Kohlenstoff-Kampf voraussichtlich keine großen Fortschritte erzielen. Aber entsprechende Anstrengungen sollten sofort in die Tat umgesetzt werden, um in Land- und Forstwirtschaft künftig in großem Maßstab Kohlenstoff zu binden, wie es von Jahr 5 an notwendig sein wird, wenn wir bis zum Ende des Jahrhunderts das CO_2 aus der Atmosphäre beseitigen wollen. In beiden Bereichen ist das Ziel, so viele Pflanzen wie möglich anzupflanzen und dafür zu sorgen, dass das Kohlendioxid entweder im Boden gebunden oder unterirdisch gelagert wird und nicht wieder in die Atmosphäre gelangt. Gegenwärtig werden durch die Wälder auf der ganzen Welt etwa 3 $GtCO_2e/a$ gebunden. Im Idealfall können wir durch den Einsatz schnellwachsender tropischer Pflanzungen, ergänzt um den industriellen Anbau von Algen, mittels einer Kombination aus gezielter Land- und Forstwirtschaft in den kommenden Jahrzehnten eine Bindung (und sichere Lagerung) von etwa 6 $GtCO_2e/a$ erreichen.

Startet auf nationaler und kommunaler Regierungsebene eine Kampagne
„Lieber leben statt shoppen gehen!"

Um Geldmittel, Arbeitskraft und Ressourcen für die entscheidenden Klima-Kampf-Aktivitäten freizusetzen, wäre eine groß angelegte Kampagne zur Minderung oder wenigstens zur Stabilisierung des CO_2-intensiven Konsums äußerst hilfreich, was außerdem ganz im Einklang mit der grundsätzlichen Notwendigkeit steht, sich in der Wirtschaft von der CO_2-intensiven Produktion hin zur Vermarktung von klimafreundlichen Erlebnissen zu verlagern. Wir möchten sowohl eine Bottom-up- wie eine Top-down-Kampagne anregen, also sowohl eine Direktive „von oben" wie Impulse „von unten" zu nutzen, um den Zugewinn an Lebensqualität hervorzuheben, den eine klimafreundliche Lebensweise mit sich bringt, weil sie mit geringerem Ballast an Dingen auskommt.

Obwohl diese Maßnahmen im Rahmen der aktuellen Diskussion drakonisch und unrealistisch erscheinen mögen, wird sich diese Wahrnehmung verändern, sobald sich die Gesellschaft auf den bevorstehenden Krieg vorbereitet und sich auf das konzentriert, was „notwendig" ist. Auch hier hat sich im Zweiten Weltkrieg gezeigt, dass anscheinend nicht durchsetzbare Maßnahmen rasch zur Normalität werden können, wenn sie im Kontext von Kriegserfordernissen stehen. Sie reichten von dramatischen Steuererhöhungen über staatliche Produktionsvorgaben und Aufklärungskampagnen hin zu Veränderungen des allgemeinen Bewusstseins. Es zeigt sich wieder einmal (und das soll der Plan verdeutlichen), dass die Schwierigkeit nicht darin besteht, geeignete Maßnahmen zu finden, sondern darin, die nötige Entschlossenheit aufzubringen, die Probleme anzugehen.

Im vollständigen Plan, der auf der Website des *Journal for Global Responsibility* nachzulesen ist, sind weitere Einzelheiten zu diesen und anderen notwendigen Maßnahmen enthalten.[78] Unter anderem, wie man bis zum Jahr 5 mithilfe von globalen CO_2-Steuern 2,5 Billionen Dollar jährlich aufbringen könnte, und wie man sie einsetzen könnte, um notwendige Schritte zur Beseitigung der Armut zu unternehmen, das Ausmaß des Zusammenbruchs abzufedern, neue Industriezweige zu gründen und die Arbeitsplätze zu schaffen, die dann benötigt werden. Wir befassen uns auch damit, welche multinationalen Gremien für Entscheidungen notwendig sein werden, darunter ein *Climate War Command,* sowie mit den Maßnahmen, die nach den ersten fünf Jahren im Einzelnen erforderlich wären, unter anderem große rückbaufähige Geo-Engineering-Projekte, um das Sonnenlicht zu reflektieren, das CO_2 aus der Atmosphäre zu entfernen und das globale Klima zu stabilisieren.

Es geht hier nicht darum zu sagen, dass Professor Randers und ich den richtigen Plan haben oder die richtigen Maßnahmen benannt haben. Was wir nachweisen wollten – und darum geht es mir hier – ist, dass man aus der bisherigen Geschichte der Menschheit folgern kann, dass wir uns schlussendlich daran machen werden, eine Lösung für das Problem des Klimawandels zu finden, und unser Plan macht deutlich, dass außerordentliche Einschränkungen und Regulierungsmaßnahmen sowohl praktisch durchführbar als auch durchsetzbar sind. Der Plan zeigt auch auf, dass die wirtschaftlichen Kosten um einiges geringer sein werden als ein unkontrollierter Klimawandel.

Natürlich wird es bedeutende Umbrüche geben, da es nach Auflösung der alten Industrien zu Arbeitsmigration kommen wird, weil die Menschen an die Orte neuer wirtschaftlicher Aktivität ziehen müssen. Aber in einem echten Krieg wäre das die Konsequenz, die sich aus der Entscheidung für einen Krieg ergibt. In unserem Fall käme es ohnehin zu Einschnitten und Einbußen, weil der Klimawandel unausweichlich auf einen wirtschaftlichen Kollaps zutreibt, wenn keine entscheidenden Gegenmaßnahmen getroffen werden.

Das Spannende an solch einem Plan ist, dass die Entscheidung, in diesen Krieg ums Klima zu ziehen, keine Menschenleben kosten wird. Stattdessen wird er Millionen Leben retten. Er wird die ökonomischen Ressourcen ja nicht darauf verwenden, verlustreiche, aber notwendige Maßnahmen zu ergreifen, sondern sie stattdessen zum Aufbau neuer aufregender Branchen einsetzen, die die Lebensqualität für alle Menschen in den daran beteiligten Ländern verbessern wird. Dieser Krieg führt nicht dazu, die Jugend einer ganzen Generation zu verschwenden und die Überlebenden zu traumatisieren, sondern macht eine ganze Generation mit der Technologie der Zukunft vertraut und führt produktive Innovationen herbei, die dem Aufbau neuer Firmen und Branchen dienen.

Es ist ein Krieg, um den wir nicht herumkommen; ihn zu erklären wird für uns von großem Nutzen und Gewinn sein.

Kapitel 11

Wie ein österreichischer Ökonom die Welt retten könnte

Die Leute reagieren im Allgemeinen auf zweierlei Weise auf den Ein-Grad-Kriegsplan. Der eine Teil hält alles, was wir auf diesem Gebiet unternehmen, für sinn- und zwecklos, sodass wir uns genauso gut zurücklehnen und darauf warten könnten, dass die Welt endlich aufwacht. Emotional kann ich diese Reaktion nachvollziehen, denn angesichts dessen, was getan werden muss, ist all das, was wir bislang unternehmen, nicht mal so etwas wie ein effektives Training, geschweige denn ein ernstzunehmender Beitrag zur Lösung der sich stellenden Aufgabe.

Andere Leute reagieren positiver darauf, und zwar mehr oder weniger folgendermaßen: Zunächst kommt die große Erleichterung, dass sich das Problem noch lösen lässt. Trotz der jahrzehntelangen Verspätung wird irgendwann der Moment kommen, wo wir allesamt aufwachen und uns daran machen, diese gewichtige Aufgabe in Angriff zu nehmen, die Probleme zu lösen. Uff, wir werden am Ende doch nicht zugrunde gehen!

Diese Leute erkennen auch, welch wertvolles Know-how wir uns in den Jahrzehnten des Planens und Diskutierens erarbeitet haben, mit dem wir uns jetzt ans Werk machen sollten – denn wir wissen doch, was zu tun ist. Dann wird ihnen bewusst, welche Größenordnung diese Problemlösungen haben müssen und dann geht ihnen ein Licht auf: Besser, wir sind darauf vorbereitet, und noch besser, wir machen uns gleich dran und legen los! Sie erkennen, dass es höchste Zeit ist, unsere Firmen umzustrukturieren und uns mit unserer gesellschaftlichen und privaten Lebensweise auf das, was kommt, einzustellen. Sie erahnen die enorme Bandbreite an Möglichkeiten, mit denen in großem Stil spürbare Veränderungen herbeizuführen sind.

Und damit haben sie recht. Es gibt eine Menge zu tun, und wir müssen *jetzt sofort* damit anfangen. Deshalb ist es grundfalsch, sich nur zurückzulehnen und abzuwarten.

Wann und wie werden wir etwas davon zu spüren bekommen? Und was ist jetzt zu tun?

Wir kommen später dazu, was das alles für den Einzelnen und das Gemeinwesen bedeuten wird. In den nächsten Kapiteln werde ich mich erst einmal auf die wirtschaftlichen Auswirkungen konzentrieren, darauf, wie sich die Zukunft für die Unternehmen gestalten wird und auf die Rolle, die die Regierung dabei spielen wird. Das tue ich einerseits, weil ich davon ausgehe, dass viele Leser in Unternehmen arbeiten und sich fragen, was das Ganze für sie persönlich bedeuten wird. Zum anderen tue ich es, weil ich seit Jahren der Überzeugung bin, dass wir Unternehmen und Märkte unbedingt mobilisieren müssen, wenn wir eine Aufgabe von solch historischem Ausmaß bewältigen wollen.

An dieser Stelle kommt mein Lieblingsökonom ins Spiel. Sowohl als Umweltaktivisten wie als Unternehmer schätze ich den österreichischen Wirtschaftswissenschaftler Joseph Schumpeter und seine Theorie von der schöpferischen Zerstörung sehr. Ihm zufolge sind die Märkte nichts anderes als der „Prozess einer industriellen Mutation ..., der unaufhörlich die Wirtschaftsstruktur von innen heraus revolutioniert, unaufhörlich die alte Struktur zerstört und unaufhörlich eine neue schafft.[79]

Als ich diese Worte das erste Mal las, fiel mir auf, dass sie auch ein Ökosystem wie den Regenwald beschreiben könnten. Er ist letztlich ein stabiles Gesamtsystem, in dessen Inneren ein Prozess ständigen, dynamischen Wandels herrscht, in dem Altes abstirbt oder zerstört wird und neues Leben entsteht. Ähnlich der Marktwirtschaft ist ein Ökosystem zugleich wunderbar und grausam. Wir mögen im Regenwald vielleicht einen beeindruckenden und friedvollen Ort sehen; für ein Tier, das gerade von einem Raubtier verschlungen wird, sieht die Sache wohl anders aus.

Die Marktwirtschaft ist keine Entität oder ein eigenständiger Bereich der Gesellschaft, sondern umgekehrt – ein System und ein Prozess, dessen Teil wir sind. Das brachte mich während meiner Zeit bei Greenpeace in den 1990er Jahren dazu, in der Marktwirtschaft einen effektiven Mechanismus für gesellschaftlichen Wandel zu sehen. Im Rahmen der Veränderungen, über die wir im Zusammenhang mit dem Großen Bruch sprechen, werden wir die durch Schumpeter berühmtgewordene „schöpferische Zerstörung" im Schnelldurchlauf erleben.

Zunächst jedoch ein paar Bemerkungen zum Unternehmertum und den Märkten im Allgemeinen. Manche Leute sind angesichts des Auftretens vieler Firmen und ihrer Manager der Auffassung, dass Konzerne wegen ihres kurzsichtigen und manchmal brutalen Strebens nach Gewinn schlecht sind und Marktwirtschaft ihrem Wesen nach zerstörerisch ist.

Anhand dessen, was ich in den vorangegangenen Kapiteln dargelegt habe, sollte klar geworden sein, dass ich mit der häufig berechtigten Kritik an unserem gegenwärtigen Wirtschaftsmodell und an zahlreichen Firmen und ihren Vorständen zustimme. Den Schlamassel, in dem wir uns jetzt befinden, haben wir diesem Modell zu verdanken und die Konzerne samt ihrer Führung haben daran erheblichen Anteil. Ich sehe jedoch auch die positiven und effektiven Eigenschaften von Unternehmen und Märkten, insbesondere wenn es darum geht, in kurzer Zeit eine neue globale Wirtschaftsordnung aufzubauen.

Nach jahrzehntelanger Tätigkeit sowohl in gemeinnützigen Organisationen wie im kommerziellen Bereich habe ich diese Fragen eingehend erwogen und bin zu der Ansicht gelangt, dass es sich nicht vorrangig um eine Frage der Firmenstruktur handelt (also der Eigentumsverhältnisse). Es geht um die Menschen, Werte und das Gesamtkonzept.

Es ist ja auch nicht so, dass alle Leute, die für Unternehmen arbeiten, schlecht sind, und diejenigen, die für NGOs arbeiten, allesamt gut sind. Es ist sogar so, dass einige der aufrichtigsten und mitfühlendsten Menschen, die ich kenne, ihr Leben lang in kommerziellen Unternehmen gearbeitet haben, und einige der destruktivsten, die ich kenne, arbeiten im gemeinnützigen Bereich. Es gibt natürlich auch gegenteilige Fälle. Die verschiedenen Arbeitsfelder sind schlicht die äußeren Organisationsformen, die unterschiedlichen Zwecken dienen. Erst die Menschen machen die Organisationen zu dem, was sie sind und bestimmen, was sie tun.

Es ist ganz gewiss so, dass die Mitarbeiterkultur und die Ausrichtung einer Organisation wichtige Kriterien sind, egal ob sie gemeinnützig ist oder nicht, vielleicht sind es sogar die wichtigsten. Mir missfällt es, dass Firmen existieren, deren Hauptinteressen darin bestehen, für ihre Anleger einen möglichst hohen Shareholder-Value zu generieren. In meinen Augen ist das eine dürftige und völlig unergiebige Form, Menschen zu organisieren – denn letztlich sind Unternehmen doch nichts anderes als das: Institutionen, in denen Menschen organisiert werden, um einen bestimmten Zweck zu verfolgen. Auch wenn das scheinbar eine Auffassung ist, die dem vorherrschenden Denken der meisten Unternehmen entgegensteht, ist es eigentlich kein radikal neuer Gedanke; er wird in den Büchern zur Betriebswirtschaft oft diskutiert. Selbst der sogenannte Vater des Shareholder-Value, Jack Welch, der ehemalige CEO von General Electric (GE), äußerte nach seiner Zeit im Vorstand: „Wenn man es genau betrachtet, ist das gängige Konzept vom Shareholder-Value der größte Unfug aller Zeiten … Der Shareholder-Value ist keine Strategie, sondern ein Ergebnis."

Auch ist es eine Tatsache, dass die Märkte und Unternehmen nur dann gut funktionieren, wenn ihr Management gut ist und die Gesellschaft als Ganzes sie durch Regulierungen und von der Politik gesetzte Zielvorgaben kontrolliert oder engagierte Konsumenten und Gruppen sie zur Rechenschaft ziehen. Tom Friedman, ein Befürworter des freien Marktes, formulierte es einmal folgendermaßen: „Ich will die animalischen Kräfte, die den Kapitalismus notwendig antreiben, nicht abtöten, aber ich will auch nicht von ihnen gefressen werden."[80]

Eine Sache, die ich durch die Kampagnen, die wir bei Greenpeace gegen die Konzerne geführt haben, erkannt habe, war, dass wir ein Teil des Marktes waren, dass die Kampagnen, die wir gegen Unternehmensmarken wegen ihres Verhaltens in ökologischen oder sozialen Fragen führten, zu den Kräften des Marktes gehörten. Man könnte das auch als das Korrektiv des Gemeinwesens bezeichnen.

In der öffentlichen Debatte wird gern die Frage gestellt, ob man den freien Markt oder Regulierungen befürworte. Das ist eine trügerische Dichotomie und eine gefährliche Vereinfachung des Problems. Die Märkte funktionieren nur dank der Regulierungen. Auf unterster Ebene beispielsweise könnten Unternehmen ohne das Vertragsrecht gar nicht arbeiten – und das ist ja nichts anderes als Ausdruck des gesellschaftlichen Anspruchs auf Vertrauenswürdigkeit in Form von Struktur und Regeln. Regulierung ermöglicht es den Unternehmen überhaupt erst, Geschäfte zu machen, und gute Regulierungen machen die Geschäfte sogar noch besser. Was Umweltvorschriften angeht, haben manche wie der Havard-Professor Michael Porter lange schon argumentiert, dass strengere Regulierungen zum Schutz der Umwelt einen wesentlichen Wettbewerbsvorteil für ein Land darstellen, denn sie nutzen den Unternehmen mehr als dass sie den Geschäftserfolg behindern. Dieses Konzept ist als Porter-Hypothese bekannt.

In genetischer Hinsicht waren wir, wie Jared Diamond in *Der dritte Schimpanse* ausführt, vor nicht allzu langer Zeit noch Affen und dank bewusster Kontrolle sind wir Herr über die uns angeborenen negativen Veranlagungen. Regulierungen sind Manifestationen dieser bewussten Entscheidung für eine zivilisierte Gesellschaftsform, wobei sich die Definition von „zivilisiert" im Laufe der Zeit immer wieder entwickeln und verändern wird.

Was wir in Bezug auf den Klimawandel gesellschaftlich brauchen, sind klare und präzise Richtlinien, wie sich die Wirtschaft im Ganzen und jedes Unternehmen im Einzelnen im Umgang mit den Treibhausgasen zu verhalten hat. Dasselbe gilt für den gesamten Nachhaltigkeitssektor. Wenn die Regierungen danach handeln, bin ich sicher, dass Unternehmern und Märkten eine Schlüsselposition zukommen wird, die notwendigen Veränderungen effektiv in Gang zu setzen.

Zunächst jedoch zurück zu jenen Ökonomen, deren Theorien am besten deutlich machen, warum die Märkte das geeignete Instrument sind, um die Umwandlungsphase des Großen Bruchs zu gestalten.

Schumpeter beschreibt ausgezeichnet den unverzichtbaren Prozess, der die Wirtschaft unaufhörlich von innen heraus revolutioniert, indem er Altes zerstört und Neues erschafft. Obwohl ich ein Freund wohlregulierter Märkte bin, ist in meinen Augen völlig klar, dass wir große Teile des alten Wirtschaftssystems zerschlagen und durch neue Wirtschaftszweige ersetzen müssen. Dazu ist Schumpeters „Zerstörung" vieler bestehender Konzerne notwendig, von denen es einige mehr als verdient haben. Wenn es nach mir ginge, stünde zum Beispiel Exxon Mobil ganz oben auf der Liste.

Während dieses Umwälzungsprozesses müssen wir jedoch dafür sorgen, dass das System als Ganzes so stabil und produktiv wie möglich bleibt und für die Menschen der jeweiligen Volkswirtschaften genügend Arbeitsplätze, Waren und Dienstleistungen bereitstellt. An diesem Punkt wird man das System – die Weltwirtschaft und die globale Gesellschaft – von seinen Komponenten, nämlich den einzelnen Unternehmen, Technologien und Produkten, trennen müssen.

Unternehmen und Märkte operieren innerhalb eines solchen Systems. Ein System, in dem NGOs gegen Fehlverhalten von Unternehmen vorgehen und sie zur Rechenschaft ziehen können. Ein System, in dem Regierungen die Regeln ändern können, wenn das im Interesse ihrer Bürger erforderlich ist und somit einige Unternehmen aus dem Verkehr ziehen und die Voraussetzungen für das Entstehen neuer schaffen können. Natürlich wird das nicht ständig geschehen, gelegentlich aber schon. Das ist im Konzept des Gesamtsystems so vorgesehen und macht deutlich, was im Rahmen dessen an Gestaltungsspielraum gegeben ist.

Der Fehler, den wir beim Management dieses Systems gemacht haben, war der, dass wir die Wirtschaft einem schutzwürdigen Götzen gleich aufs Podest gehoben haben, wobei das wirtschaftliche Wachstum zum Maß aller Dinge wurde und die derzeitigen Firmen zur Basis dieses Podestes. Die zugrundeliegende Annahme lautete: Wenn die Regierungen sich vor allem darum kümmern, das wirtschaftliche Wachstum voranzutreiben, ergibt sich der Rest von allein.

Jetzt aber ist der Moment gekommen, wo anständige Regierungen erkennen sollten, dass die Wirtschaft dem Volk und der Lebensqualität der Menschen zu dienen hat und auch danach handelt. Ich sehe ein, dass die einzelnen Komponenten des Systems, also Firmen, Arbeiter und Investoren selbstverständlich und oft zu Recht etwas gegen Veränderungen haben. Niemand gibt gern auf, was er hat, also sträuben wir alle uns gegen Veränderungen. Daher brauchen wir eine Regierung, die sagt: „Ja, wir verstehen euer Anliegen, aber es gibt höhere Interessen, um derentwillen Veränderungen erforderlich sind; lasst uns gemeinsam dafür sorgen, dass dieser Wandel fair und gerecht vonstatten geht. Stattfinden wird er jedoch.“

Im Detail ist dies natürlich eine Frage von Abstufungen. Während der heftigen öffentlichen Kontroverse, die 2009 in Australien um eine Gesetzesänderung zum Klimaschutz entbrannte, hatte ich ein privates Gespräch mit einem Geschäftsführer, in dem das Problem deutlich zutage trat. Er sprach mit mir darüber, auf welche Weise er für diese „völlig unerwartete Wende" in den Bestimmungen zur CO_2-Reduzierung entschädigt werden sollte. Ich dachte nur: „Wenn das für Sie zum gegenwärtigen Zeitpunkt, nach zwanzig Jahren der Diskussion, noch unerwartet kommt, dann sind Sie als Geschäftsführer offenbar völlig inkompetent. Wenn Sie dies nicht als eines der Risiken dieser Tage erkannt haben, dann haben Sie schlicht und ergreifend Ihre Arbeit nicht anständig gemacht." Selbstverständlich habe ich ihm das nicht mit diesen Worten gesagt!

Einer der Gründe dafür, dass Schumpeters Marktwirtschaft funktioniert, ist, dass Unternehmen und Investoren Risiken eingehen, und diese Risiken mit Blick auf die zu erwartenden Konsequenzen handhaben. Wenn sie sich darin täuschen, scheitern sie und bezahlen den Preis dafür. Die Aufgabe des Staates ist es, dafür zu sorgen, dass das Wirtschaftssystem als Ganzes effektiv arbeiten kann, und nicht, jeden einzelnen Marktteilnehmer vor Veränderungen zu schützen.

Was also den Fall des oben erwähnten Managers angeht, kann man von einer Regierung zwar verlangen, dass sie alles dafür tut, dass der Übergang so reibungslos wie möglich über die Bühne geht, insbesondere, wenn solch eine Veränderung nicht vorhersehbar war. Aber im Falle schlechter Risikobewertungen müssen die Firmen die Verluste tragen und in Bezug auf den Klimawandel sind diese Risiken lange genug bekannt gewesen. Je weiter wir voranschreiten, desto deutlicher werden sie; es wird also mit Sicherheit Verluste geben. So funktionieren die Märkte nun einmal.

Das wirft die Frage auf, welche Rolle Unternehmen im Rahmen breit angelegter Nachhaltigkeit spielen können und spielen sollen. Während die einen eine zu kritische Einstellung gegenüber den Unternehmen und den Märkten haben und dabei Gefahr laufen, das Kind mit dem Bade ausschütten, haben andere unrealistische Erwartungen daran, was Unternehmen freiwillig zu tun bereit sind. Einen Großteil meines Arbeitslebens habe ich als Berater von Geschäftsführern und führenden Managern großer Konzerne in den USA, Europa, Asien und Australien verbracht.

Nachdem ich 1995 Greenpeace verlassen hatte, habe ich Ecos Corporation aufgebaut. Mich begeisterte der Gedanke, dass man die Geschäftswelt dazu bringen könnte, Veränderungen in Richtung

Nachhaltigkeit voranzutreiben. Um diese Idee zu erproben, gründete ich meine eigene Beraterfirma. Einige befreundete Experten auf diesem Gebiet waren der Ansicht, dass es 1995 für eine tragfähige Existenzgründung auf diesem Gebiet noch zu früh sei und ich mehr Erfolgsaussichten mit dem Aufbau einer Nonprofit-Stiftung haben würde.

Ich war jedoch überzeugt, dass ich nach Jahren als Umweltaktivist selbst Geschäftsmann sein müsste, um das Vertrauen von Unternehmensführern zu gewinnen. Ich wollte außerdem genau wissen, wie die Geschäftswelt funktioniert, und das bedeutete, herauszufinden, wie es ist, unternehmerisch tätig zu sein, wie es sich anfühlt, wenn das Einkommen und die Sicherheit der eigenen Familie vom Erfolg des Unternehmens abhängig ist. Und so fand ich bald heraus, dass man in einer gut finanzierten Nonprofit-Organisation über Jahre der falschen Idee anhängen kann, der Markt hingegen sehr viel rücksichtsloser darauf reagiert, wenn man die Bedürfnislage der Welt falsch eingeschätzt hat. Als Geschäftsleute mussten wir uns also gezwungenermaßen an das halten, was für den Markt von Bedeutung war, und konnten uns nicht erlauben, allzu sehr davon abzuweichen.

Die Firma war schließlich 13 Jahre lang erfolgreich tätig, bis sie 2008 verkauft wurde. Wir bauten ein Team aus 20 unglaublich engagierten und gut ausgebildeten Fachleuten auf, die auf der ganzen Welt Firmen berieten, wie Fragen der Nachhaltigkeit als Faktoren am Markt zu sehen seien und sich in die Geschäftsstrategien integrieren ließen. Unsere Kunden kamen aus allen möglichen Branchen und Ländern, darunter Unternehmen wie DuPont, Ford, Diageo, BHP Billiton, WMC, ANZ Bank, Insurance Australia Group, China Light and Power, Zurich Financial Services, Placer Dome, KPMG und Anglo American.

Ich erwähne das, um zu verdeutlichen, dass ich meine Ansichten zum Wirtschaftsgeschehen nicht bloß aus der Beobachterposition gewonnen habe. Sie sind aus meiner Erfahrung als Geschäftsinhaber und Unternehmer entstanden, als der ich über ein Jahrzehnt auf der ganzen Welt mit Firmen der obersten Kategorie zusammengearbeitet und dabei gesehen habe, was für eine Firma, die eine Spitzenposition anstrebt, möglich ist und was nicht.

Aus den bereits erwähnten Gründen vertraten wir unseren Kunden gegenüber stets den Standpunkt, dass jede Geschäftsstrategie an einer klaren sozialen Zielsetzung ausgerichtet sein sollte. Aber uns war natürlich klar, dass unsere Kunden auch Rechnungen zu bezahlen hatten und zudem eine nennenswerte Rendite erwirtschaften wollten. Das war für uns kein beiläufiger Nebengedanke nach dem Motto: „Oh ja, Sie müssen natürlich auch Geld verdienen", sondern war ein zentrales Anliegen unserer Arbeit. Zu der Zeit lag das Augenmerk der unternehmerischen Verantwortung auf der sogenannten „Triple Bottomline", dem dreifachen Saldo; diesen Begriff prägte mein guter Freund John Elkington, der Gründer der britischen Firma SustainAbility und einer der weltweit überragendsten Pioniere auf dem Gebiet unternehmerischer Nachhaltigkeitsstrategien. Dieser Begriff besagt, dass ein Unternehmen wirtschaftliche Leistungsfähigkeit, Umweltschutzqualität und soziale Verantwortung in Einklang bringen und darüber ebenso Rechenschaft ablegen muss wie über seine Umsatzzahlen.

Im Gegensatz dazu legten wir unsere Unternehmensberatung auf eine „single bottom line sustainability" an, was heißen sollte, dass das Gewinnstreben, ohne das kein Unternehmen erfolgreich ist, und die Bemühungen um Nachhaltigkeit ein einziges Anliegen sein sollten, die „Mission" eines Unternehmens – nicht als getrennte, sondern als parallele Bestrebungen.

2002 habe ich mit Don Reed und Murray Hogarth, zwei unserer erfahrendsten Berater, unter dem Titel *Single Bottom Line Sustainability* einen umfassenden Bericht vorgelegt. Er hat unter den Vertretern der Unternehmensnachhaltigkeit weltweit für ziemlichen Aufruhr gesorgt, weil wir darin den Standpunkt vertreten, Unternehmen sollten *ausschließlich* nachhaltig agieren, wenn der Firma daraus ein klar benennbarer wirtschaftlicher Nutzen entstehe.

Es verhielt sich nicht so, dass wir der Meinung waren, der Shareholder-Value stelle einen Selbstzweck dar. Ecos folgte seiner eigenen Strategie und war strikt zielorientiert. Wir haben immer transparent gemacht, dass unser Geschäft darin bestand, einen Wandel zu mehr Nachhaltigkeit herbeizuführen und nicht einfach alles zu tun, wofür uns die Kunden bezahlten. Wir erkannten jedoch, dass unsere Kunden unseren Empfehlungen nur dann folgen würden, wenn sie zu

Wertschöpfungen führten. Wenn wir nachhaltiges Handeln und Nachhaltigkeit vorantreiben wollten, musste dieses Handeln auch messbaren finanziellen Erfolg für die Unternehmen beinhalten.

Das wohl Wichtigste, das ich in den mehr als zehn Jahren meiner Tätigkeit lernte, war, dass der Handlungsrahmen einer Firma für Belange der Nachhaltigkeit so lange vom materiellen Erfolg abhängig ist, wie der Markt und seine Gesetzmäßigkeiten über Erfolg oder Misserfolg bestimmen. Auch wenn wir unsere Kunden erfolgreich zu den richtigen Strategien bewegen konnten, stießen selbst die besten unter ihnen an die Grenzen, die ihnen als marktführenden Unternehmen durch die Trends der Märkte auferlegt wurden.

Eine unserer wesentlichsten Geschäftsbeziehungen war die zur Ford Motor Company, wo wir mit vielen Geschäftsführern zusammenarbeiteten, vor allem aber mit Jacques Nasser als CEO und in gewissem Umfang mit Bill Ford als Aufsichtsratsvorsitzendem. Wir arbeiteten an diesem Auftrag gemeinsam mit Geoff Lye und seinem Team von SustainAbility aus Großbritannien.

Ford befand sich im klassischen Dilemma der nachhaltigen Unternehmensführung. Zu diesem Zeitpunkt machten sie den meisten Gewinn mit dem Verkauf von SUVs und Pick-ups. Das war bislang eine sehr erfolgreiche Strategie gewesen, aber nach ein paar Jahren kristallisierte sich heraus, dass der Absatz stagnierte und dass das zunehmende öffentliche und gesetzgeberische Interesse in Bezug auf Sicherheit und Treibstoffverbrauch zu einem Konflikt zwischen kurzfristiger Gewinnstrategie und langfristiger Geschäftsstrategie führte. Es bestand das ernstzunehmende Risiko, dass durch gesetzgeberische Bestimmungen oder durch ein verändertes Käuferverhalten plötzliche Marktverschiebungen entstehen könnten, die Ford empfindlich treffen würden. Bill Ford hatte sogar den Mut, dieses Thema aufzugreifen und öffentlich zur Diskussion zu stellen.

Wir sahen uns mit aufstrebenden Führungskräften und der Forschungsabteilung von Ford die neuesten Ergebnisse der Klimaforschung an und besprachen die Konsequenzen für die Produktstrategie bei Ford. Sie erkannten, dass der Markt sich an einem bestimmten Punkt unausweichlich verlagern würde und dass Ford wegen des langen Vorlaufs, den ein neues Produkt in der Autobranche hat, den Fokus seiner Firmenstrategie auf den Treibstoffverbrauch und den Klimawandel legen musste, um auf diese Veränderungen vorbereitet zu sein. Nasser erfasste den strategischen Imperativ in dieser Frage und ließ uns bei verschiedenen Gelegenheiten mit dem gesamten Vorstand sprechen, damit wir den Fortgang des Strategiekonzeptes vorstellen und den Vorstandsmitgliedern den aktuellen Kenntnisstand zum Klimawandel und anderen wirtschaftlich relevanten Nachhaltigkeitsfaktoren vermitteln konnten. Nasser begriff, dass eine Strategie, die von einem niedrigen Ölpreis abhing, von einer preissensiblen, nicht erneuerbaren Ressource, riskant war, und dass sich die grundlegende Ausrichtung eines Konzerns von der Größe Fords nicht auf die Schnelle ändern lassen würde.

Bei Ford haben viele Leute dieses Thema begeistert aufgenommen; insbesondere die Nachwuchsmanager sahen darin die Zukunft des Unternehmens, und sie arbeiteten hart an diesem Wandel. Unglücklicherweise erlebte Ford während dieser Zeit, ausgelöst durch erhebliche Sicherheitsprobleme aufgrund des Rückrufs der Firestone-Reifen sowie durch die Rezession von 2001, eine Firmenkrise, durch die die Firmenführung vom Thema der langfristigen Nachhaltigkeitsplanung abkam.

Nasser hatte verstanden, worum es geht, er war eine treibende unternehmerische Kraft dieser sehr traditionsreichen Firma – und wurde in den Medien sogar als die Kampfmaschine aus Australien tituliert. Bill Ford war persönlich absolut von der Nachhaltigkeitsthematik überzeugt und befürwortete sogar eine Spritsteuer, zudem umgab ihn die besondere Aura, der legendären Familie Ford anzugehören. Da es den beiden aber nicht gelang, eine schlagkräftige Allianz zu bilden, verließ Nasser die Firma.

In den nächsten Jahren befand sich das Unternehmen in der Krise; danach hat Ford gute Arbeit geleistet, unter anderem haben sie den weltweit ersten Hybrid-SUV herausgebracht sowie einige hervorragende Kleinwagenmodelle (wie den Focus) entwickelt, die sehr erfolgreich waren.

Noch ein paar Jahre später bekam Ford jedoch erneut Schwierigkeiten, als sich die Stimmung der Verbraucher aufgrund steigender Ölpreise plötzlich änderte und Fords absatzstärkste Sparten, SUVs und Kleinlaster, einbrachen – was just mit der nächsten weltweiten Rezession zusammenfiel und die Schwierigkeiten noch verschärfte.

Da sie schon zu einem früheren Zeitpunkt sparsamere Modelle auf den Markt gebracht hatten, standen sie zum Zeitpunkt der Krise eigentlich besser da als General Motors und konnten den Betrieb auch ohne die Unterstützung der Regierung aufrechterhalten. Aber Ford schöpfte sein Potenzial, in Sachen umweltfreundlicher Autos zur treibenden Kraft Amerikas zu werden, nicht voll aus und vertraute letztlich doch zu sehr auf die größeren, schwereren Fahrzeuge. Sie erhielten auch keinerlei Anreiz der Regierung, das zu verändern: die US-Regierung hielt die Spritpreise konstant niedrig und legte Brennstoff-Verbrauchsnormen fest, die auf den Weltmärkten nicht wettbewerbsfähig waren.

Diese ganze Erfahrung war sehr lehrreich für den Umgang mit kulturellen Gegebenheiten und Führungskräften, wenn man Veränderungen vorantreiben möchte. Diese Faktoren haben enormes Gewicht, wenn es darum geht, was eine Firma im Rahmen der bevorstehenden großen Umwälzungen tun wird und was nicht. Ford hat natürlich überlebt und steht heute wieder gut da, aber ob das auch weiterhin der Fall sein wird, wenn der Große Bruch erst im vollen Gange ist, bleibt abzuwarten. Und wer weiß, was möglich gewesen wäre, wenn es Nasser, dem Agenten des Wandels, und Bill Ford, dem Umweltschützer, gelungen wäre, ein tatkräftiges Team zu bilden.

Zumindest wird Nasser seine Erfahrungen in Sachen Klimawandel nun als Vorsitzender des Verwaltungsrates des Bergwerkkonzerns BHP Billiton gut nutzen können.

Die Interessen dieses weltgrößten Rohstoffkonzerns, der in eine breite Palette von Wirtschaftsgütern, darunter Kohle und Uran, investiert hat, sind somit auf beiden Seiten der Auseinandersetzung ums Klima angesiedelt.

Eine andere wichtige Geschäftsbeziehung hatte Ecos mit DuPont. Wir arbeiteten dort mit Dr. Paul Tebo zusammen, der federführend für den Bereich Nachhaltigkeit war und der wirkungsvollste Betreiber unternehmerischen Wandels ist, den ich je kennengelernt habe. Die meiste Zeit meiner Zusammenarbeit mit DuPont war Chad Holliday der Geschäftsführer, der als besonders engagierter und umsichtiger CEO unter all den Unternehmensleitungen, mit denen ich weltweit zusammengearbeitet habe, bis heute eine Sonderstellung einnimmt. Chad hatte von 1998 bis 2008 die Verantwortung für die Umgestaltung DuPonts in Richtung Nachhaltigkeit.

Meine Lieblingsanekdote zu Chad ist ein schönes Beispiel für den Punkt, den ich bereits angesprochen habe: nämlich welch große Bedeutung der sozialen Zielsetzung im Aufbau einer Firma zukommt, bei der der Shareholder-Value zwar ein Gradmesser des Erfolgs ist, nicht aber ein organisatorisches Prinzip.

Ich hielt gemeinsam mit Chad einen Vortrag vor DuPonts Leitern für die Bereiche Sicherheit und Nachhaltigkeit. Ich brachte die Sprache auf DuPont als Institution und für wen das wirklich relevant sei. DuPont ist als Unternehmen sehr stolz auf seine zweihundert Jahre alte Geschichte, mit der man sich in der Firma stark identifiziert. Man bekommt unweigerlich etwas von dieser Unternehmenskultur zu spüren, wenn man sich dort aufhält. Also sagte ich provozierend zu Chad und den anderen Führungskräften: „Was wäre schlimm daran, wenn es DuPont nicht mehr gäbe? Ihr produziert doch auch nur Dinge und schafft Arbeitsplätze; wenn es euch nicht mehr gibt, können wir euch durch ein anderes Unternehmen ersetzen, das ähnliche Dinge produziert und ebenfalls Arbeitsplätze schafft."

Die anschließende Diskussion war lebhaft, und ich konnte sehen, wie das Leuchten in den Augen der Anwesenden erlosch. Wenn das Unternehmen keine wirkliche Bedeutung hatte, wenn es nicht viel mehr war als eine Maschinerie, die Dinge und Jobs hervorbringt, dann hatte es für die Gesellschaft als Institution keinen immanenten Wert. Natürlich ist der Shareholder-Value von Bedeutung, aber er ist keine Existenzberechtigung. Niemand liegt reuevoll auf dem Sterbebett und klagt: „Meine Güte, hätte ich doch nur mehr Dividende für die Aktionäre erwirtschaftet, dann wäre mein Leben sinnvoller gewesen!"

Chad nahm mich hinterher beiseite und sagte: „Mir ist jetzt klar, worauf du hier hinauswillst; mach weiter!" Er hatte verstanden, dass die Zielsetzung ein Kernpunkt der Unternehmenskultur sein muss und mithin auch für den finanziellen Erfolg. Wir arbeiteten mit der Firma anschließend einige Jahre an verschiedenen Themenstellungen – brachten sie mit verschiedenen externen Projektbeteiligten zusammen, richteten ihr Unternehmensportfolio auf Nachhaltigkeit aus, taten neue Geschäftsbereiche auf, in die sie investieren konnten, und unterstützten sie bei ihren Bemühungen, auf Änderungen der Verordnungen hinzuwirken, sodass sie im Gegenzug schließlich davon profitierten, sauberer zu arbeiten als ihre Mitbewerber.

Eines dieser Projekte bestand darin, das Profil und die Kernkompetenz der Firma auszuarbeiten. DuPont ist weltberühmt für die Sicherheit am Arbeitsplatz, die tatsächlich außergewöhnlich hohen Standard hat. Dr. Paul Tebo, dessen Spitzname „Hero of the Zero" war, weil er rückhaltlos für die vollständige Vermeidung von Arbeitsunfällen eintrat, hatte für den Arbeitsschutz Programme aufgelegt, die auf einer zweihundertjährigen Firmentradition aufbauen konnten.

Zu diesem Zeitpunkt erweiterte Paul gerade den Fokus auf den Bereich Nachhaltigkeit und hatte mit Chad und den Mitgliedern der Unternehmensführung daran gearbeitet, die Zielrichtung des Unternehmens auf gesellschaftliche Werthaltigkeit auszurichten und dafür zu sorgen, dass die Bedürfnisse der Gesellschaft mithilfe von Wissenschaft erfüllt werden können.

Ziel war es, die sozialen Anforderungen unter minimaler Beeinträchtigung der Umwelt zu erfüllen und dies unabdingbar mit der Wertschöpfung für die Aktionäre zu verknüpfen – was sie „nachhaltiges Wachstum" nannten. Das war eine wesentliche Veränderung für einen Chemiekonzern, den Greenpeace einmal als „den weltgrößten Umweltverschmutzer" attackiert hatte. Damals hatte das Unternehmen das Toxic Release Register (TRI) der USA angeführt, in denen die Schadstoffemissionen einzelner Konzerne aufgelistet sind.

Da Sicherheit zum Kern von DuPonts Firmenkultur gehörte, kamen Chad und sein Team überein, dass dies das ideale Erprobungsfeld für die neue Strategie wäre. Unter der Leitung von Ellen Kullman fassten sie die verschiedenen sicherheitsbezogenen Unternehmenssparten zu einer Abteilung unter dem Oberbegriff Lebensrettung zusammen. Dazu gehörte die Herstellung von Produkten wie Nomex (feuersichere Kleidung für Feuerwehrleute) und Kevlar (stich- und schusswaffensicheres Material) sowie der Zweig der Sicherheitsberatung (DuPont Safety Resources unter Leitung von Jim Forsman). Natürlich wollten sie damit Wertschöpfung generieren, aber an der Sprache, die Ellens und Jims Teams gebrauchten, war zu erkennen, dass sie das Thema „Leben retten" sehr ernst nahmen und Ziele der

Lebensrettung auf Ebene von Ländern und Regionen festlegten. Es bestimmte tagtäglich ihren Sprachgebrauch. Die Abteilung wuchs erfolgreich und als Chad sich zur Ruhe setzte, wurde ihre Leiterin, Ellen Kullman, zur globalen Konzernchefin.

Unter allen Projekten bei Ecos war die Zusammenarbeit mit DuPont vielleicht die erfolgreichste, denn der Konzern hat sein Geschäftsmodell vollständig umgekrempelt und sich von einem Shareholder-Value-orientierten Chemie- und Mineralölprodukthersteller zu einem zweckorientierten Wissenschaftsunternehmen gewandelt, das herausgefunden hat, wie man Geld damit verdienen kann, Gutes zu tun. Das Unternehmen war immer noch streng am finanziellen Gewinn orientiert, aber unter dem Schild eines klaren sozialen Ziels.

Als ich vor kurzem einmal bei DuPont vorbeischaute, um zu sehen, welche Fortschritte sie seit unserer Tätigkeit dort erzielt hatten, war ich sehr erfreut über das, was ich zu hören bekam. Nachdem Paul Tebo 2003 in den Ruhestand gegangen war, wurde Linda Fisher seine Nachfolgerin. Lindas Zuständigkeit wurde erweitert, ihr Titel lautete nun Chief Sustainability Officer, was Tebos richtungsweisendem Erfolg Rechnung trug, Nachhaltigkeit als Auftrag, Zielsetzung und Richtlinie für weiteres Wachstum wahrzunehmen, anstatt sie nur als Mittel zum Zweck zu betrachten. CEO Ellen Kullman hat DuPonts Wachstum nun um vier Megatrends herum ausgerichtet, die alle sehr gut mit den Erfordernissen des Großen Bruchs korrespondieren: Ein Hinarbeiten auf eine ausreichende Nahrungsmittelversorgung, Reduzierung der Abhängigkeit vom Erdöl, Schutz von Mensch und Umwelt und Engagement in den Emerging Markets. DuPont verwendet nun 75 Prozent seiner Gelder für Forschung und Entwicklung für diese vier Bereiche. Ellens Aufgabe ist es, die Geschäftsbereiche darin zu unterstützen, in solchen Nachhaltigkeitstrends Gestaltungsinstrumente für ihre jeweilige Marktstrategie zu erkennen. Sie sagte mir, allein in den vergangenen paar Jahren sei jetzt auch ein „Pull-Effekt" durch die kundenseitige Nachfrage zur Nachhaltigkeit ihrer Angebote festzustellen gewesen.

Doch selbst DuPont stößt an die Grenzen des Managements. Sie haben mehr Produkte und Lösungsangebote für die umweltspezifischen und sozialen Wünsche der Kunden, als der Markt bisher aufnehmen kann. Ihre leichteren Autos, ausgeklügelten Baustoffe sowie eine Palette weiterer kluger Nutzanwendungen der Forschung, die ohne durch Umweltverschmutzung verursachte Kosten produziert werden, finden gute Absatzmärkte vor, doch hat sich bisher ihre Vorreiterrolle nicht sonderlich bezahlt gemacht. Aufgrund dieser Erkenntnis lenken sie ihre Aufmerksamkeit nun verstärkt darauf, die Regierung zu einer Politik verschärfter Normen zu bewegen; Chad spielte hier eine große und stimmgebende Rolle bei den Themen, in denen ihm die Geschäftswelt bislang nicht in nennenswertem Umfang gefolgt ist, etwa, was die Festlegung von Emissionshöchstwerten für CO_2 angeht. Ellen führt diesen Ansatz fort, doch andere Unternehmen stellen sich solchen Maßnahmen nach wie vor entgegen.

Damit sollen DuPonts substanzielle Errungenschaften und Verdienste nicht geschmälert werden. Sie sind ein glänzendes Beispiel dafür, was man als Unternehmensführung erreichen kann.[81] Weit davon entfernt, perfekt zu sein und trotz einer Geschichte als großer Umweltverschmutzer ist das Unternehmen doch der Spitzenreiter seiner Klasse und sein gesellschaftlicher Beitrag und der zur öffentlichen Diskussion war substanziell und fand verdientermaßen Anerkennung.

Ich führe dieses Beispiel an, um zu zeigen, dass selbst DuPont, als eine der weltweit progressivsten unter den etablierten Firmen, mit 60.000 Angestellten und einem Umsatz von 30 Milliarden Dollar, und trotz eines begeisterten und engagierten Managements wenig Einfluss auf das gesamte Marktgeschehen hat, wenn die Rahmenbedingungen noch nicht geschaffen sind, die eine solche Vorreiterrolle belohnen.

Das bringt uns zurück zur Rolle des Staates.

In den 15 Jahren, in denen ich als Berater und Geschäftsinhaber tätig war, habe ich gelernt, auf welche Weise die Märkte zu anstehenden Problemlösungen beitragen können und auf welche nicht. Die Märkte haben viel Macht, aber ein Unternehmen wird nichts in Angriff nehmen, das nicht profitabel ist. Solange die Verschmutzung der Umwelt für die Industrie kostenlos ist, wird sie es tun. Die nobelsten unter den Unternehmen werden der Strömung eine Zeitlang widerstehen, aber letztlich wird dieser Strom sie hinwegspülen.

Die Lösung liegt in strikten Regierungsauflagen; in der allgemeinen Diskussion wird zwar behauptet, dies sei schädlich für die Wirtschaft, doch ist das Gegenteil der Fall. Wie der Harvard-Professor Michael Porter so brillant bewiesen hat, sorgen strengere Normen und Richtlinien seitens des Gesetzgebers dafür, dass die Wettbewerbsfähigkeit der Länder und Unternehmen gestärkt wird, nicht geschwächt.[82] Wenn die US-Regierung sich für Kraftstoffverbrauchsnormen wie in Europa und Japan stark gemacht hätte, wären Ford und GM gar nicht erst in solche Schwierigkeiten geraten, als der Ölpreis derartig stieg, und DuPont hätte dort mehr Leichtmaterialien verkaufen können, wodurch mehr amerikanische Arbeitsplätze entstanden wären.

Die Industrie wird kaum von sich aus solche Standards einfordern. Tatsächlich hat die Automobilindustrie strengere Treibstoffverbrauchsnormen vehement bekämpft, im Irrglauben, sie schadeten dem Geschäft. Die Regierung wird mit fester Hand nach Art wohlmeinender Eltern den unverantwortlichen Heranwachsenden Grenzen setzen müssen, um aus ihnen vernünftige Erwachsene zu machen.

Die wesentlichen Umstrukturierungen, die uns bevorstehen, werden also vorrangig von Regierungen eingeleitet und dann von der Wirtschaft und den Märkten umgesetzt werden. An der Stelle werden sich dann jene Firmen, die, wie DuPont, am besten vorbereitet sind, auch am besten im Wettbewerb behaupten können. Daraufhin werden viele der fortschrittlicheren Unternehmen erkennen, dass diese Maßnahmen richtig sind und werden strengere Bestimmungen im eigenen Interesse aktiv unterstützen. Aber es wird die Regierung sein, die sie einführen muss. Den Tiger der Märkte zu bändigen – das ist ihre Aufgabe.

Wie soll das in der Praxis aussehen? Wenn schließlich alle aufwachen, wird die Regierung unter dem Druck der Bürger und fortschrittlicher Firmen den Rat der Wissenschaft einholen. Die steht schon bereit und wird zum gegebenen Zeitpunkt sogar noch besser dastehen. Beispielsweise, wenn es darum geht, die CO_2e-Emissionen umgehend und drastisch zu reduzieren – diese Empfehlungen werden dann die Rahmenvorgaben der Politik sein.

Der oben bereits skizzierte Ein-Grad-Kriegsplan entwirft ein Szenario, wie das unter Berücksichtigung der erforderlichen Konsequenzen vonstatten gehen könnte. Auch wenn das konkret aufgelegte Programm davon im Einzelnen abweichen mag, ist es unwahrscheinlich, dass dasselbe für Ausmaß und Timing gilt.

Dies wird dann bei alteingesessenen Firmen genauso wie bei jungen Unternehmen eine Flut neuer Investitionen auslösen, die ganze Branchen auf den Kopf stellen werden. Die neuen Firmen werden für die etablierten eine ernste Bedrohung darstellen, so wie das in der Autoindustrie bereits zu beobachten ist, wo weltweit agierende Riesenkonzerne und kleine Läden darum wetteifern, die ersten massentauglichen Elektroautos auf den Markt zu bringen. Das ist nur ein Beispiel für die Umwälzungen, die die Spielregeln des Marktes und ganzer Branchen ändern werden.

Schumpeters schöpferische Zerstörung besagt, dass es viele unserer derzeitigen Unternehmen nicht schaffen werden, eine ganze Anzahl hingegen wohl. Demzufolge werden Sie von den Namen eines Gutteils der Firmen, die in 20 Jahren zu den Top 100 gehören, derzeit noch nicht einmal gehört haben, obwohl es sie auch heute schon gibt, diese Firmen, die darauf brennen, die alten Hasen aus dem Feld zu schlagen. Genau dazu sind Märkte gut.

Wie all das am Ende genau aussehen wird, welche Technik, welche Märkte und welche Länder dann zu den Gewinnern gehören, kann man nicht sagen, wohl aber wie das Gesamtergebnis aussehen wird. Wenn wir handeln, werden wir die CO_2e-Emissionen erstaunlich schnell aus dem Produktionsprozess verbannen können und uns dann den weiteren Bereichen der Nachhaltigkeit widmen.

Langsam, aber nicht blöd.

Kapitel 12

Kreative Zerstörung im Schnelldurchlauf –
Altes raus, Neues rein

Wann immer ich vor Geschäftsleuten einen Vortrag darüber halte, welch dramatischer Wandel bevorsteht, gibt es immer ein paar, die darauf erwidern: „Ich kann nachvollziehen, *wieso* das nötig ist, aber ich sehe nicht, *wie* das gehen soll; daher glaube ich nicht, dass so etwas passieren wird.“

Wenn ich dann sage, es sei unvermeidlich, weil wissenschaftliche Forschungsergebnisse besagen, dass diese Reduzierung wesentlich sei für die wirtschaftliche und soziale Stabilität, geben sie zur Antwort: „Ja, aber ich weiß einfach nicht, *wie*“, und sprechen dann von den beschränkten Möglichkeiten heutiger Technologien, den Grenzen, die einem die Märkte, Förderungen, gesetzlichen Bestimmungen, die öffentliche Unterstützung und dergleichen setzen. Ich frage dann: „Und wie stellen Sie sich das stattdessen vor? Sollen wir einfach zusehen, wie alles zusammenbricht?“ Es kommt selten eine überzeugende Antwort, vielmehr die bloße Wiederholung von Gründen, aus denen ihrer Meinung nach nichts passieren wird.

Mir ist diese Reaktion inzwischen verständlich, aber erst, seit ich vor ein paar Jahren mit dem Geschäftsführer eines großen global operierenden Kohlekonzerns gesprochen habe. Wir hatten ein privates Gespräch über Umfang und Tempo, in dem sich der Wandel in der Klimapolitik vollziehen werde. Ich legte dar, dass wir den Wandel auf der Grundlage der wissenschaftlichen Ergebnisse rasant entwickeln müssten, weil wir ohnehin schon so viel Zeit verloren hätten. Und zwar aufgrund von Verzögerung, für die Wirtschaftsvertreter wie er eingetreten waren. Sofern es keinen nennenswerten Fortschritt bei der Sequestrierung des CO_2 gebe, werde es zu einem Niedergang der Kohle kommen. Er erwiderte, dass er sich nicht vorstellen könne, *wie* es dazu kommen sollte. Er sagte, es gebe schlicht zu viel Kohle, und die sei ein zu starker Motor für die Wirtschaft, als dass man aufhören könne, sie zu verfeuern. Die Gesellschaft brauche Energie und Kohle sei reichlich vorhanden und billig. Plötzlich ging mir auf, wie grundverschieden unsere Sicht der Dinge in Bezug auf die Rahmenbedingungen von Unternehmensstrategien war.

Er sah die Welt mit den Augen eines Ingenieurs. Er musste sich vorstellen können, *wie* etwas vonstatten gehen würde, damit er glauben konnte, *dass* es passieren würde. Das ist übrigens eine gute Eigenschaft von Ingenieuren, die mit den konstanten Prinzipien der Physik arbeiten. Aber in diesem Fall bezog sich das Wie dieses Geschäftsführers nur auf den Kontext der aktuellen Marktsituation, wo der Preis den Erfolg bestimmte und die Unterstützung durch die Politik groß war. Aus seiner Sicht auf die Dinge sah er zwar, was die Forschung gebot, doch er konnte sich, obwohl er eigentlich ein ganz vernünftiger Mensch war, nicht vorstellen, dass die Welt auch danach handeln würde. Er dachte gar nicht erst weiter darüber nach, was das in der Folge bedeuten würde, da für ihn das Ergebnis ohnehin von vornherein feststand: Es würde keine Veränderungen geben. Sein persönliches Interesse und das seiner Firma begünstigten diese Sicht natürlich, aber das war nicht das einzige Motiv.

Meine Weltauffassung war die eines Systematikers und Umweltaktivisten. Ich sah, was auf Grundlage dessen, was die Wissenschaft uns als Konsequenz im Falle unterbleibenden Handels prognostizierte, geschehen *musste*. Ich wusste, dass die Gesellschaft im eigenen Interesse zu Veränderungen kommen musste, um sich den unausweichlichen Gegebenheiten anzupassen.

Aus meiner Perspektive war klar, dass sein Konzept, das davon ausging, wir würden noch jahrzehntelang weiter Kohle verbrauchen, nicht aufgehen könnte. Für mich war die Machbarkeit der Reduzierung zweitrangig – ich war sicher, dass sich eine Lösung finden würde – für ihn stand sie an erster Stelle. In meinen Augen mussten wir entweder das CO_2 reduzieren und er würde dadurch seinen Absatzmarkt einbüßen, oder die Weltwirtschaft würde unter den Folgen des Klimawandels zusammenbrechen und er würde ebenfalls keine Kohle mehr verkaufen können. Wenn er sich umschaute, sah er nur, dass der Energiebedarf stieg, Kohle billig war und viele Industrieländer Kohle stark subventionierten. Daher waren für ihn die Ergebnisse der Forschung zwar wichtig, aber nur theoretisch. Wir einigten uns darauf, unterschiedlicher Auffassung zu sein.

Die Wissenschaft ist auf diesem Gebiet von zentraler Bedeutung für die Geschäftsstrategie. Die Wissenschaft ist auch der Grund dafür, dass ich hinsichtlich zukünftiger Entwicklungen so zuversichtlich bin. Die Welt ist ein System, zu dem das Ökosystem, der Markt und die Gesellschaft gehören. Das bedeutet, dass wir – ohne alles im Einzelnen genau vorhersagen zu können – aufgrund naturwissenschaftlicher Erkenntnisse und des historischen Wissens um menschliche Reaktionsmuster bei Bedrohung mit einiger Sicherheit prognostizieren können, wohin sich das gesamte System im Großen und Ganzen bewegen wird.

Ich gebe natürlich zu, dass immer eine gewisse Restunsicherheit bestehen bleibt; was aber die Überlegungen zu Geschäftsstrategien und die Pläne für unser Leben angeht, können wir ein paar Dinge ziemlich verlässlich vorhersagen. Wenn ich also sage „mit größter Wahrscheinlichkeit", meine ich genau das: eine Wahrscheinlichkeit, die so groß ist, dass sie einen zentralen Stellenwert für die Planung unserer Zukunft haben sollte.

Viele solcher Wahrscheinlichkeiten werden von den großen Global Players und Investoren derzeit ignoriert. In der Folge erwartet sie ein katastrophal hohes finanzielles Risiko, das sich auf den bisherigen Märkten noch gar nicht beziffern lässt.

Eine dieser Gewissheiten ist, dass das einzige zukünftige Ereignis, das man wirtschaftlich einplanen sollte, eine dramatische, diskontinuierliche Veränderung sein wird. Eingedenk der Tatsache, dass die Wirtschaft, wie die Wissenschaft sagt, unausweichlich in Abhängigkeit von der Umwelt operiert, muss es zwangsläufig dazu kommen. Sollte ich mich irren hinsichtlich der Vorgehensweise im Ein-Grad-Krieg oder wenn wir überhaupt nicht handeln sollten, dann wird die Wirtschaft unter den Auswirkungen des Klimawandels und anderer vernachlässigter Probleme im Bereich der Nachhaltigkeit zusammenbrechen. Auch das wird sich in dramatischem und diskontinuierlichem Wandel vollziehen. Und es hat wenig Sinn, dieses Szenario planen zu wollen, denn der Zusammenbruch der Weltwirtschaft wird so chaotisch verlaufen, dass alle heute getroffenen Wirtschaftspläne absolut bedeutungslos wären!

Um weiter zu erkunden, wie sich das alles auf die Märkte und Unternehmensstrategien übertragen lässt und wie Investoren diese

Situation zu bewerten haben, werde ich mich auf die Fragen von Klima und Energie konzentrieren. Es gibt selbstverständlich noch erheblich mehr Bereiche, in denen es zu Auswirkungen kommen wird, unter anderem in der Nahrungsmittel- und Agrarindustrie, in Transportwesen und Stadtplanung, Materialflusssteuerung, Herstellung und Verpackung. Aber die Konzentration auf Klima und Energie ermöglicht uns nicht nur einen kritischen Blick auf den Prozess, sondern auch auf die wichtigsten, kurzfristigen gesamtwirtschaftlichen Auswirkungen, bezogen auf die Märkte einerseits und die Emissionen andererseits.

Ich werde mit dem beginnen, was wir schon wissen, dem, was ich als größte Wahrscheinlichkeit bezeichnet habe. Dazu gehört, dass es für Kohle oder Öl keine große Zukunft geben wird, in Ermangelung einer bahnbrechenden neuen Technologie. Es ist mir durchaus bewusst, dass ich mich sehr weit aus dem Fenster lehne, wenn ich behaupte, dass so ziemlich jede Miene und jede Ölfirma in diesem Multimilliardengeschäft früher oder später am Ende sein wird. Das wird die meisten von ihnen sehr überraschen, darum will ich es näher erläutern.

Wir haben zuvor schon die Notwendigkeit besprochen, die Konzentration der CO_2e (Treibhausgas) auf 350 ppm zu reduzieren und eine Erwärmung auf nur ein Grad über dem vorindustriellen Stand anzustreben. Ich bin ziemlich sicher, dass das die endgültige Zielsetzung sein wird, doch werden wir zuvor erläutern, was bei der sehr viel weniger strengen Zielsetzung geschehen wird, die schon heute von den meisten Regierungen der Welt und den größten Konzernen akzeptiert wird. Dieses Ziel besteht darin, die Erderwärmung so zu begrenzen, dass sie die äußerst gefährliche Marke von zwei Grad nicht überschreitet. Selbst diese, wie ich weiter oben bereits geschrieben habe, als Ziel ungeeignete Vorgabe bedeutet, dass wir mit einem diskontinuierlichen und dramatischen Wandel der Märkte konfrontiert sein werden – einem Wandel, den nur wenige Investoren und Konzerne in Erwägung ziehen, obwohl er unübersehbar ist.

Lassen Sie uns einen Blick auf die Wissenschaft werfen, um die Zusammenhänge näher zu betrachten. Als Ausgangspunkt soll eine Studie dienen, die vom renommierten staatlichen Potsdam-Institut für Klimafolgenforschung (PIK) unter Leitung von Professor Hans Joachim Schellnhuber durchgeführt wurde, mit dem ich in verschiedenen Cambridge-Programmen zusammengearbeitet habe. Das PIK berechnete in dieser Studie, wie viel CO_2 maximal emittiert werden kann, um die Zwei-Grad-Marke zu halten. Anders ausgedrückt: Wie groß ist unser Gesamtbudget für den Verbrauch fossiler Brennstoffe? Dabei darf man nicht vergessen, dass ein erheblicher Anteil des CO_2 noch lange Zeit in der Atmosphäre verbleibt, zum Teil bis zu 1000 Jahre lang. Das bedeutet, es kommt darauf an, wie viel Treibhausgas wir insgesamt ausstoßen und nicht darauf, wann wir das tun. Die Menge dessen, was wir an Treibhausgasen ausstoßen können, bis wir in der Atmosphäre eine bestimmte Konzentration an CO_2 und somit eine bestimmte Temperatur erreicht haben, ist also begrenzt. Das PIK gibt an, dass wir im Zeitraum von 2000 bis 2050 etwa 890 Milliarden Tonnen CO_2 freisetzen können, wenn wir das Risiko, zwei Grad Temperaturerwärmung zu überschreiten auf unter 20 Prozent senken wollen. (Man kann auch den Standpunkt vertreten, dass die Chance einer katastrophalen Klimaerwärmung von 1:5 immer noch zu hoch ist, aber wir wollen das zunächst als sinnvolle Mindestzielvorgabe akzeptieren.)

Das PIK berechnete weiterhin, wann unser Budget erschöpft wäre, wenn wir weiter so verfahren wie bisher – wann hätten wir so viel fossile Brennstoffe verbraucht, bis das Limit erreicht und ein völliger Verzicht notwendig wäre? Angenommen, wir wollen das Risiko, zwei Grad Temperaturanstieg zu überschreiten, um 20 Prozent verringern, lautet die Antwort, dass wir schon bis zum Jahr 2024 unser Kontingent ausgeschöpft haben werden. Zu diesem Zeitpunkt wären 75 Prozent der nachweislich wirtschaftlich abbaufähigen Reserven im Boden noch vorhanden und sogar ein noch größerer Anteil an Reserven, die ohnehin nicht verwendet werden könnten. Wie das gern zitierte Sprichwort sagt: „Die Steinzeit ist nicht deshalb zu Ende gegangen, weil es keine Steine mehr gab."

Und dies sind wohlgemerkt rein wissenschaftliche, unternehmerische und wirtschaftliche Feststellungen, und keine moralischen oder ideologischen. Es handelt sich um eine sachliche Analyse.

Also nochmals, vernünftig betrachtet gibt es nur zwei Möglichkeiten: Entweder wir ergreifen innerhalb eines Jahrzehnts drastische

Maßnahmen, um den Verbrauch von Kohle, Öl und Gas zu verringern und schließlich ganz aufzugeben, oder wir bewegen uns rasant auf die Zwei-Grad-Grenze und den steilen Abgrund zu, wo die Klimaspirale außer Kontrolle geraten wird und niemand sagen kann, ob wir abstürzen und wie tief wir fallen werden. Keine wirklich schwere Entscheidung.

Lassen Sie uns nun diese einfache wissenschaftliche Analyse zur Verfügbarkeit fossiler Brennstoffe im Kontext von Unternehmen und Märkten untersuchen. Naturgemäß bewegen wir uns hier aus der Welt der Wissenschaft und hoher Wahrscheinlichkeiten in die der Märkte und der Behauptungen.

Wie sieht es mit der Abscheidung von Kohlendioxid (CCS) aus? Kann das Auffangen und die unterirdische Lagerung des CO_2 nicht zumindest die Kohleindustrie retten? Ich habe keinen Zweifel daran, dass CCS technologisch und umwelttechnisch funktionieren wird. Es sieht ganz danach aus, als sei es möglich, CO_2 aufzufangen und sicher unter der Erde zu lagern. Das wird eine komplexe Aufgabe werden und vielleicht länger dauern, als uns lieb ist, aber es scheint machbar. Das ist nicht das Problem.

Das Problem besteht in der Wirtschaft. Die Frage ist, ob die Kosten der Kohleverfeuerung plus der Kosten für die CO_2-Abscheidung *und* für den Transport *und* für die sichere unterirdische Lagerung mit den Kosten der Erneuerbaren konkurrieren können. (Nebenbei sei angemerkt, dass CCS die Effizienz der Stromgewinnung aus Kohle stark vermindert.) Im Gegensatz dazu haben sich die Erneuerbaren inzwischen technologisch bewährt, in sie wird in großem Stil investiert, die Kosten fallen stetig und sie sind nicht mit dem finanziellen Risiko und dem Zeitverlust behaftet wie die in großem Umfang erforderliche Umrüstung von Kohlekraftwerken auf CCS-Anlagen.

Der zu veranschlagende Zeitrahmen und die Unausgereiftheit der CCS-Anlagen verglichen mit den hohen Investitionssummen sowie der aktuellen Forschung im Bereich der regenerativen Energien lässt es wenig aussichtsreich erscheinen, dass Kohle in Verbindung mit CCS den Wettbewerb am Markt gewinnen könnte.

Ich befürworte staatliche Investitionen in CCS und ich hoffe, dass diese Technik tragfähig wird, weil wir sie für einen anderen

Zweck als die Kohle brauchen werden, nämlich um das CO_2 aus der Atmosphäre zu entfernen. Eine Möglichkeit bestünde darin, Kraftwerke mit Biomasse wie etwa Holz zu betreiben und auf diese Weise Strom mit negativer CO_2-Bilanz zu erzeugen. Daher sollte die Weiterentwicklung dieser Technologie subventioniert werden.

Viele ansonsten vernünftige Leute, die sich mit der Kohlefrage befassen, geraten in die, wie ich sie nenne, Falle der ökonomischen Trägheit: Wir haben große Mengen Kohle, die Branche ist riesig, also wird sie weiter laufen. Doch die Märkte sind gnadenlos. Sobald die Kohle trotz staatlicher und kommunaler Unterstützung nicht mehr konkurrenzfähig ist, wird sie am Markt untergehen. Trägheit kann diesen Tod nur hinauszögern, nicht aber verhindern.

Ich bin skeptisch, was die Brauchbarkeit von CCS in Kombination mit Kohle als Wettbewerbsoption angeht. Man muss bedenken, dass trotz des jahrelangen Geredes zum Entstehungszeitpunkt dieses Buches noch keine marktfähige Pilotanlage große Mengen von CO_2 aus einem kohlebetriebenen Kraftwerk auffängt und abscheidet. Keine einzige. All die dafür benötigten Technologien sind bereits für sich genommen eingesetzt, aber das heißt nicht, dass sie in ihrer Kombination auch kommerziell erfolgreich wären, schon gar nicht unter dem Aspekt der zeitlichen Herausforderung des großflächigen Einsatzes bis 2020. Aus der Perspektive des Marktes ist die Sache klar. Obwohl die Existenz der Kohlekonzerne auf dem Spiel steht, und obwohl eine erfolgreiche CCS-Industrie Billionen wert wäre und es seitens der Regierung eine enorme Bereitschaft zur politischen wie finanziellen Unterstützung gibt, hat es keine Firma gewagt, ein vollumfänglich wirtschaftlich tragfähiges Kraftwerk zu bauen und mit CCS auszustatten.

Unterdessen ist bei den Erneuerbaren bereits spektakuläres Wachstum zu erkennen, die Investitionen betragen annähernd 200 Milliarden Dollar jährlich, und das selbst unter schwierigen wirtschaftlichen Bedingungen. Anders als die Politik agieren die Märkte äußerst rational; das ist der Grund, warum so wenig Geld in CCS fließt. Oder, wie man in Australien sagt: Reden kostet nichts, aber für Bier braucht man Geld.

Ich hoffe, ich habe mich klar genug ausgedrückt: Ich habe nichts dagegen, staatliche Gelder in CCS zu investieren, wo sie kommerzielle Investitionen ergänzen könnten. Doch ich finde, der Markt sollte darauf angesetzt werden, eine Lösung zu finden und man sollte nicht vorschreiben, welche Technologien dafür infrage kommen und welche nicht. Wir sollten nur vorgeben, wie die Ergebnisse in Hinblick auf Sauberkeit und Sicherheit aussehen sollten. Das ist meine Meinung hinsichtlich einer Unternehmensrisikostrategiebewertung.

Ist CCS also technisch machbar? Ja. Würde ich einen Investmentfonds empfehlen, um im Vertrauen darauf in Kohle anzulegen? Damit würde ich mich sehr weit aus dem Fenster lehnen.

Kehren wir also zurück zu unserer Frist bis 2024 und dem, was sie für Investitionen bedeutet. Aufgrund der Tatsache, dass ein plötzliches Einstellen des Kohle-, Öl- und Gasverbrauchs unrealistisch ist und dass CCS, vorsichtig ausgedrückt, eine riskante Strategie ist, muss dringend etwas getan werden, um den wachsenden Verbrauch fossiler Brennstoffe einzudämmen, damit unser Budget länger ausreicht. Da aber noch keine ernsthaften Maßnahmen erkennbar sind, wird es wohl noch einige Jahre dauern. Doch je größer die Verspätung, desto schärfer müssen wir dann auf die Bremse treten, denn der Abgrund lässt sich nicht bewegen. So sind sie eben, diese verdammten Gesetze der Physik.

Von nun an muss man sämtliche Kohle- und Ölreserven mit hohem Risiko bewerten und somit auch alle Bergbau- und Ölkonzerne. Es hat sich noch nicht in den Preisen niedergeschlagen, dass etwa 75 Prozent der bekannten und wirtschaftlich nutzbaren Rohstoffreserven niemals gefördert werden können und der Staat irgendwann im nächsten Jahrzehnt den Verbrauch von Kohle, Öl und Gas drastisch beschneiden muss.

Das heißt, dass innerhalb dieses Jahrzehnts – und ich vermute eher früher denn später – der Markt, egal, was die Regierung unternimmt, aufwachen, das ökonomische und politische Risiko erkennen und den Wert dieser Konzerne drastisch abwerten wird. Mit jedem Jahr, das vergeht, steigt das Risiko und der Fall wird härter. Wenn es so weit ist, bedeutet ein niedrigerer Aktienpreis geringeres Investmentkapital und der Niedergang dieser Industriezweige beginnt. Geld wird dann in die sauberen Formen der Energiegewinnung fließen und so eine sich selbst bewahrheitende Veränderung der Wahrnehmung einleiten. Dies wird buchstäblich über Nacht geschehen, denn so ist das mit den Stimmungen an den Märkten. Die Regierungen werden dann die Subventionierung von Kohle und Öl aufgeben und sich mit den Strömungen des Marktes in Richtung regenerativer Energien bewegen.

Zusammenfassend kann man also festhalten: Der Staat muss und wird handeln. Und das Handeln muss zu einer drastischen Reduzierung der CO_2-Emissionen führen; der Wissenschaft zufolge ist dazu ein Rückgang bei Kohle und Öl und bald darauf auch bei Gas erforderlich. Es gibt kein realistisches Szenario, bei dem wir bis 2015 oder 2020 warten können, es sei denn, wir wollen die zwei Grad an Erderwärmung überschreiten. Unter der Maßgabe, dass die mächtigsten Regierungen der Welt und die meisten der größten Konzerne sich darauf geeinigt haben, das nicht zu wollen, greift die Logik des wirtschaftlichen Risikos recht rasch.

Sagen Sie also nicht, man hätte Sie nicht gewarnt, wenn Sie bei den Investments in Kohle und Öl ihr letztes Hemd verlieren!

Dies ist nur ein Beispiel für die marktwirtschaftliche Bedeutung der „größten Wahrscheinlichkeit"! Gehen wir also zu den großen Unbekannten über. Ohne Kohle, Öl oder Gas werden wir eine ganze Menge an neuer Technik und Infrastruktur brauchen. Das wird die Geburtsstunde eines neuen Wirtschaftsbooms werden.

Was wird bei dieser Umstrukturierung herauskommen? Welche Technologien werden sich durchsetzen und innerhalb welchen Zeitraums? Und für die potenziellen Investoren unter den Lesern – womit wird in Zukunft Geld zu machen sein?

Zwei Vorbemerkungen, ehe ich meine Meinung zu diesen Fragen darlege.

Erstens sollten wir uns darüber bewusst sein, dass wir uns nun geradewegs auf unsicheres Terrain begeben. Wir brauchen nicht zu wissen, *wie* wir ans Ziel gelangen, weil wir in der Vergangenheit schon oft bewiesen haben, dass wir erreichen, was wir uns als Gesellschaft vorgenommen haben. Wenn wir uns dazu nur auf eine einzige Technologie oder auch eine bestimmte Form der Energiegewinnung verlassen könnten, wäre mir nicht so wohl dabei, so etwas zu behaupten. Da uns aber eine große Zahl an Möglichkeiten offen steht, ans gewünschte Ziel zu gelangen, können wir sicher sein, dass uns einige von ihnen erfolgreich mit CO_2-freier Energie versorgen werden, und zwar weltweit und zu einem vernünftigen Preis.

Natürlich kommt es darauf an, welche Technologien uns zur Verfügung stehen, und darum werde ich mich hier damit beschäftigen. Es ist wichtig, die Bandbreite potenzieller Möglichkeiten zu kennen, um eine realistische Einschätzung ihres Potenzials vornehmen zu können. Auch um Strategien zu entwickeln und Investitionen tätigen zu können, ist das vonnöten. Allerdings – und das ist mit Hinblick auf unseren CEO aus der Kohlebranche von Bedeutung – wird nicht die Frage des *Wie* bestimmen, *was* geschehen muss und wird.

Glauben Sie, Großbritannien wäre in allen Einzelheiten klar gewesen, was die Umstellung auf Kriegswirtschaft bedeutet, *bevor* es in den Zweiten Weltkrieg eintrat? Natürlich hat man die Konsequenzen erwogen, so wie wir es jetzt in entsprechender Weise tun. Aber das war nicht ausschlaggebend, denn es gab keine Alternative. Meinen Sie, Präsident Roosevelt hätte überlegt, die Vereinigten Staaten könnten den Krieg gewinnen, wenn er die Militärausgaben auf 37 Prozent des Bruttosozialproduktes erhöhen und eine Atombombe entwickeln würde, ehe er entschied, in den Krieg einzutreten? Natürlich nicht; er wusste einfach, dass sie erfolgreich sein müssten, also waren sie es auch. Er vertraute darauf, dass menschlicher Erfindergeist in der Not eine Lösung finden würde, wenn die Richtung vorgegeben und die politische Unterstützung vorhanden ist, und das müssen wir ebenfalls tun.

Die zahllosen Analysen der verschiedenen Technologien und ihrer Einsatzmöglichkeiten sind aus einer ganzen Reihe von Gründen nützlich und lohnenswert. Aber sie sind nicht der Grund, aus dem wir handeln werden, sondern wir werden handeln, weil wir es müssen.

Die zweite vorsorgliche Anmerkung betrifft Ideologie und Technologie.

Leute, die sich mit diesem Gebiet befassen, fasziniert die Technik, die bei der erforderlichen Energietransformierung eingesetzt wird. Natürlich ist die Faszination, die die Technik bei uns bewirkt, nicht auf Energie und Klimawandel beschränkt. Die Leute sind einfach begeistert von Technik und reden liebend gern darüber. Darin besteht weiter keine Gefahr, solange daraus keine emotional gefärbte Glaubenssache wird. Auch das wäre noch vergleichsweise harmlos, wenn es dabei um die Frage Apple versus Microsoft, Ford versus General Motors oder PlayStation versus XBox geht. Aber es spielt eine große Rolle, wenn es um Energietechnik geht.

Das ist ein gefährlicher und destruktiver Trend, der bei allen Teilnehmern der Klimadebatte auszumachen ist, weil er das Technologische zur Glaubensfrage erhebt, bei der man sich für eine Seite entscheiden soll. Sind Sie für oder gegen Kohle, Atom, Solar und so weiter. Das untergräbt jeden vernünftigen Gedanken. Ich habe bei vielen Unterhaltungen in Unternehmen von ansonsten vernünftigen Leuten die lächerlichsten Dinge gehört. Ein weiterer Geschäftsführer der Bergbaubranche nahm mich einmal beiseite und redete über die Nachteile der Windkraft und warum deren Potenzial so überbewertet sei. Er war der Auffassung, dass die CO_2-Bilanz der Windkraft auf Grund ihrer Unterhaltsaufwendungen schlimmer sei als die der Kohle. Nur wenn die Fragen ideologisch diskutiert werden, sind Wissenschaft und Fakten derart für die Katz. (Falls Sie es genau wissen möchten: Die Menge der CO_2-Emissionen ist über den Gesamtzyklus der Stromerzeugung bei Windkraft um 96 bis 98 Prozent geringer als bei Kohle.)[83]

Beide Seiten tragen gewisse Mitschuld, da auch einige der Umweltschützer gegen CO_2-Sequestrierung sind, weil sie einen Vorwand darstelle, die Kohleindustrie am Leben zu erhalten. Als ob das Ziel darin bestünde, die Kohleindustrie platt zu machen, und nicht, die CO_2-Emissionen zu stoppen!

Atomenergie ist in dieser Hinsicht am faszinierendsten, denn sie hat jahrzehntelang nahezu religiösen Glaubenseifer hervorgebracht. Die pauschal als liberal oder linksgerichtet bezeichneten Teile der Gesellschaft waren erklärtermaßen gegen Atomkraft, während konservative und marktorientierte Kreise Atomkraftbefürworter waren. Seit dieser „Technologie des rechten Flügels" im Zusammenhang mit Fragestellungen des Klimawandels die erhöhte Aufmerksamkeit des linken Flügels zugutekam, hat die Atomkraft eine Schneise durch diese ideologische Abgrenzung geschlagen. Manche Umweltaktivisten wie James Lovelock und James Hansen unterstützen nunmehr aktiv die Atomkraft. Auf der anderen Seite kamen einige der Ideologen aus dem rechten Lager nicht umhin, Aktionen zum Klimawandel zu unterstützen.

Ein gutes Beispiel dafür ist Hugh Morgan, CEO eines Bergbau-konzerns, erzkonservativer Kommentator und unbestritten Australiens vehementester und einflussreichster Leugner des Klimawandels sowie seit Jahrzehnten Gegner entsprechender Maßnahmen. (Seine Firma, WMC, war der größte australische Bergbaukonzern und meine Firma, Ecos, hat sie beraten, als sie in den späten Neunzigern einen Umweltbericht erstellten.) Auch nachdem er seinen Posten als CEO aufgegeben hatte, nahm Hugh an der öffentlichen Diskussion teil. Ich hörte, wie er in einem Interview sagte, er glaube nicht an den Klimawandel und sehe keinen Handlungsbedarf. Dann aber machte er sich für Atomenergie als beste Lösung für den Klimawandel stark (er war an den Investitionen für ein neues Atomkraftwerk beteiligt). Solch absurde Widersprüchlichkeiten sind unvermeidlich, wenn man aus ideologischen Gründen nicht mehr imstande ist, rational zu denken.

Es gibt ebenso viele Argumente gegen Kohle wie gegen Atomkraft und vieles spricht für ein bedachtsames Vorgehen mancher Erneuerbarer in großem Stil. Aber darum geht es mir nicht. Ich bin lediglich für eine vorsichtige, vernünftige Diskussion über die uns zur Verfügung stehenden Möglichkeiten und eine intelligente Erörterung der Alternativen in diesem Kontext, in dem ein Scheitern erhebliche Konsequenzen haben würde. Natürlich müssen wir uns eine Meinung zu den Technologien bilden, vor allem wenn es um Geschäfts- und Investmentstrategien geht. Wenn Leute jedoch aus ideologischen Gründen und unreflektierten Ansichten gegen eine bestimmte Technologie zu Felde ziehen und sich gegen Investitionen aussprechen, sollten wir nicht überstürzt handeln, denn dann gerät Sand in das Getriebe der weiteren Entwicklung und die Politik wird noch weniger geneigt sein zu handeln.

Diese beiden Anmerkungen vorausgeschickt, wohin denke ich also wird die technische Entwicklung gehen? Ich bin davon überzeugt, dass die Technik auf unserem Weg nach vorn eine entscheidende Rolle spielen wird. Ich bin jedoch auch nicht so bedingungslos optimistisch zu glauben, die Technik werde es schon richten. Wie zuvor erwähnt, ist der Klimawandel nur ein Punkt im Rahmen der Nachhaltigkeitsthematik und es ist unmöglich, all unsere Probleme auf technische Weise zu lösen und zudem noch Wirtschaftswachstum zu gewährleisten. Das wird durch einen gewissen Rückkopplungseffekt noch verstärkt, der dadurch entsteht, dass Technik die Effizienz steigert und höhere Effizienz zu noch mehr Technikeinsatz führt. Demzufolge wird es am Ende darauf hinauslaufen, dass wir die Art und Weise, wie wir unseren Alltag organisieren, ändern müssen. Dennoch macht die Technik vieles möglich.

Um nicht in die Falle der Technik-Ideologie zu geraten, ist es hilfreich, ein paar Kriterien zu haben, anhand derer sich die eingesetzte Technik beurteilen lässt. Was Energie anbelangt, sind meine recht simpel: Ihre CO_2-Emissionen sollten nahezu null betragen, sie sollten so sicher wie möglich sein, sie sollten sich so schnell als möglich in großem Maßstab umsetzen lassen, und sie sollten im Kontext des gesamten Systems betrachtet werden. Letzteres bedeutet, wir sollten Faktoren wie Lebensqualität, geopolitische Sicherheit, unser zukünftiges Wohlergehen sowie wirtschaftliche Stabilität berücksichtigen. Anders gesagt: Wir sollten nicht vergessen, dass es hierbei um den Entwurf einer Gesellschaft und nicht um die Entwicklung einer technischen Spielerei geht.

Vor diesem Hintergrund und weil mir klar ist, dass ich um die Frage nach der Atomenergie nicht herumkommen werde, werde ich diese nun beantworten.

In meinen Augen ist die Atomkraft aufgrund der mit ihr verbundenen Probleme (nuklearer Sondermüll, Terrorgefahr, begrenzter Nachschub) nicht einmal eine gute Brückentechnologie. Ich bin gewiss offen dafür, mich vom Gegenteil überzeugen zu lassen – bisher ist das aber noch nicht geschehen. Wenn ich auf öffentlichen Veranstaltungen nach der Kernenergie gefragt werde, was häufig vorkommt, lautet meine Antwort: Wenn Sie mich fragen, ob ich lieber Kernenergie oder den Klimawandel in Kauf nehmen würde, ist die Antwort klar. Dann ist die Kernenergie zu bevorzugen, aber das ist die falsche Frage. Die Frage sollte sein, welches die kostengünstigste sichere Form verfügbarer Energie ist, die keinerlei CO_2 erzeugt.

Wenn das die Frage ist, habe ich den Verdacht, dass die Antwort weder Kohle noch (aus schon genannten Gründen) CCS noch Kernenergie lautet. Aber wir sollten erst einmal sehen, wie sich der Prozess entwickelt und den Markt, der den Preis für Risiken und der allgemeinen Akzeptanz einberechnen wird, entscheiden lassen, welches die beste Lösung ist. Ich würde mich sehr freuen, wenn CCS hinreichend wettbewerbsfähig würde, um damit innerhalb eines Jahrzehntes jedes bestehende Kohlekraftwerk auf der Welt nachzurüsten, und ich wäre wirklich glücklich, wenn es eine probate Methode gäbe, Atomkraftwerke ohne radioaktiven Müll, Gefahr der Kernschmelze oder die Erzeugung von Material zu betreiben, das in den Händen von Terroristen und Schurkenstaaten eine echte Gefahr darstellt.

Gemessen an den obigen Kriterien und nach heutigem Wissensstand stellen regenerative und geothermische Energien zusammen eine wesentlich elegantere und intelligentere Lösung für die Deckung unseres Energiebedarfs dar als alles andere. Wenn wir die Gelegenheit haben, zu sicheren, sauberen, weithin zugänglichen Energieformen ohne Treibstoffkosten und mit geringem geopolitischen Versorgungsrisiko überzuwechseln, sollten wir uns mit allen Kräften darum bemühen. Selbst wenn es vorderhand mehr kostet, werden sich diese Kosten langfristig als Anlagen für eine wohlhabendere und stabilere Gesellschaft bezahlt machen.

Abgesehen davon, dass sie ohne CO_2 auskommt, liegt es doch bei der ungeheuren Menge an Solarenergie, die zu uns gelangt, geradezu auf der Hand, diese alternative Energie zu nutzen. Wenn man bedenkt, dass stündlich so viel Sonnenenergie auf die Erde trifft, wie die gesamte Menschheit in einem Jahr verbraucht! Wenn man die begrenzte Verfügbarkeit und die begrenzten Möglichkeiten, sie in brauchbare Energie umzuwandeln, einberechnet, schickt uns die Sonne immer noch jede Woche genug Energie zur Deckung unseres gesamten Jahresverbrauchs.[84]

Eine weitere „Jahresdosis" Energie liefert die Windenergie pro Monat und noch einmal dieselbe Menge bringt die Geothermie binnen eines Monats. Dann gibt es noch die Wasserkraft aus Flüssen und die Energie, die man aus Wellen und Tiden gewinnen kann. Es gibt also derart viel Energie, dass es nicht einzusehen ist, wieso sie nicht effektiv und zu einem sinnvollen Preis nutzbar sein sollte, wenn wir uns nur intensiv darum bemühen.

Energie war für den Fortschritt der Menschheit bis zum heutigen Tage von wesentlicher Bedeutung. Das ist einer der Gründe dafür, warum die Maßnahmen gegen den Klimawandel ein so umstrittenes

Gebiet sind – die Energieversorgung und Energieverfügbarkeit sind aufs Engste mit unserem Lebensstil und unserer Wirtschaftsweise verbunden. Deshalb ist es so wichtig, dass wir verstehen lernen, welch immense Mengen an sauberer und sicherer Energie uns zur Verfügung stehen. Wir glauben, wir leben in Knappheit und agieren aufgrund dessen aus einer furchtsamen Haltung heraus. Die Wahrheit sieht ganz anders aus. Wir leben auf einem Planeten der Fülle und unser zukünftiger Fortschritt wird nur durch die Schranken unseres Denkens begrenzt.

Auf der Ebene der Struktur unseres Systems ist die Sinnfälligkeit von Energie aus Wind und Sonne noch in weiterer Hinsicht bestechend: Die Kraftstoffkosten zur Erzeugung sind gleich Null und die Energie ist auf der ganzen Erde zu haben – womit all die Folgeerscheinungen und die Auswirkungen auf das finanzielle Gleichgewicht behoben sind. Eine weltweite Energiesicherheit beseitigt auch eine ganze Reihe geopolitischer Risiken und die daraus hervorgehenden militärischen Bedrohungen und Unsicherheiten, ganz zu schweigen von den immensen Kosten, die damit verbunden sind. Die Summen, um die es geht, sind beträchtlich und man muss nicht lange suchen, um konkrete Zahlen zu finden. Eine faszinierende wissenschaftlich belegte Studie, veröffentlicht in *Foreign Policy*, wies darauf hin, dass die Flugzeugträger, die von 1976 bis 2007 im Persischen Golf bereitgestellt wurden, sieben Billionen Dollar gekostet haben. Das waren direkte staatliche Subventionszahlungen, da der explizite Auftrag der Träger lautete, den Öltransport zur See zu sichern.[85] Derartige Sicherheitsmaßnahmen werden nicht vonnöten sein, damit die Sonne scheint oder der Wind weht.

Ein weiterer Vorteil erneuerbarer Energien besteht darin, dass sie keinerlei Kraftstoffkosten verursachen, sobald die Anlagen stehen, und daher die bisherigen ölpreisbedingten Preisschwankungen wegfallen. Das ermöglicht den Unternehmen, Preisgarantien zu geben und Verträge über jahrzehntelange Laufzeiten abzuschließen, was das Preisrisiko für langfristige Investitionen in energieintensiven Branchen mindert. Auch das wird zu größerer Stabilität in den Volkswirtschaften beitragen.

Auch für Endverbraucher ist das interessant. Stellen Sie sich vor, Sie könnten ein Auto mit einem Fünfjahresvertrag über fixe Treibstoffkosten kaufen, weil der Energieanbieter seinerseits einen Festvertrag mit einem Solarkraftwerk abgeschlossen hat.

Ein weiteres starkes Argument auf Systemebene ist, dass alles, was wir über Technik gelernt haben, darauf hindeutet, dass erneuerbare Energien immer billiger werden. Anders als die fossilen Ressourcen, deren Preis wegen des begrenzten Angebots und schwieriger Förderbedingungen bekanntermaßen stetig steigt, werden die Erneuerbaren preisgünstiger werden, je mehr sie über Jahrzehnte hinweg in großem Maßstab produziert werden. Sie können nicht ins Meer auslaufen, man muss um ihretwegen keine Berge sprengen und zumindest für ein paar Milliarden Jahre ist nicht mit Peak Sun zu rechnen.

Natürlich gibt es noch ein paar Punkte, die für die Großproduktion geklärt werden müssen – und zwar hinsichtlich der Seltenen Erden, die verwendet werden, hinsichtlich des Zugangs zu Wasser, Bedarfsspitzenausgleich und der Einspeisung ins Netz. Aber daran wird heute in der realen Welt des Energiemarktes schon gearbeitet und es wird auch dafür eine Lösung geben. Meines Erachtens wird Energie billiger werden als heute und innerhalb weniger Jahrzehnte in allen Ländern verfügbar sein. Mit entsprechender Mobilmachung auf diesem Feld können wir sogar früher mit einem Ergebnis rechnen.

Diese nahezu überall verfügbare, preiskonstante Stromversorgung wird wahrscheinlich auch die Autoindustrie verändern. Da Elektroautos schon kurz vor der flächendeckenden Vermarktung stehen, ist eine dramatische Veränderung im Stadtbild und in der Energieversorgung zu erwarten. Bei Millionen batteriebetriebener Fahrzeuge kann diese Autoflotte auch zu einem riesigen Vorratslager und Verteilernetz werden; jedes Auto kann zu einer persönlichen Energiestation werden. Wenn Ihr Auto abgestellt ist und an einem heißen Tag eine Bedarfsspitze entsteht, können Sie den Strom wieder ins Netz einspeisen und vergüten lassen!

Das sind ein paar meiner Ansichten zur Technik. In den folgenden Kapiteln zur neuen Wirtschaftsordnung werden wir noch auf einzelne Beispiele neuer Geschäftsideen zurückkommen. Wenn Sie tiefer in Fragen der Energie einsteigen wollen, gibt es dazu viele wertvolle Analysen. Für das gesamte Panorama an Wegen aus der Klimakrise empfehle ich im Besonderen Al Gores *Wir haben die*

Wahl. Für einen raschen Überblick, wie wir in 20 Jahren zu 100 Prozent auf erneuerbare Energien umstellen können, würde ich die Studie der Stanford University empfehlen, deren Zusammenfassung in *Scientific American* erschienen ist, wie ich weiter oben bereits erwähnte.[86] Denjenigen, die tief in die Materie eintauchen wollen, würde ich das kostenfrei im Internet verfügbare Buch von David MacKay empfehlen: www.withouthotair.com.

Einer der zentralen Punkte für Investitionen ist, dass wir unendlich viele Optionen für die Gewinnung sauberer Energien haben. Und zwar nicht auf der Ebene von Laborexperimenten, sondern in Form ernstzunehmender vollumfänglich kommerzieller Unternehmen. Wenn Sie noch irgendwelche Zweifel daran hegen, dass dies kurzfristig zu einem Wirtschaftsfaktor wird, sollten Sie bedenken, dass 2008 und 2009 bereits mehr Kapital in die erneuerbare Stromgewinnung als in neue Kraftwerke auf Basis fossiler Brennstoffe oder Kernenergie investiert wurde.[87] Das Spiel ist in vollem Gange.

Während der Markt bereits sondiert, kommt noch etwas aufs Tapet, was meiner Überzeugung nach der Kernenergie und der Kohlekraft in Kombination mit CCS den Garaus machen wird. Und das ist das Tempo des Wandels.

Zum Verständnis, wie sich langfristig die Durchsetzung bestimmter Technologien vollzieht, muss man wissen, dass gemeinhin unterschätzt wird, wie lange es dauert, bis ihre Verbreitung die „kritische Masse" erreicht und dann wird zumeist die Zeit überschätzt, die es dauert, bis es zu exponentiellem Wachstum kommt. Das lässt sich bereits in vielen ganz alltäglichen Bereichen ablesen: digitale Musik etwa gab es schon einige Zeit, ohne dass es sich besonders bemerkbar gemacht hätte, dann gab es plötzlich einen Boom. Ähnlich verhielt es sich mit Digitalkameras und E-Book-Readern und so weiter.

Genauso wird es bei den Technologien sauberer Energiegewinnung sein. Seit 40 Jahren heißt es, die Solartechnologie sei noch 20 Jahre davon entfernt, wettbewerbsfähig zu sein! Selbst wann etwas dran ist, kann man derzeit beobachten, wie die Preise fallen und, was vielleicht noch wesentlicher ist: Die Investmentsummen in diesem Bereich nehmen exponentiell zu. Während der prozentuale Anteil der Erneuerbaren unter der bisher installierten Gesamtenergieleistung heute aufgrund der Anlagezeiträume noch gering ist, werden jährliche Renditen von 25 bis 40 Prozent das bald aufholen. Und das noch bevor der Wandel von Regierungsseite vorangetrieben wird.

Was bedeutet das für Unternehmen und Kapitalanleger?

Es ist bereits viel über den wirtschaftlichen Umbau zu einer Low-Carb-Economy, also einer kohlenstoffarmen (bzw. kohlendioxidarmen) Wirtschaftsform gesagt worden. Nichts davon wird jedoch annähernd der tatsächlichen, enormen Chance oder – bei den Firmen, die darauf nicht vorbereitet sind – dem dementsprechenden Risiko gerecht. Denn wie in den vorangegangenen Kapiteln bereits dargelegt, wird der Staat, wenn es darauf ankommt, bestimmt und ohne Rücksichten handeln müssen. Er wird keine der Ausflüchte oder Debatten mehr dulden können, wie wir sie in den letzten Jahren erlebt haben. Das Auftreten der Regierung wird dem in Kriegszeiten ähneln, dass durch seine Bestimmtheit und Zielgerichtetheit die bisher ungeordnet und ineffizient stattfindenden Veränderungen sich rasch und zuverlässig vollziehen. Der Staat wird dafür sorgen, dass die Öffentlichkeit die Sache außerordentlich engagiert unterstützt, denn diese Unterstützung wird notwendig sein, um die erforderlichen Maßnahmen umzusetzen.

Das Ausmaß der Veränderungen wurde schon mit dem der Industriellen Revolution verglichen. Selbst das wird den Veränderungen jedoch nicht wirklich gerecht, weil diese Entwicklung vergleichsweise langsam vonstatten ging. Ich denke, die bevorstehende Transformation wird einem vorkommen wie ein 20 Jahre andauernder Dotcom-Boom auf Speed mit militärischer Unterstützung. Schumpeters kreative Zerstörung wird durch die Wirtschaft hindurchfegen wie ein Feuersturm durch einen ausgedörrten Wald.

Um für eine rasche Einführung der Veränderungen zu sorgen, wird der Staat dem Markt unmittelbare Vorgaben machen müssen, welches Maß an Emissionsreduzierung innerhalb welchen Zeitrahmens zu erzielen ist. Die wirtschaftliche Umstellung wird dann viel schneller vollzogen sein, als die meisten Beobachter bisher glauben mögen, denn die meisten Analysen gehen von normalen Marktbedingungen und Investitionszyklen aus, nicht von einer staatlichen Mobilmachung mit flankierenden Marktinterventionen.

Wir können also davon ausgehen, dass die Menschheit spät reagieren wird und dann mit einem ähnlichen Plan, wie ihn Jorgen und ich für den Ein-Grad-Krieg ausgearbeitet haben. Keine angenehme Geschichte für die meisten Unternehmen, die von schnelleren, intelligenteren, neuen Firmen ersetzt werden.

Ein Wandel dieser Größenordnung wird unter den Firmen mit neuen Technologien und Geschäftsmodellen einige Gewinner hervorbringen, die den dann drängenden gesellschaftlichen Bedürfnissen gerecht werden können. Desgleichen wird es natürlich unter Firmen, die zu langsam sind oder aufs falsche Pferd setzen, einige große Verlierer geben, etwa indem sie auf die falsche unter den erneuerbaren Energien bauen oder zu lange an fossilen Brennstoffen festhalten.

Man braucht nur an einige der Veränderungen auf dem Weg ins digitale Zeitalter zurückdenken, die vergleichsweise gering waren im Verhältnis zu dem, was nun kommt, aber interessante Beispiele für den industriellen Wandel liefern. Kodak, bis in die 1990er Jahre führend in der Fotoindustrie, war nicht in der Lage, auf die Verschiebung hin zur digitalen Fotografie rechtzeitig zu reagieren, obwohl sie wussten, dass diese Entwicklung kommen würde. So mussten sie 60 Prozent ihrer 60.000 Mitarbeiter umfassenden Belegschaft entlassen. Eine der Erfolgsgeschichten in der Digitaltechnik ist die der US-Firma Netflix, die als Versandfirma für DVDs angefangen hat und sich nun zunehmend auf Video-on-Demand-Streams im Internet konzentriert. Indem sie den Vorteil der platzsparenderen DVDs und jetzt der Streaming-Technik nutzte, konnte Netflix in nur wenigen Jahren die Großen auf dem US-Video-Verleihmarkt praktisch vernichten. Die Aktien des Videoverleihers Blockbuster, die 2002 noch einen Wert von 30 US-Dollar hatten, sind jetzt weniger als 20 US-Cent wert. Bei einem Film pro Tag kostet Netflix 30 US-Cent pro Film, ein Preis, bei dem das alte Blockbuster-Modell einfach nicht mithalten kann.

Anders als beim Boom der Dotcom-Industrie, als die New Economy schwer greifbar war und manchmal kaum Schein von Sein unterschieden werden konnte, weiß man beim Übergang zur Low-Carbon-Industrie, woran man ist. Ich hörte letztlich von einem grünen Investment-Fonds, der Aktien einer Kugellagerfirma kaufte, weil sie immense Zuwachsraten wegen der Windanlagenbetreiber erwarteten, die für ihre Turbinen Kugellager benötigen.

Ebenfalls im Unterschied zum Dotcom-Boom werden diese neuen Unternehmen ein ganz reales Einkommen haben, indem sie Strom an Versorgungsbetriebe verkaufen, die gesetzlich dazu verpflichtet sind, einen wachsenden Prozentsatz ihres Stroms aus erneuerbaren oder anderen kohlenstoffarmen Energiequellen zu beziehen. In Zukunft wird es um beachtliche Summen gehen. 2008 gaben etwa 125 Millionen US-amerikanischer Haushalte durchschnittlich etwa 104 Dollar monatlich für ihre Stromrechnung aus. Das sind insgesamt mehr als 150 Milliarden Dollar jährlich (Tendenz steigend), und das allein im Verbrauchsgüterbereich, nur für Strom und allein in den USA. Wenn man dann noch den Geschäftskunden und den Industrieverbrauch hinzurechnet, belaufen sich die Endverbraucherkosten in den USA im Jahr 2008 auf unglaubliche 363,7 Milliarden Dollar.[87] Das ist also nur der Betrag, den die Endkunden für das bezahlen, was sie jedes Jahr verbrauchen, also stehen dahinter noch Kosten in Billionenhöhe für Ausrüstungsgüter und Infrastruktur, die erforderlich sind, um solche Energiemengen erzeugen und liefern zu können. Wenn man bedenkt, dass dies nur für den Strom selbst ist, ohne den weit größeren Gegenwert für das Öl einzurechnen, das für den Transport benötigt wird, das in ein paar Jahrzehnten ebenfalls durch erneuerbare Energien ersetzt werden wird, ist dies eine atemberaubende Chance.

Es geht hier zweifelsohne um große Zahlen. Der *World Energy Outlook* von 2009, herausgegeben von der Internationalen Energieagentur, prognostiziert, dass bis zum Jahr 2030 10,5 Billionen Dollar an *zusätzlichen* Infrastrukturausgaben anfallen würden, wenn man die Klimaherausforderungen jetzt aktiv anginge. Viele Analysen konzentrieren sich allein auf die Kosten des Klimawandels und fragen sich, wie das alles bezahlt werden soll, insbesondere, wenn sich die Wirtschaft zu dem Zeitpunkt, an dem wir uns entschließen zu handeln, gerade in der Krise befindet. Was sie dabei nicht in Betracht ziehen, sind die ähnlich atemberaubenden Möglichkeiten Geld einzusparen, die sich aus der Steigerung der Energieeffizienz ergeben; vielleicht einer der spannendsten Bereiche für kurzfristige Geldanlagen in diesem ganzen Bereich.

Die aktuellen Schätzungen der IEA legen nahe, dass der wirtschaftliche Nutzen der Energieeffizienz bedeutend größer sein wird als die gesamten Investitionskosten, die nötig sind, um mit der Dekarbonisierung des Energiesystems zu beginnen. Der Bericht geht davon aus, dass die zusätzlichen Investitionen, die benötigt werden, um die Emissionen um 50 Prozent zu reduzieren, vom heutigen Zeitpunkt bis 2050 etwa 46 Billionen Dollar betragen werden, wobei das Hauptaugenmerk auf der Energieeffizienz liegt. Das klingt sehr viel, doch man muss bedenken, dass sich die Treibstoffeinsparungen auf 112 Billionen Dollar belaufen und damit einen wirtschaftlichen Nettonutzen von 66 Billionen Dollar darstellen. Selbst wenn man zehn Prozent Abzinsung einrechnet, ergibt das heute eine Ersparnis von acht Billionen Dollar.[88] Wieder einmal ist zu erkennen, dass das, was zu tun notwendig ist, weder schwierig noch teuer ist; die Herausforderung scheint darin zu bestehen, die Sache anzugehen.

Infolge der Verzögerungen bis zum heutigen Tage können wir sicher sein, dass der bevorstehende marktinduzierte Umbruch nicht gerade sanft verlaufen wird. Aber sanft sind die Märkte ohnehin selten. Dies stellt vor allem die Investoren vor besondere Herausforderungen, die Investitionsentscheidungen zum richtigen Zeitpunkt treffen müssen. Wer immer noch glaubt, das alles sei noch Jahrzehnte entfernt, sollte noch mal darüber nachdenken. Die HSBC-Bank schätzt, dass der globale Markt für emissionsarme Technologien bis 2020 den Wert von zwei Billionen Dollar jährlich übersteigen wird, wobei das investierte Kapital noch in diesem Jahrzehnt zehn Billionen Dollar betragen wird.[89] Der Bericht der Bank prognostiziert weiterhin, dass China bei der Aufteilung des Marktes für emissionsarme Technologien die Vereinigten Staaten überholen wird, während Indien Japan überholen wird, womit die geopolitischen Machtverschiebungen, auf die ich noch zurückkommen werde, weiter zementiert werden. Da die Umstellungen bis zum Ende des Jahrzehntes im vollen Gange sein werden, müssen die Führungskräfte eines Unternehmens oder eines Investmentfonds nun wirklich gut aufpassen. Es wird schwerpunktmäßig bei Energie und Wasser beginnen, bald danach auf alle Aspekte der kohlenstoffintensiven Wirtschaft übergreifen und schließlich alle Aspekte der Nachhaltigkeit umfassen.

Vielleicht denken sich einige von Ihnen jetzt: „Haben wir das alles nicht schon oft gehört? Sollte die Energiewende nicht schon nach der Ölkrise in den Siebzigern oder dem Beginn der Solarrevolution kommen? Dann sanken die Ölpreise wieder und alles war vorbei. Hat es seither nicht ständig geheißen, dass der Boom ‚jetzt kurz bevorsteht'?"

Das ist alles richtig, aber jetzt gibt es einen fundamentalen Unterschied. Jedes Mal zuvor wurden die Veränderungen durch den Markt in Gang gesetzt. Die Preise für fossile Brennstoffe stiegen, dadurch wurden die Alternativen wettbewerbsfähig. Wir haben es dem Markt überlassen, das Tempo der Umstellung zu bestimmen, ohne dabei die Kosten der Klimafolgeschäden in den Markt einfließen zu lassen. Daher war das Argument, die Alternativen seien zu unsicher oder zu teuer, ein wirklich bedeutsames finanzielles Hindernis für den Wandel und verhinderten neue Strategien, die den Wandel vorangebracht hätten.

Dieses Mal ist die Wissenschaft der Antrieb. Es spielt dabei keine Rolle, ob die Preise für Öl und Kohle rapide fallen, was gut sein kann, wenn die sauberen Energien sich erst einmal durchsetzen. Wir werden es uns wegen der Auswirkungen auf die CO_2-Bilanz schlicht nicht erlauben können, sie zu verbrennen. Mithilfe der Märkte, von Steuern oder staatlicher Regulierungen – die Regierung wird verhindern müssen, dass fossile Brennstoffe weiter eingesetzt werden. (Es sei denn, der niedrige Preis würde die Kohle in Kombination mit der Sequestrierung von CO_2 wieder wettbewerbsfähig machen! Das wäre ein gutes Beispiel für die Unwägbarkeit dieses Sektors für Investoren, aber auf welche Weise auch immer – die CO_2-emittierende Stromerzeugung wird ein Ende haben.)

Das alles bedeutet, anders als in den vergangenen vierzig Jahren, dass es nicht mehr darauf ankommt, ob saubere Energie teuer ist. In vielen Fällen ist sie es noch nicht einmal und sie wird ab jetzt auch immer billiger werden, was an dieser Stelle jedoch irrelevant ist. Wenn man erkennt, womit wir konfrontiert sind, spielt der Preis keine Rolle mehr.

Ich weiß, dass sich das nach einem albernen Argument anhört, wenn doch der Preis bislang das größte Hindernis war. Wenn wir endlich aufwachen und der Problematik ins Auge sehen, werden wir da wohl noch sagen: „Können wir es uns leisten, die Zivilisation zu retten, oder sollten wir lieber die Energiekosten niedrig halten, während wir über den Rand des Abgrunds jagen?" Natürlich nicht.

Die Stromerzeugung war mein wichtigstes Beispiel für Geschäftschancen und technologische Möglichkeiten. Allerdings ist das in unternehmerischer Hinsicht lediglich der Startschuss. Ja, wir müssen etwas an der Energieerzeugung ändern, aber wir müssen auch jedes Haus der Welt mit Wärmedämmung, Dämmung der Fenster und Türen, Doppel- und Dreifachverglasung und dergleichen nachrüsten, um noch viel effizienter in der Energienutzung zu werden. Wir müssen die Anzahl der Kraftfahrzeuge reduzieren und Infrastrukturen für neue Transportmittel schaffen. Wir müssen sämtliche Materialien zu 100 Prozent wiederverwerten und recyceln, inklusive aller Getränkebehälter, Computer und Autos, und zwar mit finanziellen Anreizen in Form von Annahmestellen für die Hunderte Milliarden Plastikflaschen und Aluminiumdosen, die in den Vereinigten Staaten jedes Jahr verbraucht werden.

Und dann wenden wir uns der Umstrukturierung der Landwirtschaft zu, um die Aufnahme von Kohlenstoff im Boden zu erhöhen und die Nitrifikation unserer Ökosysteme zu verhindern. Wir werden auch Wassermanagementsysteme brauchen, die das Wasser je nach Niederschlagsmenge verteilen. Und so geht das weiter, durch sämtliche Wirtschaftsbereiche.

Das ist alles längst erörtert worden, schon viele Jahrzehnte lang. Die ganze Zeit über gab es Leute, die auf die Notwendigkeit hingewiesen haben, dass Investoren, Regierungen und Institutionen, dass wir alle etwas ändern sollten, und dass dies nebenbei auch noch lukrativ sei. Aber das war genau der Punkt: Ein Appell, dass die Leute etwas tun *sollten*.

Jetzt sieht es anders aus. Ich plädiere nicht für einen Wandel – ich sage, er ist da und er ist nicht mehr aufzuhalten. Die einzige Frage, die sich Unternehmen und Investoren noch stellt, ist die, wer es ins Boot schafft, und wer untergehen wird, denn der Wind hat sich eindeutig gedreht.

Kapitel 13
Treibsand – von Öl aus Nahost zur chinesischen Sonne

In der Geschichte finden sich viele Beispiele für mächtige Unternehmen, Länder und Herrschaftsgebiete, die ihre eigene Selbstgefälligkeit zu Fall brachte. Die sich unverwundbar fühlten aufgrund der eigenen Größe und Macht und darüber die Lektion der ältesten lebenden „Zivilisation" der Welt – des Ökosystems der Erde – vergaßen: Um in einem System zu überleben, muss man weder groß noch stark sein, sondern die Fähigkeit besitzen, sich an veränderte Bedingungen anzupassen. Denken Sie an die Dinosaurier.

Um auf Veränderungen reagieren zu können, müssen wir uns darüber im Klaren sein, was auf uns zukommen könnte und, so gut es geht, auf Überraschungen vorbereitet sein – wir müssen ganz bewusst Anpassungsfähigkeit entwickeln.

Der Grund dafür ist, dass wir auf allen Ebenen massive Veränderungen losgetreten haben. Physische Veränderungen – die Auswirkungen von sich verschiebenden Klimazonen, Flüchtlingsströme, Unwetterkatastrophen und das Ansteigen des Meeresspiegels – genauso wie geopolitische und wirtschaftliche. In dieser neuen Welt wird sich der wirtschaftliche und geopolitische Wert verschiedener Ressourcen dramatisch verändern: Die Abkehr vom Öl, Veränderungen in der Wettbewerbsfähigkeit verschiedener Länder und Konflikte aufgrund knapper werdender Rohstoffe, darunter auch Wasser.

Um für diese neuen Verhältnisse gewappnet zu sein, müssen wir sowohl praktische Vorbereitungen treffen – Investitionen in die richtigen Technologien – als auch psychologische – sind wir den Unsicherheiten und rapiden Veränderungen gewachsen? Werden wir unsere Chancen nutzen oder werden wir nur jammern und uns gegen die Geschwindigkeit und das Ausmaß der Veränderungen sträuben?

In diesem Lichte betrachtet müssen wir alle im Blick behalten, um was es am Ende gehen wird und uns fragen: Sind meine Familie, meine Firma, meine Gemeinde und mein Land auf das, was kommen wird, vorbereitet?

Wie wir bereits in der ersten Hälfte dieses Buches gesehen haben, lassen sich Systemerschütterungen inzwischen nicht mehr verhindern. Sehr wohl vermeiden aber lässt sich, dass keine adäquaten Stabilisierungsmaßnahmen ergriffen werden, um das System zu stützen. Je mehr wir die Möglichkeiten durchdenken und je besser wir uns vorbereiten und reagieren werden, desto größer sind auch unsere Chancen, mit der entstehenden Situation umgehen und sie dabei auch noch bestmöglich für uns nutzen zu können.

Das führt mich zu den geopolitischen Folgen, die das für die Länder der Erde und ihre Wettbewerbsfähigkeit haben wird. Es sind vier Themen, die ich in diesem Zusammenhang behandeln möchte:

- Die Konsequenzen, die die *physikalischen* Auswirkungen des Klimawandels für Sicherheit und Wirtschaft haben werden, als zusätzliche Belastung neben den bereits existierenden Nachhaltigkeitsproblemen.
- Die Veränderungen in der nationalen und globalen Wettbewerbsfähigkeit, die sich aus dem veränderten Wert verschiedener Rohstoffe einerseits und aus einer Verschiebung hin zu neuen Technologien andererseits ergeben werden.
- Die Herausforderungen, die sich in Abhängigkeit davon, wie gut sie sich im Einzelnen an die neue Situation anpassen werden, für die moralische Integrität der verschiedenen Staats- und Wirtschaftsmodelle stellen.
- Der Prozess der Vergeltung und die Frage nach Verantwortlichkeiten sowie nach den Verursachern des Problems.

Ganz unabhängig von unserer Reaktion wird es zu signifikanten Konsequenzen und Verschiebungen in der Wirtschafts- und Sicherheitslage kommen. Selbst eine derart dramatische Reaktion wie der Ein-Grad-Krieg wird nicht verhindern können, dass sich das Klima weiter verändern wird und auch viele andere Nachhaltigkeitsprobleme weitreichende gesellschaftliche und ökonomische Folgen haben werden. Schon heute lassen sich diese Tendenzen beobachten: Es gibt Veränderungen in der Wasserverfügbarkeit, extreme Wetterereignisse nehmen zu, der Meeresspiegel steigt stetig, in manchen Teilen der Erde herrscht von klimabedingten Ernteausfällen verursachte Lebensmittelknappheit. Und es gibt noch viele weitere Nachhaltigkeitsgrenzen, die durchbrochen werden. Wissenschaftlich ist all das längst gut erforscht, aber wir haben gerade erst begonnen für die Folgen in Gesellschaft, Wirtschaft und Sicherheit vorauszuplanen.

Ein Musterbeispiel sind Verknappung, Preisschocks und Preisschwankungen im Lebensmittelbereich. Die Tatsache, dass wir in 2008 und dann wieder in 2010 Verknappung und Preisspitzen erlebt haben, bedeutet, dass der Druck auf die Lebensmittelpreise inzwischen so gestiegen ist, dass solche Entwicklungen auch in Zukunft unvermeidbar sein werden. Zu der angespannten Versorgungssituation hinzu kommt ein 33-prozentiger Bevölkerungszuwachs und ein erhöhter Pro-Kopf-Verbrauch von Nahrungsmitteln, bedingt durch den vielerorts zunehmenden Wohlstand und damit einhergehend höhere Erwartungen an eine abwechslungsreiche Ernährung. Während in den letzten Jahrzehnten die landwirtschaftliche Produktion in ganz erheblichem Maß gesteigert wurde, stagniert die Pro-Kopf-Produktion inzwischen. Aber auch die industrialisierte Landwirtschaft, die diese immensen Produktionssteigerungen erst möglich machte, fordert ihren Tribut. Unter anderem die viel zu hohe Stickstoffkonzentration in den Böden, deren volle Auswirkungen auf das System sich erst noch zeigen werden.

Die landwirtschaftliche Nahrungsmittelproduktion wird als heile Welt wahrgenommen. Tatsächlich aber ist die Stickstoff-Fixierung, auf der die moderne, industrielle Landwirtschaft basiert, CO_2-intensiv und so ist sie (in deutlichem Unterschied zur traditionellen Landwirtschaft) eine nicht-erneuerbare Industrie (das heißt, abhängig von Rohstoffen, die ausgehen werden). Das macht sie zu einem unsicheren Faktor für die kommende Welt.

Bei der Industrialisierung der Nahrung geht es aber um mehr als die physikalischen Umweltbelastungen. Das Nahrungsmittelsystem ist inzwischen hoch spezialisiert und standardisiert. Solcherlei Systeme bieten den Vorteil, dass sie hocheffizient und kostengünstig sind, gleichzeitig aber sind sie leicht erschütterbar und wenig flexibel. Die New Economics Foundation (NEF) schreiben in ihrem Bericht *Nine Meals from Anarchy*, die westlichen Länder verfügten inzwischen über ein so fein abgestimmtes, minutiös geplantes

Nahrungsmittel-Versorgungssystem, dass beispielsweise durch den Ausfall des Transportsystems in manchen Ländern die Supermarktregale bereits nach vier Tagen komplett leergeräumt wären. Ein terroristischer Angriff auf nationale Tanklager, eine Preispanik, weil das Ölfördermaximum erreicht wird, oder Fahrer, die aus Angst vor einer Pandemie nicht zur Arbeit erscheinen – all das könnte innerhalb kürzester Zeit ein für Politik und Gesellschaft folgenschweres Chaos auslösen.

Das System ist bereits jetzt angespannt und hoch belastet. Der Klimawandel erhöht den Druck noch weiter, wodurch sich die geopolitischen Risiken verschärfen. Zu erwarten sind massive Probleme in Indien und China, da in diesen beiden Länder, die ohnehin bereits unter den Folgen der Umweltzerstörung leiden, durch Übernutzung die Wasserversorgung der Landwirtschaft bedroht ist. Zudem wird das Problem durch veränderte klimatische Verhältnisse verstärkt. Eine ernsthafte Lebensmittelknappheit in diesen Regionen würde zwei Milliarden Menschen betreffen und könnte schnell weitreichende geopolitische, wirtschaftliche und soziale Konsequenzen nach sich ziehen. Das Ergebnis wären Flüchtlingsströme und Instabilität.

Überall auf der Welt finden sich weitere Beispiele. Da so viele Menschen in Küstenregionen leben, wird der Anstieg des Meeresspiegels katastrophale Folgen für Sicherheit und Stabilität gerade in armen Ländern haben. Hinzu kommt, dass dann möglicherweise Millionen von Menschen ihre Heimat verlieren und zu Flüchtlingen werden.

Es ist unmöglich, exakt vorherzusagen, wie die kommenden Konflikte verlaufen und welche Machtverschiebungen sie unter den verschiedenen Ländern der Welt auslösen werden. Dennoch müssen das Militär, die Sicherheitsapparate sowie die Entwicklungs- und Hilfsorganisationen ihre Vorbereitungen intensivieren. Wir können diese Entwicklungen nicht mehr verhindern, aber wir können uns darauf vorbereiten, indem wir alles tun, um unsere Pläne so belastbar und flexibel wie möglich zu machen.

Das waren die negativen geopolitischen Folgen. Der Umstieg auf eine kohlenstoffarme Wirtschaft wird aber auch die relative Wettbewerbsfähigkeit der verschiedenen Länder untereinander stark beeinflussen. Für manche Länder wird sich das positiv auswirken, für andere nicht.

Länder, deren Haupteinnahmen aus dem Ölgeschäft stammen, könnten beispielsweise erleben, wie diese Einkommensquelle innerhalb weniger Jahrzehnte im wahrsten Sinne des Wortes versiegt. Durch die in der Folge entstehenden Konflikte in den Staaten des Nahen Ostens und anderswo würde sich die Bedrohungslage in der gesamten Welt deutlich verschärfen.

Auch wenn es aus der globalen Perspektive wenig bedeutend ist, lassen sich am Beispiel meines Heimatlands Australien einige internationale Entwicklungen recht gut illustrieren. Wir werden unseren entscheidenden historischen Wettbewerbsvorteil, günstige Energie und Exporteinnahmen aus reichlich vorhandenen Kohlevorkommen, verlieren. Australien gehört zu den Ländern mit dem höchsten Ausstoß an CO_2-Äquivalenten pro Kopf und wird daher einen schweren Wettbewerbsnachteil erleiden, sobald hohe CO_2-Abgaben erhoben werden. Schon jetzt leiden wir unverhältnismäßig stark unter den Folgen des Klimawandels: Dürreperioden und Wasserknappheit richten verheerende Schäden in der Landwirtschaft an und destabilisieren die Wasserversorgung in den Städten. Die Feuersbrünste der vergangenen Jahre wüteten so sehr, dass inzwischen ein neues Bewertungssystem für die Schwere von Waldbränden eingeführt werden musste. Und das in absehbarer Zeit wahrscheinliche Verschwinden der Korallenriffe wird zu Einbrüchen in einer weiteren unserer Haupteinnahmequellen, der Tourismusbranche, führen. Manche würden sagen, das sei karmische Gerechtigkeit!

Andererseits haben wir auch eine ganze Reihe von Vorteilen und Möglichkeiten auf unserer Seite. Unsere weitläufigen ländlichen Gebiete bieten uns die Möglichkeit, im Bereich der Kohlenstoffeinlagerung Entscheidendes zu erreichen. Falls die Wissenschaft bestätigen sollte, dass das Grasen von Weidetieren dazu genutzt werden kann, CO_2 in der Erde einzuschließen – wodurch das Grasen zu einer Reduktion des Netto-CO_2-Ausstoßes führen würde –, dann wäre das eine interessante Gelegenheit, die sich potenziell weltweit positiv auswirken würde.

Eine der bedeutendsten natürlichen Ressourcen unseres heißen, trockenen Kontinents ist das Sonnenlicht, wodurch Australien besonders gut geeignet für die Produktion von Sonnenenergie ist. Das gilt auf der Ebene der einzelne Haushalte (die ihre Sonnenenergie in den Stromkreislauf einspeisen und ihr eigenes Heißwasser erzeugen können) genauso wie auf der Ebene der großen Stromerzeuger, die aufgrund der hohen Strahlenintensität Energie sehr viel günstiger erzeugen können als viele andere Länder. Außerdem haben wir eine lang gestreckte Küste, die sich zur Erzeugung von Energie aus Wellenkraft eignet, viel landwirtschaftlich genutztes Land für Windräder und einige Gebiete, die sich hervorragend zur geothermischen Wärmegewinnung eignen.

Auch wenn sich diese Entwicklungen in jedem Land anders auswirken werden, ist schon heute absehbar, dass die Veränderungen auf den Energiemärkten zu massiven Verschiebungen in der Wirtschaftsmacht der verschiedenen Länder führen werden.

Global betrachtet werden sich die spannendsten Rangkämpfe um die wirtschaftliche Vormachtstellung wohl zwischen China und den USA abspielen. Obwohl die Vereinigten Staaten aufgrund ihrer langjährigen Erfolgsgeschichte der Innovationen und technologischen Entwicklungen einen klaren Vorsprung haben, wirkt sich ihre derzeitige Schwerfälligkeit gegenüber Veränderungen zunehmend zugunsten Chinas aus.

Darin liegt einiges an Ironie. Seit Jahrzehnten wehren sich westliche Firmen gegen strengere Umweltschutzrichtlinien, weil sie Wettbewerbsnachteile gegenüber China und anderen Entwicklungsländern fürchten. Ihr Hauptargument lautete dabei, dass eine sauberere Produktion im Westen zu Mehrkosten führen würde, während in China und anderswo die Produktionskosten niedrig bleiben würden, weil diese Länder an keinerlei Umweltauflagen gebunden seien. Dadurch bekämen die chinesischen Firmen im Wettbewerb einen entscheidenden Vorsprung.

Was tatsächlich passierte, ist Folgendes. Während der Westen teilweise aus ebendiesen Gründen Umweltmaßnahmen verzögerte, holte China auf und investiert inzwischen gezielt in den Aufbau einer Niedrig-CO_2-Wirtschaft. Wollen die Chinesen die Welt retten? Nein, sie wollen sie beherrschen, sagt etwa Tom Friedman:

Ja, China wird grün werden – und zwar aus Notwendigkeit. Dank der Umweltverschmutzung durch ihre kohle- und ölbetriebene Wachstumsmaschine werden zu viele Menschen nicht mehr atmen, nicht mehr schwimmen, nicht mehr fischen, nicht mehr anbauen und nicht mehr trinken können. Und deshalb wird China, wenn es seine Entwicklung nicht aus sauberem Strom und wissensintensiven Unternehmen ohne Schornsteine speist, an seiner eigenen Entwicklung sterben.

China ist also zu einem Beispiel für den Großen Bruch geworden und vielleicht gibt es uns sogar einen Vorgeschmack auf unsere eigene Zukunft. China ist, mit steigendem Druck, zum Handeln gezwungen, weil es an die Grenzen seines Wachstumsmodells stoßen wird. Noch herrscht kein Grund für Notfallmaßnahmen, aber schon jetzt sind die ökonomischen Folgen der Umweltverschmutzung deutlich erkennbar. Die Reaktion darauf sind entschiedene Gegenmaßnahmen, dazu gehören gravierende Eingriffe in den Markt wie die Schließung „schmutziger" Industrien und die gezielte Förderung von umweltfreundlichen Produktionszweigen.

Ganz unabhängig von seiner Motivation könnte China in der Zukunft führend in der Technologieentwicklung werden. Dafür spricht vor allem die Fähigkeit des Landes, Veränderungen schnell und umfassend durchzusetzen. Es würde mich daher auch nicht überraschen, wenn China eine CO_2-Abgabe beschließen würde, noch bevor die Vereinigten Staaten oder Australien sich in ihren jeweiligen politischen Prozessen auf solch einen Schritt einigen könnten.

Schon heute rühmt sich China des weltweit reichsten Solarunternehmers, Dr. Zhengrong Shi. Ich traf ihn bei der Eröffnung einer Zweigstelle seines Unternehmens in Australien, bei der er mit großer Leidenschaft darüber sprach, wie wichtig es sei, das Problem des Klimawandels anzugehen. Als verdienter Solarwissenschaftler hat er es sich zum Ziel gesetzt, Solarenergie herzustellen, die kostengünstiger ist als Kohle. Geboren in China, absolvierte Dr. Shi sein Studium in Australien. Nach dem Studium kehrte er in sein Heimatland zurück und gründete die Solarfirma Suntech Power, da er sowohl den Bedarf als auch das Potenzial von Chinas Märkten im Bereich der Solartechnologie erkannte. Ironischerweise eröffnete

Suntech erst unlängst ein Sonnenkraftwerk in Arizona und ist damit das erste chinesische Energieunternehmen, das in den USA im Sektor der Erneuerbaren Energien Arbeitsplätze in der verarbeitenden Industrie schafft. China beheimatet außerdem den Elektroauto- und Elektrobatteriehersteller *BYD*, der entscheidend zur Vermehrung von Warren Buffetts Vermögen beitrug. Buffett hält seit 2008 zehn Prozent an BYD. BYD setzte sich gegen die Konkurrenz von Opel GM und Toyota mit dem ersten Elektroauto mit Hybridantrieb durch und beabsichtigt, den Elektroautomarkt in den USA zu beherrschen. Als ungewohnt zögerlich erweisen sich dagegen die USA in diesem Technologierennen. Tatsächlich landeten die USA in einer von der Investmentbank Lazard zusammengestellten Top-10-Liste[90] der innovativsten Unternehmen auf dem Sektor der neuen Energietechnologien hinter Japan, Europa *und* China. Kein guter Platz für ein Land, das sich selbst seiner Vorreiterrolle in Sachen Unternehmens- und Technologieentwicklung rühmt.

China ist nicht allein. Auch Indien hat eine CO_2-Steuer für Kohleemissionen eingeführt, um damit den Ausbau der Erneuerbaren zu fördern. Brasilien steigt zu einer Supermacht der Bioenergie auf. Und laut einer Erhebung der HSBC Bank flossen über 70 Prozent der Investitionen aus Südkoreas vorletztem Konjunkturpaket (2009) in den Umweltschutz; ein Bereich, für den die USA gerade einmal elf Prozent ihrer Konjunkturpakete aufwendeten.

All diese Beispiele sollen keine bestimmte Herangehensweise vorschreiben, sondern verdeutlichen, dass wir endlich beginnen müssen, dieses Thema als das zu begreifen, was es ist: eine Triebfeder für Veränderungen – die jetzt darüber entscheiden, ob ein Land in Zukunft konkurrenzfähig sein wird. Diejenigen Länder, die davon ausgehen, dass sie durch ihre gegenwärtige Machtposition auch in der Zukunft abgesichert sind, täuschen sich wahrscheinlich. Denken Sie daran: Stärke zählt wenig im Wettbewerb gegen einen anpassungsfähigeren Konkurrenten.

Auf lange Sicht, wenn sich zeigt, wer sich an diese neu entstehende Welt am besten anpassen kann, wird es noch um ganz andere Fragen gehen. Das 20. Jahrhundert war beherrscht vom westlichen Modell der marktwirtschaftlichen Demokratie. Und ohne Chinas Erfolge gegen Ende des Jahrhunderts hätte es gänzlich unangefochten an der Spitze gestanden. Und obwohl viele Menschen immer wieder ihr Unbehagen über die US-amerikanische Politik, Kultur und Gesellschaft zum Ausdruck bringen, hat die Mehrheit versucht, das nachzuahmen, wofür die USA stehen. Die Menschen in diesem Streben zu bestärken, darauf basierte ein Gutteil der US-amerikanischen Vorherrschaft auf den meisten Feldern des Wettbewerb und der Auseinandersetzungen. Ob im Zweiten Weltkrieg, dem Kalten Krieg, in der technologischen Revolution, in der Musik- und Filmbranche oder ganz allgemein bei der Schaffung von Wohlstand – die USA stehen für den Erfolg, der vielen als erstrebenswert gilt.

Je weiter das 21. Jahrhundert voranschreitet, desto unsicherer wird es allerdings, ob die USA ihre Vormachtstellung in der Welt behalten werden; entscheidend wird dafür auch sein, ob die USA weiterhin das effektivste politische und wirtschaftliche Modell repräsentieren werden, dem andere gerne nachfolgen. China hat in jüngster Zeit zunehmend dramatischere Maßnahmen ergriffen, um umweltbedingte Veränderungsprozesse in seiner Wirtschaft durchzusetzen, während sich die marktwirtschaftlichen Demokratien weiter zögerlich gaben. Auch wenn viele bezweifeln, dass China dauerhaft auf Erfolgskurs bleiben wird, weist doch einiges darauf hin, dass Chinas Marktmacht die USA schon bald einholen könnte. Bereits heute ist China der größte Solarzellenhersteller und auch der chinesische Markt für Windkraft ist der weltweit größte.

Was geschieht, wenn die USA, die schwer belastet sind durch hohe Staatsschulden und Militärausgaben und weit hinten liegen im Rennen um neue Energietechnologien, immer weiter abdriften, während aufstrebende Staaten wie Brasilien, Indien und Südkorea an die Spitze drängen? Was, wenn es China gelingt, Stabilität zu wahren und den bereits begonnenen Weg in die ökologische und technologische Wende anführt? Wird Chinas deutlich anderes Verständnis von politischen Entscheidungsprozessen, demokratischen Freiheitsrechten und einer freien Gesellschaft ein Hindernis darstellen, wie viele Kommentatoren vermuten? Oder wird das ein Vorteil sein, der es ihnen erlaubt, technologische Sprünge zu machen und Veränderungen voranzutreiben, ohne die lästigen Beschränkungen westlicher Demokratien, ohne den Lobbyismus und die populistische Rhetorik, die Veränderungsprozesse im Westen lähmen?

Sollte China Erfolg haben und die USA scheitern, hätte das womöglich sehr viel weiter reichende Folgen als Verschiebungen von Wirtschaftskraft und Wettbewerbslage. Die Funktion der Demokratie als moralische Instanz könnte geschwächt werden, was in einen vor-demokratischen Zustand münden könnte, in dem die geopolitische Welt zum Großteil von autokratischen Regimen beherrscht würde. Je härter uns die Krise des Großen Bruchs treffen wird, desto größer ist diese Gefahr. Was hier auf dem Spiel steht, ist also weit mehr als wirtschaftlicher Erfolg.

Allerdings ist so eine Entwicklung mit Sicherheit nicht unvermeidlich; die USA und England haben im Zweiten Weltkrieg schon einmal erfolgreich den Sieg gegen undemokratische Feinde angeführt. Zudem spricht nachweislich eine ganze Reihe von einflussreichen Wirtschaftsvorteilen für eine freie, demokratische Staatsordnung; ein oft genanntes Beispiel hierfür sind die Erfolge der USA im Bereich von Innovation und Technologie. Gleichzeitig behaupten viele, dass Chinas Beschränkungen der Freiheit über kurz oder lang zu Instabilität und – möglicherweise – zum Zusammenbruch des Landes führen werden.

Und dennoch sollten wir uns, unabhängig davon, wie viele von uns die Demokratie als die beste aller möglichen Staatsformen betrachten, der Gefahren gewahr sein, die der Demokratie in der kommenden Zeit drohen. Vieles steht jetzt auf dem Spiel.

Welchen Weg diese Entwicklungen auch nehmen werden – wir sprechen hier über den wohl unvorhersehbarsten Bereich –, eines ist klar: Die Folgen, die der Klimawandel für Gesellschaft, Sicherheit und Wirtschaft hat, werden eine neue geopolitische Ordnung erzwingen. Entscheidend für Sieg oder Niederlage wird in diesem Prozess die Anpassungsfähigkeit an Veränderungen sein, alte Vormachtstellungen dagegen werden nicht zählen.

Eine der interessanteren Entwicklungen auf kleinerer Bühne werden die Reaktionen der „Opfer"-Staaten sein. Jene Länder, die wenig zur Entstehung des Problems beigetragen haben, aber mit den katastrophalen Folgen konfrontiert sein werden. Damit einhergehend wird es in den reichen Ländern zu Streitigkeiten über die rechtliche und wirtschaftliche Verantwortung einzelner Wirtschaftszweige, Unternehmen und Personen kommen. Mit dem Eintritt der

Welt in eine allumfassende physische und ökonomische Krise werden die Leute nach Schuldigen suchen, um sich für ihre Verluste an ihnen rächen zu können. Das wird chaotisch und komplex, aber es wird passieren.

Es ist nicht schwer, sich vorzustellen, wie das aussehen könnte. Wenn niedrig liegende Inselstaaten wie Tuvalu, Kiribati oder die Malediven durch den Anstieg des Meeresspiegels im Wasser versinken, werden ihre Bewohner darüber sehr erbost sein. Aller Wahrscheinlichkeit nach werden sie nach einem Schuldigen suchen und Vergeltung fordern. Ebenso wahrscheinlich ist, dass ihre Forderungen von der Welt (leider) größtenteils ignoriert werden, ganz unabhängig davon, wie gerechtfertigt sie sein mögen, da diese Inselstaaten klein und wenig einflussreich sind.

Sobald jedoch weite Teile von Ländern wie Bangladesch, China, Indien und die USA betroffen sein werden, wenn es Millionen von Flüchtlingen geben wird, geopolitische Konflikte und Billionenverluste im Immobiliensektor wegen des drohenden Anstiegs des Meeresspiegels oder extremer Wetterereignisse, werden wir Fragen nach Ursache und Haftung nicht mehr länger ignorieren können.

Manches davon wird sich im Bereich der Geopolitik abspielen. Arme Länder werden Kompensationszahlungen von jenen reichen Ländern fordern, durch deren Umweltverschmutzung das Problem hauptsächlich verursacht wurde. Sie werden militärische und humanitäre Unterstützung für die Bewältigung der Folgen erwarten. Manches davon wird sich vor den Gerichten abspielen, wo Personen, Länder und Unternehmen gegen diejenigen klagen werden, die in ihren Augen verantwortlich sind, erstens für die Umweltverschmutzung und zweitens für die Jahrzehnte der Vertuschung und Verzögerung, insbesondere durch die bewusste Verzerrung und Falschdarstellung von Wissenschaftsergebnissen. Einige der weltgrößten Konzerne werden ins Schussfeuer geraten. Werden die heutigen Kohle- und Ölkonzerne die Tabak- und Asbestkonzerne von morgen sein?

Genauso wie es zu Gerichtsverfahren und rufschädigenden Kampagnen kommen wird, werden Regierungen Unternehmen zu Ausgleichszahlungen für die von ihnen verursachten Umweltverschmutzungen zwingen. Eine Studie aus dem Jahr 2010[91] zeigte, dass die Kosten für die von den 3000 größten Unternehmen verursachte Umweltverschmutzung im Jahr 2008 etwa 2,2 Billionen US-Dollar betrugen. Das entsprach etwa einem Drittel des Gesamtgewinns, den sie im selben Zeitraum erwirtschaftet hatten. Ab einem gewissen Punkt werden Regierungen und andere nach diesen Gewinnen trachten, „die der Umwelt geraubt wurden".

Traurigerweise wird es wohl so sein, dass sich manches davon in terroristischen Angriffen gegen Unternehmen und Länder äußern wird. Unabhängig davon, ob man glaubt, dass Ungerechtigkeit die Ursache für Terrorismus ist, wird er mit Sicherheit dadurch befeuert. In der Geschichte wurden viele langjährige Konflikte durch den Verlust von Land oder das Gefühl ausgelöst, dass einer Kultur oder einer Gruppe von Menschen zu Unrecht Schaden zugefügt wurde.

Es gibt mit Sicherheit keine größere Ungerechtigkeit als die Vernichtung eines Landes oder eines großen Teils seiner Bevölkerung – vor allem wenn das geschieht, damit es andernorts ein paar neue Becherhalter im Auto oder ein größeres Fernsehgerät im Gästezimmer geben kann.

Kapitel 14

Der Elefant im Raum – endloses Wachstum funktioniert nicht

Dieses Jahrhundert wird sich anfühlen wie eine rasante Berg- und Talfahrt. Die Geschwindigkeit der Veränderungen wird uns den Atem rauben, und die Drehungen und Wendungen werden unvorhersehbar sein. Wir werden die ganze Zeit Gefahr laufen, über die Klippen zu schießen und in den Abgrund zu stürzen. Aber ich gehe davon aus, dass wir heil auf der anderen Seite wieder herauskommen werden und das Jahr 2100 mit einem tiefen, planetaren Seufzer der Erleichterung begrüßen können werden: Puh, das war anstrengend!

Aber bevor wir diese Geschichte erzählen können, gibt es noch einiges zu tun. Vielleicht sieht es schon jetzt so aus, als gebe es eine ganze Menge von Herausforderungen – die Wirtschaftskrise in der Folge des Großen Bruchs, gefolgt vom Ein-Grad-Krieg und der vollständigen Transformation der Weltwirtschaft hin zu einer Wirtschaft der Nullemission, parallel dazu die massiven geopolitischen Umwälzungen und der Zusammenbruch des Ökosystems, der vielerorts militärische und soziale Konflikte auslösen wird. Und dabei ist all das nur der erste Akt!

Wir kommen nun zum spannendsten und wichtigsten Teil unserer gemeinsamen Geschichte.

Denn selbst wenn wir diese ganzen Probleme bewältigen, bleibt noch ein Hindernis, das wir aus dem Weg räumen müssen, bevor die Menschheit auf die nächste Stufe ihrer Entwicklung gelangt. Der Grund dafür sind die physischen Grenzen des Planeten, der Ausgangspunkt unserer Reise.

Mit diesem Thema werden wir uns im weiteren Verlauf des Buches beschäftigen. Doch bevor wir dazu kommen, möchte ich, dass wir uns für einen Moment vergegenwärtigen, von wo wir losgegangen sind und wo wir uns jetzt befinden.

Alles begann mit der übereinstimmenden Annahme, dass sich trotz über fünfzig Jahren der Forschung, der wissenschaftlichen Erkenntnisse und dem Reden über die Grenzen des Wachstums nur sehr wenig getan hat. Jetzt, wo die Weltwirtschaft die Grenzen des

Planeten ausgeschöpft hat, sowohl hinsichtlich der zur Verfügung stehenden Ressourcen als auch hinsichtlich der Kapazität der Erde, unseren Einfluss zu verkraften, kommt die Wirtschaft knirschend zum Stehen. Es ist kein geordneter oder gleichmäßiger Stillstand, die Wirkung aber bleibt dieselbe: Mit dem Ende des Wirtschaftswachstums wird eine Krise entfesselt werden, deren Bedeutung in zwei aufeinanderfolgenden Phasen erkannt werden wird.

Während der ersten Phase werden wir begreifen, dass das Wachstum nicht mehr funktioniert. Diese Erkenntnis wird zu einer massiven Krise in Politik, Gesellschaft und Wirtschaft führen, da unsere gesamte Weltordnung auf der Annahme beruht, dass der Erfolg und der Wohlstand einer Gesellschaft vom Wachstum ihrer Wirtschaft abhängen. Durch Wachstum sollen wir alle stetig und für alle Zeiten dazu beizutragen, die Lebensqualität aller Menschen zu verbessern, und dazu gehört auch, die Ärmsten aus der Armut zu befreien. Mithilfe des Wachstums sollen wir außerdem mannigfaltige Ressourcen und Technologien anhäufen, um auch all unsere anderen sozialen und ökologischen Probleme zu lösen. Das Versagen des Wachstums wird daher ganz richtig als das Versagen des zugrunde liegenden Fortschrittsgedankens gesehen werden. Das wird zu einschneidenden Konsequenzen in Kultur, Politik und unseren Wertesystemen führen. Eine gewisse Zeit lang werden wir uns dieser Erkenntnis daher verweigern und verzweifelt versuchen, das Wachstum wieder anzukurbeln.

In der zweiten Phase werden wir erkennen, dass es einen Zusammenhang zwischen dem Ende des Wachstums und dem Erreichen der physischen Grenzen der Erde gibt. Diese Erkenntnis wird, wie wir weiter oben ausführlicher beschrieben haben, weltweite Konsequenzen nach sich ziehen, inklusive einer Verschärfung der Krise, wenn Milliarden von Menschen zu verstehen beginnen werden, dass das Ende des Wachstums kein zeitlich begrenztes Phänomen ist. Die weitreichenden humanitären, sozialen, politischen und physischen Auswirkungen werden enormen Druck auf das globale System aus Politik, Sicherheit und Wirtschaft ausüben.

Wir haben auch gesehen, dass das System mit einem schnellen und dramatischen Gegenschlag reagieren wird. Die alten Machteliten werden den Klimawandel für die Krise verantwortlich machen.

Sie werden die Krise als Bedrohung ihrer Macht erleben, weil sie das gesamte bisher geltende Fortschrittsdenken infrage stellen wird. Deshalb werden die alten Eliten sehr schnell Maßnahmen gegen das Problem ergreifen, vergleichbar in etwa dem Ein-Grad-Krieg-Plan, den Jorgen und ich entworfen haben. In Bezug auf den Klimawandel werden sie damit Erfolg haben, wie wir in früheren Kapiteln bereits gesehen haben. Durch menschlichen Einfallsreichtum und die weltweite Mobilisierung aller verfügbaren Kräfte werden wir in kürzester Zeit Außergewöhnliches erreichen. Selbst wenn wir also, was wahrscheinlich ist, erst sehr spät reagieren werden, werden wir den Klimawandel noch unter Kontrolle bringen können.

Anfangs wird es so aussehen, als läge darin die Lösung für das Wachstumsproblem. Die enormen wirtschaftlichen Aktivitäten, die durch die Transformation der Wirtschaft hin zu einer Nullemissionswirtschaft notwendig sein werden, werden neue Industriezweige und aufregende neue Unternehmen entstehen lassen und neue nationale Konkurrenzkämpfe auslösen. Auf kurze Sicht wird das zu einer Wiederbelebung des Wirtschaftswachstums führen. Und oberflächlich betrachtet wird es ganz nach einem erneuten Triumph der Märkte und des Wachstums aussehen.

Diese kreative Zerstörung im Schnelldurchlauf wird sehenswert sein. Wir freuen uns alle auf den Niedergang einiger Industrie-Dinosaurier der alten Ordnung und die Geburt der zukünftigen Giganten auf dem Feld der erneuerbaren Energien und anderer klimafreundlicher Lösungen. Wir werden bahnbrechende technologische Entwicklungen erleben, die unser Leben signifikant verbessern werden und die uns allen zeigen werden, was alles möglich ist, wenn wir streng lösungsorientiert arbeiten. Wir werden in sauberen Städten leben, über günstige Transportmöglichkeiten verfügen und eine völlig veränderte Landwirtschaft erleben. Diese Entwicklungen werden spannend und für die Menschheit von großem Nutzen sein, nicht zuletzt, weil sie die Gefahr eines weltweiten ökonomischen und ökologischen Zusammenbruchs abwehren werden.

Diese Übergangsphase wird jedoch zugleich chaotisch werden; zu unterschiedlichen Zeiten wird es in verschiedenen Ländern zu großen Schwankungsbewegungen und chaotischen Verhältnissen auf gesellschaftlicher, wirtschaftlicher und politischer Ebene kommen.

Trotz der Herausforderungen und der Jahrzehnte dauernden Übergangsphase, die sich nicht wesentlich von der Mobilmachung im Krieg unterscheiden wird, werden wir all das überstehen. Wir werden uns dann über alle Maßen darüber freuen, dem Klimageschoss gerade noch rechtzeitig ausgewichen zu sein. Wir werden unsere Widerstandsfähigkeit und Genialität und die Brillanz des menschlichen Geistes feiern. Und wir werden feiern, weil Innovationen und Märkte gezeigt haben, dass sie in kürzester Zeit weltumspannende Veränderungen vorantreiben können, sobald Regierungen die entsprechenden gesetzlichen Rahmenbedingungen schaffen.

Und dennoch. Es wird nicht reichen.

Denn das Problem ist nicht der Klimawandel, wie wir aus der ersten Hälfte dieses Buchs wissen. Der Klimawandel ist nur ein Symptom eines sehr viel tiefer liegenden Problems. Das Problem ist der Irrglaube, wir könnten das Wachstum unendlich steigern, immer mehr und immer noch mehr Dinge besitzen, und das in einer endlichen Welt. Tatsache ist: Das können wir nicht.

Wir können und werden Fortschritte erzielen, die uns heute wie Wunder erscheinen, die Beseitigung der gesamten Kohle-, Öl- und Gasindustrie und als Ersatz dafür die Etablierung neuer Industrien. Wir werden unseren außergewöhnlichen Erfindergeist einsetzen, um die Landwirtschaft, die Städte und die Transportsysteme komplett zu verändern. Wir werden all das erreichen, und dabei immer noch ein gewisses Maß an globaler wirtschaftlicher und gesellschaftlicher Ordnung beibehalten.

Wir können all das. Aber es wird uns nicht gelingen, die Gesetze der Mathematik und der Physik außer Kraft zu setzen. Solange wir in Gesellschaften leben, die Fortschritt anhand von materiellem Wohlstand bemessen, werden wir wieder und wieder gegen die Wand fahren, die uns diese Gesetze vorgeben, bis wir aufwachen.

Zum jetzigen Zeitpunkt lässt sich nicht sagen, welche physische Grenze wir nach dem Klima erreichen werden. Sicher können wir indes sein, dass in einer Welt mit neun Milliarden Menschen, die alle den Lebensstandard des Westens anstreben, die Grenzen erreicht werden.

Die Studie *Planetary Boundaries* des Stockholmer Resilience Centre benennt neun biophysikalische Grenzen, mit deren Übertreten es unmöglich wird, eine nachhaltige Wirtschaft aufrechtzuerhalten: Klimawandel, biologische Vielfalt, Stickstoffeintrag in die Biosphäre, stratosphärische Ozonschicht, Landnutzungsänderungen, Wassernutzung, die Versauerung der Ozeane, den Eintrag von Phosphor in die Biosphäre und die Meere sowie die Aerosolbelastung und Verschmutzung durch Chemikalien. Um die Herausforderungen zu verdeutlichen und Veränderungen messen zu können, ist es natürlich sinnvoll, die einzelnen Grenzen zu benennen. Wie die Studie selbst jedoch erklärt, ist die Erde ein geschlossenes System: Wird eine dieser Grenzen überschritten, werden höchstwahrscheinlich auch andere Grenzen überschritten. Es ist also gut möglich, dass wir mehrere Grenzen gleichzeitig erreichen.

Neben den in dieser Liste benannten biophysikalischen Grenzen gibt es natürlich noch weitere Grenzen, wie etwa die guten alten Rohstoffgrenzen. Woher sollen eigentlich das Eisenerz und die anderen Materialien kommen, die wir benötigen werden, um die Autos zu produzieren, die nachgefragt werden, wenn im Jahr 2050 alle neun Milliarden Menschen ihr Lebensziel erreicht haben und wie der Durchschnittsamerikaner leben? Selbst wenn diese Fahrzeuge kein CO_2 ausstoßen würden: Um sechs Milliarden PKWs, zehn mal so viele Autos wie heute, und das dazugehörige Ersatz- und Verschleißmaterial herstellen zu können, benötigt man eine unvorstellbare Menge an Materialien, die allesamt nur aus der Natur kommen können.

An dieser Stelle wenden manche ein, dass wir in Zukunft neuartige Biomaterialien (aus Pflanzen gewonnene Kunststoffe ganz ohne Erdöl, Kohle und Erdgas) entwickeln werden, um weiter Autos herstellen zu können. Doch das verfügbare urbare Ackerland schrumpft bereits und wird zukünftig noch stärker unter dem Druck sich ständig verändernder klimatischer Zonen stehen. Welcher Teil der Ackerflächen soll dann dafür genutzt werden, um die Lebensmittel anzubauen und das Vieh zu weiden, das nötig sein wird, um neun Milliarden Menschen zu versorgen, die alle nach einer reichhaltigen Ernährung streben, wenn wir *zusätzlich* noch Anbauflächen für Bäume und Pflanzen zur Herstellung von Bioplastik für sechs Milliarden Autos und all die anderen Produkte benötigen? Ganz zu schweigen von den Flächen, die wir brauchen werden, um Bäume und Pflanzen für die Holz- und Papierversorgung von neun Milliarden Menschen anzubauen. *Und* dem Land, das wir für den Anbau von Bäumen und Nutzpflanzen zur Absorption des bereits ausgestoßenen CO_2 brauchen werden und zur Herstellung des Biotreibstoffs für Autos und Flugzeuge (angemerkt sei, dass die Menge Mais, die für eine 95-Liter-Tankfüllung eines SUVs benötigt wird, einen Menschen ein Jahr lang ernähren kann). Zusammengerechnet ergibt das ein Vielfaches an Land als die uns zur Verfügung stehenden Flächen. Betrachtet man das gesamte System, stellt man fest, dass es unmöglich ist, *alle* Ideen umzusetzen, so faszinierend sie jeweils für sich genommen auch sein mögen.

Diese Liste ließe sich fortführen. Mit den Metallen für elektronische Geräte, dem Fisch für unsere Eiweißversorgung, mit den Baumaterialien für den Wohnraum von neun Milliarden Menschen, dem Wasser für wasserintensive Herstellungsprozesse, Landwirtschaftstechniken und Lebensstile. Und, und, und … Wir können Energie aus Sonne statt aus Kohle gewinnen, aber wir können keine Häuser, Autos und Telefone aus Luft herstellen.

Wird es außergewöhnliche Innovationen und Veränderungen im Bereich der Materialien und der Landwirtschaft geben? Unbedingt. Es wird technologische Durchbrüche geben, deren Einfachheit und Brillanz uns den Atem rauben werden. Wir werden uns alle fragen, warum es das nicht schon viel früher gab. Und trotz dieser Durchbrüche – auf die ich mich schon heute freue – ist es ein Irrglaube anzunehmen, dass die materielle Wirtschaft endlos weiter wachsen kann, ohne an die physischen Grenzen des Planeten zu stoßen. Man kann über den genauen Zeitpunkt streiten, aber nicht über das Prinzip. Unendliches Wachstum in einer endlichen Welt – diese Rechnung geht einfach nicht auf. So ist es nun einmal und wir müssen es akzeptieren, mit allen Konsequenzen. Wie Senator Daniel Patrick Moynihan sagte: „Jeder hat ein Recht auf eine eigene Meinung, aber nicht auf eigene Tatsachen."

Trotz übermenschlicher Anstrengungen gegen den Klimawandel werden wir das Problem also noch längst nicht gelöst haben. Die wachstumsbasierte Wirtschaft kann und wird nicht weiter wachsen.

An diesem Punkt unserer Geschichte stehen wir jetzt also. Das sich jetzt abzeichnende Versagen des Wachstums zeigt an, dass sich unser gegenwärtiges Modell des gesellschaftlichen und wirtschaftlichen Fortschritts in seiner chaotischen und schmerzhaften Endphase befindet.

Wir entscheiden nur, *wann* und *wie* wir uns verändern werden, nicht ob. Wir müssen unsere Wirtschaft neu gestalten und damit auch die Politik, unsere Erwartungen und die Märkte an die unverrückbaren physischen Gesetze unseres endlichen Planeten anpassen. Herman Daly, einer der führenden Ökonomen auf diesem Gebiet, sagte dazu:

> *Je mehr die Ökonomie die Größe der ganzen Erde annimmt, desto stärker muss sie sich an ihre physikalische Verhaltensweise anpassen. Und diese Verhaltensweise ist ein stabiler Zustand – ein System, das eine qualitative Entwicklung erlaubt, aber nicht die Anhäufung endlosen quantitativen Wachstums.*[92]

Auch wenn das Ende des Wachstums unausweichlich ist, gibt es viele verschiedene Möglichkeiten, darauf zu reagieren. Wir können entscheiden, wann wir den Prozess beginnen und wie wir uns verändern wollen. Wir brauchen eine stationäre Wirtschaft, die nicht wächst und deren Stabilität und Funktionstüchtigkeit unabhängig sind von Wachstum. Verwechseln Sie den Begriff stationär aber nicht mit „stillstehend, ohne Entwicklung". Wir müssen ein Wirtschaftsmodell entwerfen, das reich an Entwicklung und Fortschritt ist und das Wohlstand generiert, ohne jedoch zerstörerisch zu sein. Das heißt, wir werden die jetzige Wirtschaftsordnung durch ein Modell ersetzen müssen, das auf einem tiefgreifenden und umfassenden Verständnis der menschlichen Entwicklung basiert, ein Wirtschaftsmodell, das die Lebensqualität der Menschen wahrhaftig verbessert.

Darum wird es in den weiteren Kapiteln dieses Buches gehen. Ich werde Ihnen einige Ideen unterbreiten, welche Entscheidungen wir in der Zukunft treffen müssen, auf persönlicher, unternehmerischer, nationaler und globaler Ebene.

Obwohl dieser Wandel unvermeidbar ist und in seinen Auswirkungen letzten Endes positiv sein wird, wird er dennoch viele Ängste auslösen. Denken Sie nur daran, welch starke Reaktionen *Die Grenzen des Wachstums* 1972 auslösten. Der Abschied vom Wachstum wird vielen Menschen sehr schwer fallen und sie werden das alte Modell mit allen Mitteln verteidigen. Deshalb müssen wir uns darüber im Klaren sein, was wir hinter uns lassen müssen. Was müssen wir verlieren? Wie gut hat die Wachstumswirtschaft für uns funktioniert?

Der Grundsatz des Wachstums, das Versprechen seiner Befürworter lautet, dass es uns allen finanziell besser gehen wird, solange die Wirtschaft nur weiter wächst. Die Reichen werden reicher, aber die Armen werden auch reicher. Solange es uns allen finanziell besser geht, funktioniert also das System und alle sind glücklich; soweit die Behauptung. Die Vermarktung dieses Modells zur Gesellschaftsorganisation war überaus erfolgreich. Die westliche Marktwirtschaft gilt den Menschen überall auf der Welt als erstrebenswertes Lebensmodell; und unabhängig von ihren jeweiligen politischen Systemen glauben die meisten von ihnen, dass sie auf diese Weise ihre finanzielle Situation verbessern können. Und, wird dieses Versprechen gehalten?

Lassen Sie uns die Antwort aus zwei Blickwinkeln betrachten. Aus der Perspektive der Kapazität des Systems – ist die Wirtschaft stark genug und fähig, weiter zu liefern? – und aus der Perspektive des einzelnen Menschen – macht es unser Leben besser?

Hinsichtlich der Systemkapazität lautet die Antwort unterm Strich sicherlich Nein. Was wir erreicht haben ist das, was Professor Herman Daly als „unwirtschaftliches Wachstum" bezeichnet. In der Sprache des Ökonomen bedeutet das: „Die quantitative Ausdehnung des ökonomischen Systems lässt die ökologischen und sozialen Kosten stärker ansteigen als die Gewinne aus der Produktion. Das bedeutet, wir werden ärmer und nicht reicher, zumindest in den Ländern mit einem hohen Konsumniveau."

Mit anderen Worten: Obwohl wir scheinbar immer reicher werden, weil wir immer mehr besitzen, fallen für unseren Konsum eine ganze Menge versteckter Kosten an. Unser tatsächliches Vermögen nimmt daher ab, nicht zu. Es ist so, als würden Sie das Limit Ihrer Kreditkarte voll ausschöpfen und sich von dem so geliehenen Geld einen Urlaub, neue Klamotten und einen neuen Plasmabildschirm kaufen. Sie würden sich einen Monat lang reich fühlen, dann käme die Kreditkartenabrechnung, die Sie nicht bezahlen könnten. Also müssten Sie Ihr Haus beleihen, um die Kreditkartenrechnung trotzdem zahlen zu können. Zahlreiche Wirtschaftsstudien, darunter das *Millennium Ecosystem Assessment,* haben gezeigt, dass das Nettovermögen (der gesamte Kapitalbestand) der Gesamtwirtschaft schneller abnimmt als wir neues Vermögen bilden. Obwohl also mehr Geld im Umlauf ist und die Aktivität der Wirtschaft zunimmt, werden Werte in Wirklichkeit vernichtet und nicht geschaffen. Das heißt, das Wirtschaftswachstum schafft kein Vermögen – es ist in der Tat unwirtschaftlich.

Natürlich fühlt es sich von unten betrachtet nicht so an. Im Westen ging es uns hinsichtlich unseres materiellen Lebensstils nie besser als heute. Und wenn man zu den Hunderten Millionen Menschen in China, Indien und anderswo gehört, die noch vor wenigen Jahrzehnten in bitterer Armut lebten und inzwischen einen sehr viel höheren Lebensstandard genießen, fühlt sich das einfach großartig an. All das jedoch ist mit dem hohen Lebensstil auf Kosten der Kreditkarte vergleichbar. Es fühlt sich toll an … bis die Rechnung kommt und man sein Haus verliert. Meine These ist, dass wir die Rechnung noch in diesem Jahrzehnt erhalten werden und dass wir, wenn wir nicht gut aufpassen, das große Haus verlieren werden.

Wie sieht es also auf der individuellen Ebene aus? Seit Mitte des letzten Jahrhunderts haben es die Länder im Westen zu spektakulärem Wirtschaftswachstum gebracht. Wie wir bereits in Kapitel 1 festgestellt haben, würden selbst unsere Großeltern vor Ehrfurcht erstarren angesichts des heutigen Lebensstils. Wie das Leben von Königen und Herrschern würde ihnen das Leben der durchschnittlichen Mittelstandsfamilie erscheinen. Wenngleich das Wirtschaftssystem auf der Makroebene versagt hat, auf der Ebene des Individuums hat es geliefert. Aber tut es das immer noch?

Überraschenderweise lautet die Antwort hier ebenso: Nein, das tut es nicht.

Allen Lesern, die sich für die Theorie interessieren, erklärt Professor Daly, warum das so ist:

Die Logik einer stationären Wirtschaft (Steady State Economy, SSE) wird unterstützt von den jüngsten Erkenntnissen aus der Ökonomie und der Psychologie, denen zufolge absolutes Einkommen

*und Glück nur bis zu einer bestimmten Grenze miteinander korre-
lieren; danach beeinflusst nur noch das relative Einkommen die
persönlich empfundene Lebenszufriedenheit. Sowohl Querschnitts-
analysen (für die zu einem festgelegten Zeitpunkt reiche mit armen
Ländern verglichen wurden) als auch Längsschnittanalysen (für die
Daten aus einem einzelnen Land vor und nach einer signifikanten
Einkommenssteigerung erhoben werden) kommen augenscheinlich
zu diesem Ergebnis.*[93]

Was das bedeutet ist, dass wir zwar immer wohlhabender werden,
aber, sobald wir die Armutsgrenze überschreiten, nicht mehr glücklicher. Wir können das, was Daly beschreibt, in unserem eigenen Leben beobachten. Klar, oberflächlich betrachtet lieben wir unsere
elektronischen Geräte, unsere Häuser, unsere Autos und unsere Ur-
laubsreisen. Und sicherlich würde niemand von uns leichtfertig auf
diese Annehmlichkeiten verzichten, wenn man uns dazu auffordern
würde. Aber gleichzeitig wissen wir, dass die flüchtige Befriedigung,
die uns diese Dinge bereiten, nicht von Dauer ist. Deshalb kaufen
wir immer neue Dinge. Alle Studien aus der Glücksforschung, die
die relative Lebenszufriedenheit untersuchen, deuten darauf hin,
dass die kollektive Lebensqualität einer Gesellschaft nach Befriedigung der Grundbedürfnisse trotz Wirtschaftswachstums nicht weiter zunimmt. Das gilt übereinstimmend für verschiedene Länder,
Kulturen und Untersuchungszeiträume.

Einzig aus dem Vergleich mit anderen ziehen wir Zufriedenheit:
Wer innerhalb einer Gruppe besser abschneidet als die anderen,
fühlt sich besser. Haben wir mehr Geld und Besitz als jemand, mit
dem wir uns vergleichen, liegt darin eine gewisse Befriedigung, weil
das unser Selbstwertgefühl steigert. Der tatsächliche Gewinn für die
Gesellschaft bleibt jedoch weiter bei Null, weil wir in Wirklichkeit
nur innerhalb desselben Systems untereinander die Plätze tauschen.
Ein sinnloses Spiel. All das geschieht während wir das planetare Kre-
ditlimit überziehen.

Ich bin mir sicher, dass wir mehr als das können.

Eines der Argumente, das ich häufig als Verteidigung für das kon-
tinuierliche Wirtschaftswachstum zu hören bekomme, lautet in etwa
so: „Ja, aber die Armen der Welt streben alle unseren Lebensstandard

an, und das ist schließlich auch ihr gutes Recht. Wie kommst du dazu, dem deine westlichen Mittelklasse-Sorgen um die Umwelt entgegenzusetzen und ihnen dieses Recht verwehren zu wollen?"

Als ich das zum ersten Mal hörte, war ich ziemlich irritiert, stammten diese Sätze doch zumeist von politisch eher rechts stehenden, marktliberalen Geschäftsleuten oder Kommentatoren. Meiner Erfahrung nach hatten sich diese Leute bis dahin nicht groß um die Armen der Welt gesorgt. Vielmehr geben sie den Armen oft die Schuld an ihrer Armut, indem sie behaupten, die Armen hätten keinen Erfolg in der Welt der freien Märkte, weil sie sich nicht genug anstrengen. Aber wenn es ihrem eigenen Interesse dient und sich dadurch das Wirtschaftswachstum verteidigen lässt, ändern sie ihre Meinung. Mich erinnert das an ein Zitat, das mein verstorbener Schwiegervater, Max Grosvenor, gern gebrauchte: „Die Hölle selbst kann nicht wüten wie der als moralischer Grundsatz verkleidete Eigennutz."[94]

Das außer Acht, besteht meine überlegte Antwort auf diesen Einwand darin, auf das Grundproblem unseres gegenwärtigen Wirtschaftssystems zurückzukommen. Quantitatives Wirtschaftswachstum ist, um ganz deutlich zu sein, sehr effizient in der Verbesserung der Lebensqualität und der Lebenszufriedenheit der Armen. In zahllosen Studien wurde nachgewiesen, dass, gemessen an der Kaufkraft, ein steigendes Einkommen die Lebensqualität ganz entscheidend und langfristig verbessert. Das gilt für jährliche Pro-Kopf-Einkommen zwischen 0 US-Dollar bis zu etwa 10.000 bis 15.000 US-Dollar und geht weiter bis zu einem Familieneinkommen von etwa 60.000 US-Dollar. Danach gibt es durchschnittlich keine weitere Verbesserung der Lebensqualität.

Ich behaupte also nicht, dass das quantitative Wirtschaftswachstum den Armen nichts bringt; denn das tut es definitiv. Das Problem ist Folgendes. Unser gegenwärtiges System geht von der Annahme aus – und tatsächlich ist es darauf angewiesen –, dass die Reichen reicher werden, damit die Armen weniger arm sind. Wenn die Reichen reicher werden, vergrößert das die Ungleichheit – das ist die Logik des Wirtschaftswachstums und eine Tatsache, die sich an den letzten 40 Jahren ablesen lässt. Das heißt, unser System ist so konstruiert, dass die Ungleichheit größer werden muss, damit die Armen weniger arm sind.

Wenn wir die Moral einmal aus dem Spiel lassen, was ist dann falsch an Ungleichheit und dem Reicherwerden der Reichen? Das Problem ist, dass wir inzwischen wissen, dass zunehmende Ungleichheit innerhalb eines Landes dazu führt, dass die Lebensqualität *aller* Bürger, auch der reichen, abnimmt. Wir kommen später noch darauf zurück. Das bedeutet also, dass letzten Endes die Lebensqualität aller Menschen innerhalb einer Gesellschaft abnimmt, wenn das Wirtschaftswachstum als Mittel zur Armutsbekämpfung eingesetzt wird. So weit, so gut. Aber wenn die Reichen nicht glücklicher werden, die Armen dagegen schon – könnten dann nicht die Reichen den Armen zuliebe etwas leiden?

Das führt mich zum zweiten Grund, warum die Armutsbekämpfung nicht als Argument für das Wirtschaftswachstum taugt. Wenn das Wirtschaftswachstum unwirtschaftlich ist – weil es unsere Kapitalgrundlage und somit unseren Wohlstand zerstört –, erzielt dadurch niemand Wohlstand, auch nicht die Armen. Ja, für eine kurze Zeit, einen flüchtigen Moment in der Geschichte der Menschheit werden einige der Armen eine Verbesserung ihrer Lebenssituation erleben. Das wird so lange funktionieren, bis das Wirtschaftssystem zusammenbricht, weil der Kapitalstock aufgebraucht ist (der Punkt, dem wir uns nun mit hoher Geschwindigkeit nähern). Denn dann werden alle arm sein. Das wird wahrscheinlich das Problem der Ungleichheit lösen, scheint aber keine besonders intelligente Form der Gesellschaftsorganisation zu sein.

Sollten Sie mit dieser Logik einmal in einer Diskussion keinen Erfolg haben, versuchen Sie es mit folgenden von der New Economics Foundation recherchierten Fakten. Zwischen 1990 und 2001 wurden von 100 US-Dollar wirtschaftlichem Wachstum nur 0,60 US-Dollar eingesetzt, um die Armut derer zu lindern, deren Einkommen weniger als einen Dollar pro Tag beträgt. 99,40 US-Dollar Gewinn lassen sich also dadurch rechtfertigen, dass 0,60 US-Dollar an die Armen gehen.[95] Klingt nach einer echten Herzensangelegenheit.

Als Mittel zur Armutsbekämpfung ist unser derzeitiges Modell des Wirtschaftswachstums also eindeutig nicht geeignet. Wir kommen später noch darauf zurück, welche Lösungen stattdessen sinnvoll sind.

Offenbar bestätigen diese Zahlen nur das, was uns unsere Instinkte und der gesunde Menschenverstand ohnehin sagen. Ich treffe überall auf der Welt Menschen, die zwar keine Experten auf diesem Gebiet sind, aber aufgrund eigener Erfahrungen oder Beobachtungen das derzeitige System infrage stellen. Sie betrachten ihr eigenes Leben und obwohl ihnen gesagt wird, dass der zunehmende Wohlstand der letzten Jahrzehnte gut für sie und die Gesellschaft sei, sind sie nicht sicher, ob sich ihr Leben dadurch wirklich verbessert hat. Sie arbeiten viel und stecken trotzdem immer tiefer in Schulden. Sie sehen, wie der Zusammenhalt und die Sicherheit in den Gemeinschaften um sie herum abnehmen. Sie erleben, wie ihre Kinder in einer Welt aufwachsen, deren Zukunft von Angst und Unsicherheit geprägt ist. Sie lesen die aktuellen Forschungsergebnisse über die herannahende Krise im Ökosystem der Erde und fragen sich, ob wir auf dem richtigen Weg sind. Manche von ihnen kehren zurück zu einem einfacheren Lebensstil und stellen fest, dass weniger Geld, mehr Zeit und weniger Dinge ihnen in Wahrheit ein gutes Gefühl und ein glücklicheres Leben bescheren.

Natürlich konzentriere ich mich hier auf die großen Linien der menschlichen Entwicklung – wie kommen wir voran und was müssen wir als Nächstes tun. Keineswegs verwerfe ich die letzten 50 Jahre des menschlichen Fortschritts und ich empfinde großen Respekt angesichts der bahnbrechenden Errungenschaften auf den Gebieten der Medizin und der Technologie und all der Erkenntnisse, die wir über das Ökosystem der Erde gewonnen haben. Mein eigentliches Argument ist sehr einfach: Was auch immer in der Vergangenheit an Erfolgen erreicht wurde, inzwischen erfüllt das System den Zweck, für den es entworfen wurde, nicht mehr. Und wenn wir nicht anfangen, auf die Signale um uns herum zu reagieren, dann laufen wir ernsthaft Gefahr, alle Errungenschaften der letzten 50 Jahre zu verspielen und einen großen Sprung zurück zu machen.

Also, es ist schlicht und ergreifend Zeit, daran etwas zu ändern.

Kapitel 15

Die Glückswirtschaft

Es gibt jetzt zwei Gründe, warum wir uns ändern müssen.

Erstens, weil wir keine andere Wahl haben – und das war schon immer ein guter Grund. Ewiges quantitatives Wirtschaftswachstum ist schlicht nicht möglich, was bedeutet, dass wir gezwungen sein werden, uns einem neuen Fortschrittsmodell zuzuwenden, um den Kollaps zu verhindern.

Zweitens hat das alte System sein Verfallsdatum überschritten; es *hat* geliefert, aber jetzt funktioniert es nicht mehr. Es steigert die Lebensqualität der Menschen nicht mehr, nachdem ihre Grundbedürfnisse befriedigt sind. Global gesehen ist es unökonomisch, weil es unsere Kapitalgrundlage zerstört, und es funktioniert noch nicht einmal für die Milliarden von Armen, denn wenn es das täte, würde es das ganze System zum Einsturz bringen, was die Ärmsten am härtesten träfe.

Aber wohin werden wir uns entwickeln? Wie sieht der radikal neue Weg aus, der Gesellschaft und Wirtschaft organisieren wird? Wie könnte eine Neuausrichtung gelingen und wie können wir den Übergang gestalten?

Wenn man sich mit diesen Fragen beschäftigt, entdeckt man etwas wirklich Interessantes: Der Weg nach vorne ist weder radikal, noch ist er neu. Dieser Moment, an dem das Ende des Wirtschaftswachstums erreicht wird, wurde bereits von den Gründervätern der Wirtschaftstheorie und des Kapitalismus als ein natürlicher Punkt vorhergesehen, an den wir *unausweichlich* kommen würden. So schrieb der vielleicht einflussreichste Ökonom des 20. Jahrhunderts, John Maynard Keynes:

> *Der Tag ist nicht weit, an dem das ökonomische Problem in die hinteren Ränge verbannt werden wird, wohin es gehört. Dann werden Herz und Kopf sich wieder mit unseren wirklichen Problemen befassen können – den Fragen nach dem Leben und den menschlichen Beziehungen, nach der Schöpfung, nach unserem Verhalten und nach der Religion.*[96]

Noch zuvor, nämlich im Jahr 1848, antizipierte einer der Pioniere der politischen Ökonomie, John Stuart Mill, den Übergang von einer Wachstumswirtschaft zu einem „stationären Zustand" der Wirtschaft. In den *Grundsätzen der Politischen Ökonomie* schrieb er:

> *Die Zunahme des Vermögens ist nicht grenzenlos. Das Ende des Wachstums führt zu einem stationären Zustand. Der stationäre Zustand von Kapital und Vermögen … würde eine beträchtliche Verbesserung im Vergleich mit unserer gegenwärtigen Lage bedeuten.*[97]

Und allen Kritikern zuvorkommend, die heute, über 150 Jahre später, behaupten, das Wirtschaftswachstum sei für den menschlichen Fortschritt unabdingbar:

> *Ich brauche wohl nicht zu bemerken, dass ein Stillstand in der Kapital- und Bevölkerungszunahme nicht notwendig auch einen Stillstand des menschlichen Kulturfortschritts in sich schließt. Der Spielraum für alle geistige Kultur, für alle sittlichen und gesellschaftlichen Fortschritte würde noch ebenso groß sein, es wäre noch ebenso viel Raum da für die Verschönerung der Lebenshaltung und auch viel mehr Wahrscheinlichkeit für deren Fortschritte, wenn die Gemüter nicht mehr so ausschließlich durch die Sucht, nur wirtschaftlich vorwärts zu kommen, in Anspruch genommen wären.*[98]

Tatsächlich, man braucht es kaum zu bemerken. Wir können noch weiter zurückgehen, buchstäblich zu den Anfängen der Wirtschaftswissenschaften, zu Adam Smith und seinem Werk *Untersuchung über Wesen und Ursachen des Reichtums der Völker* (1776), von dem gesagt wird, es markiere „die Geburt der Wirtschaftswissenschaften als eigenständige wissenschaftliche Disziplin". Adam Smith vermutete das Ende des Wachstums und den Übergang zu einer stationären Wirtschaft nicht nur, sondern sagte ihn aus verschiedensten Gründen voraus – unter anderem aufgrund dessen, was er als die offensichtlichen Grenzen der natürlichen Ressourcen betrachtete. Smith argumentierte, dass jede Wirtschaft an einem bestimmten Punkt einen „stationären Zustand" erreichen würde, sobald ein Land „einmal das Höchstmaß an ausgeglichenem Wohlstand erreicht, den es aufgrund der Eigenart seines Bodens und seines Klimas sowie seiner Lage zu anderen Ländern überhaupt erwerben

kann, sodass es sich weder fort- noch rückentwickeln kann …"[99]
Vor über 200 Jahren erkannte also der Begründer der modernen liberalen Wirtschaftstheorie das, was wir seither vergessen haben – dass jede Wirtschaft begrenzt ist von ihrem „Boden und Klima" oder, anders gesagt, von ihren natürlichen Ressourcen.

Die Argumente gegen das Wachstum stammen also *nicht* aus den Reihen radikaler Kapitalismuskritiker, sondern wurden von den Gründungsvätern des Kapitalismus von Anfang an als logischer Punkt angesehen, den wir irgendwann unweigerlich erreichen würden.

Jetzt, da wir an diesem Punkt angekommen sind, ist es an uns zu überlegen, wie eine stationäre Wirtschaft aussehen könnte und wie wir den Übergang zu ihr gestalten können. Der Übergang wird abrupter erfolgen müssen als vielleicht erwartet, da wir sonst Gefahr laufen, die Hunderte von Jahren menschlicher Entwicklung zunichte zu machen, die uns bis hierhin gebracht haben.

Die Geschichte hält noch mehr gute Neuigkeiten bereit. Weil von vornherein klar war, dass es irgendwann so weit kommen würde, wurde schon einiges an Vorarbeit geleistet: Wir wissen, was auf uns zukommt und es wurden bereits einige Ratgeber verfasst, wie wir mit der Situation umgehen können.

Eine der aktivsten Organisationen auf diesem Gebiet ist die New Economics Foundation (NEF). Als ich mich mit Stuart Wallis, dem Geschäftsführer der NEF traf, warf er eine interessante Frage auf, die vielleicht das drängendste Problem unserer Zeit darstellt. Die Entwicklung einer stationären Wirtschaft, so Wallis, sei gar nicht so schwer. Die wahre Herausforderung liege ganz woanders: Es bestehe ein riesengroßer Unterschied zwischen einer stationären Wirtschaft – die darauf angelegt ist, ohne nennenswertes Wachstum zu operieren – und einer gescheiterten Wachstumswirtschaft, also unserer derzeitigen Wirtschaftsordnung, nur ohne Wachstum. Wallis' Sorge ist, dass das Scheitern der Wachstumswirtschaft, mit explodierenden Arbeitslosenzahlen und vielen weiteren sozialen und ökonomischen Problemen, eine echte Bedrohung für die Stabilität in Politik und Gesellschaft darstellt und großes Leid nach sich ziehen wird. Er betonte, dass eine stationäre Wirtschaft diese Entwicklungen auffangen könnte, allerdings müsste sie eigens dafür gemacht sein – zur Verhinderung solcher Entwicklungen, inklusive eines Übergangsplans.

Die Herausforderung, vor der wir nun stünden, sei zu handeln, bevor es zu spät ist, damit wir das neue Wirtschaftsmodell noch aktiv gestalten könnten anstatt nur zuzusehen, wie das alte Modell scheitert; denn das würde die Übergangsphase um einiges erschweren. Die NEF hat sich damit beschäftigt, wie der Übergang funktionieren könnte und welche konkreten Strategien jetzt und mit unmittelbarem Gewinn angewendet werden können. Es gibt noch viele andere, die Ideen und Vorschläge haben, welche Schritte Regierungen und einzelne Menschen heute ergreifen können, um uns in die richtige Richtung zu lenken.

Die Pläne für die Übergangsphase geben uns einen Vorgeschmack darauf, wie eine stationäre Wirtschaft aussehen könnte. Das sind nicht alles radikal neue Ideen. Tatsächlich existieren viele von ihnen bereits heute, andere ließen sich leicht in die bestehenden Wirtschaftsstrukturen integrieren.

Ein Beispiel sind Handelssysteme mit einer festen Obergrenze für zentrale Ressourcen. Sie betreffen sowohl den Rohstoffbestand (wie beispielsweise Fisch- und Wasserbestände) als auch die begrenzte Abgabe von Verschmutzungsrechten (zum Beispiel Kohlenstoffdioxid und Schwefeldioxid). Ein anderer Ansatz, der in einigen Ländern bereits angewendet wird, ist eine Verschiebung der Besteuerung: Steuersenkungen in Bereichen, die gut für die Gesellschaft sind (zum Beispiel Arbeitsplätze), und hohe Steuern auf Dinge, die begrenzt werden sollen (etwa Umweltverschmutzung, Ressourcenverbrauch). Das fördert Arbeitsplätze (wodurch einem der Hauptprobleme einer gescheiterten Wachstumsökonomie entgegengewirkt wird) und vermindert den Anreiz für Materialverbrauch und Müllproduktion (wodurch die Gefahr ökonomischer Schocks gemindert wird, wie sie durch plötzliche Veränderungen, wie etwa Peak Oil, ausgelöst werden). Eine solche Verschiebung in der Besteuerung würde zudem jene belohnen, die sich entschließen, weniger zu arbeiten und weniger zu konsumieren, eine Idee, die wir in Kürze noch vertiefen werden.

Manche Vorschläge fordern eine Begrenzung der sozialen Ungleichheit, eine der wichtigsten Herausforderungen, die wir insbesondere in Kapitel 18 noch eingehend betrachten werden.

In Ergänzung zu Steuererleichterungen für Arbeitnehmer können wir Systeme auf den Weg bringen, die Arbeitnehmer dazu ermutigen, ihre Arbeitszeit und ihren Konsum zu reduzieren, indem wir flexiblere Arbeitszeiten und mehr Teilzeitarbeit zulassen. Dadurch würde das Wirtschaftswachstum verlangsamt, aber ein Anstieg der Arbeitslosigkeit bliebe aus. Auf diese Weise könnte sich auch ein neues kulturelles Verständnis herausbilden, was es bedeutet, ein glückliches Leben zu führen. Und es gäbe viele lebende Beispiele für diesen neuen Lebensstil – mit weniger Arbeit, weniger Schulden, weniger Zeug und mehr Spaß, stärkeren Gemeinschaften und größerer Sicherheit.

Die Botschaft, die sich in den Werken von Pionieren wie Adam Smith und Herman Daly und in den Konzepten von Gruppen wie dem Center for the Advancement of the Steady State Economy (CASSE) und der NEF findet, ist eindeutig: Die Aufgabe, die vor uns liegt, ist weit davon entfernt, einfach zu sein. Aber sie ist ebenso weit davon entfernt, unmöglich zu sein. Wenn man bedenkt, dass wir nur wenige Meter vor dem Abgrund stehen und eine Systemveränderung die einzige verbleibende Option ist, dann ist das eine ziemliche Erleichterung!

Sobald wir uns an die Arbeit machen, werden wir davon in erheblichem Maß profitieren. Wie wir weiter oben gesehen haben, wird auch unsere Reaktion auf den Klimawandel unser Leben ganz unmittelbar in vielen Bereichen verbessern. – Wenn wir aber erst einmal anfangen, eine stationäre Wirtschaftsordnung zu errichten, wird es wirklich interessant. Das ist der Punkt, an dem wir beginnen werden, unsere Wirtschaft, unsere Gesellschaft und unser Leben auf völlig neuartige Weise zu organisieren. Wir werden neue Organisationsstrukturen erfinden, die dem Ziel dienen, unser menschliches Potenzial und unsere Kreativität voll auszuschöpfen. Während wir das tun, werden wir ein zunehmend zufriedeneres Leben führen und viele Probleme beseitigen, die uns seit langem verfolgt haben, manche seit Beginn der Menschheitsgeschichte – Probleme wie extreme Armut und Ungleichheit, unsichere Stadtviertel und ungesunde Städte, Probleme wie unser überarbeitetes und zeitarmes Leben und, daraus resultierend, belastete Familien. Wir werden darauf zurückkommen und sehen, was jeder von uns in seinem Leben tun kann, um diesen Prozess in Gang zu setzen.

So wichtig es ist, dass sich gerade am Anfang jeder Einzelne in seinem unmittelbaren Umfeld engagiert, wird es notwendig sein, das Problem auf der Strukturebene von Regierung und Gesetzgebung anzugehen. Wir benötigen Strategien und Richtlinien, in deren Zentrum die Verbesserung der Lebensqualität der Menschen steht und nicht das Wirtschaftswachstum um seiner selbst willen. Es ist offen gesagt lächerlich, dass wir den Fortschritt von Regierungen seit Jahrzehnten anhand des Bruttoinlandprodukts, also der Gesamtheit aller ökonomischen Aktivitäten in einem Land, bemessen. So, als wäre jede Wirtschaftsaktivität gut und je mehr davon, desto besser. Die obsessive Konzentration auf das Wirtschaftswachstum als Ziel und nicht als Mittel hat zu einem sehr ungesunden Bewertungssystem unseres Fortschritts geführt. Doch obwohl es an Belegen für die Tragfähigkeit des gegenwärtigen Systems mangelt, hat es in der letzten Zeit keinen namhaften Politiker gegeben, der es ernsthaft in Zweifel gezogen hätte. Vergleichen Sie dagegen Robert Kennedy, der 1965 sagte:

Zu lange und zu sehr haben wir persönliche Vervollkommnung und Gemeinschaftswerte aufgegeben zugunsten schierer Aufhäufung materieller Werte. Unser Bruttonationaleinkommen … rechnet Luftverschmutzung und Zigarettenwerbung ein, und Krankenwagen, die das Blutbad unserer Highways ausräumen. Es rechnet Spezialschlösser für unsere Türen ein und Gefängnisse für die Leute, die sie aufbrechen. Es rechnet die Zerstörung des Mammutbaums ein und den Verlust unserer Naturwunder durch chaotische Zersiedelung. Es rechnet Napalm und Atomsprengköpfe und Panzerwagen für die Polizei im Kampf gegen Aufstände in unseren Städten ein. Es rechnet Whitmans Gewehr und Specks Messer ein. Und die Fernsehprogramme, die Gewalt verherrlichen, um Spielzeug an unsere Kinder zu verkaufen.

Aber das Bruttonationaleinkommen hat keinen Platz für die Gesundheit unserer Kinder, die Qualität ihrer Erziehung oder ihre Freude beim Spiel. Es beinhaltet weder die Schönheit unserer Poesie noch die Stärke unserer Ehen, weder die Intelligenz unserer öffentlichen Debatten noch die Integrität unserer öffentlichen Amtsträger. Es misst weder unseren Verstand noch unseren Mut, weder unsere

Weisheit noch unser Lernen, weder unser Mitgefühl noch unsere Hingabe an unser Land. Kurzum: Es misst alles, außer dem, was das Leben lebenswert macht.

In den 1960er Jahren, nach einer Phase großen Wohlstands, machte man sich offensichtlich ernsthafte Gedanken über diese Fragen. Und selbst die Republikaner stimmten mit ein, wie ein Zitat Präsident Nixons aus seiner Ansprache zur Lage der Nation aus dem Jahr 1970 zeigt:

Auf unserem Weg in das Jahrzehnt der Siebziger haben wir unter allen Völkern der Weltgeschichte die besten Aussichten auf Fortschritt zuhause. Unser Bruttoinlandsprodukt wird in den kommenden zehn Jahren um 500 Milliarden Dollar steigen. Schon diese Steigerung allein ist mehr als das gesamte Wachstum Amerikas zwischen 1790 und 1950 ... In den nächsten zehn Jahren werden wir unseren Wohlstand um 50 Prozent steigern. Die tiefere Frage lautet: Bedeutet das, wir werden in einem wahren Sinn um 50 Prozent reicher? Werden wir es um 50 Prozent besser haben, werden wir um 50 Prozent glücklicher sein?

Wie Robert Kennedy vor über 45 Jahren vorgeschlagen hat, müssen wir aufhören, unseren Fortschritt anhand *quantitativer* Wirtschaftsbewegungen zu bemessen und stattdessen anfangen, die *Qualität* unseres Lebens als Wertmaßstab anzulegen. Das ist die Art von Fortschritt, an der wir den Erfolg unserer Regierungen messen sollten.

Es wird derzeit einiges getan, um genau das zu tun. Ein Index, der sich auf alternative Maßeinheiten stützt, ist etwa der Human Development Index (HDI) des Entwicklungsprogramms der Vereinten Nationen, der neben dem Pro-Kopf-Einkommen die Faktoren Lebenserwartung und Bildungsgrad in seine Berechnung miteinbezieht. Ein anderer, der Happy Planet Index, wurde von der New Economics Foundation entwickelt und ist mein persönlicher Favorit. Für den Happy Planet Index werden die Werte für Lebenszufriedenheit und Lebenserwartung miteinander multipliziert und das Ergebnis durch den ökologischen Fußabdruck dividiert, er stützt sich also auf die Lebensdauer und -qualität der jetzt lebenden Generationen und setzt sie ins Verhältnis dazu, welche Risiken aus den Schäden an unser aller Kapitalstock für zukünftige Generationen hervorgehen.[100]

Vielleicht fragen Sie sich jetzt, ob ich völlig durchgedreht oder einfach ein naiver Idealist bin? Ist ein derart radikaler Wandel überhaupt denkbar? Bilde ich mir wirklich ein, die Leute würden sich jemals von ihrem obsessiven Besitzstreben verabschieden?

Bei all diesen Fragen ist es wichtig, sich stets klar zu machen, welcher Herausforderung wir gegenüberstehen werden und welche Möglichkeiten für radikale Veränderungen in einer echten Krise liegen. Wir werden uns in einem Zustand befinden, der sich mit der gegenwärtigen Situation in nichts vergleichen lässt.

Wenn Sie sich fragen, ob wir es schaffen können, ziehen Sie einfach einen Vergleich zwischen einem Gespräch mit Ihrem Arzt über die Notwendigkeit, Sport zu treiben, wenn Sie in guter gesundheitlicher Verfassung sind und demselben Gespräch, nachdem Sie gerade einen Herzinfarkt überlebt haben. Das ginge von: „Geben Sie sich etwas Mühe und Sie werden sich besser fühlen und auch später Vorteile davon haben" hin zu: „Wenn Sie nichts verändern, werden Sie das nächste Mal nicht überleben." Die Motivation verändert sich. Das wird unser Kontext sein.

Dennoch ist es allzu leicht, in Zynismus zu verfallen und Zweifel an unserem Potenzial zu hegen, wenn man sich die gegenwärtige politische Realität und die Entwicklungen in der Gesellschaft ansieht. Ich spreche oft mit Menschen, die davon überzeugt sind, dass wir einfach in unser Verderben rutschen werden. Sie verstehen, dass das Hauptproblem nicht im konzeptionellen Potenzial einer stationären Wirtschaft liegt oder in unserer Fähigkeit, eine solche Wirtschaftsordnung zu planen und umzusetzen. Es geht darum, dass wir uns entschließen werden müssen, es zu tun. Und sie können nicht erkennen, wie wir zu solchen Veränderungen fähig sein sollten.

Ich kann verstehen, dass man angesichts der politischen Entwicklungen und des alltäglichen Konsumverhaltens zu solch einer Haltung gelangt. Schließlich bestand die Reaktion der Mächtigen der Welt auf die sogenannte Weltfinanzkrise, die verursacht wurde durch exzessive Verschuldung und Konsum, in der Hauptsache darin, noch mehr Geld zu leihen und an uns weiterzugeben, damit wir in die Läden gehen und noch mehr konsumieren konnten.

Und dennoch, wenn ich an die Menschheitsgeschichte denke und mir vergegenwärtige, wie sehr wir uns verändert und entwickelt haben, seit unsere Vorfahren von den Bäumen gestiegen sind, oder selbst im Lauf der letzten Jahrhunderte, erkenne ich ein größeres Potenzial in uns. Unsere Veränderungen sind oft ausgelöst von Notwendigkeiten oder Krisen, aber im Großen und Ganzen sind diese Veränderungen positiv. Dieser Wandel wird eine besondere Herausforderung, die komplexer ist als etwa einen Krieg zu gewinnen oder neue Technologien zu entwickeln, aber er ist nichtsdestotrotz im Rahmen unserer Fähigkeiten und wird noch dazu potenziell spannend und mitreißend werden.

Wir vergessen oft, dass dramatische und tiefgehende Veränderungen in unserem Verhalten, unserer Kultur und unseren Werten nicht nur möglich sind, sondern uns Menschen erst zu dem machen, was wir sind – fähig zur bewussten und willentlichen Weiterentwicklung hin zu einem Zustand höherer Ordnung. Das haben wir in der Vergangenheit getan und wir sind gerade dabei, es wieder zu tun.

Der Schlüssel zur Erkenntnis dieses Potenzials ist, sich vorzustellen, unter welchen Umständen wir uns verändern werden: eine Krise, in der wir mit unseren herkömmlichen Verhaltensweisen nicht mehr weiterkommen und die uns nur vor die Wahl stellt, *wie*, nicht ob wir uns verändern wollen.

Das heißt, dass wir uns jetzt überlegen müssen, wie diese neue Wirtschaftsordnung aussehen wird. Ich bilde mir nicht ein, dass wir in den nächsten paar Jahren an diesem Punkt anlangen werden, aber irgendwann wird es so weit sein, und je mehr wir im Vorfeld darüber nachgedacht und diskutiert haben werden, je mehr wir die verschiedenen Möglichkeiten durchgespielt haben werden, desto besser wird uns der Wandel gelingen. Wenn wir uns jetzt zu den richtigen Schritten entschließen, wird uns das unmittelbare Vorteile bringen und noch dazu den Boden für den Wandel bereiten.

Zum Teil werden die Vorbereitungen darin bestehen, die richtigen Weichen zu stellen. Dazu gehören Maßnahmen wie sie bereits oben beschrieben wurden – die Verschiebung der Steuerlast weg von der Arbeit hin zu Rohstoffen, die Förderung von Teilzeitarbeit und die Ermutigung zum Konsumverzicht. Derlei Maßnahmen werden das Ausmaß der späteren Krise eindämmen, uns wertvolle Informationen liefern, was wirkungsvoll ist, und dabei die Öffentlichkeit und die Geschäftswelt auf das vorbereiten, was uns alle in Zukunft erwartet.

Ich werde nicht näher auf den theoretischen Aufbau dieser neuen Wirtschaftsordnung eingehen. Das wurde bereits an anderer Stelle getan. Doch wenngleich diese Untersuchungen von unschätzbarem Wert sind, sollte man das Feld nicht allein den Wirtschaftswissenschaftlern überlassen. Wenn wir eine Wirtschaftsordnung errichten möchten, in deren Zentrum der Mensch steht, müssen wir, die Menschen, um die es geht, uns einmischen und anfangen zu definieren, was wir wollen.

Im Zentrum sollte dabei die Frage stehen, was wir jetzt, hier und heute unternehmen können, um unsere Reise zu beginnen und unmittelbar Gutes für unser Leben und die Gesellschaft zu bewirken. Können Einzelne und Gruppen überhaupt etwas unternehmen oder gibt es nichts Sinnvolles, was wir tun könnten, bevor sich die Gesellschaft als Ganze bewegt?

Das Verhältnis von eigenem und gesamtgesellschaftlichem Engagement ist interessant und stellt seit jeher eine der Hauptherausforderungen für Umweltaktivisten dar. Wenngleich es auf der Ebene des Einzelnen und des gesellschaftlichen Wandels für Umweltschützer reizvoll ist, Individuen dazu zu bringen, Energiesparlampen zu verwenden, ihren Umwelteinfluss zu reduzieren und so weiter, sind diese Bemühungen für beide Seiten doch stets mit dem nagenden Zweifel verbunden, dass es am Ende doch keinen Unterschied macht, weil das Problem so groß ist und der Beitrag des Einzelnen so gering. Manche behaupten sogar, umweltbewusstes Verhalten wirke sich psychologisch kontraproduktiv aus, weil es „als eine Art Absolution dienen kann, die die Menschen davon befreit, sich an den radikaleren Veränderungen in Politik und Lebensstil zu beteiligen, die letzten Endes notwendig sind".[101]

Die Befürworter des persönlichen Engagements argumentieren meistens in zwei Richtungen. Erstens werde der Einzelne auf der persönlichen Ebene durch seinen Beitrag befähigt, sich zu engagieren – Taten verändern Überzeugungen schneller als andersherum. Zweitens würde dieses Verhalten eine Botschaft an Wirtschaft und Regierung senden, dass es einen Wunsch nach Veränderung gibt.

Unabhängig von den Argumenten dafür oder dagegen behauptet niemand, dass diese Maßnahmen eine direkte Wirkung auf globaler Ebene erzielen.

Die interessante Frage, die sich in diesem Zusammenhang stellt, ist, ob dem Engagement für eine neue Wirtschaftsordnung dieselbe Gefahr droht. Wird es zu persönlichen Opfern kommen für einen tatsächlich zu vernachlässigenden Effekt?

Lassen Sie uns mit diesen Fragen im Kopf und vor diesem historischen Hintergrund beleuchten, wie eine neue stationäre Wirtschaftsordnung aussehen könnte. Was wird sich verändern hinsichtlich des weltweiten Armutsproblems? Was bedeutet eine stationäre Wirtschaft für den Alltag all jener, die bereits in relativem Wohlstand leben? Was kann jeder Einzelne jetzt unternehmen und was würde sich dadurch für ihn verändern?

Ich kann nicht alle diese Bereiche abdecken, daher habe ich mich für vier Themen entschieden, die als Beispiele für eine veränderte Zukunft dienen sollen: Materialismus und Konsum; Armut und Ungleichheit; Business und Investment sowie Arbeit und Gesellschaft. Also, lassen Sie uns eintauchen in unsere Zukunft und schauen, wie sich das anfühlt.

Kapitel 16
Ja, es gibt ein Leben nach dem Shopping

Fangen wir mit dem an, was wohl das Kernelement der Weltwirtschaft ist: Gehen wir shoppen!

Inzwischen belegen Daten das, was viele von uns schon seit geraumer Zeit spüren. Sobald unsere Grundbedürfnisse erfüllt sind, machen uns mehr Besitz oder mehr Geld – wofür wir mit mehr Stress, mehr Zeit und mehr Arbeit bezahlen – weder glücklicher noch bescheren sie uns ein erfüllteres Leben. Das ist wahrscheinlich der gefährlichste und bedrohlichste Gedanke in diesem Buch. Mehr noch als es Terrorismus, Krieg und selbst der Kommunismus je vermochten, rührt dieser Gedanke am Kern des modernen weltumspannenden Kapitalismus. Was wäre, wenn wir alle aufhören würden, shoppen zu gehen?

Natürlich geht das Problem des quantitativen Wirtschaftswachstums sehr viel tiefer als das. Aber Shopping bringt uns dennoch zum Kern des Problems, seiner Lösung und zu den Auswirkungen, die eine stationäre Wirtschaft auf die Weltgesellschaft haben würde. Es führt uns außerdem weg von den Theorien der Wirtschaftswissenschaft und zeigt uns, was all das für unser persönliches Leben bedeutet.

Es rührt am Kern des Problems, weil die gesamte Weltwirtschaft auf einer einzigen Annahme beruht, die in letzter Zeit ins Wanken geriet: Dass wir motiviert sind, hart zu arbeiten und viel Geld zu verdienen, um mehr Dinge kaufen zu können, weil wir glauben, damit unsere Lebensqualität und die Lebensqualität unserer Kinder steigern zu können.

Wenn diese Annahme in die Irre geht, und die Ergebnisse der Glücksforschung und der gesunde Menschenverstand deuten inzwischen darauf hin, würde die Weltwirtschaft allein durch einen Stimmungsumschwung in der öffentlichen Meinung in eine tiefe Krise geraten. Das könnte das Aikido der politischen Revolution werden – eine kurze, gut platzierte Bewegung, die die Kraft des Angreifers nutzt, um ein ganzes System zu verändern.

Die Bedeutung dieses Potenzials ist fast nicht überzubewerten. Der Großteil der Welt wurde vom konsumorientierten Wirtschaftssystem erfasst, selbst die Leute, die nie danach gestrebt haben, sind ein Teil davon. Das System ist darauf angewiesen, dass dieser Kreis geschlossen bleibt. Denn sobald ein Teil wegbricht, könnte das ganze System in sich zusammenstürzen.

Wenn die Leute einem neuen Trend folgen würden, der Erkenntnis, dass es ihr Leben nicht besser macht, mehr Dinge zu kaufen, sondern dass sie sich dadurch in einen Kreislauf aus Zeitmangel, unbefriedigender Arbeit und endlosen Schulden begeben, könnten sie den Kreislauf unterbrechen, indem sie damit aufhören. Natürlich nicht ganz, aber schon wenn weniger Dinge gekauft würden, hätte das weitreichende Folgen.

Bereits nach kurzer Zeit würde sich das im gesamten System bemerkbar machen, mit dramatischen Konsequenzen. Wenn wir aufhören, so viel Geld fürs Shoppen auszugeben, werden wir auch nicht mehr so viel arbeiten müssen, um das dafür notwendige Geld zu verdienen. Wir könnten unsere Schulden abbezahlen und unsere Kreditkarten wegwerfen, wodurch wir das Geschäftsmodell der meisten Privatbanken untergraben würden. Wenn wir nicht mehr so viel Geld brauchen und der Job, den wir haben, uns nicht gefällt, wären wir vielleicht weniger motiviert, so viel zu arbeiten. Wenn wir weniger arbeiten, haben wir mehr Zeit. Fragen Sie doch mal Ihre Freunde, wer unter ihnen dazu bereit wäre, zehn Prozent weniger fürs Shoppen auszugeben und dafür fünf Wochen *zusätzlichen* Urlaub im Jahr zu haben. Ja, vielleicht müsste man sich während dieser fünf Wochen für die Gemeinschaft engagieren, statt um die Welt zu jetten. Aber auch das wäre den meisten von uns lieber.

Die Folgen breiten sich weiter aus. Wenn wir aufhören, so viele Dinge zu kaufen, kollabiert das Wachstumsmodell der Entwicklungsländer. Das Wachstum, das wir in China und anderswo beobachtet haben, basiert auf einem einfachen Gedanken: Stelle mit billiger Arbeit Dinge für reiche Menschen her, ohne Rücksicht auf die lokale und globale Umwelt. Durch die Globalisierung der Wirtschaft hängt alles voneinander ab und die Auswirkungen reichen weit. Wenn die Amerikaner weniger Dinge kaufen, produziert China weniger und mein Heimatland Australien liefert weniger der für die Produktion notwendigen mineralischen Rohstoffe an China.

Wenn die Chinesen weniger Dinge an die Vereinigten Staaten verkaufen, erwirtschaften sie weniger Gewinn und können weniger US-Staatsanleihen kaufen, mit denen die US-Wirtschaft finanziert wird. Und so würde es weitergehen, rund um die Welt.

Die Folgen wären aber nicht nur wirtschaftlicher Natur. Und hier wird es interessant. Wenn uns der Kauf von mehr materiellen Besitztümern nicht zu glücklicheren Menschen macht, müssen wir unser Glück anderswo suchen. Wenn wir nicht mehr durch die Gefühlsdroge Konsum abgelenkt wären, würden wir beginnen, es in Beziehungen, Freundschaften und der Familie zu suchen. Wir wären vielleicht eher dazu bereit, uns in die Gemeinschaft einzubringen. Wer weiß, möglicherweise würden wir sogar beginnen, in uns nach der Quelle unseres Unglücks zu suchen, die vom Shopping bislang überdeckt wurde!

Wenn wir weniger motiviert sind, für Geld zu arbeiten, dürften wir wählerischer werden, für wen wir arbeiten und welche Arbeit wir tun. Wenn die Dinge, die wir kaufen, keine Bedeutung mehr haben, würden wir vielleicht anfangen, Bedeutung in dem zu suchen, was wir tun. Man kann sich leicht vorstellen, was das für Unternehmen und ihren Wettbewerb um die besten Köpfe bedeuten würde. Sie würden erkennen, dass die soziale Ausrichtung eines Unternehmens der Schlüssel ist, um gute Leute zu gewinnen. Das dürfte es um einiges schwieriger machen, Leute für die Vermarktung von Schokoriegeln zu finden!

Das alles scheint weit hergeholt zu sein, wenn man mitten auf dem Times Square in New York City steht. Genau das tat ich mit meinem guten Freund Rick Humphries, der sich zeitlebens für den Umweltschutz eingesetzt hat und sich nun im Auftrag der Rohstofffirma Rio Tinto für den Schutz der Artenvielfalt einsetzt. Während einer gemeinsamen Reise in die USA kamen wir auf dem Nachhauseweg am Times Square vorbei. Es war Mitternacht und wir schauten uns das verrückte Treiben aus Konsum und Werbung um uns herum an. Leute, die mitten in der Nacht einkaufen gehen, überall blinkende Lichter der Leuchtreklame, die unseren Augen und Ohren einhämmerten zu kaufen, kaufen, kaufen. Rick und ich blickten uns an und hatten denselben Gedanken. Nachhaltigkeit? Wir sind erledigt!

Was wir nicht ahnten, war, dass zur selben Zeit ganz in der Nähe Colin Beavan in Manhattan über genau demselben Problem brütete. Er lebte jeden Tag in dieser Hochburg des Konsums und fragte sich, was er dagegen nur unternehmen könne.

Im November 2006 beschloss Colin, dass er ein Jahr lang versuchen würde, mit seiner Frau Michelle Conlin, ihrem zwei Jahre alten Kind und ihrem vierjährigen Hund die Netto-Umwelteinwirkungen der Familie auf Null zu reduzieren. Er beschloss, so wenig Müll und CO_2 wie möglich zu produzieren, überflüssigen Konsum zu vermeiden und gleichzeitig seinen positiven Umwelteinfluss zu erhöhen. Dazu engagierte er sich in Naturschutzgruppen, spendete Geld an Umweltverbände und so weiter. Er engagierte sich so lange, bis er die negativen Auswirkungen, die seine Familie ja weiterhin verursachte, durch seinen positiven Einsatz „ausglich". Nachdem er die erste Hürde genommen hatte und seine „koffeinliebende, kaufverrückte und fernsehsüchtige" Frau dazu überredet hatte mitzumachen, recherchierte er, was zur Realisierung seines Plans notwendig wäre. Colin wollte keinen moralischen Kreuzzug führen oder irgendein asketisches Opfer bringen. Er wollte in einem Selbstversuch herausfinden, wie schwer es wirklich sein würde und was sich dadurch für ihn und seine Familie verändern würde. Der No Impact Man war geboren.

Nach der ersten Woche schrieb Colin in seinem Blog:

Wir haben eine Ahnung davon bekommen, wie sich ein Leben in einem völlig neuen Rhythmus anfühlt. Wir hatten zum ersten Mal den Gedanken, dass uns der Entzug von unserer Madison-Avenue-Sucht wirklich glücklicher machen könnte. Es sind erst sieben Tage, aber wir sind schon jetzt davon überzeugt, dass ein Leben mit null Umweltauswirkungen möglich ist, dass es angenehm sein kann und dass es gut möglich ist, dass wir am Ende glücklicher und nicht trauriger sein werden – und deshalb werden wir, Gott steh uns bei, für ein Jahr weitermachen.[102]

Ein Jahr später entstanden aus Colins Erfahrungen zuerst ein Buch und dann ein Film, und sein Blog zählte 1,8 Millionen Besucher. Das Medienecho war groß und die Berichte in der *New York Times* und dem *Time Magazine*, die Auftritte in Fernsehsendungen wie *Good Morning America* und *Nightline* zeigten, dass es um weit mehr ging als um einen Mann, der fasziniert ist vom Einfluss, den der Einzelne auf die Umwelt hat.

Inzwischen ist eine neue Bewegung entstanden, die sich diesem Thema widmet. Und ein ernstzunehmender Gesellschafts- und Konsumtrend ist dabei sich abzuzeichnen. Was lange als Randthema galt und nur für einen winzigen Teil des Marktes relevant war, wird zunehmend massentauglich: Immer mehr Konsumenten verlangen nach nachhaltiger produzierten und insgesamt weniger Produkten. Eine Entwicklung, die sich vielfach widerspiegelt. Das reicht von der offen geäußerten Kritik am herrschenden Materialismus, wie sie der Papst und andere Religionsführer äußern, über die Faszination der Medien an Selbstversuchen, bei denen der Konsum eingeschränkt werden soll, wie Colin und Michelle es getan haben, bis hin zu Vertriebsexperten, die darin einen neuen Konsumententrend sehen. Inzwischen kann man sich sogar informieren, wie man seine Produkte vermarktet, damit sie die Zielgruppe der sogenannten „Antikonsumenten" erreichen.[103]

So etwas entsteht fast von selbst, sobald die Leute ihr Leben infrage stellen und erkennen, dass das Glück eines konsumorientierten Lebens eine Täuschung ist, die ihnen jeden Tag von Marketingexperten suggeriert wird. Angesichts der Tatsache, dass es die Bewegung bereits gibt, kann fraglos davon ausgegangen werden, dass sie exponentiell anwachsen wird, sobald der Große Bruch Fahrt aufnimmt. In einer Welt, in der Sicherheit und Stabilität abnehmen, werden die Menschen früher oder später einsehen, dass diese Probleme letzten Endes aus einer Wirtschaftsordnung resultieren, die auf materiellem Konsum basiert. Und das beginnt mit unser aller Einkaufsverhalten. Es wird dann eine ganz natürliche Entwicklung sein, dass die Leute die Themen Shopping und Konsum auf der Makroebene der Gesetzgebung und in ihrem eigenen Leben ganz neu reflektieren werden.

So entstehen derartige Trends. Auf eine lange, langsame Aufbauphase, die in der breiten Öffentlichkeit allenfalls als interessante Randerscheinung wahrgenommen wird, erreichen sie entweder eine kritische Masse oder sie werden durch ein äußeres Ereignis massentauglich. Der Große Bruch und die schlechte wirtschaftliche Lage werden die Menschen zwingen, zu experimentieren und kreativ zu sein. Wenn sie dann wie No Impact Man Colin herausfinden, dass sich ihr Leben dadurch verbessert, könnte dieser Trend exponentiell anwachsen.

„Weniger shoppen, mehr leben" könnte in den kommenden Jahrzehnten zu dem politischen und wirtschaftlichen Mantra schlechthin werden.

Natürlich entwickelt sich so etwas über die Zeit. Wir werden nicht plötzlich alle eines Morgens aufwachen und buchstäblich nie wieder shoppen gehen. Wohlgemerkt, manche von uns haben genau das bereits getan und uns damit sowohl einige wichtige persönliche Erkenntnisse mitgeteilt als auch eine Lektion über die öffentliche Meinung erteilt.

Ein solches Beispiel sind die Mitglieder von Compact – eine Gruppe von zehn Freunden aus San Francisco, die vereinbarten, für die nächsten zwölf Monate nichts Neues zu kaufen (ausgenommen waren Nahrungsmittel, Getränke, Gesundheits- und Sicherheitsprodukte). Die Idee, die eigentlich als Absage an den allgemeinen exzessiven Konsum und den von der Werbung erzeugten Konsumdruck gedacht war, erhielt noch zusätzlichen Aufwind, als in der Folge der Anschläge des 11. Septembers Shopping von Politikern zur „patriotischen Pflicht"[104] erhoben wurde.

Das Konzept verbreitete sich schnell und überall auf der Welt bildeten sich neue Compact-Gruppen. Von Australien bis Frankreich und von Island bis Hong Kong meldeten sich Tausende an, um für zwölf Monate ohne Shopping zu leben. Die Teilnehmer gewannen durch diese Erfahrung faszinierende persönliche Einsichten und die Aktion erhielt viel Beachtung in den Medien – ein kleiner aber interessanter Indikator für das große Interesse und das tiefe Sehnen der Öffentlichkeit nach einem neuen Weg.

Einer von Compacts Gründern, John Perry, sagte der britischen Zeitung *The Telegraph*: „Die wirkliche Erkenntnis ist, dass es gar nicht so schwer ist. Wir haben alle so viel Zeugs, wahrscheinlich könnten wir jahrelang leben, ohne jemals etwas zu ersetzen. Es verändert den Blick auf und die Wertschätzung für die Dinge, die man besitzt. Wir werden auf jeden Fall weitermachen."

Doch das Medieninteresse war nicht durchweg positiv und es kam auch zu Gegenreaktionen. Der *Telegraph* berichtete weiter:

„Konservative griffen die Compact-Mitglieder an, sie seien ‚un-amerikanisch' und machten sich des ‚Wirtschaftsterrorismus' schul-dig. In einem Geschäft in San Francisco erhält man derzeit sogar ‚Stoppt Compact Rabatte'."[105]

Obwohl wir von den Teilnehmern an solchen Experimenten wichtige Einsichten lernen können, geht es hier nicht in erster Linie um das, was sie getan haben, sondern um das Interesse, das sie aus-gelöst haben. Die Anti-Konsumbewegung ist, aus meiner Sicht, der ich seit über 35 Jahren die Entstehung neuer Trends beobachte, ein Insider-Trend – ein Indikator für zukünftige Entwicklungen, den man genau beobachten sollte. Wenn sich dieser Trend erstmal aus-breitet, wird das schwere und weitreichende Folgen für die Wirt-schaft haben.

Die Erfahrungen der Compact-Teilnehmer lassen sich auch wis-senschaftlich seit langem belegen. Die Glücks- und Lebenszufrieden-heitsforschung der letzten Jahre kommt immer wieder zu ganz ein-deutigen Ergebnissen, die alle in dieselbe Richtung weisen. Daten, wie sie etwa Professor Martin Seligmann an der Universität von Pennsylvania erhoben hat, werden von Forschern überall auf der Welt bestätigt und liefern den Nachweis für das, was uns der gesunde Menschenverstand ohnehin sagt. Wir wissen, wie wir glücklicher werden. Überwinde die Armut und konzentriere dich dann auf die Gemeinschaft in der du lebst, auf deine Familie, die Liebe und führe ein aktives, sinnvolles Leben. All das ist günstig, leicht zugänglich und, anders als Kohle und Öl, gleichmäßig über die Welt verteilt!

Wie wir im letzten Kapitel gesehen haben, sind dies die Ergebnis-se seriöser Forschung, die über Ländergrenzen und Kulturen sowie innerhalb desselben Landes über Zeiträume hinweg konstant bleiben – während der Wohlstand innerhalb eines Landes immer weiter zunimmt, verbessert sich das Leben seiner Bürger nicht.

Was also können wir tun, wenn Shopping uns zwar nachweislich nicht glücklicher macht, die meisten von uns aber trotzdem mehr oder weniger große Kompromisse in ihrem Leben eingehen, um mehr Geld zu verdienen und mehr kaufen zu können? Wie können wir aus diesem Kreislauf entkommen? Was kann jeder Einzelne tun, wenn man nicht so weit gehen will wie No Impact Man Colin oder die Mitglieder von Compact?

Weniger einkaufen, weniger arbeiten, neue Quellen des Glücks und der Befriedigung auftun – das ist leicht gesagt, aber nicht so leicht getan. Nicht einfacher machen es auch die Werbebotschaften, die tagtäglich von früh bis spät auf uns einprasseln und uns dazu auffordern zu kaufen, kaufen, kaufen, damit wir glücklicher, anziehender, gesünder und überhaupt beliebter sind und mehr geliebt werden. Aber wir können die Schuld nicht nur auf die Werbung schieben. Nach so vielen Jahrzehnten dieses sinnlosen Strebens und angesichts dessen, dass wir es alle immer weiter tun, können wir davon ausgehen, dass die meisten von uns inzwischen schwer abhängig sind. Deshalb ist es wichtig zu akzeptieren, dass wir *alle* dieses Problem haben (anstatt daraus einen Kreuzzug gegen den Konsum zu machen) und dass wir Hilfe brauchen werden, um davon loszukommen.

Die gute Nachricht lautet, dass Hilfe nahe ist. Es gibt Leute, die sich mit all dem bereits beschäftigt haben und so wurden bereits Selbsthilfegruppen (wie Compact) gegründet, Ratgeber geschrieben und sogar ein humorvoller Gospel-Chor ins Leben gerufen: Reverend Billy and the Church of Life After Shopping touren mit ihrem Programm durch die Vereinigten Staaten und England und verbreiten seit über einem Jahrzehnt ihre Anti-Konsum-Botschaft, indem sie vor Einkaufszentren auftreten und Supermarktkassen exorzieren.[106]

Aus einem praktischeren, alltagstauglicheren Blickwinkel betrachtet, lautet die Botschaft von Initiativen wie No Impact Man und Compact und der Forschungsergebnisse von Seligman, der NEF und anderen, dass wir alle weniger Dinge kaufen und uns dadurch besser fühlen können. Nicht aufgrund eines Gefühls der moralischen Überlegenheit, sondern weil wir ein praktisches, lebensbejahendes, tief empfundenes Wohlgefühl entwickeln. In diesem Zusammenhang ist es interessant, die Tipps auf der Internetseite von www.noimpactproject.org zu lesen, eine gemeinnützige Website, die eingerichtet wurde, um die Botschaft von Colin Beavans Selbstversuch zu verbreiten. Die Kategorien sind *more fun, clearer conscience, more money, more time* und *better health.* Das klingt nicht gerade als gehörten dazu große Opfer, oder? Es gibt da draußen unzählige Tipps, wie man sein Leben nachhaltig gestalten kann.

Gut geeignete Ausgangspunkte sind die Seiten über Colin (www.noimpactproject.org/change) und von Compact (sfcompact.blogspot.com).

Lehrreich und motivierend ist der inzwischen legendäre Animationsfilm auf www.storyofstuff.com. Der 20-minütige Film *The Story of Stuff* von Annie Leonard zeigt auf unterhaltsame Weise, woher all unsere Dinge kommen und welche Konsequenzen deren Herstellung und Verbrauch haben. Die unmissverständliche Botschaft des Films hat viele Millionen Zuschauer erreicht und wurde in über 15 Sprachen übersetzt.[107] Sehr sehenswert und auch für Kinder gut geeignet.

Auch die britische Behörde für Wissenschaft und Forschung hält einige Ratschläge zur Steigerung des Wohlbefindens bereit. In ihrem Auftrag sichtete und verglich die NEF die Forschungsergebnisse von über 400 Wissenschaftlern verschiedener Fachrichtungen überall auf der Welt. Das Ziel war es herauszufinden, mit welchen Handlungen sich nachweislich das Wohlbefinden steigern lässt, und die Leute dazu zu ermutigen, diese Handlungen in ihren Alltag zu integrieren. Nic Marks, der Gründer des Center for Well-being an der NEF, sagte über die Ergebnisse der Auswertung: „Die ‚Five Ways to Well-being' beruhen auf einer Fülle von Erkenntnissen und zeigen, dass es einfache, positive Handlungen gibt, die jeder zur Steigerung seines Wohlbefindens anwenden kann. Zu lange schon bemessen wir die Gesundheit der Nation daran, wie viel jeder einzelne konsumiert, anstatt anhand der Dinge, die wirklich zählen: Wie es den Leuten geht." Die Ergebnisse wurden in den *Five Ways to Well-being* zusammengefasst und bestehen aus den fünf Bereichen Beziehung zu anderen, Sport und Bewegung, Achtsamkeit und Aufmerksamkeit für die Welt, Neues lernen und anderen etwas geben (dazu zählt auch ehrenamtliches Engagement). Interessanterweise war Shopping nicht der Rede wert![108]

Die wissenschaftlichen Erkenntnisse in diesem Bereich sind besonders aufschlussreich, die NEF schreibt hierzu: „Forschungsergebnisse aus den Neurowissenschaften belegen, dass kooperatives Verhalten das Belohnungszentrum in unserem Gehirn stimuliert, ein Hinweis darauf, dass wir veranlagt sind, Freude zu empfinden, wenn wir anderen helfen. Menschen, die sich aktiv in die Gemeinschaft einbringen, weisen ein höheres Wohlbefinden auf und stecken andere mit ihrem Verhalten und ihrer Hilfsbereitschaft an."

In meiner Familie beschäftigen wir uns seit Längerem mit diesen Fragen und haben ein paar einfache Ideen ausprobiert, die uns als Orientierungshilfen im Alltag dienen. Eine davon, die uns schon eine ganze Menge Geld gespart hat, ist die Sieben-Tage-Frist bei allen größeren Anschaffungen. Sobald wir ein Produkt gefunden haben, das wir kaufen möchten, also nicht nur theoretisch, sondern ein ganz konkretes Produkt aus einem bestimmten Geschäft und zu einem festen Preis, gilt die Vereinbarung, den Kauf um sieben Tage zu vertagen. Es ist erstaunlich, wie oft wir uns nach reiflicher Überlegung gegen den Kauf entscheiden. In einer befreundeten Familie aus Südafrika gilt die Regel, im Supermarkt zehn Prozent aller Produkte aus dem Einkaufswagen wieder zurück ins Regal zu legen. Und in einer befreundeten Familie in England gilt die Regel, dass alle Einkäufe – außer Möbeln und anderen sperrigen Dingen – per Fahrrad erledigt und transportiert werden. Der Aufwand, in das zwei Meilen entfernte Einkaufszentrum zu radeln, hat den Konsumlevel der Teenager schnell reduziert.

Eine andere Idee, die wir mit großem Erfolg bei uns zuhause umgesetzt haben, ist, den Kindern anstelle von Weihnachts- oder Geburtstagsgeschenken einen Familienausflug ihrer Wahl zu schenken. Wir einigen uns vorher auf die Rahmenbedingungen wie Entfernung und Preis und dass alle mitgehen, alle weiteren Entscheidungen überlassen wir ihnen. Das Gefühl, selbst bestimmen zu dürfen und die Freude darüber, dass alle Familienmitglieder dabei sind, sorgen immer wieder für großen Spaß. Und so leidet meine achtjährige Tochter Grace zwar ein bisschen während der Rugby-Spiele, triumphiert aber, wenn ihre zwei größeren Brüder im Gegenzug mit ihr Prinzessinnenfilme im Kino anschauen müssen. Wir machen nicht nur denkwürdige Familienausflüge mit ihnen, sondern bringen unseren Kinder gleichzeitig bei, tolerant zu sein und zu teilen, ganz abgesehen davon, dass wir dadurch die Berge an Plastikspielzeug reduzieren, die sich sonst in den Kinderzimmern stapeln würden. Es ist auch interessant, dass die Kinder, wenn ich sie danach frage, sich besser an gemeinsame Ausflüge in der Vergangenheit erinnern können als an die materiellen Geschenke, die wir ihnen gemacht haben.

Auch in unseren Köpfen stecken einige Vorstellungen und Überzeugungen, die wir hinter uns lassen müssen. Meine zwei jüngeren Söhne, Jasper und Oscar, lieben es, online Computerspiele zu spielen. Für eines wollte sich der elfjährige Jasper für 5 Dollar monatlich anmelden, bezahlen wollte er das mit seinem Taschengeld. Ich wetterte dagegen und sagte, was für ein Schwindel solche Spiele seien, die zum Einstieg gratis sind und später Geld kosten. „Warum würdest du dafür Geld ausgeben?", fragte ich ihn. „Es ist doch bloß ein Onlinespiel." Seine Antwort kam prompt zurück: „Okay, dann gebe ich mein Geld eben für Plastikspielzeug aus." Autsch! Der Sieg geht an den jungen Kerl, der verstanden hat, um was es bei der neuen, wenig materialintensiven Wirtschaft geht. Verloren hat der alte Vater, der in seinen Vorstellungen noch in der materiellen Wirtschaft feststeckt. Und ja, er hat sich für das Spiel registriert.

In vielen Aspekten erfordern diese Fragen also ein ganz neues Denken. Dazu gehört auch die soziale Dimension von Shopping und wie wir diese nicht nur beibehalten, sondern stärken können, indem wir weniger und anders einkaufen. Auf kommunaler Ebene gibt es hierzu zahlreiche Möglichkeiten, wie etwa die „Freecycling"-Verschenk-Netzwerke. Das sind Gruppen, in denen Mitglieder Dinge, die sie selbst nicht mehr haben möchten, an andere Mitglieder aus ihrer Kommune weitergeben, die diese Dinge benötigen und versprechen, sie pfleglich zu behandeln – das Ergebnis ist die Weiterverwendung von noch funktionsfähigen Dingen, die Reduktion von Müll, ein geringerer Bedarf, neue Dinge zu kaufen, und, vielleicht ist das am wichtigsten, Menschen und Gemeinschaften durch ihre gegenseitige Großzügigkeit wieder stärker miteinander zu verbinden.

Die Freecycle-Idee entstand, als Deron Beal eine E-Mail an etwa dreißig bis vierzig Freunde und Bekannte und eine Handvoll von gemeinnützigen Organisationen in Tucson, Arizona versandte. Daraus ist innerhalb der letzten sieben Jahre ein Netzwerk mit über sieben Millionen Mitgliedern entstanden, die sich in über 70 Ländern in fast 5000 regionalen Gruppen zusammengeschlossen haben. Jeden Tag werden dank Freecycle etwa 500 Tonnen Abfall vermieden. Auf der Internetseite der Gruppe kann man nachlesen, dass die Mülltransporter, die für die Beseitigung dieser Müllmengen nötig gewesen wären, aufeinander gestapelt die fünffache Höhe des Mount Everest gehabt hätten, und das allein im letzten Jahr! Und es tue ihnen allen gut, Dinge wegzugeben: „Indem sie freiwillig und ohne weitere Verpflichtung geben, tragen die Mitglieder von Freecycle dazu bei, einen Geist der Großzügigkeit zu verbreiten, während sie die lokale Gemeinschaft stärken und die ökologische Nachhaltigkeit und Wiederverwertung unterstützen."

Natürlich ist es einfach, diesen Beispielen Beweise für ungezügelten Konsum andernorts entgegenzusetzen. So wie das, was Rick Humphries und ich beobachteten, als wir am Times Square standen. Meine These lautet jedoch nicht, dass die soeben beschriebenen Entwicklungen bereits Teil des Mainstreams sind, sondern dass sie es eines nicht allzu fernen Tages sein werden. Es gibt inzwischen überall auf der Welt Anzeichen für das langsame Entstehen einer Anti-Konsumbewegung, wodurch es wahrscheinlich ist, dass sie sich schon bald ihren Weg in den Mainstream bahnen wird.

Weniger einzukaufen ist nicht die einzige Art des kreativen Konsumentenprotests. Ein faszinierendes Beispiel aus der jüngeren Vergangenheit ist das „Carrotmobbing", bei dem gezieltes Shopping als Druckmittel für positive Veränderungen eingesetzt wird. Nicht die Peitsche des Boykotts soll Unternehmen zur Veränderung zwingen, sondern das Zuckerbrot einer gesteigerten Kundenzahl wird von den Organisatoren des Carrotmobs eingesetzt. Sie holen Angebote von ortsansässigen Geschäften ein, welchen Einsatz diese für eine plötzliche Flut an Kundschaft bringen würden. So fragen sie zum Beispiel: „Wie viel Prozent Ihres Tagesgewinns sind Sie bereit für die Steigerung der Energieeffizienz in ihrem Geschäft auszugeben?" Wer das beste Gebot abgibt, erhält den Zuschlag, woraufhin die Organisatoren des Carrotmobs die Gruppe via Handy und E-Mail mobilisieren, an einem bestimmten Tag in diesem Geschäft einzukaufen. Die Gruppenmitglieder kaufen nur die Dinge, die sie ohnehin an diesem Tag kaufen wollten, aber um eine größtmögliche sichtbare Wirkung zu erzielen, tun sie dies alle im selben Geschäft. Das Rennen in obigem Wettbewerb machte ein Minimarkt, der sich dazu verpflichtet hatte, 22 Prozent des Tagesumsatzes für die Steigerung seiner Energieeffizienz aufzuwenden. Ihm bescherte der Carrotmob dafür eine Verdreifachung seines üblichen Tagesumsatzes.

Das ist eine mächtige Idee, vor allem wenn man einen Weg finden würde, sie auch auf die Ebene großer Konzerne auszuweiten. Stellen Sie sich eine weltweite Kampagne vor, bei der alle Teilnehmer einen Monat lang die Produkte eines bestimmten Herstellers kaufen würden. Wie der Initiator Brent Schulkin sagte: „Wir sind die Wirtschaft, wir entscheiden, wer reich wird."

Natürlich ist das entschiedene Handeln von Gruppen wie Carrotmob und Compact nur ein kleiner Ausschnitt vom Ganzen. Auch wenn viele sich nicht vorstellen können, an solchen Aktionen teilzunehmen, sind sie, wie alle Ausläufer einer größeren Bewegung, Hinweise darauf, dass es bereits eine große Gruppe von Menschen gibt, die weniger drastische Maßnahmen ergreift, aber in kleinerem Umfang schon Ähnliches tut. Innerhalb dieser Bewegung gibt es zwei Strömungen – erstens kann man einen Trend erkennen hin zu weniger Konsum insgesamt und mehr Lebensqualität; zweitens zeigen viele Konsumenten inzwischen ein verändertes Bewusstsein hinsichtlich der Produkte, die sie kaufen und von wem, bzw. wo sie diese kaufen. Ein gutes Beispiel ist Fair-Trade-Kaffee, der in vielen Ländern zu einem ernstzunehmenden Konkurrenten auf dem Markt geworden ist, und der Anstieg im Verkauf von Biolebensmitteln.

Studien zu dieser Form des Konsums, die sogenannten LOHAs – Lebensstile für Gesundheit und Nachhaltigkeit[109] – zeigen, dass dieses Marktsegment allein in den USA jährlich Hunderte Milliarden Dollar schwer ist und das Potenzial hat, 30 Prozent des US-Verbrauchermarktes zu erobern. Der Boom der Biolebensmittel und Biogetränke lässt den Biomarkt inzwischen drei- bis viermal so schnell wachsen wie den der konventionellen Lebensmittel.[110] Aufgrund dieser spektakulären Wachstumsraten haben die meisten großen Supermarktketten und Lebensmittelproduzenten Biolebensmittel inzwischen in ihr Sortiment aufgenommen.

Diese Entwicklungen machen auch vor den meisten globalen Konzernen nicht halt und viele von ihnen haben inzwischen begriffen, dass sie einen Weg finden müssen, diese Zielgruppe für sich zu gewinnen und dieses Marktsegment zu erobern. Wie können sie mit geringerem Materialverbrauch größere Wertigkeit liefern? Wie können sie ihre produktorientierten Geschäftsmodelle dienstleistungsorientierter gestalten? Wie können sie ihr Markenimage für diese Zielgruppe gleichbleibend ansprechend gestalten? Wie funktioniert Vermarktung für Antikonsumenten?

Ich schließe aus all dem, dass es sich hierbei um einen Schläfer-Trend handelt – ein Trend, den man leicht ablesen und beobachten kann, wenn man sich sowohl die strenge Antikonsumhaltung am äußeren Rand der Bewegung als auch die Zunahme an grünen Konsumenten im Zentrum der Bewegung ansieht, dem Marktsegment der LOHAS. Sobald der Große Bruch Auftrieb erhält werden diese Trends sich unweigerlich ausweiten und weitreichende Folgen für Gesellschaft und Wirtschaft haben, inklusive vieler Möglichkeiten für tragfähige neue Geschäftsideen.

Was wird außerdem noch geschehen? Was bedeutet die neue Wirtschaftsordnung für Unternehmen, für unsere Gemeinschaften und die Arbeitswelt? Und was machen wir eigentlich, wenn das Wachstum trotz aller anderslautenden Versprechen das Armutsproblem nicht löst?

Kapitel 17
Nein, Armut wird es *nicht* für immer geben

Ich wuchs in der Methodistenkirche auf, in der Fragen von Verantwortung und sozialer Gerechtigkeit schon immer eine wichtige Rolle spielten. Mein Großvater Jasper Gilding war Pfarrer und er und
meine Großmutter Kathleen lebten diese Werte. Und so manifes-
tierten sie sich auch in meiner Erziehung, durch ihre Einstellungen
und den großen Einsatz, den meine Eltern Ruth und Wesley für unsere Gemeinde zeigten.

Wir waren zwar nicht tiefreligiös, gingen aber jeden Sonntag in
die Kirche und meine Eltern arbeiteten beide während ihres ganzen
Berufslebens mit benachteiligten Menschen, sei es in Kinderheimen,
Obdachlosenheimen oder in der Altenpflege. Einer der Vorteile, die
die Arbeit meiner Eltern mit sich brachte war, dass wir häufig Gäste
aus fernen Ländern bei uns zuhause beherbergten, meistens Gast-
studenten oder Geistliche, die sich für einen sozialen Zweck einsetz-
ten, was eher ungewöhnlich war für eine Familie aus einem Vorort
von Adelaide. Einer dieser Gäste war ein vietnamesischer Mönch,
Thich Nhat Hanh. Wie wenig konnte ich damals im Jahr 1965 ahnen, dass er einer der bedeutendsten Zen-Meister und Friedensakti-
visten werden sollte und der Begründer des Konzeptes des Engagierten Buddhismus. Thich Nhat Hanh verband eine Freundschaft mit
Martin Luther King Jr., den er dazu ermutigte, sich öffentlich gegen
den Vietnamkrieg zu stellen. Und King nominierte Thich 1967 für
den Friedensnobelpreis.

In einem seiner seltenen Interviews äußerte sich Nhat Hanh, inzwischen 84, im Jahr 2010 zu den Sachverhalten, die wir hier diskutieren: „Der Zustand, in dem sich die Erde heute befindet, ist
das Ergebnis unachtsamer Produktion und unachtsamen Konsums.
Wir konsumieren, um unsere Sorgen und Ängste zu vergessen. Be-
täubung durch übermäßigen Konsum ist nicht der Weg."

Weise Worte, doch damals, als ich sechs Jahre alt war, war er einfach ein freundlicher und liebenswürdiger Mann, der komische Klamotten anhatte! Wir wohnten in einem einfachen Haus in einem
Vorort und für uns war all das ganz normal. Vielleicht lag es an mei-

ner Erziehung und dem kulturellen Kontext, in dem ich aufgewachsen bin, dass ich mit dem Gedanken groß wurde, dass es verrückt ist, dass die Gesellschaft zulässt, dass so viele Menschen über mehrere Generationen hinweg unter drückender Armut leiden. Und je älter ich werde, umso verrückter erscheint mir das.

Hierbei werden komplexe und tief greifende Problemstellungen berührt, die den Kern dessen tangieren, wer wir sind, und wichtiger noch, wer wir sein wollen. Sie sind von zentraler Bedeutung für die Fragen, die wir uns in diesem Buch stellen, da wir unser Augenmerk darauf legen, eine zivilisierte und nachhaltige Gesellschaft zu errichten. Und wir können schlichtweg nicht behaupten, wir seien zivilisiert, solange wir hinnehmen, dass extreme Armut existiert.

Unsere Lösungen zur Armutsbekämpfung konzentrieren sich seit Langem auf das Wachstum der Wirtschaft. Wir sind davon ausgegangen, dass wir die Armut beseitigen würden, indem wir einfach die Anzahl der Dinge und den Wohlstand im Gesamtsystem erhöhen würden, ohne uns mit dem schwierigen Thema der Umverteilung befassen zu müssen – jeder kann mehr haben, also kann auch jeder glücklich sein!

Natürlich gibt es seit Langem eine starke soziale Bewegung, die darauf drängt, dass wir wirkungsvollere Maßnahmen in der Armutsbekämpfung ergreifen und das volle Potenzial unserer Menschlichkeit ausschöpfen. Den Millionen von Aktivisten aus aller Welt haben sich Rockstars wie Bob Geldof und Bono angeschlossen, um das Problem mit Kampagnen wie „Make Poverty History" in die breite Öffentlichkeit zu tragen. Aber grundsätzlich basierte die Lösung noch immer auf dem Wachstum der Wirtschaft, der Idee, dass alle mehr haben könnten.

Die Logik und die Moral hinter dem Anspruch, das Armutsproblem zu lösen, sind mit zunehmendem Reichtum stärker geworden. Globales Wirtschaftswachstum bedeutet, dass es jetzt mehr als genug für alle gibt. Wir produzieren zum Beispiel mehr Kalorien als für die Versorgung der Weltbevölkerung nötig sind. Was für Nahrungsmittel gilt, gilt auch für Wasser, Energie und andere Rohstoffe – das Wirtschaftswachstum hat dafür gesorgt, dass wir heute in einer Welt der Fülle leben, in der, global betrachtet, niemand unter extremer Armut leiden müsste – die Probleme liegen an anderer Stelle.

Und dennoch wissen wir und müssen zu unserer großen Schande gestehen, dass 1,4 Milliarden Menschen weiterhin in extremer Armut leben müssen, deren allgemeine Definition lautet, dass ein Mensch pro Tag von weniger als 1,25 US-Dollar lebt. Die Marktliberalen haben lange behauptet, das Wirtschaftswachstum und die globalen Märkte würden diese Probleme lösen und sie hatten damit nicht ganz unrecht. Gerade in China und Indien hat das Wirtschaftswachstum Millionen aus der Armut befreit und eine neue globale Mittelklasse erschaffen. Die Einkommensunterschiede zwischen China und dem Westen haben sich stark verringert, da China zwischen 1978 und 2004 eine Versiebenfachung des Pro-Kopf-BIPs erreichte.[111] In dieser Zeitspanne hat China Wachstumsraten erzielt, die entwickelte Länder vor Neid erblassen ließen.

Doch neben diesen Erfolgsgeschichten gab es auch beträchtliches Versagen. Eine Studie des Entwicklungsprogramms der Vereinten Nationen, kurz UNDP, kam 2002 zu dem Ergebnis, dass das Hungerproblem für weitere 130 Jahre bestehen bleiben würde, vorausgesetzt, der globale Fortschritt entwickele sich mit gleich bleibender Geschwindigkeit. Hinzu kommt, dass der Fortschritt nicht gleichmäßig über die Welt verteilt ist. Während der Westen in den 1980ern und den 1990ern zwei Jahrzehnte dauerhaften Wirtschaftswachstums erlebte, gab es nur 20 Entwicklungsländer, denen das im selben Zeitraum gelang. Nicht weniger als 40 andere Entwicklungsländer erlebten eine über mindestens fünf Jahre dauernde Stagnation ihrer Wirtschaft oder eine Verringerung ihrer Pro-Kopf-Wirtschaftsleitung.

Wenngleich ein gewisser Teil des Wirtschaftswachstums nach unten durchsickerte, blieb ein unverhältnismäßig großer Teil oben. Im Jahr 2000 besaß das reichste Prozent der Weltbevölkerung etwa 40 Prozent des Weltvermögens und die reichsten zehn Prozent besaßen 85 Prozent. Auf der anderen Seite verteilt sich ein Prozent des Weltvermögens auf 50 Prozent der Weltbevölkerung.[112] Bei den Arbeitseinkommen sieht es nicht besser aus, die obersten 20 Prozent verdienen 74 Prozent der gesamten Einkommen. Obwohl es in manchen Ländern Verbesserungen gibt, sieht es bei Weitem nicht überall gut aus. War der Durchschnittsafrikaner 1950 fast 11-mal so arm wie der Durchschnittsaustralier/Neuseeländer, war er im Jahr 2000 über 19-mal so arm.[113] Es scheint, als habe das Wirtschaftswachstum der letzten fünfzig Jahre die Schwerkraft überwunden und sei nach oben geflossen anstatt nach unten durchzusickern, wie es das laut Theorie eigentlich tun sollte. Es geht hier nicht um so etwas wie Ungerechtigkeit oder Fairness, sondern um brutale Armut. Laut UNICEF waren im Jahr 2001 51 Prozent der Kinder unter fünf Jahren in Äthiopien aufgrund von chronischer Mangelernährung unterentwickelt. Für viele andere Länder gelten ähnliche Zahlen.

Unglücklicherweise reichen die durch das Wirtschaftswachstum entstandenen Verbesserungen einfach nicht aus. In Anbetracht solch absoluter Armut und eines so massiven globalen Wohlstands ist es kein Ruhmesblatt, weitere 130 Jahre abzuwarten, bis das prognostizierte Ende des Hungerproblems eintritt. Ganz abgesehen von der grundlegend fragwürdigen Moral dieses Gedankens: Wenn wir die Reichen immer reicher und reicher werden lassen, werden so lange kleine Mengen ihrer Wohlstandsreste zu den Armen durchsickern, bis die extreme Armut überwunden ist. Wie wollten Sie das der Mutter eines von Unterentwicklung und Hunger gezeichneten Kindes in Äthiopien erklären?

Natürlich fasse ich hier nur das zusammen, was seit Jahrzehnten wieder und wieder gesagt wird. Die mit der Armutsfrage verbundene Unmoral, die Macht der Märkte und des Wachstums, Veränderungen zu bewirken, der Ruf nach mehr Verteilungsgerechtigkeit, die Bedeutung einer starken Wirtschaft und offener Märkte für arme Länder und so weiter – all das hat längst für ausführliche Diskussionen gesorgt.

Es ist an der Zeit, weiterzugehen. Diese Argumente haben keine große Bedeutung mehr.

Dieses Spiel ist zu Ende. Wie wir bereits gesehen haben, macht unser gegenwärtiges Wirtschaftsmodell, dasselbe Modell, durch das manche der Armen der Armut entkommen, auch die Reichen immer reicher. Das ist an sich noch kein Problem, wenn es dazu dient, die extreme Armut zu überwinden. Das Problem ist, dass die Wirtschaft unmöglich auf die hierfür erforderliche Größe anwachsen kann. Wenn wir etwa versuchen würden, das Einkommensniveau in den Entwicklungsländern innerhalb der nächsten 40 Jahre auf

EU-Durchschnitt mit einer moderaten jährlichen Wachstumsrate von zwei Prozent zu erhöhen, müsste die Weltwirtschaft bis 2050 auf ihre fünfzehnfache Größe anwachsen. Wenn wir uns vergegenwärtigen, dass wir die Kapazität des Planeten bereits heute zu 140 Prozent ausschöpfen, zeigt sich die Absurdität dieses Vorhabens.

Selbst wenn es um sehr viel geringere Fortschritte in der Armutsbekämpfung ginge, befänden wir uns damit noch immer so weit jenseits der physikalischen Grenzen, dass es unmöglich bliebe. Nicht schwierig oder unangenehm oder herausfordernd. Unmöglich.

Das zu verstehen verändert das Spiel auf vielen Feldern, jedoch vielleicht nirgendwo so stark wie im Bereich Armut und Ungleichheit. Abgesehen davon, dass uns das Ende des Wachstums die Lösungen nimmt, auf die wir unsere Hoffnung gesetzt hatten, wird es auch weitreichende Konsequenzen für die globale Geopolitik sowie die gesellschaftliche Stabilität der Nationalstaaten haben. Am schwierigsten wird vielleicht sein – und das wird alle Länder betreffen, nicht nur die armen –, dass es den gesellschaftlichen Konsens zerstören wird, auf dem unser gesamtes Wirtschaftsmodell basiert: dass sich das System früher oder später für jeden lohnen wird.

Das Wirtschaftswachstum war lange Zeit das Überdruckventil auf dem Hochdruckkochtopf der Weltgemeinschaft.[114] Denn erst die Hoffnung, eines Tages selbst der Armut zu entkommen, macht die immensen Unterschiede in der Wohlstandsverteilung für einen Großteil der Armen überhaupt erst erträglich. Das gilt sowohl für die in extremer Armut lebenden Menschen in den armen Ländern als auch für jene am unteren gesellschaftlichen Rand der reichen Länder. Einige der Ärmsten, die niemals eine Verbesserung ihrer Situation erlebt haben, mögen diese Hoffnung nicht teilen. Aber dafür glauben die Regierungen und die Eliten der sich entwickelnden Länder und der Entwicklungsländer fest daran und richten alle ihre geopolitischen Bestrebungen darauf aus, ihre Länder und Völker durch Wirtschaftswachstum aus der Armut zu befreien. Sie sehen die Erfolge anderer Länder und wollen ihren Teil vom Kuchen. Mit dem Ende des Wachstums versiegt diese Quelle der Hoffnung und der Orientierung. Erwarten wir, dass die Armen, jetzt, wo es kein weiteres Wachstum mehr gibt, ihre Armut als unveränderbar hinnehmen?

Auf ganz ähnliche Weise bietet uns die wachstumsbejahende Mentalität auch im Westen eine moralische Rechtfertigung für die Armut. Der amerikanische Traum, entstanden auf dem Boden des Wirtschaftswachstums, suggeriert, jeder könne sich durch harte Arbeit selbst verbessern und sein Vermögen vergrößern und so sprichwörtlich vom Tellerwäscher zum Millionär werden. In diesem Zusammenhang glauben viele, arme Menschen seien zumindest zu einem gewissen Grad faul oder unfähig. Dass sie arm seien aus eigenem Verschulden oder mangelndem Antrieb. Zu akzeptieren, dass wir am Ende des Wachstums angelangt sind, bedeutet deshalb auch, dass dieser, im besten Falle fragwürdige Gedanke nicht mehr länger vertretbar ist. Wenn das Gesamtvermögen nicht mehr vergrößert werden kann, kann man sein eigenes Vermögen nur vergrößern, indem man anderen etwas wegnimmt. Der amerikanische Traum ist tot. Die einzige Möglichkeit, den Boden zu heben, besteht darin, den Deckel zu senken.

Autsch. Nicht genug damit, dass wir dem Ende des Wirtschaftswachstums ins Gesicht sehen müssen, nun müssen wir auch noch die häretischste Idee schlechthin diskutieren: Umverteilung. Wir werden gleich darauf zurückkommen.

Die Stabilität unseres Systems hing also von einem gigantischen Druckventil ab, das jetzt kaputt ist. Zu allem Übel können wir mit einiger Sicherheit davon ausgehen, dass die Krise die Entwicklungen in der Armutsbekämpfung nicht nur *abschwächen*, sondern *umkehren* wird und die Armen aufgrund massiver Probleme in den Bereichen Nahrungsmittel- und Wasserversorgung sowie der Zunahme extremer Wetterereignisse zurückwerfen wird.

Mit der rasch zunehmenden Ungleichheit und dem Verlust der Hoffnung auf einen Ausweg wird der Druck im System so lange zunehmen, bis es explodiert; es sei denn, wir finden eine alternative Lösung.

Was können wir tun? Soweit ich das sehe, gibt es zwei Möglichkeiten. Eine Möglichkeit, die ich häufig als Reaktion zu meinen Vorträgen zu diesem Thema erhalte, lautet: „Lassen wir den Dingen doch einfach ihren Lauf", sprich, dieser Prozess sei Teil der natürlichen Entwicklung, um das System wieder ins Gleichgewicht zu bringen. Obwohl es bisher nur selten jemand ausgesprochen hat, heißt das letztlich nichts anderes, als die Armen hungern und ihre Länder zusammenbrechen zu lassen. Unabhängig von der Moralität solch einer Einstellung ist diese Entwicklung nicht ohne massive globale Erschütterungen vorstellbar, die mit umfassenden und destabilisierend wirkenden Folgen für die Weltsicherheit einhergehen.

Was sich die Leute nicht klarmachen ist, wie das in der Realität aussehen würde. Wenn wir uns für diese Möglichkeit entscheiden würden, wären wir nicht mit zwei, drei Milliarden Menschen konfrontiert, die sich zum Sterben ruhig in eine entlegene Ecke der Welt zurückziehen würden. Obwohl niemand weiß, wie sich die Situation genau entwickeln würde, kann man sie sich doch leicht ausmalen.

Eine Weltwirtschaftskrise in Kombination mit weit reichender Lebensmittelknappheit würde wahrscheinlich eine ganze Reihe von Ländern und Regionen ins Chaos stürzen. In so genannten gefallenen Staaten würden Diktatoren und Terroristen an die Macht gelangen und so über Atomwaffen und zahllose andere Waffen verfügen. Es gäbe Millionen, wenn nicht Milliarden von Flüchtlingen. Ja, manche von ihnen wären für weite Reisen zu alt, zu schwach oder zu schlecht ausgerüstet, aber die meisten würden fliehen, sobald ihr Land ins Chaos stürzt.

Anders als wir es aus früheren humanitären Katastrophen kennen, ginge es nicht um Hunderttausend Flüchtlinge, die auf abgelegenen Straßen in das nächstgelegene Flüchtlingslager fliehen würden. Ganze Länder würden sich in Nachbarstaaten flüchten, alles Menschen, die verzweifelt und hungrig sind und nichts mehr zu verlieren haben.

Wenn wir also darüber nachdenken, „den Dingen ihren Lauf zu lassen", sollten wir uns klarmachen, was das bedeutet und wie wir in dieser Situation reagieren würden. Was würden wir tun, wenn ganze Länder anfingen zusammenzubrechen und was würde das für die Weltwirtschaft bedeuten? Wir könnten keine umfassende humanitäre Hilfe leisten, weil die Umstände dafür zu überwältigend und viel zu unsicher wären. Am einfachsten und gleichzeitig am brutalsten wäre es, zusammenbrechende Regionen sich selbst zu überlassen und neue Grenzlinien zu ziehen, die wir militärisch „verteidigen" würden – die Erklärung ganzer Gebiete zu globalen „No-go-Areas"? Wären wir militärisch dazu in der Lage, diese Grenzen gegen Hunderte Millionen von hungrigen, verzweifelten Menschen zu verteidigen? Wie würden die Regierungen der anderen Länder auf solch eine humanitäre Katastrophe reagieren?

In einer globalisierten Welt kann man sich nirgends verstecken, keine Barrikade ist hoch genug und das Ganze würde 24 Stunden am Tag live in die Wohnzimmer der Welt übertragen werden. Von da an wäre es nur ein kurzer Weg bis zu der globalen Krise, die es um jeden Preis zu verhindern gilt.

Das ist der Grund, warum sich das Militär so intensiv mit diesen Fragen beschäftigt. Es sieht diese Situation kommen und es wird sich nicht erst überlegen, was zu tun ist, wenn es so weit ist.

Der angesehene britische Militär-Thinktank, das Royal United Services Institute, kam 2008 in einer umfassenden Studie zu diesem Thema zu folgendem Schluss: „Innerhalb der nächsten Jahrzehnte wird der Klimawandel eine ebenso große Veränderung in der strategischen Sicherheit bedeuten wie das Ende des Kalten Kriegs. Bleibt der Klimawandel unkontrolliert, wird er ähnliche Auswirkungen auf die Sicherheit haben wie die beiden Weltkriege, dies jedoch für Jahrhunderte."[115] – Beachten Sie vor allem die letzten beiden Wörter „für Jahrhunderte".

Eine andere Studie, die die Zusammenhänge zwischen Temperaturentwicklung und Bürgerkriegen in den letzten Jahrzehnten in Subsahara-Afrika untersuchte, kam zu dem Ergebnis, dass bis 2050 ein Anstieg der Bürgerkriege um 50 Prozent wahrscheinlich sei. Ein solches Kriegspotenzial bedeutet höchstwahrscheinlich Millionen von Toten – und internationale Folgen.[116] Umfassender – und weitaus erschütternder – ist das Bild, das Gwynne Dyer in seinem Buch *Schlachtfeld Erde* zeichnet.[117] Dyer, ein Militärhistoriker, Journalist und internationaler Militärexperte, entwirft darin ein Zukunftsszenario, in dem die Europäische Union in den 2030er-Jahren zusammenbricht, weil Südeuropa von einer Flüchtlingswelle aus Nordafrika überrollt wird und die Südeuropäer vor einer sich ausbreitenden Sahara in Richtung Norden flüchten. Im selben Zeitraum eskaliert die Auseinandersetzung um Wasservorkommen zwischen Pakistan und Indien in einem Atomkrieg und die USA verfügen über eine militärisch hochgerüstete Grenze nach Mexiko, um die von dort kommenden Flüchtlingsströme abzuwehren.

Natürlich kann sich das auf unterschiedliche Weise entwickeln und auch weit weniger dramatische Szenarien sind vorstellbar, dennoch ist es nicht vorstellbar, „den Dingen ihren Lauf zu lassen", ohne dass das massive weltwirtschaftliche Folgen, auch für die entwickelten Länder, nach sich ziehen würde. Der Gedanke, wir könnten auf Inseln des Wohlstands in einem Ozean aus Armut leben, wie es der indische Ökologe Madhav Gadjil ausdrückte, ist eine Fantasievorstellung, die der Realität einfach nicht standhält.

Wir müssen diese Möglichkeit also zu Ende denken, bevor wir annehmen, sie sei realistisch.

Ich persönlich bin gegen Möglichkeit eins. Was ist Möglichkeit zwei, fragen Sie? Ich hoffe, sie ist besser als Möglichkeit eins!

Wir müssen noch mal zurück in den Kindergarten. Wir müssen lernen, mit unseren Freunden zu teilen. Anders als im Kindergarten wissen wir jedoch inzwischen, dass es uns nicht glücklicher macht, mehr Spielzeug zu haben und so können wir ganz entspannt bleiben, denn zu teilen wird uns nicht unglücklicher machen.

Die Mathematik ist hier eindeutig. Denken Sie an den Ausgangspunkt unserer Reise. Die Erde ist voll. Es ist unmöglich, dass in Zukunft neun Milliarden Menschen in einem quantitativ wachsenden Wirtschaftssystem leben werden. Wir können der Meinung sein, es sollte weniger Menschen geben, aber die meisten der betroffenen Menschen wurden bereits geboren oder werden bald geboren sein. In Anbetracht der Tatsache, dass Ressourcen und Wohlstand begrenzt sind und kein nennenswertes Wachstum mehr möglich ist, müssen wir teilen. Wir müssen akzeptieren, dass der einzige für uns alle annehmbare Weg darin besteht, die Ressourcen, die wir haben, gerechter zu verteilen.

Die ungeschönte Wahrheit lautet, dass das auch bedeutet, dass wir, die Menschen in den reichen Ländern, weniger haben werden – nicht nur weniger Wachstum, sondern weniger als wir jetzt haben. Weniger Dinge, weniger Geld, weniger Möglichkeiten, Wohlstand zu schaffen und zu konsumieren. Wie schlimm ist das? Nicht besonders, wirklich, es ist noch nicht mal traurig. Tatsächlich lautet die Lektion derer, die versucht haben, mit weniger auszukommen, wie Colin Beavan und Michelle Conlin von No Impact Man oder John Perry von Compact, dass es sie glücklicher machte, weniger zu haben. Ein beunruhigender Gedanke, wenn man bedenkt, wie hart wir dafür gearbeitet haben, mehr zu haben.

Wenn Ihnen dieser Gedanke nicht gefällt, müssen Sie auch dann noch in den Spiegel schauen können, wenn Sie wissen, dass die Folgen von Möglichkeit eins nur mit Waffengewalt kontrolliert werden können. Es werden unsere Armeen, unsere Flugzeuge, unsere Waffen sein, die uns gegen Milliarden von unschuldigen, hungrigen, verzweifelten Menschen „verteidigen". Wir werden uns dafür entschieden haben, bewusst, unmissverständlich und vorsätzlich. Teilen scheint gar nicht so schwer zu sein, oder?

Wenn wir uns für Möglichkeit zwei entscheiden sollten, müssen wir erkennen, dass unser gegenwärtiges Vertrauen in die freien Märkte und das entfesselte Wachstum nicht funktionieren. Wir können uns das Risiko einer außer Kontrolle geratenen Situation, wie ich sie hier beschrieben habe, nicht leisten, weil es dann zu spät sein wird, um noch irgendetwas anderes zu tun als zu überleben.

Was wir jetzt tun können, ist, eine 180-Grad-Wende in der Armutsbekämpfung und der Entwicklungsarbeit einzuleiten. Wir müssen eine Flut von Menschen, Geldern, Technologien und Ideen zur Lösung dieser Probleme mobilisieren. Je früher wir damit anfangen, desto besser werden unsere Chancen stehen, das Chaos noch zu verhindern, das wir sonst erleben werden, sobald der Große Bruch in vollem Gange ist.

Lassen Sie uns das Problem für einen Moment von der praktischen Ebene holen und im größtmöglichen Kontext betrachten. In was für einer Art Welt wollen wir leben? Es ist nicht einzusehen, warum wir das Problem der Armut nicht lösen können, wenn wir uns mit aller Kraft darauf konzentrieren. Ich sage nicht, dass es einfach wäre, aber alle Informationen der Welt in das Telefon in meiner Hemdtasche zu packen war auch nicht einfach, aber wir haben es geschafft. Die Entschlüsselung des menschlichen Genoms war nicht einfach, aber wir haben es geschafft. Das Armutsproblem dauerhaft zu lösen wird auch nicht einfach sein und es wird auch nicht schnell gehen, aber wir können es mit Sicherheit schaffen. Wir verfügen über alle dafür notwendigen Ressourcen, wir müssen uns nur dazu entscheiden.

Und wie cool wäre es, wenn wir das schaffen würden? Stellen Sie sich eine Welt vor, in der niemand hungern müsste, in der jeder Mensch Zugang zu medizinischer Versorgung und Bildung hätte, in der wir uns umsehen könnten und sagen würden: „Weißt du was? Es geht uns gut."

Was wir erleben werden, ist ein grundlegender Wertewandel, der dazu führen wird, dass wir uns dessen annehmen werden, was so lange der Schandfleck unserer Zivilisation war. Wir werden diesen Kurs nicht nur einschlagen, weil wir das Richtige tun wollen, sondern weil das im Großen Bruch sozial und ökologisch betrachtet die einzige realistische Möglichkeit sein wird. Das macht den Wertewandel nicht weniger wichtig oder umfassend – er wird dadurch nur umso wahrscheinlicher.

Dies ist kein Argument für eine Gerechtigkeitsutopie, sondern für die Beseitigung extremer, vernichtender Armut. Für mich gibt es keine Erklärung, die rechtfertigen könnte, dass in einer Gesellschaft manche Privat-Jets besitzen, während andere sterben, weil sie nicht genug Reis oder Trinkwasser bekommen. Es ist schlichtweg nicht richtig.

Wir sollten es beenden, solange wir noch die Möglichkeit dazu haben.

Kapitel 18
Ineffektive Ungleichheit

Ich erinnere mich noch daran, wie ich als junger Aktivist in den 1970ern auf ein Zitat von Karl Marx stieß: „Jeder nach seinen Fähigkeiten, jedem nach seinen Bedürfnissen." Damals leuchtete mir dieser Satz als ausgesprochen vernünftiger, einfacher Gedanke sofort ein und ich konnte nicht verstehen, wie irgendein anderer Grundsatz sich besser dazu eignen könnte, eine Gesellschaft zu organisieren.

Seither haben wir gesehen, wie der Kommunismus in der Realität aussehen kann. Die Sowjetunion war ein totalitärer Staat, dem es nicht gelungen ist, nennenswerte ökonomische Erfolge hervorzubringen, der die Menschenrechte mit Füßen trat und die Umwelt zerstörte. Die Welt ist wohl doch komplizierter, als ich als Teenager gedacht habe. In der Volksrepublik China ist es der kommunistischen Regierung zwar gelungen, wirtschaftlich erfolgreich zu sein, allerdings auf Kosten der lokalen und globalen Umwelt. Und bei Lichte besehen basiert Chinas wirtschaftlicher Erfolg größtenteils auf der Nachahmung der Prinzipien des westlichen Kapitalismus, nur ohne Demokratie.

Wir können nun also mit ziemlicher Sicherheit sagen, dass sich die Ideale marxistischer Theorie, der fürsorgende Staat und die Abschaffung des Privateigentums, nicht mit der Realität menschlichen Verhaltens vereinen lassen.

Bedeutet das, dass stattdessen der Kapitalismus unseren politischen und sozialen Bedürfnissen gerecht wird? Sollten wir den Markt einfach machen lassen? Das hängt davon ab, was wir damit meinen. Es ist offensichtlich, dass privater Besitz und die Honorierung von Leistung wirkungsvolle Kräfte in der wirtschaftlichen und gesellschaftlichen Entwicklung sind und uns seit Jahrtausenden in unterschiedlichen Formen gedient haben. Diese Anreize sprechen eindeutig etwas an, das tief in uns Menschen verwurzelt ist. Sie sind nicht die einzigen Mittel, um Menschen zu etwas zu motivieren, aber sie zeigen beachtliche und oft positive Wirkung.

Aufgrund dieser historischen Erfahrungen bin ich zuversichtlich, dass einige Prinzipien und Mechanismen des Marktes einen entscheidenden Beitrag zur gesellschaftlichen Entwicklung leisten können. Dennoch lässt die Tatsache, dass unser gegenwärtiger Umgang mit den Kräften des Marktes uns an den Rand des Kollapses treibt, nur einen Schluss zu. Wir müssen unser Wirtschaftssystem von Grund auf umstrukturieren, wenn wir diesen Ansatz noch irgend retten wollen. Denn unser jetziger Ansatz funktioniert offensichtlich nicht besonders gut. Zu diesem Ergebnis gelangen sogar erklärte Verfechter der Marktwirtschaft wie Nicholas Stern, der den Klimawandel als „das größte und umfassendste Marktversagen aller Zeiten" bezeichnete.

Märkte funktionieren nicht, wenn man sie sich selbst überlässt. Das haben sie noch nie getan und das werden sie auch in Zukunft nicht. Es ist Aufgabe der Regierungen, die Märkte im Interesse der Menschen, denen sie dienen sollen, zu lenken (s. auch Kapitel 11). Auch wenn wir die Kraft des ungezähmten Marktes schätzen, muss er eingehegt und gelenkt werden. Wir haben bereits einige Beispiele angesprochen, wie so ein Gehege konstruiert sein müsste, damit die Märkte auch in Zukunft eine tragende Rolle spielen können, etwa die Deckelung des Rohstoffverbrauch und der Umweltverschmutzung.

Was wir noch nicht angesprochen haben, ist das Thema Ungleichheit. Wie wir in den vergangenen Jahrzehnten gesehen haben, können dynamische Märkte zwar Wohlstand erschaffen, sie verteilen ihn aber nicht besonders gut; um genau zu sein neigen die Märkte dazu, den Wohlstand fest in den Händen derer zu konzentrieren, die bereits über ihn verfügen.

Verstehen Sie mich nicht falsch – ich bin nicht dafür, dass wir die Gleichheit aller per Gesetz festschreiben. Es gibt Unterschiede zwischen den Beiträgen, die Menschen leisten, sei es aufgrund ihrer Kenntnisse, ihrer Persönlichkeit oder der Mühe, die sie sich geben. Und es ist nichts Falsches daran, diesen Beitrag unterschiedlich zu belohnen, insbesondere wenn es um die Mühe geht, die sich der Einzelne gibt. Unterschiedliche Belohnung ist einer der Gründe, warum Menschen härter arbeiten, warum sie das Leben für sich selbst und ihre Familien besser machen wollen und damit häufig auch einen Beitrag zur Gesellschaft insgesamt leisten. Doch bis zu welchem Grad erzielen wir auf diese Weise die Ergebnisse, die wir uns wünschen? Wie viel Belohnung ist notwendig? Und was sind die Nebeneffekte der daraus resultierenden Ungleichheit?

Anders als die Frage nach der extremen Armut, die die meisten Menschen als ungerecht empfinden, lassen sich diese Fragen moralisch weniger eindeutig beantworten. Die Frage nach der Moral der Ungleichheit stellt sich zwar, doch bei ihrer Beantwortung landet man schon schnell in einer moralischen Grauzone. Unsere Meinungen darüber, was gerecht und fair ist, sind höchst anpassungsfähig. Einerseits würde fast jeder zustimmen, dass absolute Gleichheit ungerecht wäre und nur wenig zur Organisation einer Gesellschaft und der Motivation von Menschen taugen würde. Andererseits würde fast jeder zustimmen, dass es keine schrankenlose Ungleichheit geben sollte – das heißt, dass es einen Punkt geben muss, ab dem jeder sagen würde: Nein, die Unterschiede sind zu groß, das ist nicht mehr gerecht.

Eine Seite des Problems besteht also darin festzustellen, was das *richtige* Maß für die unterschiedliche Belohnung ist, um Menschen dazu zu motivieren, sich Mühe zu geben und innovativ zu sein. Die andere Seite ist es herauszufinden, ab wann Ungleichheit nicht mehr fair und gesellschaftlich effektiv ist. Ab wann verstößt Ungleichheit gegen unseren Sinn für Gerechtigkeit – ein moralisches oder ethisches Problem –, und ab welchem Punkt sorgt sie für gesellschaftliche und politische Instabilität? – eine Frage der Lebensqualität und der Ökonomie.

Herman Daly verweist auf das Militär, den öffentlichen Dienst und die Universitäten, denen es gelingt, das Verhältnis zwischen den höchsten und den niedrigsten Gehältern in einem Bereich von 15/20 zu 1 zu halten, offenbar ohne unter einem Mangel an gut ausgebildeten, motivierten und kompetenten Führungskräften zu leiden, wohingegen dieses Verhältnis in der freien Wirtschaft in den USA inzwischen bei bis zu 500 zu 1 liegt.[118] Offenbar lässt sich durch nichts belegen, dass ein solches Verhältnis tatsächlich die Leistung der Gesamtwirtschaft hebt. Dass sich die Unternehmen gegenseitig dennoch in ihren Spitzengehältern überbieten, ähnelt eher einem Wettrüsten, das für die Gesellschaft insgesamt keinen zusätzlichen Nutzen erbringt. Von alleine wird sich an dieser Situation nichts ändern und so ist sie ein gutes Beispiel für einen Bereich, in dem die Regierung regulierend eingreifen sollte. Sobald jedoch derartige Regulierungen vorgeschlagen werden, protestieren die Mächtigen aus der Wirtschaft lautstark, dass der Staat sich aus der Regulierung der Märkte heraushalten sollte.

An dieser Stelle zeigt sich ein Paradox unserer modernen Gesellschaft. Es geht dabei um unsere Einstellung zum Thema Grenzen.

Auf der einen Seite sind ein Großteil der Probleme, die wir in diesem Buch angesprochen haben, aufgrund fehlender Grenzen entstanden – weil wir inzwischen akzeptieren, dass jedes Wachstum gut ist, dass der individuelle Wohlstand gar nicht groß genug sein kann und dass wir die Natur beherrschen können, weil wir mittels neuer Technologien jegliche Grenzen aushebeln können, die sie uns setzt. Unser Glaube an die Grenzenlosigkeit hat auch eine positive Seite, die sich vielleicht am besten daran verdeutlichen lässt, dass wir uns alle wünschen, dass unsere Kinder Vertrauen haben in sich selbst und ihre Fähigkeiten. Der Glaube an die eigenen Fähigkeiten ist machtvoll und wichtig, für Gesellschaften genauso wie für den Einzelnen. Jedoch birgt der ungezügelte Glaube an sich selbst die Gefahr, überheblich zu werden und Risiken nicht richtig zu bewerten. Die Folgen davon sind inzwischen deutlich zu erkennen. Und deshalb setzen wir Grenzen.

Das Paradox besteht darin, dass Regulierungen in manchen Bereichen politisch umstritten bleiben, obwohl wir seit Menschengedenken der Freiheit des Einzelnen Grenzen setzen, um ihre Gesellschaften „zivilisiert" zu gestalten – Grenzen wie die Strafbarkeit nichtstaatlicher Gewalt, die Rechtsverbindlichkeit von Verträgen, um Vertrauensverhältnisse verlässlich und bindend zu gestalten oder die Einführung von Standards in der Nahrungsmittelversorgung zum Schutz der Gesundheit. Dennoch reagieren wir auf bestimmte Grenzen mit Ablehnung, weil sie „unsere Freiheit einschränken" oder „in den Markt eingreifen" – so die Argumente gegen die Etablierung von Höchstgrenzen für Managergehälter, das Verbot von bestimmten Produkten (spritfressende Autos, Waffen) oder die Gesetze zum Nichtraucherschutz.

Aus all dem geht hervor, dass es kein grundsätzliches Argument gibt, das gegen die Erhebung von Grenzen oder Verboten zur Regelung des gesellschaftlichen Miteinanders spricht. Der Verweis auf die Freiheit des Einzelnen ist keine Rechtfertigung für ungezügelte Gewalt und der freie Markt rechtfertigt nicht den Verkauf gefährlicher Lebensmittel. Wir akzeptieren Grenzen und wir bewegen uns jeden Tag in ihnen. Das heißt, dass es jetzt darum geht, auszuloten, welche *neuen* Grenzen wir benötigen werden, damit unsere Gesellschaft auch während des Großen Bruchs stabil und zivilisiert bleibt und die Menschen weiterhin die Möglichkeit haben, aktiv ihre Lebensqualität zu verbessern. Anders gesagt: In welchen Bereichen wird sich das System ohne unser Zutun nicht selbst korrigieren?

Wir haben im Lauf dieses Buches viele Bereiche gesehen, in denen wir dringend neue Grenzen benötigen: Begrenzung der Wasser- und Luftverschmutzung, Begrenzung des quantitativen Wirtschaftswachstums, Begrenzungen des Rohstoffverbrauchs. Hierbei ging es vorrangig um Auflagen zum Umweltschutz und ihre Auswirkungen auf die Wirtschaft. Wir wenden uns nun ganz der Gesellschaft zu – welche Grenzen würde es brauchen, um eine stabilere und effektivere Gesellschaftsordnung zu errichten, in der die Fähigkeiten jedes Einzelnen zu ihrer vollen Entfaltung kommen würden?

Gibt es ein Argument für die Begrenzung der Ungleichheit? Was würde uns dazu bringen, solch eine Grenze zu ziehen? Oder ist das einer der Bereiche, in denen es dem Markt gestattet sein sollte, sich selbst zu organisieren, um das natürliche Maß an „effektiver Ungleichheit" zu finden?

Momentan akzeptieren wir ein Maß an Ungleichheit, das jenseits von Gut und Böse ist. Glauben wir wirklich, dass der CEO einer Firma den 500fachen Lohn des am niedrigsten bezahlten Arbeiters derselben Firma verdienen sollte? Glauben wir, dass der gesellschaftliche Wert der Arbeit eines Top-Investmentbankers 20-mal so hoch ist wie der eines hochrangigen Militärführers? Nur wenige sind wirklich einverstanden mit der gegenwärtigen Situation und dennoch sind wir alle Teil des Systems, das ein solches Maß an Ungleichheit hervorbringt.

In der Vergangenheit war diese Debatte geprägt von der Frage nach der Gerechtigkeit. Ein hohes Maß an Ungleichheit, wie in den genannten Beispielen, empfinden die meisten Menschen als ungerecht. Und es sind nicht nur die Armen, die sich daran stören. Meinungsumfragen in Großbritannien und den USA zeigen, dass die große Mehrheit – etwa 80 Prozent der Befragten – die derzeitigen Einkommensunterschiede als zu groß empfindet. Das heißt, dass einige finanziell recht komfortabel ausgestattete Menschen sich unwohl fühlen angesichts solch dramatischer Einkommensunterschiede. Extreme Ungleichheit löst ein intuitives Gefühl für das zugrunde liegende Unrecht aus.

Nun, wie so viele Sachen, die wir inzwischen als normal akzeptiert haben und von denen wir uns nicht vorstellen können, dass sie sich je ändern werden, wird sich auch das durch den Großen Bruch dramatisch verändern. Aus zwei Gründen werden wir diese Veränderung akzeptieren, auch wenn das im heutigen politischen Kontext nur schwer vorstellbar ist.

Der erste Grund werden die Veränderungen in den unteren Schichten der Gesellschaft und den armen Ländern sein, die im letzten Kapitel beschrieben wurden – der Verlust des Überdruckventils namens Wirtschaftswachstum, das die steigende Ungleichheit bislang unter Kontrolle zu halten vermochte. Denn obwohl uns die Ungleichheit nicht gefällt, akzeptieren wir sie aufgrund eines ungeschriebenen Gesellschaftsvertrags. Wir glauben fest daran, dass jeder das Recht auf sein persönliches Fortkommen hat. In einer Wachstumswirtschaft wird dieser Vertrag von allen Seiten bejaht, weil der Kuchen insgesamt immer größer wird und sich durch den Erfolg des anderen der eigene Wohlstand nicht verringert. Das Wachstum ist daher das Überdruckventil der Ungleichheit, eine Auffassung, die Henry Wallich, inzwischen verstorbenes Mitglied der US-Notenbank und ehemaliger Wirtschaftsprofessor in Yale, vertrat: „Wachstum ist ein Ersatz für Lohngleichheit. Solange es Wachstum gibt, gibt es Hoffnung und das macht große Einkommensunterschiede erträglich."

Ohne Wachstum wird dieser Vertrag brüchig. Wenn die Erde voll ist, kann jemand nur dann mehr haben, wenn ein anderer weniger hat. Fällt das Überdruckventil weg, ist die Beseitigung sozialer Ungleichheit ein Muss, um gesellschaftliche Spannungen so gering wie möglich zu halten. Aber ist das überhaupt möglich? Ist es auch nur im Entferntesten vorstellbar, dass – auch auf einem vollen Planeten – die, die viel haben, mit denen teilen, die weniger haben, damit sich beide Gruppen auf der Wohlstandsleiter angleichen können?

Im Kontext heutiger politischer Diskussionen ist das kaum denkbar. Aber was, wenn größere soziale Gleichheit das Leben aller verbessern würde, auch jener, die sich heute am obersten Ende der Gesellschaft befinden? Auch das ist schwer vorstellbar, oder?

Hier kommen wir zum zweiten Grund, warum wir uns von dem heute herrschenden hohen Maß an Ungleichheit verabschieden werden. Dies geht aus den bedeutendsten Studienergebnissen hervor, die ich in den letzten Jahren gelesen habe; seither hat sich mein Blick auf diesen Bereich komplett verändert. Davor dachte ich, dass wir die Probleme Armut und Ungleichheit erstens aufgrund unserer moralischen Überzeugung und zweitens aus einer gesellschaftlichen Notwendigkeit heraus (um lokal und global politische Unruhen zu verhindern) in Angriff nehmen würden. Es sieht jedoch ganz so aus, als gebe es einen weiteren Grund, warum wir das tun sollten. Ein Grund, der wahrscheinlich sehr viel wirkungsvoller ist, als moralische Bedenken.

Nach jahrelanger intensiver Beschäftigung mit der Thematik haben Richard Wilkinson und Kate Pickett in ihrem Buch *Gleichheit ist Glück*[119] zahlreiche Studien zusammengetragen, die die Auswirkungen von Ungleichheit auf eine Vielzahl gesellschaftlicher Bereiche untersuchen. Und sie gelangen zu spektakulären Schlussfolgerungen.

Wie sich gezeigt hat, lässt sich die Entstehung von gesellschaftlichen Problemen (unterschiedlichster Natur) nicht anhand der absoluten Höhe der Armut oder der sozialen Benachteiligung voraussehen, sondern anhand des *Grads* der Ungleichheit oder der Einkommensunterschiede, die innerhalb einer Gesellschaft herrschen. Das ist höchst bedeutsam, da wir bislang größtenteils davon ausgegangen sind, dass Armut – Mangel an Wohlstand – die Hauptursache von sozialen Problemen sei. Dementsprechend waren viele von uns überzeugt davon, dass durch das Wirtschaftswachstum und zunehmenden Wohlstand (wenn auch ungleich verteilt) die Armut reduziert würde und gleichzeitig auch viele gesellschaftliche Probleme verschwinden würden. Das ist einer der Hauptgründe dafür, dass sich Regierungen so vehement auf das Wirtschaftswachstum als eines ihrer wichtigsten Ziele konzentrieren.

Dabei sieht es ganz danach aus, dass der absolute Wohlstand ein schlechter Indikator für gesellschaftlichen Fortschritt ist, wohingegen die relative Ungleichheit innerhalb einer Gesellschaft sich sehr gut als Fortschrittsindikator eignet. Faszinierend ist daran, wie umfassend sich Ungleichheit auswirkt. Sie hat Folgen für die Lebenserwartung, die Häufigkeit von Fettleibigkeit, Gefängnisstrafen sowie Schwangerschaften bei Teenagern, für die Verbreitung von psychischen Krankheiten, das Vertrauen zwischen Nachbarn, gute oder schlechte Schulleistungen, die gesellschaftliche Stellung der Frau und so weiter. Die Unterschiede, die in den verschiedenen Studien aufgezeigt wurden, waren nicht gering; sie zeigten eine im Vergleich drei- bis zehnfach höhere Häufigkeit in ungleichen Gesellschaften auf. Das galt selbst, wenn kein Mitglied der untersuchten Gruppe auch nur annähernd als arm bezeichnet werden konnte. So wiesen die einkommensschwächsten Probanden aus einer Gruppe von britischen Verwaltungsbeamten (die im globalen Vergleich alle gut verdienen) eine um das dreifache erhöhte Sterberate auf wie die Probanden derselben Gruppe mit dem höchsten Einkommen. Nur ein Drittel der Sterbefälle konnte durch andere Faktoren wie beispielsweise Fettleibigkeit oder Rauchen erklärt werden (die vielleicht ohnehin auch Folgen der Ungleichheit sind).

Bevor Sie sich jetzt sagen „Egal in welcher Gesellschaft ich lebe, ich sollte also zusehen, dass ich nach oben komme und dort bleibe", bedenken Sie Folgendes. Die Ergebnisse der Studien belegen, dass auch die Oberen einer Gesellschaft von der Gleichheit profitieren, unabhängig von der Höhe ihres persönlichen Wohlstands. Man teilt die Gesellschaft in der Regel in vier gesellschaftliche Gruppen ein – die 25 Prozent mit dem niedrigsten Einkommen, die beiden mittleren Gruppen und die reichsten 25 Prozent. Alle Studien kamen übereinstimmend zu dem Ergebnis, dass ein größeres Maß an gesellschaftlicher Gleichheit auch das Wohlbefinden des reichsten Viertels erhöhte. Es mag auf den ersten Blick befremdlich wirken, aber auch für die oberen 25 Prozent besteht der beste Weg, das eigene Leben zu verbessern darin, das Leben derjenigen zu verbessern, die weniger haben als sie selbst.

Das ist er also, der Todesstoß für das Wirtschaftswachstum *und* die Lösung für eine Vielzahl gesellschaftlicher Probleme. Zuerst der Todesstoß. Es sieht so aus, als besitze die Ungleichheit eine mächtige Hebelkraft, die – wenn wir diesen Hebel betätigen würden – sich folgenreich auf Gesellschaft und Wirtschaft und das gesamte System auswirken würde. Das würde dazu führen, dass wir uns von unserer Besessenheit mit dem Wirtschaftswachstum lösen und endlich einsehen würden, dass das Ende des Wachstums ohnehin unausweichlich ist. Ich sage Ihnen, wieso.

Wir alle unterstützen das Wachstum und die politischen Prozesse, die es begünstigen sollen. Das liegt an der irrigen Annahme der meisten von uns, dass mehr Geld und mehr Besitz uns glücklicher machen – dass Wohlstand der entscheidende Beweis unseres Erfolgs ist und dass mehr Wohlstand automatisch zu mehr Lebensqualität führt.

Dazwischen besteht mehr als ein loser Zusammenhang. Innerhalb des gegenwärtigen Systems sind wir stark abhängig davon, mehr zu besitzen. Das Problem daran ist, dass der Prozess, der zu mehr Besitz führt, uns nicht befriedigt, sondern in einen sich selbst verstärkenden Kreislauf aus Unzufriedenheit und gesteigertem Verlangen mündet. Wir denken, dass uns größerer Wohlstand befriedigen wird, dabei verstärkt unser Streben nach Wohlstand die Ungleichheit, die dazu führt, dass unsere Unzufriedenheit zunimmt!

Die in *Gleichheit ist Glück* zitierten Studien bestätigen mit jüngsten Forschungsergebnissen, was andere, wie etwa Tim Kasser, schon seit Langem beobachten. Ungleichheit ist einer der wichtigsten Motoren des Konsums. Die Konkurrenz um einen höheren sozialen Status treibt zum Konsum. Ungleichheit führt zu mehr Statuskonkurrenz, weil wir ängstlich versuchen, mit den anderen Schritt zu halten, während Marketingexperten genau diese Ängste für ihre Zwecke nutzen.

Die Versuche der Werbefachleute, mit ihren Botschaften in unsere Köpfe vorzudringen, kennen offensichtlich keine Grenzen. Im Aufzug plärren uns Werbebotschaften entgegen und nehmen uns damit einen der letzten Zufluchtsorte, der uns in den modernen Großstädten für einen Moment des Innehaltens auf dem Weg zu oder von der Arbeit oder einem Meeting geblieben ist. Radiosprecher leiten in derselben Stimmlage von den Nachrichten zur Werbung über, sodass die Grenzen für uns Zuhörer verschwimmen und wir gar nicht bemerken, dass wir gerade dazu aufgefordert werden, etwas zu kaufen.

Wo soll das alles enden? Werden sie uns irgendwann dafür bezahlen, dass wir uns ihre Logos auf die Stirn tätowieren lassen, damit sie jedes unserer Gespräche und jeden unserer Schritte durch die Straßen werbewirksam für sich nutzen können?

Jetzt, da wir um die schädigenden Umwelteinflüsse unseres Konsumverhaltens und die dahinter stehenden Ängste wissen, sollten wir vielleicht damit beginnen, Werbung als eine Art Umweltverschmutzung zu sehen, deren Folgen ähnlich gefährlich sind wie die des Tabakrauchens – und, wie Tim Kasser vorschlägt, eine entsprechende Steuer darauf erheben. Professor Herman Daly plädiert dafür, Werbemaßnahmen nicht mehr als Teil der Produktionskosten anzuerkennen und ihnen den Status als Betriebsausgaben (und damit die steuerliche Absetzbarkeit) zu entziehen.

Auch wenn man der Werbung und den Marketingexperten für vieles an diesen Entwicklungen die Schuld geben kann, sind die zugrunde liegenden Mechanismen kein Phänomen des modernen Lebens. Der Ökonom Adam Smith betonte bereits 1776, wie wichtig es sei, ein Leben ohne Scham zu führen. In anderen Worten ausgedrückt heißt das, dass vieles von dem, was wir tun und anstreben, dem Wunsch entspringt, uns als geachtetes und erfolgreiches Mitglied der Gemeinschaft zu fühlen. Allerdings haben wir erst vor relativ kurzer Zeit damit begonnen, unser gesellschaftliches Ansehen und Fortkommen über den Besitz von immer mehr materiellen Gütern zu definieren.

Und Letzteres öffnet den Strategien der Marketingexperten Tür und Tor. Obwohl wir nicht behaupten können, dass sie dieses Verhalten verursacht haben, machen sie es sich für ihre Zwecke zunutze. Welche negativen Folgen das für uns hat, zeigen die Autoren von *Gleichheit ist Glück* unter Bezug auf eine Studie von Tim Kasser:

Junge Erwachsene, denen Geld, Image und Ruhm besonders wichtig sind, neigen eher zu Depressionen, verminderter Lebensfreude und physischen Beschwerden wie Kopf- und Halsschmerzen als andere Jugendliche (The High Price of Materialism, *MIT Press, 2002*). *Kasser vermutet, dass sich Menschen an materielle Werte klammern, wenn sie sich unsicher fühlen (Stichwort Frustshopping).*

„Die Werbung ist heute viel raffinierter als früher", erklärt Kasser. „Sie versucht ihre Botschaften an die psychologischen Bedürfnisse der Leute anzudocken. Aber das ist eine trügerische Verbindung. Sie ist schädlich."

Je mehr wir über diese Zusammenhänge wissen, desto enger wird die Schlinge um den Hals des Wirtschaftswachstums. Aber auch wenn inzwischen eindeutig belegt wurde, dass uns mehr Besitz nicht glücklicher macht, überzeugt das die meisten von uns nicht. Zu tief sind wir verstrickt in den Glauben an die Verbindung von Glück und materiellem Besitz, verstärkt von den Signalen, die wir tagtäglich aus der Werbung und den Medien erhalten. Leute, die mehr Geld haben als wir, sind im Vergleich scheinbar beliebter, attraktiver und erfahren mehr Achtung. Also konsumieren wir mehr, weil wir sein wollen wie sie.

Dieser Kreislauf verstärkt sich mit zunehmender Ungleichheit – und das ist zugleich der Haken als auch die Lösung des Problems. Wenn wir konsumieren, tragen wir damit zum Wachstum der Wirtschaft bei, weil wir mit unserem Geld den quantitativen Durchlauf materieller Güter erhöhen. Durch das Wirtschaftswachstum wird die Ungleichheit größer, was wiederum unseren Drang nach mehr Besitz verstärkt und uns zu mehr Konsum treibt. Doch egal, wie viel wir konsumieren, der Drang nach mehr kann in einer Wachstumsgesellschaft nie befriedigt werden, weil durch das Wachstum auch die Ungleichheit ständig wächst und unser Drang dadurch immer noch stärker wird. Und so brauchen wir ein höheres Einkommen, um noch mehr kaufen zu können.

Wir strengen uns im Job an, um mehr zu verdienen. Eine logische Folge der gerade beschriebenen Mechanismen ist es, dass in Gesellschaften mit größerer Ungleichheit die Arbeitszeiten steigen. Dadurch haben die Menschen weniger Zeit für die Dinge, die sie wirklich glücklich machen würden, wie Freundschaften, Gemeinschaft und sinnstiftende Tätigkeiten. Das führt zu höherem Stress und mehr Unsicherheit, was wiederum unseren Drang nach materiellen Quellen der Befriedigung verstärkt.

Um diesen Prozess am Laufen zu halten, setzen Regierungen alles daran, das Wirtschaftswachstum immer weiter zu stimulieren, damit (ganz nach unserem Wunsch) immer mehr Jobs mit immer höheren Einkommen entstehen, die uns und eine wachsende Bevölkerung mit immer mehr Arbeit und Lohn versorgen. Um das leisten zu können, werden Wirtschaftsstrukturen geschaffen, die uns zum Konsum ermutigen, indem sie unsere zugrundeliegenden Ängste ansprechen. An dieser Stelle kommen die Marketingexperten ins Spiel, die sich unsere Ängste und Wünsche zu eigen machen, um den Konsum noch weiter anzutreiben, indem sie uns weismachen, unsere Probleme ließen sich durch den Kauf ihrer Produkte lösen. Noch einmal: Je mehr Wachstum es gibt, desto größer ist die gesellschaftliche Ungleichheit und desto größer sind wiederum die Ängste vor einem gesellschaftlichen Gesichtsverlust. Ein Teufelskreis, der immer wieder von Neuem beginnt.

Habe ich schon erwähnt, dass das Wirtschaftswachstum den Planeten zerstört, von dem die Grundlage für unser Leben und unsere Wirtschaft abhängen? Nun sehen Sie aber auch, dass wir dieses Argument noch nicht einmal benötigen, um Gründe gegen das Wirtschaftswachstum vorzubringen.

Das war's also für das Wirtschaftswachstum. Es ist tot, weil der Planet es nicht mehr weiter unterstützt. Aber es ist auch tot, weil es ökonomisch und gesellschaftlich irrational ist – für die etwa eine Milliarde Menschen an der Spitze der Wohlstandspyramide trägt es nicht zur Verbesserung ihrer Lebenszufriedenheit bei; schlimmer noch: in Wahrheit verschlechtert es ihre Lebensqualität, wegen all der gesellschaftlichen Probleme, die der Zuwachs an Ungleichheit verursacht. Es sieht also ganz danach aus, als würde nicht nur das alte Sprichwort recht behalten, dass man Glück nicht kaufen kann, sondern dass wir unser Geld in den letzten 100 Jahren für anhaltendes Unglück ausgegeben haben. Nicht gerade das, was uns die Werbung versprochen hatte.

Um es noch einmal zu sagen: Das Wirtschaftswachstum ist am Ende. Es wird sich noch eine Zeitlang dagegen wehren, aber im Grunde genommen ist es erledigt.

Das bedeutet eine Menge Arbeit. Eine unserer wichtigsten Aufgaben besteht darin, damit umzugehen, dass Wirtschaftswachstum die Lebensqualität jener nicht mehr verbessert, deren materielle Grundbedürfnisse gedeckt sind. Das bedeutet, dass die Menschheit im Großen und Ganzen aufgehört hat, sich weiterzuentwickeln. Die Autoren in *Gleichheit ist Glück* schreiben ganz zu Beginn:

> *Es scheint paradox: Der Menschheit gelingen immer neue materielle Erfolge und Höchstleistungen, aber wir leiden unter Ängsten und Depressionen, sorgen uns darum, wie wir in den Augen der anderen erscheinen, und wissen nicht, wem wir trauen können. Wir konsumieren, statt Beziehungen mit unseren Nachbarn zu pflegen, und weil uns die unangestrengten sozialen Kontakte und das emotionale Wohlbefinden fehlen, das jeder Mensch braucht, suchen wir Trost in Extremen: viel essen, viel einkaufen und Geld ausgeben, viel Alkohol, viele Psychopharmaka oder Drogen.*[120]

Wir müssen also zusehen, dass wir wieder auf den Pfad der menschlichen Entwicklung gelangen, zurück auf jenen Pfad, den unsere Großeltern einst eingeschlagen haben, hin zur Verbesserung unserer Lebenszufriedenheit. (Entschuldigung Großmama, danke für die Grundlage, die du für uns gelegt hast; ja, wir haben diese Chance vertan, aber wir werden versuchen, es wieder in Ordnung zu bringen.)

Wie können wir das erreichen?

Nicht, indem wir mehr Zeug anhäufen. Es sind gesellschaftliche und psychologische Hindernisse, die die Menschen, die nicht unter Armut leiden, von einem zufriedenen Leben trennen, nicht materielle. Um diese aus dem Weg zu räumen, müssen wir bewusst und entschieden am Aufbau einer gleichen Gesellschaft arbeiten. Das ist der logische nächste Schritt, der ganz unserem eigennützigen Interesse dient, unsere Lebensqualität zu verbessern. Und zwar aus folgenden Gründen.

Wir wissen, dass Ungleichheit der sicherste Prädikator für die verschiedensten gesellschaftlichen Missstände ist. Interessant ist, dass aus der vorausgegangenen Analyse des Problems hervorgeht, dass wir die negative Abwärtsspirale aus Wachstum, Ungleichheit und einem stresserfüllten Alltag relativ leicht mit nur einem Handgriff in eine Aufwärtsspirale verwandeln können: Konsum führt zu mehr Wachstum, was zu mehr Ungleichheit führt, was wiederum zu mehr Konsum führt. Wenn wir jedoch für mehr Gleichheit sorgen, führt das zu weniger Konsum, was zu weniger Wachstum führt, was zu mehr Gleichheit führt. Da sich dadurch auch der politische

Druck verringern würde, der von der Forderung nach mehr Wachstum ausgeht, würde das auch die negativen politischen Reaktionen auf den Großen Bruch abfedern und dadurch die Gefahr verringern, die von einer gescheiterten Wachstumswirtschaft für die Gesellschaft ausgeht.

Kann das so einfach wirklich funktionieren? Wir können uns doch bestimmt nicht nur auf theoretische Studienergebnisse verlassen, wenn es um so tiefgreifende Veränderungen geht? Tatsächlich ist die Datenlage so eindeutig, dass wir genau das tun können. Im Übrigen sind das keine Theorien, sondern empirische Daten über die Lebenswirklichkeit überall auf der Welt. Wenn Sie trotzdem noch nicht ganz überzeugt sind, bedenken Sie Folgendes.

Die Zeit des Zweiten Weltkriegs in England ist ein gutes Beispiel für die praktische Anwendung dieser Ideen in der Realität. Während des Zweiten Weltkriegs *verringerte* sich die Ungleichheit in der britischen Gesellschaft rasant, der Pro-Kopf-Konsum *sank*, ebenso der materielle Lebensstandard, gleichzeitig jedoch *verbesserte* sich die öffentliche Gesundheit und bei all dem gab es ein nie gekanntes Maß an sozialer Unterstützung. Trotz der vielen Kriegstoten stieg die durchschnittliche Lebenserwartung unter Zivilisten während der Kriegsjahre *doppelt* so schnell wie im restlichen 20. Jahrhundert. Diese Entwicklung lässt sich nicht allein durch die Verbesserung der allgemeinen Ernährungssituation als Folge der Rationierung erklären, denn dasselbe Phänomen ereignete sich auch während des Ersten Weltkriegs, obwohl die Rationierung von Lebensmitteln damals zu einer Verschlechterung der Versorgungssituation geführt hatte. In keiner anderen Dekade des 20. Jahrhunderts erhöhte sich die Lebenserwartung auf ähnliche Weise wie während der Kriegsjahre, auch während des Ersten Weltkriegs stieg die Lebenserwartung unter Zivilisten mehr als doppelt so schnell wie in Friedenszeiten. Am Ende der beiden Jahrzehnte, von 1911 bis 1921 und von 1940 bis 1951, konnten die Menschen mit einer jeweils um 6,5 Jahre gesteigerten Lebensdauer rechnen.[121]

Insgesamt gesehen verschlechterte sich der materielle Lebensstandard der Bevölkerung in den Kriegsjahren: Durch die Steigerungen in der Rüstungsproduktion wurde die zivile Produktion eingeschränkt, was sich negativ auf die Versorgungslage mit zivilen

Gütern auswirkte. In London und anderen größeren Städten wurden den Menschen ihre Häuser und Wohnungen buchstäblich über den Köpfen weggebombt – und dennoch hat die Gleichheit nie bessere Zeiten erlebt. Beide Weltkriege ließen die Beschäftigungszahlen in die Höhe schießen und es gab konkrete Pläne und Maßnahmen gegen soziale Ungleichheit. Die Opfer zu kompensieren, die die Menschen während des Krieges brachten, war Teil eines ungeschriebenen „Solidarpakts" und dazu gehörte die Bekämpfung der Ungleichheit, indem man den Lebensstandard der unteren Gesellschaftsschichten hob und jedem Bürger ein Mindestmaß an sozialer Unterstützung garantierte („A nation fit for heroes"). In der Folge wurde das Arbeitseinkommen der Arbeiterklasse um durchschnittlich neun Prozent angehoben, während das Realeinkommen der Mittelschicht um sieben Prozent gesenkt wurde. Das Gefühl größerer gesellschaftlicher Gleichheit führte also zu einem stärkeren Gemeinschaftsgefühl und setzte gleichzeitig einen uns inzwischen wohlbekannten Mechanismus in Gang: Je mehr Gleichheit innerhalb einer Gesellschaft herrscht, desto besser ist auch der Gesundheitszustand der Menschen innerhalb dieser Gesellschaft.

Dieses Problem hätten wir also gelöst. Es ist wirklich ganz einfach. Wir müssen uns nur dafür entscheiden, und schon wird es uns allen besser gehen.

Wir lässt sich das umsetzen? Wir könnten damit beginnen, mithilfe einer Reihe von politischen Maßnahmen die derzeit herrschende extreme Ungleichheit zu beseitigen. Herman Daly stellt in diesem Zusammenhang die Frage: „Was ist das richtige Maß an Ungleichheit – dasjenige, das wirkliche Unterschiede belohnt, anstatt lediglich Privilegien zu multiplizieren?"

An anderer Stelle beantwortet Daly diese Frage selbst und schreibt dazu Folgendes:

Ohne zusätzliches Gesamtwachstum erfordert die Armutsbekämpfung Umverteilung. Absolute Gleichheit ist ungerecht; schrankenlose Ungleichheit ist ungerecht. Daher müssen wir die Spanne, innerhalb derer sich die Ungleichheit verteilt, definieren: ein Mindesteinkommen und ein Höchsteinkommen. Der öffentliche Dienst, das Militär und die Universitäten kommen mit einer Spanne der Un-

*gleichheit mit dem Faktor 15 bis 20 zurecht. Die amerikanischen
Unternehmen bewegen sich in einer Spanne mit dem Faktor 500
oder mehr. Viele Industrienationen haben einen Faktor unter 25.
Könnten wir die Spanne nicht auf, sagen wir mal 100 beschränken,
und dann sehen, wie das funktioniert?*

*Die Leute, die die Grenze erreichen könnten entweder umsonst wei-
ter arbeiten, wenn ihnen ihre Arbeit gefällt oder ihre freie Zeit ihren
Hobbies oder einem Ehrenamt widmen. Die Nachfrage, die durch
jene am oberen Ende frei bliebe, würde von denen unterhalb des
Maximums aufgefüllt. Ein Sinn für die Gemeinschaft, unerlässlich
für die Demokratie, lässt sich nur schwer aufrechterhalten, wenn die
Gehaltsunterschiede so groß sind wie in den USA. Wenn der Faktor
500 Arm und Reich voneinander trennt, werden sie fast zu verschiedenen Arten.*

*Derartige Ungleichheiten wurden hauptsächlich dadurch begrün-
det, dass sie das Wachstum ankurbeln. Diese Annahme mag in einer leeren Welt eine oberflächliche Glaubwürdigkeit besessen haben;
in unserer vollen Welt aber ist sie ein Märchen.*[122]

Wir sollten also dringend einsehen, dass es für die Arbeitsmotiva-
tion von Führungskräften unnötig ist, ihnen 500-fache Gehälter zu
zahlen. Wir müssen ihnen noch nicht mal das 50-fache bezahlen. In
dieser Größenordnung dient Geld längst ohnehin nicht mehr als
Motivator. Ich habe zahllose Gespräche mit Superreichen geführt,
die alle sagten, es gehe nicht ums Geld; Geld ist nur der Gradmesser
für Erfolg. Was wir brauchen, sind also neue Bewertungssysteme
und ganz neue Wege, Erfolge zu feiern und anzuerkennen.

Wie wäre es, wenn wir beim Beitrag, den jemand für die Gesellschaft
leistet, beginnen würden? Und wie wäre es, wenn wir unseren Offizie-
ren mehr und den Investmentbankern weniger bezahlen würden? Ich
weiß, wer den größeren Beitrag zu meiner Lebensqualität beiträgt.

Es ist interessant, dass sich die meisten von uns wünschen, dass
es genau so wäre. Aber wird sind inzwischen so in unserem Glauben
an dieses System – von dem man uns gesagt hat, dass wir von ihm
abhängen – gefangen, dass wir davon ausgehen, wir wären allein mit
diesem Wunsch. Wilkinson und Pickett zitieren aus einer Studie,
die das Gegenteil zeigt: „Eine deutliche Mehrheit wünscht, dass die

Gesellschaft sich ‚von Gier und Maßlosigkeit abkehrt und einen Lebensstil wählt, in dem Wertvorstellungen, Gemeinschaft und Familie eine größere Rolle spielen.'"[123] Trotzdem fühlen sich viele mit ihrem Wunsch isoliert und denken, dass sie sich von ihren Mitbürgern unterscheiden würden, dass es die anderen sind, die gierig und maßlos sind. Es sieht also ganz danach aus, als würden wir uns insgeheim alle dasselbe wünschen!

Aber wer sind dann die Befürworter der Ungleichheit? Jedenfalls nicht die Ökonomen, von denen in den USA vier von fünf dafür sind, dass die Regierung etwas gegen das Problem unternimmt.[124] Nicht einmal die prominentesten Wachstumsbefürworter wie der ehemalige Präsident der US-Notenbank, Alan Greenspan, sind für die Ungleichheit. Greenspan bezeichnete die zunehmende gesellschaftliche Ungleichheit als „sehr beunruhigende Entwicklung."

Anscheinend ist eine klare und in manchen Fällen eine überwältigende Mehrheit der Menschen und der Wirtschaftsexperten der Meinung, dass in unserer Gesellschaft unbedingt größere Gleichheit herrschen müsste. In Anbetracht der Tatsache, dass es fast allen von uns dann besser gehen würde, ist es eindeutig an der Zeit, uns für mehr Gleichheit einzusetzen.

Da es auch global gesehen in unserem Interesse ist, unseren Wohlstand mit anderen zu teilen, gilt das auf nationaler wie auf globaler Ebene.

Es scheint so, als hinge die Zukunft der Menschheit – ob es uns gelingt, ein glücklicheres Leben zu führen und eine ganze Reihe von sozialen Problemen zu lösen (inklusive der Bekämpfung der Armut) – in ganz erheblichem Maße davon ab, ob wir uns dafür entscheiden werden, ganz bewusst Strategien und Verhaltensweisen auf den Weg zu bringen, die für mehr Gleichheit in der Gesellschaft sorgen werden.

Kapitel 19

Die Zukunft ist hier, sie ist nur noch nicht weit verbreitet [125]

Wir müssen uns jetzt daran machen, die Zukunft zu gestalten. Es gibt viel zu tun, aber Millionen Menschen sind schon am Werk. Sie sind begeistert, entschlossen und, das ist am wichtigsten, aktiv und engagiert. Und es werden jeden Tag mehr.

Sie warten nicht, bis sie die Erlaubnis erhalten, anfangen zu dürfen. Sie erfinden Technologien, strukturieren Unternehmen um, verändern Verhaltensweisen, beginnen Kampagnen und bauen neue Organisationen auf – alle haben sie das Ziel, Strukturen zu entwerfen, die auch während und nach der Zeit des Großen Bruchs erfolgreich sein werden.

Das Schöne an unserer vernetzten Welt ist, dass diese Initiativen rasend schnell Verbreitung und Nachahmer in der ganzen Welt finden – und damit für den Aufbau ganz neuer Lebens- und Arbeitsweisen genutzt werden können.

Was wäre, wenn das Freecycle-Netzwerk statt sieben Millionen 700 Millionen Mitglieder hätte? Das würde bedeuten, dass sich die Lebensspanne der meisten unserer Konsumgüter verdoppeln würde; dadurch ließen sich die Folgen, die ihre Produktion für die Umwelt hat, halbieren, während gleichzeitig die Gemeinschaft innerhalb des Netzwerks gestärkt würde, weil die Mitglieder ihre Freude über ein Leben mit weniger Müll und weniger Konsum miteinander teilen würden.

Was wäre, wenn sich eine Bewegung bilden würde, die die Idee der Compact, ein Jahr ohne Shopping zu leben, zu einem Freiwilligendienst für den Planeten weiterentwickelte? Das könnte die Eintrittskarte in eine neue Wirtschaftswelt werden, so wie der Wehrdienst einst den Eintritt ins Erwachsenenalter und das Erwerbsleben markierte. Nach einem Jahr ohne Shopping wären die Lehren über die Sinnlosigkeit des Materialismus sicherlich gut verankert.

Was wäre, wenn wir uns zu einer globalen Bewegung zusammenschlössen, die ihre Lebensmittel vorwiegend bei den lokal ansässigen Bauern kaufen und damit kleine und mittlere Landwirtschaftsbetriebe unterstützen würde? In den meisten Entwicklungsländern kommen Lebensmittel noch auf diesem Weg auf den Markt und auch in den entwickelten Ländern kommt der Kauf regionaler und lokaler Produkte wieder in Mode. Es gibt eine Sehnsucht nach frischen Lebensmitteln, die erst geerntet werden, wenn sie reif sind und die man direkt beim Erzeuger kauft. Selbst in den USA, wo die industrialisierte Landwirtschaft weiter verbreitet ist als irgendwo sonst in der Welt, stieg die Zahl der Bauernmärkte zwischen 1994 und 2009 um 300 Prozent; inzwischen gibt es überall im Land etwa 5275 Bauernmärkte.[126] Der Trend ist also da und könnte leicht aufgegriffen und vergrößert werden.

Was wäre, wenn Regierungen sich dazu entschließen würden, die breite Öffentlichkeit dazu zu motivieren, sich einer Bewegung zur drastischen Reduktion des globalen Energieverbrauchs anzuschließen? Das wäre mehr als nur eine großartige Möglichkeit zur Stärkung des Gemeinschaftsgefühls in der Gesellschaft, denn dadurch ließen sich unglaubliche Summen einsparen. Eine Modellrechnung der Internationalen Energieagentur (IEA) ergab, dass sich durch konzertierte Anstrengungen zur Steigerung der Energieeffizienz bis 2050 etwa 100 Billionen US-Dollar einsparen ließen.[127]

Ich kenne den Energiemarkt aus meiner Zeit als Geschäftsführer von Easy Being Green, einer Firma, die an meine Unternehmensberatung Ecos Business angeschlossen war und deren Aufgabe darin bestand, Privathaushalte mit energiesparenden Geräten wie Energiesparlampen oder Perlatoren auszustatten. Unsere Mitarbeiter, über 200 vorwiegend junge Leute, besuchten Woche für Woche Tausende von Haushalten und informierten ihre Bewohner über Energiesparmöglichkeiten in den eigenen vier Wänden und das Problem des Klimawandels. Mittels der aus den Haushalten gewonnenen Energieeinsparungen generierten wir CO_2-Zertifikate, die wir weiterverkauften. Dadurch konnten wir den Verbrauchern sowohl den Einbau der Geräte als auch die energiesparenden Geräte kostenlos anbieten.

Wir alle haben in dieser Zeit viel dazugelernt. Da waren zum Beispiel die unglaubliche Motivation und die große Leidenschaft, mit der unsere Mitarbeiter ihren Job machten. Darunter waren hochgebildete Uniabsolventen, die zufrieden damit waren, Glühlampen auszuwechseln. Es mag nach einer stupiden Arbeit ausgesehen haben, aber sie alle wussten, dass sie jeden Tag einen Beitrag dazu leisteten, den Klimawandel aufzuhalten und dass sie für ein Unternehmen arbeiteten, das einen klar definierten sozialen Zweck verfolgte – was sich zudem in der alltäglichen Unternehmenskultur widerspiegelte. Wir lernten auch, welch riesige Möglichkeiten darin liegen, einfache, kosteneffektive Handlungen im großen Stil durchzuführen, wenn Strukturen existieren, die innovative Geschäftsideen belohnen. In etwas mehr als einem Jahr gelang es diesem wundervollen Team, über fünf Millionen Glühlampen und andere Vorrichtungen einzubauen, mit denen der Ausstoß von über vier Millionen Tonnen klimaschädlichem CO_2 verhindert wurde – und das Ganze machte auch noch Spaß!

Es gibt noch so viele weitere Möglichkeiten. Was wäre, wenn große Konzerne ernsthaft beginnen würden, ihren Einfluss auf die Regierungen zu nutzen, um diese zu schnellerem Handeln gegen den Klimawandel aufzufordern? Es gibt bereits solche Initiativen. In den USA haben sich beispielsweise so unterschiedliche Firmen wie DuPont, Ford, GE, General Motors, Rio Tinto und Pepsi zur U.S. Climate Action Partnership zusammengeschlossen, die von der US-Regierung die rasche Verabschiedung eines Klimaschutzprogramms fordert. Eine andere Initiative ist die Prince of Wales' Corporate Leaders Group on Climate Change, die im Vorfeld der Kopenhagener Klimakonferenz von 2009 das Copenhagen Communiqué veröffentlichte, in dem über 950 Firmen aus allen Teilen der Welt die Regierenden dazu aufriefen, die globale Erderwärmung auf zwei Grad Celsius zu begrenzen. Diese Initiativen sind gut, aber was wäre, wenn sich alle diese Unternehmen so verhielten, als ginge es um mehr als um den Klimawandel, wenn sie sich so verhielten, als stünden ihr zukünftiger wirtschaftlicher Erfolg und ihr Überleben auf dem Spiel? Was wäre, wenn sie eine weltweite Koalition aus Unternehmen, Pensionskassen und Verbrauchern bildeten, die über genug Einfluss verfügen würden, um jene Unternehmen, die sich gegen einen Wandel stemmen, zu übertrumpfen und die Regierungen zum Handeln zu zwingen?

Im Wirtschaftssystem der Zukunft wird es für Unternehmen auch darum gehen, mittels neuer, innovativer und immaterieller Anreize die besten Mitarbeiter für sich zu gewinnen und an sich zu binden. Wie wäre es daher, wenn sich eine weltweite Bewegung bildete, die Arbeitgeber dazu bringt, die Arbeitszeiten und Gehälter derjenigen Mitarbeiter um zehn Prozent zu reduzieren, die bereit sind, sich einem Programm anzuschließen, in dem sie lernen, wie sie ihren Konsum und ihre Ausgaben um zehn Prozent reduzieren können? Als Gegenleistung könnten diese Mitarbeiter fünf Wochen mehr Jahresurlaub erhalten oder jeden Freitag um die Mittagszeit ihr Wochenende beginnen. Das würde sowohl für mehr Arbeitsplätze sorgen als auch die Zahl glücklich lächelnder Menschen an Freitagen drastisch erhöhen!

Die Grundzüge, die die Wirtschaft von morgen haben wird, bieten uns schon heute eine Fülle solcher Möglichkeiten. Wir können nicht abwarten, bis uns die Krise mit voller Wucht trifft; wir müssen schon vorher aktiv werden, denn sonst bleibt uns nicht genug Zeit, um diese neuen Lösungen zu finden, sie auf ihre Tauglichkeit hin zu überprüfen und die notwendige Unterstützung für sie zu gewinnen. Wir konnten sehen, welches Interesse Initiativen wie Compact und das Freecycle Netzwerk hervorgerufen haben; die Zahl der Menschen, die verstanden haben, mit was für einem Problem wir es zu tun haben, wächst exponentiell, und sie sind bereit, etwas dagegen zu unternehmen.

Aus all den Gründen, die für einen Wandel unserer Wirtschaft und unserer Lebensweise sprechen, werden wir uns letzten Endes vielleicht am ehesten verändern, weil der Wandel der intelligentere und vernünftigere Weg ist und wir letztlich vielleicht doch intelligente und vernunftbegabte Wesen sind.

Wie der bekannte und einflussreiche Ökonom E. F. Schumacher in seinem wegweisenden Buch *Die Rückkehr zum menschlichen Maß* über den von ihm geprägten Begriff der „buddhistischen Ökonomie" schreibt:

Ein buddhistischer Wirtschaftswissenschaftler würde diese Betrachtungsweise als äußerst unvernünftig ansehen. Da Verbrauch nichts anderes ist als ein Mittel zum Wohlbefinden des Menschen, müsste das Ziel das Erreichen eines Höchstmaßes an Wohlbefinden mit einem Mindestmaß an Verbrauch sein. ... Je weniger Mühe aufgewendet wird, desto mehr Kraft bleibt für künstlerisches Schöpfer-

tum. ... Andererseits betrachtet die moderne Wirtschaftswissenschaft Verbrauch als den einzigen Zweck und das einzige Ziel allen wirtschaftlichen Handelns.[128]

Sind wir bereit für solch einen grundlegenden Wandel? Ich denke ja.

Als ich diese Probleme 2005 zum ersten Mal in meinem Rundbrief „Scream Crash Boom" thematisierte, fanden die meisten Adressaten (selbst jene, die sich viel mit diesen Fragen beschäftigten), meine Prognose eines systemweiten Zusammenbruchs des Ökosystems sei doch recht extrem. Inzwischen, gerade mal einige Jahre später, sprechen wir über den Systemzusammenbruch als allgemein anerkannte Möglichkeit. Die Entwicklungen haben also Fahrt aufgenommen. Und wir müssen Schritt mit ihnen halten und immer wieder unsere Erwartungen dessen, was wir für möglich halten, anpassen.

Was gibt es sonst noch an interessanten Entwicklungen, die wir unterstützen und weitertragen können? Eine der Haupttriebfedern des Wandels wird der internationale Finanzsektor sein und mit ihm die Rolle, die Geld in der Zukunft spielen wird. Seit Jahrzehnten gibt es Investmentfonds, die nur in Unternehmen und Projekte investieren, die bestimmten Kriterien der Nachhaltigkeit und gewissen Sozialstandards entsprechen. Das Social Investment Forum berichtete, dass im Jahr 2007 in den USA insgesamt 2700 Milliarden US-Dollar an Investitionen getätigt wurden, deren Investitionsziele unter Berücksichtigung von einem oder mehr von insgesamt drei Schlüsselaspekten ausgewählt worden waren – Überprüfung von Umwelt- oder Sozialstandards; Rechte von Anlegern; Investitionen, die bestimmten Gemeinden oder Regionen zugutekommen.[129]

Diese Form der aktiven Kapitalanlage wird immer beliebter und ist inzwischen weit verbreitet. Wo wir allerdings hinmüssen – und sicherlich noch hinkommen werden – ist, dass es gar keiner speziell „nachhaltigen" Fonds mehr bedarf, weil alle Investoren ohnehin ökologische und soziale Kriterien in ihre Investmententscheidungen einfließen lassen werden. Einfach, weil sie verstanden haben, dass diese Themen wirtschaftliche Kernfragen sind, die erhebliche finanzielle Auswirkungen haben.

Viele Investoren, wie David Blood und sein Team von Generation Investment Management, verfolgen schon heute genau diesen Ansatz. Für sie sind diese Themen normale Aspekte ihrer Investitionstätigkeit und keine Sonderleistung – sie gehen einfach davon aus, dass jedes gute Managementteam die Notwendigkeit einer nachhaltigen Ausrichtung im strategischen und operativen Bereich seines Unternehmens erkennen würde. Wie Al Gore, einer der Mitgründer von Generation, bei der Eröffnung sagte:

Transparenz, Innovation, Ökoeffizienz, regionale und lokale Investitionen, Fürsorge für und Motivation von Mitarbeitern, die Steuerung von Langzeitrisiken und das Nutzen langfristiger Chancen sind integrale Bestandteile für die Fähigkeit eines Unternehmens, auf Dauer Wert zu schöpfen. Es sind jene Unternehmer, die ihre Geschäftsstrategie und ihre technologische Entwicklung auf Nachhaltigkeit und gesellschaftliche Verantwortung ausrichten, die für ihre Aktionäre auf lange Sicht die besten Gewinne erzielen werden.

Es ist mutig von Menschen wie David Blood, sich mit Nachdruck für diese Themen einzusetzen. Die meisten Menschen mit ähnlichem Hintergrund – Blood war zuvor CEO des Goldman Sachs Global Asset Managements – vermeiden es normalerweise, sich lange mit diesen Fragen aufzuhalten. Denn allzu leicht werden dadurch jene Überzeugungen über den Haufen geworfen, auf denen ihre bisherige Karriere basierte.

Generation Investment Management nimmt derzeit keine neuen Investoren mehr auf, da sie bereits über ein Investitionsvolumen von über sechs Milliarden US-Dollar verfügen. Diese Gelder werden gemäß der globalen Anlagestrategie von Generation nur an ausgewählte Unternehmen vergeben. Voraussetzung dafür ist, dass das Unternehmensmanagement und die Geschäftsstrategie positiv geprüft wurden hinsichtlich der bereits angesprochenen Kriterien für nachhaltige Entwicklung. Interessanterweise schnitten diese Anlageformen während der letzten Finanzkrise erheblich besser ab als der übrige Markt.

Mit etwa 650 Millionen US-Dollar im Climate Solutions Fonds verfolgt Generation Investment Management seine zweite Anlagestrategie: Ein Klimafonds, der in Wirtschaftsunternehmen investiert, die sich für die Bewältigung des Klimawandels einsetzen. Als ich mich mit Colin le Duc, dem Fondschef von Climate Solutions traf, erzählte er mir voller Begeisterung von den Unternehmen und Ideen, in die sie investieren. Er sagte, dass, sowohl was die Geschäftsideen angehe als auch die dahinter stehenden Menschen, der Markt hundertprozentig bereit sei, Lösungen für den Klimawandel zu finden. Zu ihrem Portfolio zählen große, etablierte Unternehmen genauso wie einige kleinere, innovativere Firmen.

Eines davon ist RecycleBank, ein Unternehmen, das erkannt hat, wie sich aus der Reduktion der wahnwitzigen Mengen an Müll, die unsere Konsumgesellschaft produziert, Profit schlagen lässt. Dabei folgt das Unternehmen traditionellen Marktprinzipien, um einen schweren Fehler unseres Systems zu beheben. In nur wenigen Jahren ist es RecycleBank gelungen, über 3 Millionen Menschen – zunächst in 26 US-Bundesstaaten und inzwischen auch in Großbritannien – als Kunden zu gewinnen. Sie alle tragen dazu bei, dass Millionen von Dollar und Millionen Liter Öl sowie viele andere natürliche Ressourcen eingespart werden, indem sie die Recyclingraten in jenen Gegenden dramatisch erhöhen, in denen RecycleBank aktiv ist. Das Geschäftsmodell ist so einfach wie genial – Privathaushalte werden durch die Vergabe von Bonuspunkten dafür belohnt, dass sie ihren Müll trennen. Je mehr Müll getrennt wird, desto mehr Bonuspunkte gibt es. Ihre Bonuspunkte können die Kunden von RecycleBank dann bei lokalen und nationalen Geschäften und Dienstleistern eintauschen. Gemessen wird die Recyclingmenge jedes Haushalts über einen elektronischen Chip an der Mülltonne; wird die Tonne geleert, erhält der Kunde automatisch eine Gutschrift der entsprechenden Punktzahl auf sein Bonuskonto.

Das Ergebnis ist ein gewaltiger Anstieg der Recyclingquote – nehmen wir zum Beispiel Montgomery, Ohio, dort stieg die Recyclingquote seit Einführung des Programms Ende 2008 um 39 Prozent. Finanziert wird RecycleBank von der kommunalen Verwaltung, die dank des geringeren Restmüllaufkommens in ihren Deponien und Müllverbrennungsanlagen Millionen Dollar einsparen. Die Kommunen sparen Geld und verringern schädigende Umwelteinflüsse, das Unternehmen schafft Arbeitsplätze und erzielt Gewinne, die Wiederaufbereitungsanlagen erhalten Rohstoffe und die teilnehmenden Haushalte haben ein gutes Gefühl und werden für ihr Verhalten belohnt. Ich liebe dieses Beispiel so sehr, weil es zeigt, dass die

Entwicklung neuer Technologien allein keine Lösung ist – aber intelligente Technologien, die auf Verhaltensänderungen abzielen und in Kombination mit diesen angewendet werden, können zu echten und bleibenden Ergebnisse führen. Außerdem ist es ein gutes Beispiel für die Macht funktionierender Märkte.

Ein weiteres Investitionsprojekt von Generation Investment Management ist Ocado, ein neues Modell für Supermärkte in Großbritannien. Dabei handelt es sich um eine Geschäftsidee, die das Potenzial hat, unsere bisherigen Gewohnheiten auf den Kopf zu stellen und an der sich Schumpeters Theorie der schöpferischen Zerstörung exemplarisch verdeutlichen lässt, die wir bereits in Kapitel 11 und 12 angesprochen haben. Komplett virtuell und ganz ohne Ladenflächen, behauptet Ocado, dass ihr Einkaufsservice einen geringeren ökologischen Fußabdruck hinterlässt als zu Fuß zum Supermarkt zu gehen. Wie kann das sein? Heutige „Megamärkte" mit ihren endlosen Verkaufsflächen, offen stehenden Kühl- und Eisschränken, ohne Tageslicht etc. haben einen enormen Energieverbrauch und hinterlassen damit einen riesigen ökologischen Fußabdruck. Sie sind so konzipiert, dass wir mehr einkaufen – Energieeffizienz spielt dabei keine Rolle.

Indem Ocado den gesamten Geschäftsbetrieb in ein zentralisiertes, automatisiertes Lager verlegt hat, sparen sie einen Großteil des sonst üblichen Verbrauchs ein. Wenn man bedenkt, dass außerdem die wenigsten Menschen zu Fuß zum Supermarkt gehen, weil die modernen Megamärkte fast immer am Stadtrand liegen und von riesigen Parkplätzen umgeben sind, kann eine einzige Lieferfahrt zahllose Autofahrten ersetzen. Ocado kann nicht nur auf eine verbesserte Umweltbilanz verweisen, sondern bietet durch ein modernes logistisches System noch weitere Vorteile: Die Kunden bestimmen den Lieferzeitpunkt ihrer Waren selbst und erhalten einige Stunden vorher eine Erinnerungsnachricht auf ihr Mobiltelefon, die den Namen des Fahrers und sein Kfz-Kennzeichen enthält.

Sollte dieses Einkaufmodell erfolgreich werden, könnte das zu einem positiven Umbruch auf diesem Sektor führen, mit einer ganze Reihe von sozialen und ökologischen Folgen. Man müsste keine zig Plastiktüten mehr nachhause schleppen, was für manche den Ausschlag geben könnte, ihr Auto oder ihren Zweitwagen endgültig abzuschaffen. Es würde den Wert der riesigen Investitionen zerstören, die derzeit in den Bau von Megamärkten an den Stadträndern gesteckt werden und sich positiv auf die Wirtschaftssituation der Innenstädte auswirken. Da in Anbetracht der Vorteile, die es für Gemeinden und die Umwelt hat, ohnehin einiges dafür spricht, lokal und regional einzukaufen, könnte dieses Modell zu einer Wiederbelebung der kleinen, spezialisierten Einzelhandelsgeschäfte führen, die man leicht zu Fuß oder per Fahrrad erreichen kann, um noch schnell ein paar Kleinigkeiten für den täglichen Bedarf einzukaufen. Wenn die Mehrheit der Menschen ihre Lebensmittel online bestellten, würde das auch zu effizienteren Verpackungsmöglichkeiten führen: Funktion, nicht Marketing, stünde dann im Vordergrund. Wir sollten Ocado und andere innovative Geschäftsmodelle als aufregende Experimente einer neuen Wirtschaftsform begrüßen.

Wenn wir wollen, dass die konventionellen Anlegermärkte in diese Entwicklungen mit Billionen von Dollar einsteigen – und um erfolgreich zu sein, wird das notwendig sein –, brauchen wir Vorreiter wie David, Colin und ihre Kollegen, denn sie stehen für den Erfolg dieser Geschäftsmodelle. Die Unmoral des Geldes gibt seit Ewigkeiten Anlass zur Kritik. Und doch ist es ein zweischneidiges Schwert, denn dieselben Mechanismen, die dafür sorgen, dass Gelder munter in zerstörerische Projekte fließen, werden auch dafür sorgen, dass Gelder in den Wandel zu mehr Nachhaltigkeit fließen werden – sobald man damit Profit machen kann!

Die meisten Investoren, die sich auf nachhaltige Kapitalanlagen konzentrieren, sitzen am einen Ende des Nachhaltigkeitsspektrums. Ihr wichtigstes Ziel ist es, Geld zu verdienen; soziale und ökologische Aspekte bewerten sie lediglich als Risikoquellen und Chancen innerhalb der Wertschöpfungskette. Unternehmen wie Generation Investment Management sind irgendwo in der Mitte angesiedelt; sie sind konventionell in ihren Anlagestrategien und wollen möglichst hohe Renditen erzielen, allerdings mit einer deutlichen sozialen Ausrichtung. Sie haben eine eindeutige Botschaft und die verkünden sie, indem sie Geld verdienen. Es geht ihnen also um mehr als den schnöden Mammon.

Am anderen Ende des progressiven Finanzmarktsektors entstehen Institute, die nicht nur neue Anlagestrategien ausprobieren, sondern auch mit neuen Besitzstrukturen experimentieren und ungewöhnliche Missionen verfolgen. Die Triodos Bank, gegründet 1980 in den Niederlanden, ist ein gutes Beispiel dafür. Triodos ist ein Wegbereiter auf dem Gebiet der alternativen Finanzinstitute und wird auch in Zukunft noch von sich hören machen. Als Nachhaltigkeitsbank sieht sich Triodos ganz im Dienste einer sozialen und nachhaltigen Gesellschaft. In der Selbstdarstellung der Bank heißt es dazu:

> *Die Triodos Bank finanziert Unternehmen, Institutionen und Projekte, die einen kulturellen Mehrwert schaffen und von deren Leistungen Menschen und die Umwelt profitieren. Dies wird ermöglicht durch Sparer und Anleger, die die Entwicklung sozial verantwortlicher und innovativer Unternehmungen fördern möchten.*[130]

Die Werte und Strategien von Triodos sind tief verankert in diesen Bereichen und die gesamte Geschäftätigkeit der Bank ist darauf ausgelegt, Unternehmen und Projekte zu finanzieren, die einen sozialen Zweck verfolgen. Dahinter steht eine Vision: „Unsere Mission ist es eine Gesellschaft zu schaffen, die die Lebensqualität der Menschen fördert und ihnen ein Leben in Würde ermöglicht."[131]

Ich traf Peter Blom, den Vorstandsvorsitzenden von Triodos, erstmals 1994 in Amsterdam, als ich dort für Greenpeace arbeitete. Damals war ich erstaunt, auf einen Banker mit solch radikalen Gedanken zu treffen, sah darin aber letztlich eine weitere Eigenart der Niederlande, deren Geschichte voller interessanter soziale Experimente steckt.

Als ich Peter unlängst zu einem gemeinsamen Abendessen traf, musste ich mir die Bedeutung ihrer Arbeit erneut vor Augen führen. 2009 hatten sie ziemlich beeindruckende Ergebnisse erzielt: Die Fonds, die dem Unternehmen anvertraut waren, stiegen um 30 Prozent auf fünf Milliarden Dollar, ihre Kundenzahl nahm um 27 Prozent zu und sie eröffneten Niederlassungen in den Niederlanden, Großbritannien, Spanien, Belgien und Deutschland. Außerdem hatten sie erst vor kurzem die Auszeichnung als nachhaltigste Bank des Jahres („Global Sustainable Bank of the Year") der *Financial Times* erhalten. Triodos zeigt, was wirtschaftlich alles möglich ist, wenn man eine klare, sozial orientierte Agenda verfolgt. Das ist es, was ich als zweckorientierte Strategie bezeichne, wie wir sie auch in Kapitel 11 besprochen haben.

Seit langem schon sind sie Vorreiter auf ihrem Gebiet, die den Wandel so vorantreiben, dass andere ihnen folgen. Nachdem die Weltfinanzkrise den Anstoß zu mehr Transparenz im Bankensektor gab und die Frage drängte, wie Banken das ihnen anvertraute Geld einsetzen, stellte Triodos seinen Kunden ein Onlinetool zur Verfügung, das sämtliche Kapitalanlagen und Anleihen der Bank auflistete. Damit konnten die Anleger genau nachvollziehen, wo und wie ihr Geld verwendet wurde. Nicht nur ungefähr, sondern bis zu den Unternehmen hin, denen die Bank Geld geliehen hatte. Die Kunden konnten die Datenbank sogar nach Postleitzahlen durchsuchen, um zu sehen, ob sie mit ihren Einlagen die lokale Wirtschaft unterstützten.

Trifft man Peter Blom zum ersten Mal, sieht er aus wie ein moderner Banker; mit dem gut sitzenden Anzug und einem soliden Auftreten ist er genau der Typ Mensch, dem man sein Geld gerne anvertraut. Doch sobald man sich mit ihm über Geschäftliches unterhält, beschleicht einen das Gefühl, sich mit der Zukunft des Bankwesens zu unterhalten. Wir sprachen über die Entwicklung von Kultur, die Stärkung des gesellschaftlichen Zusammenhalts und er teilte mir etwa seine Gedanken darüber mit, wie seine Bank die biologische Landwirtschaft auf ihrem Weg zur Gleichberechtigung am Markt unterstützen könnte. Peter erzählte mir von einem Kulturfonds, den sie unlängst eingerichtet hatten, der das Ziel hat, in aufstrebende Kunst und Kultur zu investieren. Er sprach darüber, wie schwer es für Künstler ist, Darlehen für ihre Arbeit zu erhalten, etwa für Musikinstrumente oder für Ateliers. Lächelnd schilderte er mir, wie ihre Risikoabteilung erst kürzlich eine Geige aus dem 18. Jahrhundert als Sicherheit geprüft hatte.

Er weiß ganz genau, wie man Geld verdient, auch wenn das Ziel von Triodos solide und beständige Erträge sind und keine hochriskanten Spekulationsgeschäfte wie jene, die zur Finanzkrise von 2008 führten. Mit einem kleinen Schmunzeln sagte er, dass ihre Erträge so solide und beständig seien, dass er ständig die Anfragen von Pensionskassen ablehnen müsse, die immer noch mehr Aktien seiner Bank kaufen wollten – denn es gibt eine Grenze, wie viele Anteile jeder Anleger besitzen darf, um das Risiko unzulässiger Einflussnahme auf die Mission der Bank zu minimieren. Zudem garantiert Triodos seine Unabhängigkeit und die strikte Einhaltung seiner sozialen Richtlinien, indem es den wirtschaftlichen Gewinn aus Aktienbesitz von der Kontrolle über die Bank trennt.

Es stimmt, dass diese Beispiele bezogen auf die Größe des Marktes eher eine Randerscheinung sind. In diesem Zusammenhang ist jedoch zu beachten, wie schnell sich manche Dinge ändern können. Google wurde 1998 gegründet, ging 2004 an die Börse und hatte im Jahr 2010 einen Börsenwert von 180 Milliarden Dollar. Obwohl viele Aktivisten zugleich Gegner der Globalisierung sind, ist dies einer der Vorteile in einer vernetzten Welt mit global agierenden Märkten: Ideen und Unternehmen können große Teile der Wirtschaft innerhalb kürzester Zeit umgestalten. Wer sagt also, dass Banken wie Triodos nicht in zehn bis 15 Jahren den Finanzsektor beherrschen – als eine Art Gegenreaktion zu dem rücksichtslosen Gebaren gegenwärtiger Akteure?

Es gibt unzählige weitere Bereiche, die wir ansprechen könnten.

Gibt es Besitzverhältnisse und Kapitalstrukturen, die besser funktionieren als Börsenmärkte? Obwohl es sicher manche Vorteile börsennotierter Unternehmen gibt, bestehen auch andere Modelle und Denkansätze, von denen einige bewährt und etabliert sind, denen jedoch wenig Aufmerksamkeit in der Öffentlichkeit und Vertrauen am Markt zukommt. Zwar wird der Ein-Grad-Krieg einige Geschäfts- und Geldanlagemodelle kurzfristig stärken, doch wird die Erkenntnis vom Ende des Wachstums vielen Unternehmen und alten Modellen schaden. Deshalb denke ich, dass manchen, heute noch randständig erscheinenden Ansätzen die Zukunft gehört.

Wie steht es um das Wiederaufleben von Genossenschaften, einer zwar alten aber immer noch mächtigen Triebfeder der Weltwirtschaft? Fonterra zum Beispiel, Neuseelands Milchgenossenschaft, in der sich 11.000 Milchbauern zusammengeschlossen haben, erwirtschaftet 20 Prozent des gesamten Exportvolumens und 7 Prozent des BIP von ganz Neuseeland. Das schwedische Unternehmen Södra gehört 52.000 Waldbesitzern, ist eines der erfolgreichsten und nachhaltigsten Forst- und Zellstoffunternehmen der Welt und der drittgrößte Lieferant von Marktzellstoff für die Papier- und Pappeproduktion.

Als ich Leif Broden, den Geschäftsführer von Södra traf, war offensichtlich, dass die gesamte Unternehmenskultur und -strategie maßgeblich von den Interessen der Mitglieder bestimmt ist. Als Waldbesitzer denken sie ganz automatisch in größeren Zeiträumen als Aktionäre von börsennotierten Konzernen. Leif ist leidenschaftlicher Klimaschützer und stolz, dass Södra aus der anfallenden Restenergie ihrer Anlagen so viel Strom zurückgewinnen, dass sie inzwischen mehr Strom erzeugen als verbrauchen und dadurch neben einem Forstunternehmen nun auch ein Energieunternehmen sind. Sie investieren in Windräder, die auf den Flächen der Genossenschaftsmitglieder aufgestellt werden. Das bietet den Landbesitzern eine zusätzliche Einnahmequelle und erhöht Södras Energieproduktion. Södra engagiert sich seit Langem in diesen Bereichen und hat als eines der ersten Unternehmen die chlorfreie Zellstoffproduktion in seinen Werken und strenge forstwirtschaftliche Vorgaben nach FSC-Standard eingeführt.

Durch seine ökologische Vorreiterrolle verfügt Södra über einen erheblichen Wettbewerbsvorteil und wird auch über Schweden hinaus als verlässlicher Partner wahrgenommen. Als Södra neue Investitionsmöglichkeiten in der australischen Forstindustrie auslotete, brachte mein Freund und früherer Greenpeace-Kollege Joakim Bergman Leif nach Australien, damit er sich mit verschiedenen Umweltorganisationen und Regierungsvertretern treffen konnte. Die Umweltschützer und Regierungsvertreter waren verblüfft, den Chef eines der weltgrößten Zellstoffunternehmen so leidenschaftlich über Maßnahmen gegen den Klimawandel reden zu hören: über die Notwendigkeit chlorfreier Zellstoffproduktion und Gründe, warum wir den Wald für spätere Generationen schützen sollten. Ein hochrangiger Politiker meinte nach einem solchen Treffen: „Das war nicht die Art von Unterhaltung, die wir sonst mit Geschäftsführern haben."

Genossenschaften wie Södra beschäftigen weltweit 100 Millionen Menschen, das sind 20 Prozent mehr als die multinationalen Konzerne[132]; eine Kraft, die sich weder in ihrem Marktprofil noch in staatlicher Unterstützung widerspiegelt.

Und wie wird sich das Wesen der Arbeit und der Beschäftigung ändern? In einer stationären Wirtschaft werden die Menschen in den entwickelten Ländern weniger kaufen und weniger Geld brauchen. Angesichts des Bevölkerungswachstums und einer Wirtschaft, die weniger Güter produziert, bedeutet das weniger Arbeitszeit und im Gegenzug geringere Einkommen. Das hat weitreichende Konsequenzen für eine große Anzahl gesellschaftlicher Bereiche, von der urbanen Transportinfrastruktur, der Formen von Arbeit über staatliche Steuereinnahmen bis hin zur Life-Work-Balance.

Zu den wichtigsten Zielen der modernen Marktwirtschaft gehört die stetige Steigerung der Produktivität von Arbeitskraft und Technologie. Prinzipiell lässt sich dagegen nicht wirklich etwas sagen – was sollte schlecht daran sein, effizienter zu arbeiten – aber wird unser Leben dadurch wirklich besser? Nur selten resultieren daraus auch langfristig Gewinnsteigerungen (die Konkurrenz zieht nach kurzer Zeit nach) oder höhere Löhne. Größere Produktivität führt in der Regel zu niedrigeren Preisen, was den Konsum antreibt.

Was aber, wenn die Verbesserungen in der Produktivität stattdessen in kürzere Arbeitszeiten übersetzt würden? Was wäre, wenn wir weniger arbeiten würden, je intelligenter und besser wir arbeiteten? Das würde mit Sicherheit mehr zur Motivation der Arbeitnehmer beitragen als das Wissen, effizienter arbeiten zu müssen, damit die Firma mehr Produkte zu einem günstigeren Preis verkaufen kann.

Eine „Sozialdividende" für Produktivität ist eine bestechende Idee und ein in sich vernünftiger Ansatz. Schließlich geht es im Leben um mehr als Effizienzsteigerungen und Produktivität. Der Ökonom E. F. Schumacher schreibt dazu in *Rückkehr zum menschlichen Maß*:

> *Unser Verstand versucht uns ständig davon zu überzeugen, dass wir lediglich Eicheln seien und dass es für uns das größte Glück sei, größere, dickere und glänzendere Eicheln zu werden; das ist jedoch nur für Schweine von Interesse. Unser Glaube vermittelt uns etwas Besseres: dass wir Eichen werden könnten.*

Eine weitere große und dazu noch aufregende Herausforderung wird es sein, die Gemeinschaften, in denen wir leben, zu stärken. Unsere Nachbarschaften wieder sicherer zu machen und die Verbundenheit und das Vertrauen untereinander zu festigen. Überall auf der Welt beklagen Leute den Verlust des Zusammenhalts in Großstädten und Städten, weil das Leben der Menschen überfrachtet ist mit immer mehr Arbeit, damit sie immer mehr Dinge kaufen können, ohne Zeit zu haben, diese auch zu benutzen. Wie wäre es, wenn wir alle – mittels einer Kombination aus weniger Konsum und höherer Produktivität – 20 Prozent weniger arbeiten würden? Sicherlich würde es unsere Lebensqualität steigern, wenn wir dadurch den Alltag langsamer angehen könnten und uns in der gewonnenen freien Zeit mit mehr Muße um Hobbys, Kultur und die Gemeinschaft kümmern würden?

Die Wahrheit ist, dass in einer stationären Wirtschaft alle weniger arbeiten müssen. Wenn sich die Produktivität erhöht, was sie Jahr für Jahr tut, lässt sich dieselbe Anzahl von Dingen mit weniger Arbeitskraft herstellen. Im Moment bedeutet das, dass wir Jahr für Jahr mehr produzieren und konsumieren müssen, wenn wir Arbeitsplätze erhalten und das Emporschießen der Arbeitslosigkeit verhindern wollen. Verbesserte Produktivität bedeutet also mehr Arbeit, mehr Geld, mehr Dinge und weniger Zeit, sie zu nutzen. Aber es gibt noch eine andere Möglichkeit. Sie wird die einzige Möglichkeit sein, wenn wir nicht mehr in der Lage sein werden, noch mehr Dinge herzustellen. Wir arbeiten alle weniger. Wir behalten unsere Arbeitsplätze, aber jeder von uns arbeitet insgesamt weniger. Ja, es stimmt. Wir werden dann mehr Urlaub nehmen müssen und häufiger mal ein langes Wochenende oder schon um 14 Uhr nachhause gehen. Aber ich denke, das werden wir schon hinkriegen.

Vielleicht würde die reduzierte Arbeitszeit dazu führen, dass wir uns wieder stärker in unseren Stadtvierteln engagieren, sie am Tag in lebendige, pulsierende Orte verwandeln, die wie für zwischenmenschliche Begegnungen gemacht scheinen. Vielleicht würden wir mehr Freiwilligenarbeit leisten und die Möglichkeiten entdecken, die sich durch mehr öffentliches Engagement in zentralen gesellschaftlichen Einrichtungen (z. B. in Schulen) eröffnen.

Durch Mike Harker, Geschäftsführer der damals größten australischen Versicherungsgesellschaft IAG, habe ich selbst erlebt, wie wirkungsvoll das sein kann. Mike machte sich vor einigen Jahren große Sorgen, weil die Probleme in benachteiligten Stadtvierteln immer mehr überhandnahmen. Als Vertreter einer Versicherungsgesellschaft sah er zudem die finanziellen Folgen, die diese Probleme für seine Branche nach sich ziehen würden. Mike ist keiner, der gerne die Hände in den Schoß legt und so versammelte er die Geschäftsführer der wichtigsten australischen Unternehmen an einem Tisch, um darüber zu beraten, welchen Beitrag sie leisten könnten. Wir berieten damals lange und kamen zu dem Ergebnis, dass Unternehmen sich vor allem im Bereich Bildung starkmachen könnten. Aus diesem Entschluss ging das Australian Business and Community Network hervor. Die Beitrittsbedingung lautete, dass die Geschäftsführer der teilnehmenden Unternehmen sich dazu verpflichteten, einen Schulleiter einer benachteiligten Schule regelmäßig als Mentor zu begleiten. Nur wenige Jahre später hatten sich 25 Unternehmen dem Netzwerk angeschlossen und über 2000 ihrer Mitarbeiter setzten sich mit verschiedenen Projekten an insgesamt 150 Schulen für bessere Bildungschancen ein. Die Schulleiter waren erstaunt, dass diese einflussreichen Geschäftsführer, die sie sonst allenfalls aus den Fernsehnachrichten kannten, zum Erfahrungsaustausch in ihre Schulen kamen. Die Leidenschaft und das Engagement, mit denen die Geschäftsführer ihre Aufgabe ausfüllen, sind für alle offensichtlich – es bereitet ihnen einfach Freude, der Gesellschaft, die ihren Erfolg und ihre Karriere möglich machten, auf diese Weise etwas zurückzugeben. Außerdem können sie von den Schulleitern so einiges über den Umgang mit schwierigen Situationen lernen!

Ich bin also fest davon überzeugt, dass sich die freiwerdende Zeit sinnvoll einsetzen lässt. Wir könnten sie auch nutzen, um Geld zu sparen und etwas für die Umwelt zu tun, etwa indem wir Tauschhandel betreiben oder uns in einem Freecycle-Netzwerk engagieren. Dabei würden wir außerdem die Menschen in unserer Umgebung kennenlernen, neue Freundschaften und Bekanntschaften schließen und so einen Beitrag zur Sicherheit und Stärkung unserer Gemeinschaft leisten; etwas, das wir uns alle wünschen.

Viele Studien belegen, dass mehr Freizeit die Lebensqualität insgesamt steigert, einschließlich verbesserter Gesundheit, Fitness und höherer Lebenszufriedenheit.[133] Dieselben Studien kommen auch zu dem Ergebnis, dass mehr Freizeit zu einer Verringerung der umweltschädigenden Auswirkungen unseres Lebens führen kann.

Starke Gemeinschaften entstehen aufgrund bestimmter Verhaltensweisen, Verhaltensweisen, von denen wir wissen, dass sie „soziales Kapital" erzeugen – Beziehungen und Verbindungen, auf die man zurückgreifen kann, wenn man sie braucht. Der Idee des sozialen Kapitals liegt die Vorstellung zugrunde, dass soziale Netzwerke und Beziehungen in sich Wert haben – das lässt sich an so einfachen Dingen ablesen wie an der Bohrmaschine, die man sich vom Nachbarn leiht oder dass gute Freundschaften bekanntermaßen das Wohlbefinden steigern. Genauso wie wir in unser Bildungskapital investieren, indem wir uns oder unseren Kindern die bestmögliche Bildung zukommen lassen, können wir in unser soziales Kapital investieren. Mit bewusstem Einsatz können Einzelne, Regierungen und Städteplaner alle dazu beitragen, stärker vernetzte und damit widerstandsfähigere Gemeinschaften zu schaffen – an denen Menschen auch in schwierigen Zeiten besser, sicherer und in engerem Zusammenhalt miteinander leben.

So Unterschiedliches wie Straßenfeste, Freiwilligendienste, sogenannte Men's Sheds[134], Freecycling, gemeinschaftliche Gemüsegärten, Tauschhandel, kollektive Sanierungsmaßnahmen wie etwa die Installation einer gemeinsamen Solaranlage, Carsharing – all das kann dazu beitragen, negative Umwelteinflüsse zu reduzieren, Geld zu sparen, alternative Wirtschaftskreisläufe aufzubauen, Freundschaften zu schließen und das Leben insgesamt glücklich und sinnerfüllt zu gestalten. Davon profitieren sowohl bereits bestehende Gemeinschaften und Nachbarschaften, die auf diese Weise den Zusammenhalt stärken können, als auch neu entstehende Wohnanlagen, die diese Prinzipien von Anfang an für sich nutzen können, um ganz bewusst einen starken Zusammenhalt und Gemeinschaftssinn zu entwickeln. Überall auf der Welt setzen sich Städteplaner, Architekten und interessierte Gruppen, wie etwa die Cohousing Association[135], derzeit für solche Wohnprojekte ein. Bis 2008 entstanden in den USA bereits 113 sogenannte Cohousing-Nachbarschaften.

Und es gibt Millionen von Menschen, die in Organisationen und Projekten diese Form der Verhaltensänderung vorantreiben.

Eine der für mich interessantesten Initiativen ist die von Natalie Isaacs gegründete „1 Million Women"-Kampagne. Wenn man Natalie zuhört, wie leidenschaftlich sie darüber spricht, was sie auf den

Gedanken für ihre Initiative brachte, wird einem wieder bewusst, wie bedeutend das Engagement jedes Einzelnen ist und wie groß die Veränderungen sind, die jeder von uns bewirken kann.

Nachdem Natalie, Mutter von vier Kindern aus einem Vorort in Sydney, zunehmend enttäuscht darüber war, dass die Herren Politiker in Australien zu wenig gegen den Klimawandel unternahmen, beschloss sie kurzerhand, von nun an selbst aktiv zu werden. Mit Unterstützung meiner Frau Michelle und ausgehend von einer einfachen Idee gründete Natalie die Kampagne „1 Million Women". Natalie hatte begriffen, dass Frauen sowohl zuhause als auch am Arbeitsplatz häufig großen Einfluss auf die zu treffenden Entscheidungen nehmen. Im Haushalt treffen Frauen 70 Prozent der Kaufentscheidungen. Nicht ohne Ehrgeiz dachte sich Natalie: „Was wäre, wenn wir eine Millionen Frauen in Australien dazu bewegen könnten jedes Jahr mindestens eine Tonne CO_2 einzusparen?" Um dieses Ziel zu erreichen, richtete sie die Webseite www.1millionwomen.com.au ein, auf der viele einfache Schritte beschrieben sind, die für jeden anwendbar sind; manche davon sparen Geld und alle erzeugen ein gutes Gefühl.

Innerhalb kürzester Zeit machten Frauen aus ganz Australien mit. Ob Geschäftsführerin oder Hausfrau, sie alle engagieren sich für die Idee, dass Frauen die treibende Kraft im Klimaschutz sind. Nach nur etwas über einem Jahr zählte 1 Million Women zu den mitgliederstärksten Umweltorganisationen in Australien. Jeden Tag kommen neue Frauen dazu und verpflichten sich, konkrete Maßnahmen zu ergreifen, um aktiv mit der Veränderung unserer Wirtschaft zu beginnen.

Frauen können verhältnismäßig große Unterschiede in diesem Bereich bewirken und häufig sind es Frauen, die hinter den interessanten neuen Unternehmen stehen, die derzeit überall auf der Welt aus dem Boden sprießen. Frauen sind eindeutig erfolgreich als Unternehmerinnen, neueste Zahlen aus den USA belegen, dass frauengeführte Unternehmen zwischen 1997 und 2002 doppelt so schnell wuchsen wie alle anderen Unternehmensformen.[136] Natalie ist also nicht die Einzige, die weiß, wie man etwas bewegt!

Es gibt noch zahlreiche andere Beispiele, die uns zeigen, wie kreative Gemeinschaften und Erfindungsreichtum Veränderungen herbeiführen können.

In Australien gründete eine Gruppe von Männern die Männerbewegung „Men's Shed" (auf Deutsch etwa: Männerschuppen). Ihnen war aufgefallen, dass vor allem arbeitslose Männer dazu neigen, sich aus der Gemeinschaft zurückzuziehen und in der Folge wenig über die Gefühle oder Gesundheitsfragen reden, die sie bewegen. Sie stellten außerdem fest, dass „Männer nicht von Angesicht zu Angesicht, sondern von Schulter zu Schulter miteinander sprechen" und beschlossen deshalb, sie dazu zu bringen, gemeinsam etwas zu tun. Und so war die Idee für Men's Shed geboren: In Werkstätten und an anderen Orten treffen sich Männer aller Altersgruppen, arbeiten zusammen, schließen Freundschaften und stärken den Zusammenhalt ihrer Gemeinschaft. Inzwischen gibt es Gruppen überall in Australien und auch in anderen Ländern haben sich bereits erste Men's Shed-Gruppen gegründet.

Ein anderer kreativer Ansatz ist das von Dr. Andrew Venter, dem Geschäftsführer des Wildlands Conservation Trust, initiierte Projekt, das inzwischen in 23 Städten und Dörfern in ganz Südafrika 2500 „Tree-preneurs" (Baum-Unternehmer) beschäftigt. Die Baumunternehmer, unter ihnen auch Kinder, erhalten Setzlinge heimischer Baumarten, die sie pflegen und wässern müssen, bis sie eine bestimmte Größe erreicht haben. Danach kauft Wildlands die kleinen Bäume zurück. Bezahlt werden die Tree-preneurs mit Guthabenpunkten, die sie in „Baumgeschäften" gegen Fahrräder, Kleidung, Decken und Essen eintauschen können. Obwohl das Geld also auch für Tree-preneurs nicht auf Bäumen wächst, tun es Lebensmittel, Kleider und Fahrräder sehr wohl. Die Bäume werden von Wildlands für städtische Grünflächen und in Aufforstungsprojekten eingesetzt, was zusätzliche Arbeitsplätze schafft und Emissionszertifikate generiert, die an Unternehmen weiterverkauft werden.

Ein weiteres großartiges Beispiel dafür, wie Marktmechanismen erfolgreich eingesetzt werden können, liefert die gemeinnützige Organisation E+Co. Sie haben ein Geschäftsmodell entwickelt, das arme Dörfer mit sauberer Energie versorgt und zugleich die Armut bekämpft. Die Organisation selbst beschreibt ihr Projekt so: „E+Co sucht sich geeignete Unternehmer. Wir helfen ihnen beim Aufbau ihres Geschäfts für erneuerbare Energien. Dann investieren wir. Es ist ganz einfach." Die Idee von E+Co ist ganz offenbar in vielen Ländern erfolgreich, inzwischen gibt es Projekte in Kambodscha, China, Costa Rica, El Salvador, Ghana, Guatemala, Honduras, Indien, Mali, Marokko, Nepal, Nicaragua, auf den Philippinnen, im Senegal, in Südafrika, Tansania, Thailand, Gambia, Uganda, Vietnam und Sambia.

In über 15 Jahren unterstützte E+Co über 1200 Ingenieure, die 5,6 Millionen Menschen mit erneuerbaren Energien versorgten. Währenddessen haben sie 22 Millionen Liter Kerosin und 77,5 Millionen Liter Öl durch saubere Energie ersetzt und den Ausstoß von vier Millionen Tonnen CO_2 verhindert. Das Interessanteste daran ist: E+Co erzielte bei all dem eine Rendite von acht Prozent.

Die Leidenschaft und der Einsatz eines Einzelnen können viel bewirken und große Veränderungen vorantreiben. Vor 15 Jahren begegnete ich Jack Heath, der damals sehr unter dem Selbstmord seines Cousins litt, der sich als Jugendlicher das Leben genommen hatte. Er beschloss, etwas Positives gegen seine Trauer zu unternehmen und gründete die Inspire Foundation. Jack, ein ehemaliger Diplomat und früherer Berater des australischen Premierministers Paul Keating, lud mich in das Vorstandsgremium der Stiftung ein. Inspire gründete ReachOut, einen webbasierten Hilfsdienst für junge Menschen, die nicht mehr weiter wissen (www.reachout.com). Jack hatte sehr früh erkannt, dass das Internet eine einfache, leicht zugängliche, rund um die Uhr erreichbare und für Jugendliche erschwingliche Möglichkeit bot, sich Hilfe zu suchen. Inspire nutzte die Technologie auf ganz neue Weise, um kostengünstig Jugendhilfe leisten zu können, und gewann dafür Ende der 1990er-Jahre eine ganze Reihe von Auszeichnungen. Jack gelang es zu zeigen, dass junge Menschen sich mithilfe der richtigen Unterstützung in schwierigen Zeiten gegenseitig beistehen können, und das Konzept von ReachOut verbreitet sich inzwischen weltweit.

Unterstützt wird Inspire von Rupert Murdoch, der Jack als einen „außergewöhnlichen Mann" bezeichnete. Die inzwischen verstorbene Helen Handbury, eine der ersten und wichtigsten Unterstützerinnen von Inspire in Australien, war die Schwester von Rupert Murdoch, der ihre Arbeit nun fortsetzt und sich dafür einsetzt, dass das Angebot von ReachOut von Jugendlichen auch jenseits von Australien genutzt werden kann. Begonnen wurde dies mit der Gründung von ReachOut in den USA und Irland.

Es gibt keinen Zweifel daran, dass das Internet in Zeiten großer Veränderung ein machtvolles Werkzeug für Organisationen und Initiativen wie Inspire, 1 Million Women, Freecycling und viele andere ist, um Gleichgesinnte miteinander in Kontakt zu bringen und aktiv auf das Verhalten von Menschen einzuwirken. Und zweifellos ist es auch so, dass uns die Beispiele von Natalie Isaacs, Peter Blom, Deron Beal, Mike Hawker und Jack Heath zeigen, was ein einzelner Mensch bewegen kann, wenn er sich für seine Ideale einsetzt und mit Leidenschaft für eine Sache kämpft.

Es ist wichtig sich klarzumachen, dass *jeder*, der sich dazu entschließt, etwas verändern kann. Obwohl alle diese Menschen in meinen Augen Helden sind, sind sie letztlich doch nur ganz gewöhnliche Menschen, die Außergewöhnliches erreichen, weil sie sich dazu entschieden haben, etwas zu unternehmen. Wie Catherine Milne, Jack Heaths Ehefrau, in einer Fernsehsendung über ihren Mann sagte: „Er ist kein Heiliger, eher ein Mensch mit Fehlern, der versucht, gut zu sein." Wir haben alle Fehler, wir sind alle gewöhnlich und wir können alle etwas bewegen, *wenn* wir uns dazu entschließen, zu handeln.

Natürlich hat es noch nie an Ideen und Worten darüber gemangelt, wie man die Wirtschaft nachhaltiger, Gemeinschaften stärker und unser Leben besser machen könnte. Der Unterschied ist, dass diese Leute aufgehört haben, nur darüber zu reden, und angefangen haben, etwas zu tun. Nachdem ich mich seit 35 Jahren mit Initiativen und Projekten wie den eben beschriebenen beschäftige, bin ich davon überzeugt, dass wir jetzt so weit sind, solche Ideen im großen Stil zu verwirklichen. Dafür gibt es drei Gründe.

Der erste Grund ist, dass wir – wie in diesem Buch beschrieben – durch Ereichen der physikalischen Grenzen der Erde zur Veränderung gezwungen sein werden. Dies kann als Motivation gar nicht unterschätzt werden. Wenn wir mit dem Rücken zur Wand stehen, wird alles sehr schnell gehen und Hürden, die vorher unüberwindbar schienen, werden schon bald verschwunden sein.

Der zweite Grund ist die Macht globaler Netzwerke, mittels lokaler Gemeinschaften in atemberaubender Geschwindigkeit weltweit Veränderungen zu bewirken. Das gilt genauso für die Veränderung unserer Haltung zum Materialismus, wie wenn es darum geht, neue Technologien und Philosophien rasch im großen Stil zu verbreiten.

Diese Zusammenhänge wurden in *Die Macht sozialer Netzwerke: Wer uns wirklich beeinflusst und warum Glück ansteckend ist* von den Autoren Nicholas Christakis, Mediziner und Soziologe an der Harvard University, und James Fowler, Politikwissenschaftler an der University of California, gut beleuchtet.[137] Sie zeigen, wie das Verhalten Einzelner das Verhalten ganzer Gruppen beeinflusst und welches Potenzial darin für die Veränderung nahezu aller Bereiche unseres Lebens liegt.

Die Analyse eines Netzwerks von 12.000 Menschen ergab beispielsweise, dass es die Wahrscheinlichkeit, glücklich zu sein, um 15 Prozent steigert, wenn jemand aus dem direkten sozialen Umfeld einer Person (ein Freund), glücklich ist. Damit nicht genug. Eine Verbindung zweiten Grades erhöht die Wahrscheinlichkeit für eine Person, glücklich zu sein, um zehn Prozent. Beim dritten Grad sind es noch sechs Prozent. Das klingt vielleicht nicht nach viel, aber bedenken Sie, was das bedeutet – die Tatsache, dass ein Freund eines Freundes eines Freundes (jemand, den Sie wahrscheinlich noch nie getroffen haben) glücklich ist, erhöht Ihre eigene Glückswahrscheinlichkeit um sechs Prozent. Zum Vergleich: Ein um 10.000 Dollar höheres Jahreseinkommen erhöht Ihre Glückswahrscheinlichkeit gerade mal um zwei Prozent.

Was bedeutet die Macht der sozialen Netzwerke in unserem Fall? Ganz einfach: Sie zeigt, wie eine Kaskade der Veränderung im Verhalten und der Einstellung ausgelöst werden kann, wenn Meinungsführer ihr Verhalten oder ihre Einstellung verändern. Sobald etwas als normal oder sozial erwünscht gilt, kann es sich viral verbreiten. Man kann sich leicht vorstellen, wie schnell sich eine Idee wie „weniger einkaufen, mehr leben" sich in den globalen sozialen Netzwerken verbreiten könnte.

Der dritte Grund, warum sich Veränderungen in naher Zukunft sehr viel schneller verbreiten werden ist, dass die unzähligen Beispiele kollektiver Bewegungen wie Generation Investment Management, Triodos, Södra, Ocado, 1 Million Women und Men's Sheds keine Randerscheinungen mehr sind. Auch wenn sie in der öffentlichen Wahrnehmung keine große Rolle spielen, sind sie insgesamt auf dem besten Weg, eine kritische Masse zu erreichen und manche von ihnen haben das bereits. Denn obwohl Regierungen und Medien sich geradezu zwanghaft auf die großen, internationalen Konzerne konzentrieren, die ihrer Meinung nach den Gutteil der Wirtschaft ausmachen, sind diese auch nur ein Rad im komplizierten Getriebe von Wirtschaft und Gesellschaft.

Die kleinen und mittleren Unternehmen beschäftigen sehr viel mehr Menschen als die großen Konzerne, mehr Menschen arbeiten in Genossenschaften als in großen Unternehmen, die Non-Profit-Organisationen auf kommunaler Ebene bilden inzwischen einen eigenen Wirtschaftszweig, der rasant wächst, in den Jahren 2008 und 2009 wurde mehr Geld in die regenerative Energiegewinnung als in die Energieerzeugung aus fossilen Brennstoffen investiert[138], der Markt für biologische erzeugte Lebensmittel wächst schneller als der für industriell hergestellte Lebensmittel, und so weiter und so fort. Die Zukunft ist hier und sie ist weiter verbreitet als die meisten von uns ahnen.

Es geht mir hier weniger um die vielen spannenden Initiativen und Ideen, sondern um das außergewöhnliche Leistungsvermögen des menschlichen Erfindungsreichtums, Lösungen zu finden, wenn wir dazu motiviert sind, gekoppelt mit der Macht der sozialen Netzwerke, diese Lösungen in Windeseile in einer durch und durch vernetzten Welt zu verbreiten.

Eine solche Fülle an Möglichkeiten. Das wird eine spannende Phase in der Geschichte der Menschheit.

Und so nähern wir uns dem Ende unserer Geschichte. Aber bevor wir dort ankommen und darüber nachdenken, was als Nächstes kommt, lassen Sie uns noch mal einen kurzen Blick zurück werfen.

Das Ende des Wirtschaftswachstums und die Erkenntnis, dass der Klimawandel eine Bedrohung für die zukünftige Stabilität der globalen Wirtschaft und Gesellschaft darstellt, werden zwei Reaktionen parallel auslösen. Die Reaktion des alten Wirtschaftssystems – Maßnahmen, die in etwas so aussehen könnten wie das, was wir im Ein-Grad-Kriegsplan beschrieben haben – wird scheinbar als Erstes erfolgen und großes politisches und öffentliches Interesse erzeugen. Ich denke, diese Reaktion wird gegen Ende dieses Jahrzehnts in vollem Gange sein, ganz sicher aber in nicht allzu weiter Ferne. Für die unmittelbare Zukunft wird das unsere wichtigste Aufgabe sein. Wir werden im großen Stil neue Technologien auf den Markt bringen müssen, um zu verhindern, dass das Klima ganz kippt. Wir werden riesige Geldsummen aufwenden, unzählige Menschen motivieren und unsere gesamte Konzentration darauf verwenden, um diese Aufgabe so schnell wie irgend möglich zu lösen. Das Ganze wird uns wie eine gewaltige Transformation der gesamten Weltwirtschaft vorkommen. Es stimmt, dass es gewaltig wird; ein wirklicher Wandel aber wird das nicht sein.

Der tatsächliche Wandel wird zur selben Zeit beginnen, aber sich sehr viel langsamer entwickeln. Der wahre Wandel wird sein, wenn Gesellschaft und Wirtschaft in einen stationären Zustand übergehen, mit einer nachhaltigen Wirtschaftsordnung und ausgerichtet am Streben nach Lebensqualität, einer gerechteren Verteilung der Reichtümer der Erde und einem Grenzen wahrenden, harmonischen Umgang mit unserer Lebensgrundlage: den Diensten und Ressourcen des Ökosystems.

Obwohl dieser Wandel Politik und Öffentlichkeit anfangs sehr viel weniger beherrschen wird als es die Phase des Ein-Grad-Kriegs tun wird, wird seine Wirkung zugleich tiefer und nachhaltiger sein. Eine breite soziale Bewegung wird für ihn kennzeichnend sein, die den Aufbau der neuen Ordnung ganz praktisch betreiben und ihr einen intellektuellen Überbau und politische Schlagkraft verleihen wird.

Diese Bewegung wird die Lehren aus dem Klimawandel verstanden haben – es gibt Grenzen, die wir nicht überschreiten können – und wird danach streben, diesen Gedanken tief in unserem Kulturverständnis zu verankern. Auf diese Weise werden immer mehr Menschen langsam aber sicher verstehen, dass die materielle Wirtschaft nicht mehr weiter wachsen kann und auf allen Ebenen neu erfunden und neu strukturiert werden muss.

Das Spannendste für mich ist daran, dass diese Erkenntnis kein bloßes Untergrund- oder Randgruppenphänomen sein wird. Wir sind an einem Punkt in unserer Geschichte angelangt, an dem jeden Tag Menschen überall auf der Welt erkennen, wo wir stehen und wo wir hinmüssen.

Manche von ihnen kommen aus der Naturwissenschaft und betrachten die Zahlen und sehen die dahinter stehenden physikalischen Grenzen. Andere nähern sich aus einer wirtschaftlichen Perspektive und erkennen, dass das Überschreiten der Grenzen ökonomische und finanzielle Konsequenzen haben wird, die direkt auf die Wirtschaft zurückfallen werden und enorme Folgen für den Wert und die Wettbewerbsfähigkeit von Unternehmen und Staaten haben werden. Wieder andere schauen sich die Entwicklung unter dem Gesichtspunkt gesellschaftlicher Werte an und erkennen, dass trotz einer außergewöhnlichen Zunahme des materiellen Wohlstands die Lebensqualität sich im Westen innerhalb der letzten Jahrzehnte sowohl für den Einzelnen als auch gesamtgesellschaftlich nicht verbessert hat. Sie sehen, dass beispielsweise der Bundesstaat Kalifornien in den letzten 20 Jahren ein neues College errichten ließ, aber im selben Zeitraum 21 neue Gefängnisse baute, und sie wissen, dass etwas grundfalsch läuft, wenn so etwas im reichsten Land der Welt geschieht.

Andere betrachten diese Themen aus einem akademischen Blickwinkel, indem sie die gesellschaftliche Entwicklung und den menschlichen Fortschritt mit den Daten des wirtschaftlichen Wohlstands vergleichen, und kommen aufgrund dessen zu dem Ergebnis, dass unser gegenwärtiges Modell nicht funktioniert. Denn aus der Forschung geht eindeutig hervor, dass es die durchschnittliche Lebensqualität nicht erhöht, wenn der durchschnittliche Reichtum einer Gesellschaft steigt.

Millionen von Menschen kommen also aus den verschiedensten Gründen zu demselben Ergebnis und es werden täglich mehr. Sie wissen, dass wir uns verändern müssen – in dem, was wir erwarten, wie wir uns verhalten und was wir anstreben. Keine Technologie der Welt kann eine fehlerhafte Wertorientierung wettmachen; wir müssen unsere Werte verändern.

Die gute Nachricht wird immer noch besser. Die Werte und Überzeugungen, von denen wir uns verabschieden müssen, sind jene, die wir ohnehin nicht besonders schätzen, wie das aggressive Verfolgen der eigenen Interessen, wogegen wir die Werte, die wir zukünftig in den Vordergrund rücken und stärken müssen, uns schon heute ein gutes Gefühl geben – wie etwa Teil einer starken Gemeinschaft zu sein und ein sinnvolles Leben zu führen, uns als Teil des Ganzen zu sehen und in einer Welt zu leben, in der einer den anderen unterstützt.

Auf Basis dieser Werte und Überzeugungen müssen wir den Wandel in Gesellschaft und Wirtschaft hineintragen. Wir müssen die neue Wirtschaftsordnung um einen einfachen Gedanken herum errichten – das Leben glücklicher zu machen. Nicht voll von Ablenkung oder Unterhaltung, sondern glücklicher im tieferen Sinn von Erfülltheit; im Sinne des gut gelebten Lebens.

Das bedeutet, dass wir uns im Privaten, Geschäftlichen und Politischen von der inzwischen ohnehin erwiesenermaßen falschen Vorstellung verabschieden müssen, Wirtschaftswachstum und persönlicher Reichtum seien das Wichtigste im Leben, weil davon alles weitere abhängt. Dieses Spiel ist vorbei. Es wird mit dem Ende des Wachstums untergehen. Ein neues Spiel hat begonnen und die Regeln bestimmen wir selbst.

Jetzt gilt es nur noch die Frage zu klären, welche Rolle Sie in dem Ganzen übernehmen wollen.

Kapitel 20
Wer hat wohl das Sagen?

Dies ist das letzte Kapitel dieses Buches, aber sicherlich nicht unseres oder das der Menschheit. Das ist nur der Anfang von dem, was Historiker als den nächsten Evolutionsschritt auf unserem Weg vom Affen bis zur Entfaltung unseres ganzen menschlichen Potenzials betrachten werden. Es war und wird kein glatter Weg sein, aber einer, an den man sich erinnert.

Wie es aussieht, hat der Zeitungsartikel, den ich 1972 gelesen habe, recht behalten: Das Wachstum *hat* Grenzen. Und die Entwicklungen, die der Artikel von damals beschrieb, lassen sich inzwischen überall beobachten. Die Frage ist nur, was wir daraus machen werden. Und das ist die letzte Frage, die ich mit Ihnen erörtern möchte: Wo kommen Sie ins Spiel? An welchem Platz im Bus möchten Sie auf der letzten Etappe dieser Reise sitzen?

Zunächst aber will ich mit Ihnen noch eine andere Reise unternehmen. Ich habe in den frühen 1990ern einige Jahre in Amsterdam, eine meiner Lieblingsstädte in Europa, gelebt. Die Niederlande sind für mich ein Land, das durchdrungen ist von den Geschichten, in denen sich das Auf und Ab unserer Zivilisation im Verlauf der vergangenen 500 Jahre spiegelt.

Eines Tages saß ich dort in einem Café und dachte über die Geschichte dieses Landes nach: über Kunst und Konflikte, Handel und Globalisierung, den erkundungshungrigen Reichtum, jeweils mit ganz unterschiedlichen Graden der Menschlichkeit und Toleranz. Auf der gegenüberliegenden Seite des Kanals stand das Haus von Anne Frank, inzwischen ein Museum zum Gedenken an das jüdische Mädchen, dessen Tagebuch zu einem Klassiker der Weltliteratur geworden ist. In ihrem Tagebuch hielt die junge Anne die Erfahrungen ihrer Familie fest, die sich während der nationalsozialistischen Besetzung Amsterdams in diesem Haus versteckt hielt.

Als ich dort saß, begann ich zu überlegen, an was ich wohl gedacht hätte, wäre ich 1938 ein Bürger Amsterdams gewesen. Angenommen, ich hätte dort gesessen, in eben jenem Café, während ein Freund mir erzählte, was er kommen sah. Ich versetzte mich zurück in diese Zeit und begann mir dieses Gespräch vorzustellen …

Während wir beim Kaffee saßen, sagte Pieter, dass er glaube, dass die Deutschen trotz der erklärten Neutralität der Niederlande in wenigen Jahren in unser Land einfallen würden. Schnell würden sie große Teile Europas besetzen, Millionen von Juden internieren und töten und die Welt in einen Krieg von Europa bis zum Pazifik stürzen. Er dachte, dass es der tödlichste und hässlichste Krieg in der Geschichte der Menschheit werden würde, unvorstellbar in seiner Brutalität und seinem Leid. Ein Krieg, der über 50 Millionen zivile und militärische Opfer fordern würden.

Er könne noch nicht absehen, wie wir dieser Bedrohung Herr werden könnten. Denn dazu wären Konzentration, Mobilisierung und Entschlossenheit in einem nie gekannten Maß nötig. Pieter zeichnete ein Szenario, in dem sich Deutschland, nach der Invasion unseres Landes, mit dem erstarkenden japanischen Königreich verbünden würde. Er fuhr fort und sagte, dass der größte Verteidiger der Freiheit, die USA, selbst dann noch keine Anstalten machen würde, direkt in den Krieg einzugreifen. All das schien mir unvorstellbar, dennoch erschauderte ich beim Gedanken daran.

Pieter erklärte mir, dass die Gefahr inzwischen klar erkennbar sei und dass wir dringend handeln müssten, um die Bedrohung abzuwenden und um zu verhindern, dass die gegnerischen Kräfte übermächtig würden. Er war verzweifelt, da es nicht so aussah, als würde die Regierung irgendetwas in dieser Richtung unternehmen. Gleichzeitig war er überzeugt davon, dass sich irgendwann eine breite Allianz gegen diese Bedrohung stemmen würde und unter Beteiligung der USA viele Kräfte mobilisiert würden. Doch dann wäre es vielleicht schon zu spät und ein Sieg alles andere als gewiss. Wenn wir den Krieg verlieren würden, sagte Pieter, stünde uns auf unbestimmte Zeit ein dunkles Zeitalter der totalitären Herrschaft mit brutaler Unterdrückung und der Zerschlagung unserer Freiheitsrechte bevor.

Pieter und ich diskutierten noch lang und er forderte mich auf, etwas zu tun. Denn selbst wenn noch nicht klar sei, was im Detail geschehen würde, lägen die Beweise für den bevorstehenden Konflikt

klar auf der Hand. Ich solle nicht länger untätig bleiben und meine
Familie auf das, was kommen würde, vorbereiten und meine
Freunde auffordern, es mir gleich zu tun.

Während ich mit dem Fahrrad nach Hause fuhr, dachte ich über
seine Worte nach. Ich wusste, dass es eine ganze Reihe ernstzuneh-
mender Experten gab, die Pieters Ansichten teilten. Aber es gab
auch andere, die dem widersprachen, zumindest was die Dringlich-
keit anging. Auch die Politiker in den Niederlanden und in anderen
europäischen Staaten hatten sich besorgt geäußert. Doch hatten sie
dazu aufgerufen, Ruhe zu bewahren und versichert, die Lage sei
zwar ernst, aber unter Kontrolle. Vor allem müssten wir Ruhe be-
wahren, denn eine Überreaktion wäre teuer und wirke sich destabi-
lisierend aus.

Ich wog ab. Meine Kinder waren gut in der Schule, meine Familie
hatte sich gut eingelebt, ich kam beruflich gut voran und die Stra-
ßen von Amsterdam machten einen ruhigen und ordentlichen Ein-
druck. Ich hatte die Sorge in Pieters Worten gehört, aber es fiel mir
schwer, mir solch ein Katastrophenszenario als wirkliche Bedrohung
vorzustellen. Wenn es wirklich so schlimm wäre wie er sagte, wür-
den unsere Machthaber doch sehr viel dramatischer reagieren, oder
etwa nicht?

Ich war hin- und hergerissen, als ich zu Hause mit meiner Frau
weiterdiskutierte. Wir zogen Pieters Rat in Betracht. Wir stellten
uns vor, was passieren würde, wenn wir unseren Freunden plötzlich
sagen würden, dass wir das Land – genauer gesagt den Kontinent –
verlassen würden, und sie aufforderten, mitzukommen. Sie würden
denken, wir seien verrückt geworden.

Also warteten wir ab. Wir warteten, was passieren würde, warteten
darauf, dass die Situation eindeutiger würde. Wir warteten darauf,
dass die, die an der Macht waren, etwas unternehmen würden,
wenn es nötig wäre.

Stellen Sie sich all die Millionen Menschen in Europa und den USA
vor, die genau diesen Prozess durchgemacht haben. Die mit ihrem
täglichen Leben fortfuhren und völlig unvorbereitet waren, als die
Katastrophe über sie hereinbrach – trotz all der Zeichen, die es gegeben hatte. Wie wäre die Geschichte anders verlaufen, wenn mehr

Leute früher reagiert hätten und ihre Staatschefs dazu aufgefordert hätten, mehr zu tun?

Aber kommen wir zurück in die Gegenwart. Es ist schwierig, Geschichten über drohende Gefahren zu lesen und zu wissen, wie man regieren müsste, nicht? Es ist schwierig, Angst und Realität auseinanderzuhalten, Wahrscheinliches und Mögliches und die Wahrheit hinter widerstreitenden Meinungen zu erkennen. Obwohl wir immer über die Entscheidungsträger in Politik und Wirtschaft schimpfen, gehen wir doch meistens davon aus, dass sie wissen, was sie tun und informiert sind über das, was wirklich vor sich geht. Wir nehmen an, dass sie entschieden handeln werden, wenn es nötig ist.

Vor diesem Dilemma stehen wir alle. Ich erinnere mich gut daran, dass ich sehr nervös war, wie die Leute auf meine erste Version des „Scream Crash Boom"-Briefes reagieren würden, in dem ich diese Argumente zum ersten Mal vorbrachte. Bevor ich den Button anklickte, um die E-Mail zu versenden, saß ich da und dachte: „Werden sie mich für verrückt halten? Werden sie denken, dass Paul Gilding nun endgültig übergeschnappt ist?"

Ich versandte die E-Mail und erhielt neben vielen zustimmenden Zuschriften auch einige von Leuten, die, wenn sie mich nicht für verrückt hielten, doch zumindest sicher waren, dass ich maßlos übertrieb. Manche dachten, es handle sich um eine Schock-Taktik, um die Leute wachzurütteln. Ich nahm diese Antworten sehr ernst und dachte wieder und wieder darüber nach: War es wirklich so ernst oder ließ ich mich von meinen Gefühlen mitreißen? Und wenn ich so überzeugt von dem war, was ich geschrieben hatte, was musste *ich* dann tun, in meiner Position und mit meinen Fähigkeiten?

Andere wieder stimmten zwar mit meiner Bewertung unserer Situation überein, wussten aber nicht, was sie tun sollten. Alles, was sie bislang getan hatten, erschien ihnen angesichts des Problems nun unzureichend. Sie schrieben Dinge wie:

Aber was sollen wir jetzt machen? Wenn du recht hast, sollten wir uns vielleicht irgendwo auf dem Land verstecken und unsere eigenen Lebensmittel anbauen. Unsere Freunde würden denken, dass wir den Verstand verloren haben. Während um sie herum weiter alles seinen Gang geht, rufe ich das Ende der Welt aus. Und letztlich

ist es ohnehin unmöglich, zu entkommen. Wir müssen verhindern,
dass es dazu kommt. Das ist wirklich der allerwichtigste Moment
für uns alle.

Ja, es ist schwierig. Das Paradox im Kopf zu behalten, dass die Dinge zum Verzweifeln gefährlich und dringend sind und wir dennoch positiv und voller Hoffnung sein müssen, ist eine enorme Aufgabe, die Verstand und Seele gemeinsam hinbekommen müssen. Diese Herausforderung drückte der große amerikanische Dichter F. Scott Fitzgerald treffend aus. Er behauptete, man erkenne „eine erstklassige Intelligenz an der Fähigkeit, zwei sich widersprechende Vorstellungen gleichzeitig im Kopf zu haben und dabei noch funktionstüchtig zu bleiben".

Es ist also schwierig, aber was sollen wir tun? Sollen wir wegrennen und zu Selbstversorgern in irgendeiner entlegenen Ecke der Welt werden, für den Fall, dass die Menschheit versagt, dass sie der Situation nicht gewachsen ist? Immerhin gibt es eine ganze Reihe ernstzunehmender Experten, die genau das behaupten. Was wäre die Motivation, das zu tun? Wäre es, weil wir glauben, unsere Kinder und unsere Gene retten zu können, damit wir, falls die Gesellschaft bei dieser historischen Herausforderung versagt, aus der Asche der alten Welt eine neue erschaffen könnten?

Das ist ein verführerischer Gedanke, selbst für mich. Schließlich kann mir niemand vorwerfen, ich hätte nicht versucht, die Entstehung der Situation zu verhindern, der wir nun gegenüberstehen. Selbst ich habe also Tage erlebt, an denen der Gedanke, mich einfach zurückzuziehen, seine Reize hatte.

Aber dann fällt mir wieder ein, was gegen diese Reaktion spricht. Dass das Weglaufen nur die Angst vor dem Versagen sein könnte oder die Aussicht darauf, nochmal schuldlos davonzukommen, wie der Schriftsteller Paul Williams 1982 in seinem außergewöhnlichen Gedicht „Common Sense" schrieb:

On the edge of the dream
we face our deepest doubts.
Now that it all is almost real
a terrible fear of success takes hold

and we grab desperately, uncontrollably, for failure.
One last chance to get off easy.
Who among us really wants to save the world,
to be born again into two thousand more years of struggle?
How much sweeter to bet he doomed generation,
floating gently on the errors and villainy of others,
towards some glorious apocalypse now ...
Hallelujah! It's not my fault –
Bring on the end times!

Und da wären wir wieder bei F. Scott Fitzgeralds Paradox, mit dem wir von nun an leben müssen, ohne dass uns der Kopf explodiert und die Seele schmerzt, jedenfalls nicht zu sehr. Wir müssen akzeptieren, dass uns großes Leid und schwierige Zeiten bevorstehen, und dennoch unbeirrbar auf unserem Weg nach vorne weitergehen. Das ist leichter gesagt als getan.

Ja, es ist schwierig zu wissen, wie man mit all dem umgehen soll. Es ist einfach zu erkennen, was die Welt tun sollte, aber was können *Sie* tun? Schließlich sind die Kinder gut in der Schule, auf den Straßen geht alles seinen gewohnten Gang, wir haben alle viel zu tun. Vielleicht sollten wir einfach abwarten, bis die Mächtigen der Welt uns sagen, was wir tun sollen. Mit all ihren Beratern, ihrem Geld, ihren Möglichkeiten und Experten werden sie schon dafür sorgen, dass wir drastische Maßnahmen ergreifen, sobald wir es wirklich müssen.

Glauben Sie das wirklich?

Seit Jahrzehnten versuchen jene von uns, die die Welt verändern wollen, diejenigen zum Handeln zu bringen, von denen wir angenommen haben, dass sie an der Macht sind. Wir haben uns für strengere Regulierungen und Gesetze eingesetzt, an das Verantwortungsbewusstsein der Unternehmen und der Politiker appelliert, sich auf das zu konzentrieren, was unserer Gesellschaft auf lange Sicht nützt.

Was kann ich sagen, wenn ich zurückblicke? Am ehesten, dass es damals wie eine gute Idee aussah, dass es aber leider Gottes nicht funktioniert hat. Warum nicht?

Nachdem ich Greenpeace 1995 verlassen hatte, begab ich mich in die exklusive Welt der CEOs und Vorstände der globalen Konzerne. In privaten Gesprächen wie in meiner Rolle als Unternehmensberater für nachhaltige Unternehmensstrategien provozierte ich sie immer wieder mit meinen Thesen. Ich habe viel Zeit mit ihnen verbracht an Orten wie dem Weltwirtschaftsforum in Davos und anderen Treffen wie dem jährlich stattfindenden Business Council in den USA oder dem Treffen des Weltwirtschaftsrats für Nachhaltige Entwicklung in der Schweiz. Ich flog mit ihnen in ihren Privatjets und aß mit ihnen zu Abend.

Am Anfang war ich hocherfreut. Ich dachte „Endlich arbeite ich mit den Leuten, die was zu sagen haben, mit denen, die eigentlich die Welt beherrschen! Ich kann in ihre Köpfe schauen, herausfinden, wie sie denken und sie dann vor den Gefahren warnen, die der Menschheit (und ihren Unternehmen) drohen. Dann werden sie die Welt verändern und ich habe meine Aufgabe erfüllt."

Damit habe ich gut 15 Jahre meines Lebens verbracht. Ich habe während dieser Zeit viel darüber gelernt, wie die Welt funktioniert. Meine Gesprächspartner von den Gefahren zu überzeugen, die uns allen drohen, war relativ leicht. Von ein paar wenigen Ausnahmen abgesehen, sind das alles sehr vernünftige und kluge Leute. Sie sind zugänglich für Logik und wissenschaftliche Erkenntnisse, sie haben Kinder, sie machen sich Gedanken über die Zukunft und wollen das Richtige tun. Sie davon zu überzeugen, dass wir in ernsthaften Schwierigkeiten stecken, war also nicht das Problem.

Das Problem war, dass sie nichts zu sagen hatten.

Wenn die Welt wirklich von mächtigen Männern beherrscht würde, die in verrauchten Hinterzimmern geheime Entscheidungen treffen, dann könnten wir einfach an die Türen der Hinterzimmer klopfen und ihnen das Problem erklären. Wir könnten ihnen sagen, dass die Lage inzwischen so düster geworden ist, dass sogar *sie* inzwischen in Gefahr sind. Das wäre großartig. Aber so funktioniert es leider nicht.

Unser System, die Weltwirtschaft, besteht aus einem komplizierten Zusammenspiel miteinander vernetzter Bestandteile. Jeder Bestandteil wird individuell gesteuert, ist jedoch Teil eines Systems, und obwohl sich einige sehr kluge Menschen darum bemühen, wird und kann kein Einzelner von ihnen je das Sagen haben.

Ja, es gibt Orte, an denen sich die mächtigsten Männer und Frauen der Welt versammeln und die diesen zweifelhaften verrauchten

Hinterzimmern ähneln, aber dort wird nicht über den Lauf der Welt entschieden. Ich bin mir ihrer Macht, ihrem Einfluss und ihrer Selbstsucht bewusst – ich habe dabei zugesehen, wie sie sie einsetzen, zum Guten wie zum Schlechten. Aber sie werden nicht das Sagen haben.

Die Guten unter ihnen, und davon gibt es viele, werden wichtige Beiträge leisten, sie werden Gesetze verabschieden, die nachhaltiges Agieren belohnen, riesige Summen in den Ausbau neuer Technologien investieren, die Konsumenten dazu ermutigen, ihr Verhalten zu verändern. Aber damit werden sie auf Veränderungen im System *reagieren* und es nicht lenken.

Wir haben ein Systemproblem, daher brauchen wir auch eine Systemlösung. Wie erreichen wir das?

Die einzige Macht der Erde, die das Ruder jetzt noch herumreißen kann, sind wir. Die Unternehmerin, die ihr Dorf in Indien mit Energie versorgt, der Biobauer in Australien, der CO_2 im Boden speichert, der CEO aus Davos, der sein Wissen klug einsetzt, um das Marktverhalten zu beeinflussen, der Wissenschaftler, der Eisbohrkerne aus der Arktis analysiert, die Mutter in China, die ihren Kindern beibringt, weniger Shoppen zu gehen und mehr zu leben. Jeder von uns, alle gemeinsam.

Die Welt ist heute so eng vernetzt wie nie zuvor. Erinnern Sie sich daran, dass, wenn der Freund eines Ihrer Freunde glücklich ist, die Wahrscheinlichkeit steigt, dass Sie glücklich sind? Dasselbe geschieht, wenn andere weniger konsumieren, freundlich zu ihren Nachbarn sind, einer sinnvollen Beschäftigung nachgehen.

Wir müssen uns immer vor Augen halten, dass die Lösungen schon einsatzbereit sind; es sind die Beispiele, die ich in diesem Buch vorgestellt habe. Lösungen, die heute im Einsatz sind und zu hundert Prozent CO_2-freie Energie liefern, auf denen großartige Unternehmen aufbauen, die die Wasserversorgung in städtischen Armenvierteln sicherstellen, die in den Dörfern Indiens Arbeitsplätze schaffen, die in Amerika lokale Gemeinschaften stärken. Diese Lösungen sind durch die Leidenschaft von einzelnen Menschen entstanden, die etwas bewegen und verändern wollten. Alles, was wir tun müssen, ist ihre Ideen nachzumachen und voranzutreiben.

Während dieser Entwicklung werden viele unterschiedliche Menschen viele unterschiedliche Dinge unternehmen. Auch Wut wird dabei eine Rolle spielen. Wie Bill McKibben, einer der weltweit bedeutendsten Umweltaktivisten, es so treffend formulierte:

Wir brauchen auf jeden Fall Kunst und Musik und eine disziplinierte, gewaltlose aber sehr echte Wut. In der Hauptsache müssen wir die Wahrheit aussprechen, entschlossen und beständig. Fossile Brennstoffe zerstören die einzige Welt, die wir haben. Daran wird sich nichts ändern, weil wir höflich darum bitten. Wenn wir uns eine intakte Welt wünschen, müssen wir unsere Stimmen erheben.

McKibben hat recht. Es ist an der Zeit, unsere Botschaft unmissverständlich, laut und alle zusammen vorzubringen. Was große Öl- und Kohlekonzerne tun, ist schlicht falsch und muss dringend gestoppt werden. Ein Vorbild für die richtige Strategie ist Nelson Mandela und sein Kampf für das Ende der Apartheid. Er war ein Anführer, der seiner Überzeugung und seinen Zielen in jedem Moment treu blieb, aber seinen Gegnern stets mit Menschlichkeit begegnete. Das ist umso bemerkenswerter, wenn man bedenkt, dass sie ihn ihrerseits für 27 Jahre ins Gefängnis gesperrt und seine Freunde und Kollegen ermordet hatten. Und dennoch bemühte er sich immer, sie in ihrer Menschlichkeit zu erreichen. Wir müssen unsere Überzeugungen mit Entschiedenheit und Stärke verfolgen, aber auch mit der größtmöglichen Integrität.

Am wichtigsten ist es, dass wir uns an die Arbeit machen. Da wir alle das Sagen haben, leben wir in der ultimativen globalen Demokratie und wählen jeden Tag in jeder Minute. Wir wissen, was wir tun müssen. Weniger shoppen gehen, mehr leben. Züchtet Hühner und erzieht eure Kinder zum Denken. Schafft neue Gemeinschaften und mehr Verbundenheit untereinander. Sorgt dafür, dass gute Unternehmen erfolgreicher werden und die schlechten Pleite gehen. Wählt gute Politiker und setzt die schlechten vor die Tür. Bringt funktionierende Technologien auf den Markt und vergesst die, die nichts taugen.

Vor allem müssen wir aufhören darauf zu warten, dass jemand anders das Problem für uns löst. Es gibt niemand anderen. Wir sind das System; wir müssen uns verändern. Unternehmen werden sich verändern, wenn sich die Wünsche ihrer Investoren und Kunden verändern. Politiker werden sich für Veränderungen einsetzen, wenn wir sie dazu bringen.

Das wird nicht von allein geschehen; es wird geschehen, weil Menschen wie wir uns zu einer weltweiten Bewegung zusammenschließen, dezentral und weit verstreut, mit kleinen und großen Aktionen, die einen Wandel im Denken, einen Wandel im Verhalten und einen Wandel in unserer Welt auslöst. Jetzt, da wir alle miteinander verbunden sind, können wir, wenn wir alle gemeinsam handeln, das System verändern.

Wird uns das gelingen? Ja, wenn wir uns dazu entschließen.

Wir müssen uns der Gefahr bewusst sein, aber unbeschwerten Herzens leben und auf die Möglichkeit vertrauen – die aufregende, erhebende, zivilisationsgestaltende Möglichkeit, den größten Wandel herbeizuführen, den es gab, seit ein Affe zum ersten Mal einen Stein als Werkzeug benutzte.

Fangen wir an. Es ist Zeit.

Dank

Wenn lebenslanger Einsatz und die Geschichte einer ganzen Bewegung das eigene Denken bestimmen, ist das Erste, was man sagen muss, dass nur wenige Gedanken in diesem Buch wirklich neu sind. Vielmehr ist es eine Mischung aus all dem, was innerhalb von 50 Jahren an Konzepten, Gedanken und Forschungsergebnissen entstanden ist. Und deshalb danke ich voller Begeisterung all den Millionen von Menschen, die sich über Jahrzehnte für die Sache eingesetzt haben. Ich danke euch allen für eure Leidenschaft und euren Einsatz, für eure Liebe zu den Menschen und der außergewöhnlichen Lebenskraft dieses Planeten.

Vor allem Greenpeace gilt in diesem Zusammenhang mein Dank – als eigenständiges Phänomen genauso wie als Zuhause für Tausende mutiger Aktivisten und ihr wegweisendes Engagement über Jahrzehnte hinweg. Ihr habt mir die Augen geöffnet für die endlosen Möglichkeiten und mich zu einem echten Weltbürger werden lassen.

Ich danke auch allen, die in jüngerer Zeit das Ende des Wirtschaftswachstums verkündet haben und so intensiv daran gearbeitet haben, uns Wege aufzuzeigen, wie wir zu einer anderen Ordnung übergehen können. Menschen wie Herman Daly und Tim Jackson und Organisationen wie die New Economics Foundation, CASSE und viele andere. Ihr hattet von jeher recht und jetzt ist eure Zeit gekommen.

Ich werde nur einige von den vielen Menschen nennen, die mir persönlich immer wieder die richtige Richtung gezeigt haben. Ich danke Jim Dixon, der seit Jahrzehnten nicht müde wird, mir die Bedeutung der Wissenschaft zu predigen. Peter Garrett dafür, dass er an einen jungen Aktivisten glaubte und ihn unterstützte und für die darauf folgenden Jahrzehnte der Freundschaft. Allen meinen Freunden am Cambridge Programme, darunter Jonathan Porritt, Polly Courtice, Peter Willis und andere, dafür, dass ihr so mutig wart, einen provozierenden Nicht-Akademiker in eure heiligen Hallen zu lassen und es mir immer wieder erlaubt, meine Gedanken an einem so hochkarätigen Publikum zu erproben und zu verfeinern.

Allen meinen Kollegen bei Ecos und Easy Being Green, viel zu viele, um sie alle persönlich zu nennen, aber ihr wisst, wer ihr seid und welch wichtigen Beitrag ihr zu den Gedanken in diesem Buch geleistet habt.

Joakim Bergmann für unendlich viel Unterstützung und Ermutigung, während der Zeit bei Greenpeace und seit über zwanzig Jahren als Freund, der immer da war, wenn er gebraucht wurde. Es sind diese Felsen der Freundschaft und der Unterstützung, die ein gutes Leben ausmachen. In diesem Zusammenhang danke ich auch Murray Hogarth und Rick Humphries für ihre Freundschaft und unzählige Diskussionen – kaum ein Gedanke in diesem Buch wurde nicht bei Rugby und Bier getestet, ein vielleicht nur in Australien üblicher Prozess, um den intellektuellen Gehalt eines Arguments zu überprüfen. Ein Hoch dem Bauchgefühl!

Dafür, dass ihr einem Aktivisten Chancen gegeben und ihm mit klugem Rat etwas über Wirtschaft beigebracht habt, aber auch für euren großen persönlichen Einsatz für diese Themen: Jac Nasser, Bruce Blythe, Chad Holiday, Paul Tebo, Ellen Kullman, Mike Hawker, Sam Mostyn, John Pollaers, John Doumani und viele andere. Und Julie Birtles, die mir mit persönlichen Gesprächen und vielen Anmerkungen zu meinem ersten „Großen Bruch"-Rundbrief zur Seite stand. Deine Leidenschaft und dein unerschütterlicher Glaube an den Wandel sind ein wundervolles Geschenk.

Manchmal haben die kleinen Taten des einen große Konsequenzen für einen anderen. Tom Friedman, ein Freund und intellektueller Sparringspartner seit unserem gemeinsamen Spaziergang 1995 in Davos, schrieb zum ersten Mal im März 2009 in seiner Kolumne in der *New York Times* über den Großen Bruch (The Great Disruption). Ohne dich, Tom, würde es dieses Buch wohl nicht geben. Ich danke dir, dass du deinen Einfluss und dein großartiges schriftstellerisches Talent unermüdlich dafür einsetzt, die Vereinigten Staaten und die Welt zum Handeln gegen den Klimawandel zu bringen und ihnen immer wieder die geopolitischen und ökonomischen Konsequenzen aufzeigst.

Aufmerksam geworden durch Toms Kolumne, kamen mein Lektor Peter Ginna und meine Agentin Pilar Queen auf mich zu. Ich danke euch beiden für den Einsatz, dieses Projekt zu verwirklichen.

Peter, dein Glaube an meine Ideen und dein Mut, diese Ideen einem großen Publikum zugänglich zu machen, waren nebst deiner professionellen Begleitung unerlässlich und von unschätzbarem Wert.

Auch Professor Jorgen Randers verdient es, hier genannt zu werden. Ich hatte geglaubt, ich hätte mich lange mit diesen Themen beschäftigt, bis ich Jorgen kennenlernte, der schon an *Grenzen des Wachstums* gearbeitet hatte, bevor ich auf die Highschool ging. Dass du dir über all die Jahre deine gute Laune und die Neugier für neue Ideen bewahrt hast – und nie Anzeichen der Verbitterung zeigst, die so verständlich wäre, nachdem du seit über 40 Jahren recht hast, aber ignoriert wirst –, sagt sehr viel über deinen Charakter und deine Menschlichkeit. Deine Zeit ist gekommen und *Grenzen des Wachstums* werden jetzt endlich für ihre Genauigkeit und ihre große historische Bedeutung gewürdigt werden.

Paul Ferris und Michelle Grosvenor für das Lesen unzähliger Entwürfe, das Recherchieren und Hinterfragen, die Genauigkeit und Sorgfalt und den kritischen Blick, mit dem ihr meine Gedanken und Ausführungen begleitet habt. Eure furchtlose aber stets einfühlsame Kritik hat dieses Buch um einiges stärker gemacht.

Schließlich und am meisten danke ich meiner Frau und Seelenverwandten Michelle und dem Wichtigsten, was je aus meinem Leben entstanden ist, meinen Kindern – Callan, Asher, Jasper, Oscar und Grace. Michelle, du weißt, du warst schon immer die Hälfte meiner Geschichte; liebend, fordernd, stützend und wenn nötig den Kopf zurechtrückend. Am meisten aber dafür, dass du immer für mich da bist. Für meine Kleinen, von denen ein paar inzwischen größer sind als ich und die anderen, die es wohl schon bald sein werden. Das hier ist wirklich für euch, in jeder Hinsicht. Ihr werdet viel länger mit den Folgen unseres Handelns leben als ich und eure Kinder länger als ihr. Ich weiß, dass ihr, genauso wie ich es für euch getan habe, für eure Kinder euer Bestes geben werdet. Ich hoffe und glaube fest daran, dass es gut ausgehen wird.

Anmerkungen

[1] Die Frage der Lebensqualität ist natürlich auch abhängig von der Einschätzung des Einzelnen und wird beeinflusst von den jeweiligen Lebensumständen. Im Mittel lag das Weltjahreseinkommen im Jahr 2007 bei 1700 Dollar. Während viele Menschen diesen Betrag für sehr gering halten, ist das mehr als doppelt so viel wie die generell akzeptierte Armutsgrenze von zwei Dollar pro Tag, und sehr viel mehr als die 1,25 Dollar pro Tag, die die Grenze zur extremen Armut markieren. Ungefähr die Hälfte der Weltbevölkerung, oder ca. drei Milliarden Menschen, leben über dem 1700-Dollar-Niveau. Anders gesagt: Im Jahr 2009 zählte erstmals die Hälfte der Weltbevölkerung zur „Mittelschicht". Das bedeutet, sie hatten etwa ein Drittel ihres Einkommens zur freien Verfügung, nach den Ausgaben für die Grundbedürfnisse Wohnen und Essen. Aufgrund dieser Zahlen habe ich mich dafür entschieden, eine Milliarde Menschen, das oberste Drittel der als Mittelschicht definierten Bevölkerung, als ungefähre Zahl jener Menschen zu nennen, deren Leben im globalen Vergleich einigermaßen „komfortabel" ist hinsichtlich ihrer Grundbedürfnisse.

[2] „Scream Crash Boom" von Paul Gilding ist im englischen Original auf dessen Internetseite verfügbar: www.paulgilding.com

[3] Henry David Thoreau: *Vom Spazieren. Ein Essay,* Zürich 2001. Und *Aus den Tagebüchern 1837–1861,* Oelde 1996.

[4] Rachel L. Carson: *Der stumme Frühling.* Übersetzt aus dem Englischen von Margaret Auer. München 1962, S. 1ff.

[5] Rachel L. Carson: *Der stumme Frühling.* Übersetzt aus dem Englischen von Margaret Auer. München 1962, S. 294.

[6] Peter Mathiessen: „Environmentalist Rachel Carson". In: *Time Magazine,* 29. März 1999.

[7] William Darby: „Silence, Miss Carson!" In: *Chemical and Engineering News* 40 (1. Oktober 1962), S. 60 – 62.

[8] Michael Smith: „‚Silence, Miss Carson!': Science, Gender, and the Reception of *Silent Spring*". In: *Feminist Studies* 27, Nr. 3 (August 2001), S. 733.

[9] Siehe unter: http://www.umn.edu/ships/pesticides/library/monsanto1962.pdf

[10] Priscilla Coit Murphy: *What a Book Can Do: The Publication and Reception of Silent Spring.* Massachusetts 2005.

[11] „The Cities: The Price of Optimism". In: *Time Magazine,* 1. August 1969.

[12] Editorial *Newsweek,* 13. März 1972.

[13] Graham Turner: *A Comparison of the „Limits to Growth" with 30 years of reality,* Commonwealth Scientific and Industrial Research Organization, Canberra 2005. Nachzulesen unter: http://www.csiro.au/files/files/plje.pdf

[14] Ingrid Eckerman: *The Bhopal Saga – Causes and Consequences of the World's Largest Industrial Disaster,* India, 2005.

[15] Grundsatz 15 der Rio-Erklärung über Umwelt und Entwicklung. Quelle: http://www.un.org/depts/german/conf/agenda21/rio.pdf

[16] Artikel 2 der UN Klimarahmenkonvention. Quelle: http://unfccc.int/resource/docs/convkp/convger.pdf

[17] Naomi Oreskes und Erik Conway: *Merchants of Doubt: How a Handful of Scientists Obscured the Truth on Issues from Tobacco Smoke to Global Warming.* New York 2010.

[18] Greenpeace International: *Koch Industries: Secretly Funding the Climate Denial Machine.* 2010, der aktualisierte Artikel ist nachzulesen unter: http://www.green peace.org/kochindustries

[19] Naomi Oreskes: „The Scientific Consensus on Climate Change". In: *Science* 206, Nr. 5702 (Dezember 2004): S. 1686, doi:10.1126/science.1103618

[20] William R. L. Anderegg et al.: „Expert Credibility in Climate Change". In: *Proceedings of the National Academy of Sciences* 21, Juni 2010, doi:10.1073/pnas.1003187107

[21] Diese Berichte sind unter anderem jene des U.K. House of Commons Science and Technology Select Committee, ein unabhängiges internationales Gremium, das von der University of East Anglia und der Independent Climate Change Email Review eingerichtet wurde. Das Gremium kam zu dem Ergebnis, dass die E-Mails weder die Ergebnisse der Klimaforschung noch die „Genauigkeit und Aufrichtigkeit" der beteiligten Wissenschaftler untergraben würden. Die Berichte sind verfügbar auf: http://www.cce-review.org; http://www.uea.ac.uk/mac/comm/media/press/CRUstatements/SAP

[22] Die Berichte und Zusammenfassungen sind auf http://millenniumassessment.org einsehbar.

[23] Siehe unter: http://www.guardian.co.uk/environment/2010/may/17/saving-fish-stocks-cost-jobs

[24] Die Weltbank und die Ernährungs- und Landwirtschaftsorganisation der Vereinten Nationen: „The Sunken Billions: The Economist Justification for Fisheries Reform", 2008. Abrufbar unter: http://www.worldbank.org

[25] Joshua Bishop (Hg.): *TEEB – The Economics of Ecosystems and Biodiversity Report for Business*, Anhang 2.1, verfügbar unter www.teebweb.org ; s. a.: www.bmu.de/naturschutz_biologische_vielfalt/teeb/doc/43001.php; www.ufz.de/index.php?de=19659

[26] Internationale Energieagentur: World Energy Outlook 2009. Abrufbar unter: www.iea.org; www.worldenergyoutlook.org/docs/weo2011/es_german.pdf

[27] Die Arbeiten finden sich auf ihren Internetseiten: www.stockholmresilience.org. Siehe Johan Rockström et al.: „A Safe Operating Space for Humanity". In: *Nature* 461 vom 24. September 2009, S. 472–475.

[28] Walter K. Dodds et al.: „Eutrophication of U. S. Freshwaters: Analysis of Potential Economic Damages". In: *Environmental Science & Technology* 43, Nr. 1 (2009), S. 12–19.

[29] Robert Constanza et al.: „The Value of the World's Ecosystem Services and Natural Capital". In: *Nature* 387, 15. Mai 1997, S. 253.

[30] Siehe unter: www.footprintnetwork.org (deutsch: www.footprintnetwork.org/de/index.php/gfn/)

[31] WWF und das Globale Footprint Network: *Living Planet Report 2008* sowie die Datentabellen des National Footprint Account 2009, beide unter: www.footprintnetwork.org

[32] Siehe auf der Internetseite der Vereinten Nationen, Abteilung Bevölkerungsentwicklung: http://www.un.org/esa/population/

[33] Australisches Finanzministerium und Ministerium für Klimawandel und Wasser: *Australia's Low Pollution Future: The Economics of Climate Change Mitigation*, 2008. Abrufbar unter: http://www.treasury.gov.au/lowpollutionfuture/

[34] Dominic Wilson und Anna Stupnytska: „The N-11: More Than an Acronym". In: Goldman Sachs, Global Economics Paper Nr. 153, 2007. Abrufbar unter: http://www.goldmansachs.com

[35] John Hawksworth: „The World in 2050: How Big Will the Major Emerging Market Economies Get and How Can the OECD Compete?" PricewaterhouseCoopers, 2006. Abrufbar unter http://www.pwc.com. Die Zahlen von PwC basieren auf der Kaufkraftparität (KKP), d. h. es wird dabei umgerechnet, wie viele Einheiten der jeweiligen Währung notwendig sind, um bestimmte Waren oder Dienstleistungen zu kaufen. Zum Beispiel kann man mit 1 mehr Waren in China erwerben als in Deutschland. In der Schweiz wiederum lässt sich mit 1 etwas weniger kaufen als in Deutschland. KKP ist eine hilfreiche Maßeinheit für unsere Belange. Denn durch die Verbindung von Kaufkraft und Konsum werden auch die Anforderungen an das Ökosystem deutlich. Das erklärt auch den Unterschied zwischen den Schätzungen von PwC und den anderen Schätzungen, auf die ich verwiesen habe: Alle anderen Berechnungen gingen vom Nominalwert des US $ aus.

[36] Stefan Giljum und Christine Polzin: „Resource Efficiency for Sustainable Growth: Global Trends and European Policy Scenarios, background paper for the UN Industrial Development Organization's *International Conference on Green Industry in Asia* (September 2009), abrufbar unter: http://oxford.academia.edu/ChristinePolzin/Papers/.

[37] Vgl. Tim Jackson: *Prosperity Without Growth? The Transition to a Sustainable Economy*, U.K. Sustainable Development Commission, 2009, S. 48. kostenlos abrufbar unter: http://www.sd-commission.org.uk/publications.php?id=914. Siehe auch unten Anm. 42.

[38] WWF und Global Footprint Network: *Living Planet Report 2008*. Siehe unter: http://www.wwf.de/fileadmin/fm-wwf/Publikationen-PDF/Living-Planet-Report-2010.pdf

[39] Paul R. Ehrlich und John P. Holdren: „Impact of Population Growth". In: *Science* 171, Nr. 3977 (1971), S. 1212–1217.

[40] Gurdev S. Khush: „Green Revolution: Preparing for the 21st Century". In: *Genome* 42, Nr. 4 (1999), S. 646–655.

[41] National Academy of Sciences, *Carbon Dioxide and Climate: A Scientific Assessment*, Washington, D.C.: National Academy of Sciences, Climate Research Board, 1979. Abrufbar unter: http://www.nap.edu

[42] David Archer: „Fate of Fossil Fuel CO_2 in Geologic Time". In: *Journal of Geophysical Research* 110 (2005), doi:10.1029/2004JC002625

[43] Tim Jackson: *Prosperity Without Growth? The Transition to a Sustainable Economy*, U.K. Sustainable Development Commission, 2009, kostenlos abrufbar unter: http://www.sd-commission.org.uk/publications.php?id=914. Auf diesem Bericht basiert das Buch von Tim Jackson aus demselben Jahr mit modifiziertem Titel: *Prosperity Without Growth. Economics for a Finite Planet*, London: Earthscan, 2009. Die deutsche Buchausgabe ist im Oekom Verlag erschienen: Tim Jackson: *Wohlstand ohne Wachstum. Leben und Wirtschaften in einer endlichen Welt*, München 2011. Im Folgenden wird die deutsche Ausgabe zitiert.

[44] Tim Jackson: *Wohlstand ohne Wachstum. Leben und Wirtschaften in einer endlichen Welt*. München 2011, S. 98f.

[45] Vgl. Tim Jackson: *Wohlstand ohne Wachstum. Leben und Wirtschaften in einer endlichen Welt*. München 2011, S. 34.

[46] John Stuart Mill: „Grundsätze der politischen Ökonomie" Band 4, Kapitel 6 (1848). Nachzulesen unter: http://digital.ub.uni-duesseldorf.de

[47] Siehe, zum Beispiel, Tim Jackson: *Wohlstand ohne Wachstum. Leben und Wirtschaften in einer endlichen Welt*. München, 2011.

[48] Tim Jackson: *Wohlstand ohne Wachstum. Leben und Wirtschaften in einer endlichen Welt*. München, 2011, S. 151–153.

[49] Tim Jackson: *Wohlstand ohne Wachstum. Leben und Wirtschaften in einer endlichen Welt*. München 2011, S. 67 u. 110.

[50] Tim Jackson: *Wohlstand ohne Wachstum. Leben und Wirtschaften in einer endlichen Welt*. München 2011, S. 113.

[51] Zentrum für nationale Schnee- und Eisdaten, USA: http://nsidc.org/news/press/2007_seaiceminimum/20070810_index.html

[52] James A. Screen und Ian Simmonds: „The Central Role of Diminishing Sea Ice in Recent Arctic Temperature Amplification". In: *Nature* 464, 29. April 2010, S. 1334–1337, doi:10.1038/nature09051.

[53] Siehe unter: http://bio-fuel-watch.blogspot.com/2010/04/large-scale-soy-farming-in-brazil.html. Und: http://www.scientificamerican.com/article.cfm?id=biofuels-bad-for-people-and-climate

[54] Lorenz Cotula et al.: „Land Grab or Development Opportunity?: Agricultural Investment and International Land Deals in Africa", FAO, IIED und IFAD, 2009. Abrufbar unter: http://www.ifad.org/pub/land/land_grab.pdf

[55] Shepard Daniel mit Anuradha Mittal: „The Great Land Grab: Rush for World's Farmland Threatens Food Security for the Poor", Oakland Institute, 2009. Abrufbar unter: http://www.oaklandinstitute.org/pdfs/LandGrab_final_web.pdf

[56] Joachim von Braun und Ruth Meinzen-Dick: „‚Land Grabbing' by Foreign Investors in Developing Countries: Risks and Opportunities", IFPRI Policy Brief 13, 2009. Abrufbar unter: http://www.ifpri.org/publication/land-grabbing-foreign-investors-developing-countries

[57] Horand Knaup und Juliane von Mittelstaedt: „Die große Jagd nach Land", *Spiegel online,* 27.07.2009. Abrufbar unter: http://www.spiegel.de/spiegel/print/d-66208565.html

[58] H. Damon Matthews und Andrew J. Weaver: „Committed climate warming". In: *Nature Geoscience* 3 (2010), S. 142–143.

[59] Dabei handelt es sich nur um einen – vor allem in der Populärkultur weit verbreiteten – Mythos.

[60] Dieser Bericht wurde dem *Observer* zugespielt, der am 22. Februar 2004 darüber berichtete.

[61] Anthony Storr: *Churchill's Black Dog, Kafka's Mice, and Other Phenomena of the Human Mind.* New York 1990.

[62] John A. Romley et al.: *The Impact of Air Quality on Hospital Spending.* RAND Health, 2010. Nachzulesen unter: http://www.rand.org/pubs

[63] Paul Gilding und Jorgen Randers: „The One Degree War Plan". In: *Journal of Global Responsibility,* Vol. 1, Heft 1 (2010), S. 170–188. Online nachzulesen unter: http://www.emeraldinsight.com/journals.htm?articleid=1860356

[64] H. Damon Matthews und Andrew J. Weaver: „Committed Climate Warming". In: *Nature Geoscience,* 3 (2010), S. 142–143.

[65] Steven J. Davis, Ken Caldeira und H. Damon Matthews: „Future CO_2 Emissions and Climate Change from Existing Energy Infrastructure". In: *Science,* Vol. 328, Nr. 5997 (September 2010), S. 1330–1333.

[66] Nachzulesen auf der Seite der Webseite der Economic History Association: http://eh.net/encyclopedia/article/tassava.WWII

[67] Robert G. Ferguson: „One thousand Planes a Day: Ford, Grumman, General Motors and the Arsenal of Democracy". In: *History and Technology* 21 (2005), S. 149.

[68] World Resources Institute, Climate Analysis Indicators Tool online verfügbar: http://cait.wri.org/cait.php?page=yearly. Diese Prozentangaben basieren auf den Emissionen von 2005, ausgenommen Flächenverbrauch und Forstwirtschaft.

[69] Unser Emissions-Szenario wurde mit der freundlichen Unterstützung von Lori Siegel durch das C-ROADS-Modell getestet (zugleich mit einem „Business-as-usual"-Szenario des Weltklimarates). Mehr Informationen zu diesem Testverfahren finden Sie in: T. Fiddaman, L. Siegel, E. Sawin, A. Jones, J. Sterman: *C-ROADS Simulator Reference Guide.* 2009. Ventana Systems, Sustainability Instititute und MIT Sloan School of Management (www.climateinteractive.org).

[70] McKinsey & Co.: *Pathways to a Low-Carbon Economy.* 2009. Diese Studie zeigt, dass der zu erwartende Höchstwert der CO_2-Konzentration in der Atmosphäre für jedes Jahr Verspätung bei gleichen Anstrengungen um 5 ppm ansteigt. Nach-

zulesen online unter: http://www.mckinsey.com/clientservice/ccsi (Anm. d. Übers.: Seite nicht mehr abrufbar!).

Auch Nicholas Stern betont die wirtschaftlichen Vorteile „früher und entschiedener Maßnahmen". Nicholas Stern: *Executive Summary. Stern Review on the Economics of Climate Change*. 2006. Eine ausführliche Zusammenfassung des Stern-Reports auf Deutsch ist nachzulesen unter: http://www.dnr.de/publikationen/eur/archiv/Stern_Review_148906b_LONG_Executive_Summary_GERMAN.pdf

[71] Dollars oder Euros je Tonne CO_2 ist die Maßeinheit für die geschätzten Kosten, die die Einsparung von einer Tonne CO_2 verursacht. Die genannte McKinsey-Studie teilte verschiedene Maßnahmen zur Einsparung von CO_2 (unter anderem Energieeffizienz, Atomenergie, Solaranlagen etc.) verschiedenen Kostenkategorien zu.

[72] Siehe das von Regenwaldprojekt von Prinz Charles: www.rainforestsos.org. Sowie: *An Emergency Package for Tropical Forests*, http://www.rainforestsos.org/emergency-package/

[73] In unserem Plan gehen wir davon aus, dass es bis 2018 6000 Kohlekraftwerke geben wird (im Vergleich zu gegenwärtig etwa 5000). Wir nehmen an, dass davon 1000 während des Klima-Kriegs (2018–2023) geschlossen werden (was zu einer Reduktion des CO_2-Ausstoßes um jährlich fünf Gigatonnen führen würde) und dass 1000 weitere Anlagen nachträglich mit CO_2-Sequestrierungsanlagen ausgestattet werden (was die CO_2-Emissionen bis 2023 um weitere zwei Gigatonnen pro Jahr reduzieren würde). Eine große Sequestrierungsanlage scheidet im Mittel zwei Megatonnen CO_2/Jahr ab – ca. eine Megatonne in einem gasbetriebenen Kraftwerk und ca. drei Megatonnen in einem kohlebetriebenen Kraftwerk.

[74] CO_2-Sequestrierungsanlagen (engl. Carbon Capture and Storage, abgekürzt CCS) bezeichnet eine Technik mit dem Ziel der Reduzierung von CO_2-Emissionen aus Kohlekraftwerken durch deren Abspaltung und Einlagerung in unterirdische Gesteinsschichten, wo sie auf unbestimmte Zeit gelagert werden können.

[75] Siehe dazu: http://www.desertec.org

[76] Siehe Mark Z. Jacobson (Stanford University) und Mark A. Delucchi (University of California, Davis): „A Plan to Power 100 Percent of the Planet with Renewables". In: *Scientific American*, November 2009. Dieser Artikel ist eine Zusammenfassung ihrer gesamten Studie.

[77] „How to spend a weekend without a car". In: V.R. Cardozier: *The Mobilization of the United States in World War II: How the Government, Military and Industry Prepared for War*, Jefferson, NC 1995, darin vor allem Kapitel 10.

[78] Paul Gilding und Jorgen Randers: „The One Degree War Plan". In: *Journal of Global Responsibility*, Band 1, Nr.1 (2010).

[79] Joseph Alois Schumpeter: *Kapitalismus, Sozialismus und Demokratie* (Kapitel 7: Der Prozeß der Schöpferischen Zerstörung), Bern 1946, S. 137f. (zitiert nach: http://www.gem-online.de/datenbank/?id=1492 (Originalausgabe: *Capitalism, Socialism and Democracy*, Harper & Brothers, New York 1942)

[80] *New York Times* vom 18. Dezember 2008.

[81] Für einen Überblick zu DuPonts unternehmerischer Leistung und Vorgehensweise siehe: Scott Holliday: *A Case Study of How DuPont Reduced Its Environment Footprint: The Role of Organizational Change in Sustainability.* Dissertation an der George Washington University, Washington, D.C., 2010.

[82] Siehe http://www.isc.hbs.edu/soci-environmental.htm (Harvard Business School, Rubrik Competition and Society); dort findet sich auch ein 20-Jahre-Überblick der Porter-Hypothese.

[83] Siehe unter: http://www.co2-emissionen-vergleichen.de/Stromerzeugung/CO2-Vergleich-Stromerzeugung.html; CO_2-Emission der Windkraft onshore beträgt 24 g pro kwh. Grundlage dieser Berechnung des CO_2-Ausstoßes ist die Energie, die zur Produktion und Aufstellung z. B. von Windrädern verwendet wurde und das über die Dauer deren Betriebszeit. Die Emission eines Kohlekraftwerkes beträgt in Deutschland berechnet auf den gesamten Erzeugungsablauf zwischen 622g (Import-Steinkohle-Heizkraftwerk) und 1153g pro kWh (Braunkohle-Kraftwerk).

[84] Siehe Albert Gore: *Wir haben die Wahl. Ein Plan zur Lösung der Klimakrise.* München 2009. „In allen Öl-, Kohle – und Ergasvorkommen weltweit steckt gerade einmal so viel Energie wie die Sonne in nur 50 Tagen zu uns schickt."

[85] http://www.foreignpolicy.com/articles/2010/08/05/the_ministry_of_oil_defense

[86] Siehe Mark Z. Jacobson (Stanford University) und Mark A. Delucchi (University of California, Davis): „A Plan to Power 100 Percent of the Planet with Renewables". In: *Scientific American*, November 2009. Dieser Artikel ist eine Zusammenfassung der gesamten Studie.

[87] Renewable Energy Policy Network for the 21st Century (REN_{21}), *Renewables 2010: Global Status Report*, 2010. REN_{21} ist ein Netzwerk aus Regierungen, internationalen Institutionen einschließlich der International Energy Agency, internationaler NGOs und der Industrie. Abrufbar unter: http://ren21.net/. Siehe auch UNEP, „Global Trends in Sustainable Energy Investment 2010 Report", abrufbar unter: http://sefi.unep.org/english/globaltrends2010.html

[88] Siehe: United States Energy Information Administration: http://www.eia.gov/energyexplained/index.cfm?page=electricity_home#tab2

[89] Ein zusammenfassender Artikel (Giles Parkinson:„Playing carbon catch-up", 6. Juli 2010) ist abrufbar unter: http://www.businesssspectator.com.au/bs.nsf/Article/IEA-cleantech-low-carbon-energy-technology-emissio-pd20100705–73F5M

[90] Nick Robins: „Sizing the low-carbon economy" vom 9. September 2010 unter: http://www.climatespectator.com.au/commentary/sizing-low-carbon-economy

[91] Siehe unter: http://nytimes.com/2009/07/05/opinion/05friedman.html

[92] Siehe unter: http://www.guardian.co.uk/environment/2010/feb/18/worlds-top-firms-environmental-damage

[93] Herman Daly: *A Steady State Economy.* 2008. Hg. von der Sustainable Development Commission.

[94] Herman Daly: *A Steady State Economy.* 2008. Hg. von der Sustainable Development Commission.

[95] Der Abgeordnete Barber Conable wird als Quelle dieses Zitats genannt.

[96] Siehe http://www.climatespectator.com/au/commentary/sizing-low-carbon-economy (Anm. d. Übers.: Seite nicht mehr abrufbar!).

[97] *First Annual Report of the Arts Council (1945–1946)*. Zitiert von Andreas Weber in: *Biokapital, Die Versöhnung von Ökonomie, Natur und Menschlichkeit*, Berlin 2008, S. 7.

[98] John Stuart Mill: *Grundsätze der Politischen Ökonomie*. Band 2, Jena 1871.

[99] Ebenda.

[100] Adam Smith: *Der Wohlstand der Nationen. Eine Untersuchung seiner Natur und seiner Ursachen*. München 2005, S. 82.

[101] Siehe unter: http://www.happyplanetindex.org/

[102] So lautet die These des Aufsatzes „Psychological Adaptation to the Threats and Stresses of a Four Degree World" von Professor Clive Hamilton und Professor Tim Kasser, vorgestellt auf der Konferenz „4 degrees and beyond" an der Oxford University im Jahr 2009. Abrufbar unter: http://www.clivehamilton.net.au/cms/media/documents/articles/oxford_four_degrees_paper_final.pdf

[103] Siehe unter http://noimpactman.typepad.com/blog/2007/02/the_personal_im.html

[104] Siehe beispielsweise unter http://drewsmarketingminute.com/2008/09/how-to-market-t.html

[105] Siehe unter: http://www.commondreams.org/headlines01/0929–04.htm. Für einen deutschen Kommentar siehe: http://www.spiegel.de/wirtschaft/0,1518,164433,00.html

[106] Siehe unter: http://www.telegraph.co.uk/news/worldnews/1538555/The-year-of-living-frugally-how-10-friends-survived-without-shopping.html

[107] Siehe unter: http://entertainment.timesonline.co.uk/tol/arts_and_entertainment/music/article6281684.ece. Und die Seite von Reverend Billy: www.revbilly.com

[108] Siehe unter: http://articles.latimes.com/2010/jul/13/local/la-me-story-of-stuff-20100713

[109] Siehe unter: http://neweconomics.org/projects/five-ways-well-being

[110] Siehe unter: http://www.lohas.com/forum/lohas8/market/index.html

[111] Siehe unter: http://ota.com/pics/documents/2010OrganicIndustrySurvey Summary.pdf

[112] Barry Bosworth und Susan M. Collins: „Accounting for Growth: Comparing China and India". In: *Journal of Economic Perspectives* 22, Nr. 1 (Winter 2008), S. 45–66.

[113] United Nations University World Institute for Development Economic Research: *The World Distribution of Household Wealth*. 2006. Online nachzulesen unter: http://www.wider.unu.edu/

[114] Angus Maddison: *The World Economy: A Millennial Perspective*. OECD, 2001. Online bestellbar unter: http://www.theworldeconomy.org

[115] Zum ersten Mal habe ich diesen Vergleich in einem Gespräch mit Charles Secret von der New Economics Foundation gehört.

[116] Royal United Services Institute: „Delivering Climate Security: International Security Responses to a Climate Changed World". In: *Whitehall Papers* 69 (2007, veröffentlicht im April 2008).

[117] Marshall B. Burkea et al.: „Warming Increases the Risk of Civil War in Africa". In: *Proceedings of the National Academy of Sciences* 106, Nr. 49 (2009).

[118] Gwynne Dyer: *Schlachtfeld Erde. Klimakriege im 21. Jahrhundert.* Stuttgart 2010. Aus dem Englischen von Susanne Held. Originalausgabe: *Climate Wars: The Fight for Survival as the World Overheats.* Toronto 2008.

[119] Herman Daly: „From a Failed Growth-Economy to a Steady-State Economy." Nachzulesen unter: http://www.thesolutionsjournal.com/node/556

[120] Richard Wilkinson und Kate Pickett: *Gleichheit ist Glück. Warum gerechte Gesellschaften für alle besser sind.* Aus dem Englischen von Edgar Peinelt und Klaus Binder. München ⁴2012 (1. Aufl. 2009). Originalausgabe: *The Spirit Level. Why More Equal Societies Almost Always Do Better.* London 2009.

[121] Richard Wilkinson und Kate Pickett: *Gleichheit ist Glück. Warum gerechte Gesellschaften für alle besser sind.* Berlin ⁴2012, S. 17.

[122] Herman Daly: „From a failed growth economy to a steady-state economy." In: *The Road to Rio + 20. For a development-led green economy.* United Nations Conference on Trade and Development (Ed.), 2011, S. 11–15. Nachzulesen unter: http://unctad.org/en/docs/ditcted20108_en.pdf

[123] Herman Daly: „From a Failed Growth-Economy to a Steady-State Economy." Nachzulesen unter: http://www.thesolutionsjournal.com/node/556.

[124] Richard Wilkinson, Kate Pickett: *Gleichheit ist Glück. Warum gerechte Gesellschaften für alle besser sind.* Berlin ⁴2012, S. 18.

[125] Daniel. B. Klein und Charlotta Stern: „Economists' policy views and voting". In: *Public Choice* 126 (2006), S. 331–342.

[126] Nach einem Zitat des Schriftstellers William Gibson.

[127] Siehe unter: http://www.ams.usda.gov/AMSvi.o/ams.fetchTemplateData.do ?template=TemplateS&navID=WholesaleandFarmersMarkets&leftNav=Wholesale andFarmersMarkets&page=WFMFarmersMarketGrowth&description=Farmers% 20Market%20Growth&acct=frmrdirmkt

[128] Siehe unter: http://www.iea.org/press/pressdetail.asp?PRESS_REL_ID=395

[129] E. F. Schumacher: *Die Rückkehr zum menschlichen Maß. Alternativen für Wirtschaft und Technik. „Small is beautiful."* Deutsch von Karl A. Klewer. Reinbek bei Hamburg 1979, S. 52. Originalausgabe: *Small is Beautiful. A Study of Economics as if People Mattered.* London 1973.

[130] Nachzulesen unter: http://www.socialinvest.org/resources/sriguide/srifacts.cfm

[131] Siehe unter: http://www.triodos.de/downloads/355628/geschaeftsgrundsaetze. pdf

[132] Ebd.

[133] Siehe unter: http://www.ica.coop/coop/statistics.html

[134] John de Graff: „Transforming Cultures: From Consumerism to Sustainability". In: *State of the World 2010. A Worldwatch Institute Report on Progress Toward a Sustainable Society,* The Worldwatch Institute. Der ganze Bericht kann online gelesen werden unter: http://blogs.worldwatch.org/transformingcultures/wp-content/uploads/2009/11/SOW2010-PreviewVersion.pdf

[135] Siehe unter: http://www.mensheds.com.au

[136] Siehe unter: http://www.cohousing.org

[137] Siehe unter: http://www.womensbusinessresearchcenter.org/Data/research/economicimpactstud/econimpactreport-final.pdf

[138] Siehe unter: http://connectedthebook.com

[139] Renewable Energy Network for the 21st Century (REN$_{21}$): „Renewables 2010: Global Status Report", 2010. REN$_{21}$ ist ein Netzwerk bestehend aus Regierungen, internationalen Organisationen (darunter unter anderem die Internationale Energieagentur, IEA), internationalen NGOs und Unternehmen. Der Bericht ist nachzulesen unter: http://www. ren21.net. Siehe dazu auch den Berichts des Umweltprogramms der Vereinten Nationen, UNEP: „Global Trends in Sustainable Energy Investment 2010." Abrufbar unter: http://www.rona.unep.org/documents/news/GlobalTrendsInSustainableEnergyInvestment2010_en_full.pdf

Weiterführende Literatur und Links

Nachfolgend seien nur einige wenige Beispiele für die zahlreichen Bücher, Studien und Webseiten aufgeführt, die sich mit denselben Themen beschäftigen wie das vorliegende Buch.

Meine Webseite

> Über meine Webseite, www.paulgilding.com, können Sie Kontakt zu mir aufnehmen, meinen regelmäßigen Newsletter, die *Cockatoo Chronicles*, abonnieren und Studien wie „Der Ein-Grad-Kriegsplan" abrufen.

Paul Roberts: *The End of Food.* (Boston: Houghton Mifflin Harcourt, 2008).

> Dieses Buch gibt exzellente Einblicke in das, was wahrscheinlich die tiefgreifendste Konsequenz des Großen Bruchs sein wird – die Zukunft der Lebensmittel.

Tim Jackson: *Wohlstand ohne Wachstum: Leben und Wirtschaften in einer endlichen Welt.* (München: Oekom, 2011).

> Tim Jacksons Buch ist gut lesbar und unersetzlich für alle, die wissen wollen, warum wir das Wachstum hinter uns lassen müssen und wie das gelingen kann. Eine frühe Version des Originals wurde von der inzwischen aufgelösten Sustainable Development Commission unter dem Titel „Prosperity Without Growth?" online veröffentlicht: http://www.sd-commission.org.uk/publications.php?id=914.

David MacKay: *Sustainable Energy without the Hot Air.* (Cambridge, UK: UIT, 2009).

> Diese hervorragende Übersicht der verschiedenen Formen kohlenstoffarmer Energiegewinnung als Lösung für den Klimawandel kann kostenlos online heruntergeladen oder in der Druckversion auf der Webseite www.withouthotair.com bestellt werden.

Gwynne Dyer: *Schlachtfeld Erde: Klimakriege im 21. Jahrhundert.* (Stuttgart: Klett-Cotta, 2010).

> Ein Überblick der zukünftigen geopolitischen Risiken und Konfliktszenarien, die in der Folge von Klimawandel und Rohstoffknappheit drohen.

Richard Wilkinson und Kate Pickett: *Gleichheit ist Glück. Warum gerechte Gesellschaften für alle besser sind.* (Berlin: Tolkemit bei Zweitausendeins, 2009, [4]2012)

> Eine umfassende Darstellung der Themen aus Kapitel 18, Ineffektive Ungleichheit.

Herman Daly: *Wirtschaft jenseits von Wachstum: die Volkswirtschaftslehre nachhaltiger Entwicklung.* (Salzburg/München: Pustet, 1999).

> Herman Daly war der allererste Post-Wachstums-Ökonom. Seine Werke sind für alle geeignet, die mehr über die Mechanismen der Wirtschaft erfah-

ren wollen. Daly hat zahlreiche Bücher und Artikel veröffentlicht. *Wirtschaft jenseits von Wachstum* bietet einen guten Einstieg in sein Werk.

Donella Meadows, Jørgen Randers und Dennis Meadows: *Grenzen des Wachstums – das 30-Jahre-Update. Signal zum Kurswechsel.* (2. erg. Aufl., Stuttgart: Hirzel, 2007).
Das Buch, das so viel Aufsehen erregt hat, auf den neuesten Stand gebracht mit 30 Jahren Realitätsabgleich.

Clive Hamilton: *Growth Fetish.* (London: Allen & Unwin, 2003).
Clive Hamilton fasst in diesem Buch treffend zusammen, was das Problem mit unserer Sucht nach Wachstum ist: Dinge kaufen, die wir nicht brauchen, mit Geld, das wir nicht haben, um Leute zu beeindrucken, die wir nicht leiden können.

The New Economics Foundation
Diese in Großbritannien ansässige Organisation ist ganz vorne mit dabei, wenn es darum geht, aktuelle Herausforderungen zu erkennen und kreative, durchführbare Lösungen zu finden. Alle Veröffentlichungen der NEF können auf ihrer Webseite kostenlos heruntergeladen werden (in englischer Sprache): www.neweconomics.org.

The Center for the Advancement of the Steady State Economy (CASSE)
Eine australische Organisation, die sich für die Verbreitung des Konzepts einer nicht-wachstumsbasierten, stationären Wirtschaft einsetzt. Zu ihren Angeboten gehört unter anderem eine webbasierte Übersicht, die darüber informiert, welche Folgen bestimmte Aspekte unseres Verhaltens und verschiedene Bereiche unserer Gesellschaft haben, und welche Maßnahmen wir für den Übergang zu einer stationären Wirtschaftsordnung ergreifen können. www.steadystate.org

Das Footprint Network (international)
Hier wurde der Gedanke geboren, dass die Wirtschaft derzeit 1,4 Planeten für ihr Funktionieren verbraucht und es täglich mehr wird. Auf der Seite der Organisation finden sich alle Daten, Messmethoden und Informationen: http://www.footprintnetwork.org/de/index.php/gfn/